当代国际史学研究丛书

总主编 陈启能

当代欧美史学

——自 1980 年以来

姜 芃 / 主编

社会科学文献出版社

SOCIAL SCIENCES ACADEMIC PRESS (CHINA)

总序
当代历史学发展的若干趋势

——兼论"史学革命"

陈启能

"当代国际史学研究及其发展趋势"是我主持申请并于 2012 年 10 月 10 日由全国哲学社会科学规划办公室负责审核批准的社科基金重大课题。该项目成果共计六卷,由我主编,各卷分别为:《当代中国史学发展趋势》(负责人为山东大学教授王学典)、《当代亚洲史学发展趋势》(负责人为东北师范大学教授赵轶峰)、《当代欧美史学——自 1980 年以来》(负责人为中国社会科学院世界历史研究所研究员姜芃)、《当代俄罗斯史学发展趋势》(负责人为中国社会科学院世界历史研究所研究员马龙闪)、《当代历史哲学和史学理论:人物、派别、焦点》(负责人为美国罗文大学教授王晴佳和中国社会科学院世界历史研究所研究员张旭鹏)、《信息史学》(负责人为中国社会科学院世界历史研究所研究员王旭东)。各卷大多聘请了有关专家参加写作。经过五六年的艰苦努力、埋头苦干,现在各卷都已完成。

当代,即 20 世纪最后 20 年和 21 世纪初。在这段时间,人文社会科学知识的内容、结构和方法都发生了极其深刻的变化。在迅速变化的总的心智语境中,当代历史学发生了重大的调整。"文化的转向""实用的转向""空间转向""目视的转向"等"转向"给历史学打开了新的前景:出现了历史研究的新对象,涌现了大量的新史料,发现了许多分析传统史料的新方法和有效解读信息的新手段。这些变化规模之大、影响之深,使史学家可以把 20 世纪、21 世纪之交的史学形势称为"史学革命",① 以示史学变化之大,并力图揭示其根本性质。

最早提出"史学革命"这一概念的是美国学者哈梅罗。他认为史学革命的重要原因是史学的传统方法论已不适应对我们生活的世界的理解,其结果是历史这门学科失去了社会的信任。因此,"许多史学家突然跳到社会科学中去",迫使史学"爬出它自己的老巢",结果是"历史学的革命,规模比它在 2000 多年前产生以来任何时候都要大得多"。②

另一位美国史学家凯门也承认,"在方法论意识中的革命自然是发生了"。例如,史学家对历史知识的认识论问题特别感兴趣,承认史学方法论是特有的学科。③ 他进一步指出这种革命的实质:"史学家们越来越从描述政治的、外交的、军事的、经济的、宪法的和文化的事件和过程的传统叙事,转向过去曾是社会科学学者禁区的各种问题。他们开始发展分支专业和分支学科,或许可以形成历史统计学、历史人口学、历史社会学、历史人类学和历史心理学或心理史学。"④

一般来说,在俄罗斯史学文选中"史学革命"概念流行得并不那么广泛,常被作为分析当代史学发展状态的出发点。由于俄罗斯史学发展迅猛,它的进程带有不稳定的、多方向的性质。因此,任何企图翔实地定义"史学革命"概念的尝试,总体上都不可能不是相对的,只反映它自己出现的时间。

在俄国学者中,最先提出"史学革命"这一概念的是巴尔格。他指出当代蓬勃发展的史学正在急于改变研究对象的结构,经受着研究工具的急剧变化并敏感地反映科学体系的进步:"我们不是夸大其词,如果把现在发生在

---

① 参见"'Историческая революция' и теорические поиски на рубеже веков", *История Научно—образовательный журнал*, 2013. Т. 4. Выпуск 2 (18); Могильницкий Б. Г. Историяна переломе: некоторые тенденции развития современной исторической мысли, *Междисциплинарный синтез в истории и социальные теории: теория, историография и практика конкретных исследований*, Под ред. Б. Г. Могильского, И. Ю. Николаевой, Л. П. Репиной. М., 2004. С. 6.

② Theodore S. Hamerow, *Reflections on History and Historians*, Madison: The University of Wisconsin Press, 1987, p. 14.

③ Michael Kammen, "The Historian's Vocation and the State of the Discipline in the United States", in Michael Kammen, ed., *The Past Before Us: Contemporary Historical Writing in the United States*, Ithaca: Cornell University Press, 1980, p. 31.

④ Theodore S. Hamerow, *Reflections on History and Historians*, pp. 14–15.

历史学科学工具库中的变化称为史学革命的话。"① 从巴尔格的全文来看，他这里说的史学革命实质上指的是方法论革命。

关于西方的"史学革命"，俄罗斯学者 В. М. 穆契尼克和 И. Ю. 尼古拉耶娃认为，1970～1990 年西方主要的历史思想是"片面的中心主义"。他们强调："当今的史学革命是在文化人类学化的旗号下进行的，在我们看来是西方文化的后现代主义最重要的变形之一。这里很适合用巴赫金的术语来描述，这个变形的实质是丢弃文化优势思想的'垄断地位'，是形成新的文化风格，对话的、复调音乐的风格。"②

总起来说，史家们使用"史学革命"这个概念，显然是为了表达历史学在这一时期发生了翻天覆地的变化。这些变化加之史学家的积极努力导致了一系列新的（新的经典的）完整模式的出现。这些模式是建立在微观方法与宏观方法相互补充的基础上的，是努力超越宏观史与微观史、结构与事件、理性与非理性相对立的二元思维的，是尽力扩大"史学家领地"的。

"史学革命"的特征之一是对后现代主义的态度。一般说来，"史学革命"对于研究重点的变化并不总是给予应有的重视，而往往采取比较客观的态度。对于后现代主义也是这样：不管研究重点的改变如何巨大，但这种改变不是绝对的，它与学科的过去是有一定的继承的。当时史学界的情况正是这样。后现代主义的出现似乎宣告了一个史学新时代的到来，但它的"挑战"不被史学界接受，因为它的极端的表达意味着完全否定历史认识的客观基础，以及与观察者无关的历史活动。

然而，"后现代主义的挑战"并不是简单地否定一切。它有一套自己的理论。它反对历史学关于历史认识对象的概念，即不是某种外在于认识主体的东西，而是由语言的和话语的实践建构成的。③ 语言被看成能构成意义

---

① Барг М. А. Человек--общество--история, *Новая и новейшая история*, 1989. № 2. C. 45.

② Мучник В. М., Николаева И. Ю. От классики к постмодерну: о тенденции развития современной западной исторической мысли. *К новому пониманию человека в истории. Очерки развития современной западной исторической мысли.* Томск, 1994. C. 44.

③ 关于后现代主义与历史学的相互关系，参见 J. C. D. Clark, *Our Shadowed Present: Modernism, Postmodernism, and History*, Stenford: Stanford University Press, 2003; Willie Thompson, *Postmodernism and History*, Houndmills: Palgrave Macmillan, 2004; 等等。

的因素，可以决定思维和行为。后现代主义强调的是历史文词的"文学性"，体裁的选择，情节的构建，修辞方法和文体的应用，象征手段、形象和隐喻的使用。由此历史学一方面就等同于文学，在评价历史文词时突出的是美学标准；但另一方面，历史学又被等同于意识形态。它对客观性标准问题和研究人员对自己的创作活动的控制手段问题有了新的说法。历史学家被要求精心阅读文本，读出隐藏在其中的东西并给予解密。

后现代主义的术语牢固地进入了科学的方法论库藏，虽然它们常常会被更换内容。例如"转向主观性"这个基本概念，它和"语言学转向"一起宣告了后现代主义进入历史学。如今"主观性"已是最普及的概念之一，已是研究过去、研究历史时间中的人的基本方法。但这并不是绝对的主观性，不是后现代主义历史哲学意义上的主观性，即否定历史进程客观基础的历史哲学。M. A. 巴尔格的定义与后现代主义的不同，应该是更为正确的。他提出问题说："对历史学家来说，'人的主观性'概念的实质是什么。这个概念已是历史学研究的对象。"

他在回答中强调了它的主观—客观性，指出："这是人的客观上受制约的内部世界。这是人的概念、价值、情感和基于其上的对自己活动的客观条件的反应。这是把物质生产和精神生产的所有形式转变为创造行为的个人天性。"由此出现了"客观的历史必然性和人的主观性世界的辩证联系，并为历史学提供了掌握历史规律的可能性"。[1] 自然，这并不是唯一的答案，对这个问题学者们还在探索中。

两种对立的立场（"语言的"与"客观的"、"后现代主义批评者"与"正统的现实主义者"）冲突的高峰出现在 20 世纪八九十年代。但结果并不像原先想象的那样是毁灭性的。哲学家在其中起了很大作用，尤其是荷兰哲学家安克斯密特。

20 世纪 90 年代中期，出现了"中间立场派"。他们认为，在话语以外存在现实，它是独立于有关它的概念并作用于这些概念的；对成为虚无的现实的直接感知的不可能，并不意味着历史学家可以任意地"构建"。这种

---

① Барг М. А. Человек--общество--история, *Новая и новейшая история*, С. 56.

中间立场的支持者逐渐扩大着队伍。① 与"正统的现实主义者"② 不同，赞成"中间立场"的历史学家，从"语言学转向"的角度积极思考如何改变自己的研究实践。他们找到的出路是"新社会文化史"范式。这种范式通过文化概念、象征性的实践和价值定位的视角来解释不同层次的社会进程，除了掌握文学批评方法外，还注意了"文本的社会逻辑"，即话语的非语言特征。这些特征与传记的、社会—政治的、精神的语境有关，而在此语境中创建的文本，带有创立者的目的、需求和世界观。在"新社会文化史"的实践中，文化并不是表象和符号的决定性因素，而是一组职能、工具或战略，通过它们个人可以在自己的实践活动中利用这些标志和符号。

"史学革命"的另一特征是语境方法。历史知识发展中的乐观主义引起了对语境方法的高度重视，虽然在史学的不同领域重视程度不一，形式也相异，但是总的来说都指向从因果解释转向语境解释。广为流传的看法是历史语境是一种情势，它不仅为任何活动提供社会条件，而且提供具体的挑战和问题。这些挑战和问题要求在有关的活动中解决。但应指出的是，"普遍的语境化"对历史学家的想象产生了必要的限制，虽然有利于分析社会状况，却不利于解释社会—历史动态。③ 在当代社会文化史广泛的范围内，除了众多分析类型、形式、跨文化互动等方面的著作外，值得注意的还有对个人和集体的同一性、历史与记忆的相互关系的研究。这种研究现今正在吸引所有社会人文学科研究者的注意，并为未来考虑更为周到的方法论跨学科合作提供了方便的平台。

---

① 从第 18 届国际历史科学大会（The 18th International Congress of Historical Sciences, Montreal, 1995）上所提交的相关论文中，可以看到这一趋势。这方面的相关著作可以参见 Bo Strath, "The Postmonder Challenge and a Modernized Social History", in Ragnar Björk and Karl Molin, eds., *Societiel Made up of History*, Stockholm: Akademietryck, 1996; Gabrielle M. Spiegel, *The Post as Text: The Theory and Practice of Medieval Historiography*, Baltimere: John HopkinsUniversity Press, 1999; Roger Chartier, *One the Edge of the Cliff: History, Language, and Practices*, Baltimore: John Hopkins University Press, 1997; Вжозек, Войцехю. Интерпретация человеческих действий. Между модернизмом и постмодернизмом. *Проблемы исторического познания. Материалы международной конференции.* Отв. Ред. Г. Н. Севостьянов. М., 1999. С. 152 –161。

② 例如 Richard J. Evans, *In Defence of History*, London: Granta Books, 1997。

③ 参见 Peter Burke, *Varieties of Cultural History*, Cambridge: Cambridge University Press, 1997。

在强调语境对历史学发展的重要性时，也要注意不能予以夸大。对历史学发展产生影响的，除了语境外，还有别的东西，如客观存在的事件。历史事件，特别是重大事件，必然会对历史学的发展产生重要的影响。看不到这一点就无法理解历史学的发展变化。但要看到的是，片面地强调这种外来的对历史思维的影响的话，那也是错误的。历史不是时代的职能。历史学与任何科学一样，是由其内部的规律，自己的逻辑发展起来的。实际上，它是内部因素和外部因素复杂作用的产物，其基础是历史知识发展的内部逻辑。

"史学革命"带来的一个重要后果是激发历史学家的理论兴趣。一般说来，众多历史学家对从事理论研究兴趣不大。梅吉尔曾指出："理论与历史的冲突……是因为没有处于具体语境里的概括化的理论……而同时历史学家力图做的是描述、解说和阐释历史语境，或它们的总和，并不想在自己研究的基础上提出理论见解。"[1] 既然没有构建理论的目的，历史学家在理论研究中自然不会提出这样的任务。梅吉尔提出理论可在历史工作中起到四点作用：认识论的作用、批评和自我批评的作用、思辨的作用和思考研究结果的作用。其中最值得注意的是第一项，即历史认识论，它决定了历史认知的基本原则。[2] 正是在历史认识论这个历史工作的重要方面，当代历史学家积极参与。我们今天可以看到，对史学实践的兴趣和理论论证在其研究和表述两个方面都在增长。[3]

21世纪初以来，在世界史学中出现了大量的讨论理论问题的著作。一般来说，它们不是讨论历史过程理论或在史学中应用社会—人文科学的理论，而是讨论"历史理论"，讨论历史知识理论。这也与"史学革命"有关。因为它巩固了历史学的跨学科性，其表现之一是出现了新的人文学科，如理论史学。广义的理论史学包括社会科学和历史学交叉的所有领域，如

---

① Мегилл Аллан. Роль теории в историческом исследовании и историописании. *Историческая наука сегодня: Теория, методы, перспективы.* Под ред. Л. П. Репиной. М., 2011. С. 25.

② 参见 Mary Fulbrook, *Historical Theory*, London: Routledge, 2002; Мегилл, Аллан. *Историческая эпистемология.* М. 2007。

③ 参见 Jörn Rüsen, ed., *Meaning and Representation in History*, New York and Oxford: Berghahn Books, 2006。

历史社会学、历史心理学、宏观社会学、微观系统分析、社会文化学等；
而狭义的理论史学是同时属于这两种类型的学科之一。① 理论史学的构建为
历史学的跨学科综合提供了新的可能性。这些可能性来自史学和社会学的
中间环节。史学会利用不同社会科学的解释性的方法和理论，并以来自经
典传统经验史学的事实资料为基础。

　　然而，也应指出，在 21 世纪初，有一些历史学家出现了反复，他们否
认理论的重要性，但这并不影响主流。多数历史学家感到了"理论的欠
缺"，这促使不同国家的学者去创建"中层理论"，作为历史活动的理论。
这种理论超越了历史经验，并对历史学的各种概念做了论证，同时又拒绝
讨论历史的意义和方向、历史过程的普遍规律等问题。但是这并不意味着
"对理论的排斥"，而是历史学理论化的一种特殊形式。因为，此时理论知
识已经构成了当代史学实践必要的组成部分，而且历史学方法论综合问题
本身就是理论问题。为了解决具体问题，对研究战略所进行的挑选和运用，
是在中层理论的运作范围内和它的范畴基础上实现的。

　　关于"史学革命"，最后还需要指出的是，"史学革命"这个术语虽然
在这里讲了许多，但是实际上它只在西方发达国家才有所应用，世界上绝
大多数发展中国家是很少将之用于自身史学的发展的，因此我们没有必要
拘泥于这个概念本身。它的出现无非是要表明历史学在 20 世纪、21 世纪之
交以后有了迅猛的发展和质的变化。这些是应该了解和加以研究的。

　　历史学家对历史学理论问题兴趣的增长，有一个明显的表现，就是全
球史在 20 世纪八九十年代的出现。这一显著的趋势显示了历史学的整合过
程。这也表明历史学家对历史宏观前景的兴趣重又增长。近半个世纪以来，
全球各个国家之间相互关系的发展带来的生态的、流行病的、人口的、文
化的和心智的后果，引起了越来越多的关注和研究，从而形成了一门新的
学科——全球史。它依据的是世界历史进程的相关性观念。当代面临的各
种迫切问题要求超越过去占统治地位的那些用欧洲中心主义视角来构建历
史过程和事件的模式。世界史应该是真正普遍的历史，要求使用新的比较

____

① 　Розов Н. С. Философия и теория истории. Кн. 1. Пролегомены. М., 2002. С. 41.

分析方法，它不仅可以说明共同的历史进程和特殊的历史事件，而且可以提供有关人类历史整体性和相互关系的新观念。

全球史研究取得了很大的进展，也涌现了不少有名的历史学家和著作，虽然在发展过程中也有曲折和失误，但成就是主要的。由于这个过程很长，不可能详加阐释，这里只能提供个概貌。

全球史的出现与曼宁、夏德明等大家有关，与20世纪60~80年代有关，与历史知识的欧洲中心主义和民族中心主义危机有关，与"极度简单化"的现代化理论有关，与史家对时间、空间、因果关系、前提性知识和真实知识的相互关系等认识的解构有关。其结果是多中心主义、网状思维和转向相反联系，承认每个人类群体都有权有自己的全球史。[①]

对这些过程起作用的既有非殖民化，又有全球化。前者促进了不同历史观的建立，后者动摇了欧洲中心主义，破坏了民族史学的边界。后殖民主义批判在此起了重要作用，打破了西方一些"铁的概念"，如进步、现代化、理性化等，并为非欧洲世界提出了不同发展道路的建议，由此出现了大量不同的世界史著作。[②]

在20世纪、21世纪之交，全球史的发展出现了倒退。如果说在20世纪90年代，即全球史形成时期，它直接依靠的是后殖民主义批判的话，那么进入21世纪之后，全球史已从这种批判倒退回去，非殖民化开始受到批评，某些激进的历史知识发展计划被认为是空想。

然而，全球史的出现和发展是客观现实的反映和需要，虽然会遇到挫折和阻挠，但是并不可能被阻止。有关全球史的方案层出不穷，其中最有影响的是美国麻省理工学院教授、史学家马兹利什的方案。它体现在两本

---

① Patrick Manning, *Navigating World History: Historians Create a Global Past*, New York: Palgrave Macmillan, 2003, pp. 150, 265–300, 375–376; Dominick Sachsenmaier, *Global Perspective on Global History: Theories and Approaches in a Connected World*, New York: Cambridge University Press, 2011, pp. 13, 132, 160.

② 参见 Dominick Sachsenmaier, *Global Perspective on Global History: Theories and Approaches in a Connected World*, pp. 30, 51–52; Иггерс Г. Ван Э. *Глобальная история современной историографии*, пер. с англ. О. В. Воробьевой. М.: Канон. 2012. С. 36–37; Ионов И. Н. *Новая глобальная история и посткололльный дискурс. История и современность*. 2009. № 2 (10). С. 33–60; Ионов И. Н. Основные направления и методология глобальной истории. *Новая и новейшая история*. 2003. № 1. С. 18–29。

书中。第一本名为《概念化的全球史》（1993），由马兹利什和布尔特詹斯主编，表达了对"第三世界"国家发展前景的乐观看法。但是到 21 世纪初，马兹利什等人对非洲和拉丁美洲的蓬勃发展的希望已经破灭。马兹利什提出了"新全球史"的概念，把研究范围限于 20 世纪下半叶和 21 世纪初，并在很大程度上取消了殖民主义、种族主义、奴隶占有制、帝国主义等现象。他坚持认为，他的新全球史思想是全球化的直接结果，客观上是全球化对西方过去的投影。[1]

比马兹利什更后退的是入江昭。他在与别人合编的《全球史文选》中集中美化美国的形象，把美国说成现代化的霸主、军事与信息革命的领袖；美国的活动决定了全球资本市场的强大和新技术的产生。美国的唯一对手是世界恐怖主义。西方与恐怖主义的战争是唯一的现象，这一现象离开新全球史语境是根本不能理解的，而这说明了新全球史的重要性。

入江昭在文中把新全球史与帝国主义联系在一起，使新全球化具有了19 世纪西方殖民者的"文明使命"：它冲出民族边界，"渗入世界上的'非文明'区域"。这是西方殖民主义者的"文明使命"的经典形式。入江昭把20 世纪看作"国际主义的世纪"、西方诸多世界帝国对话的世纪，并在总体上持肯定的态度。但他对殖民主义的屠杀、种族灭绝、全面战争，要么避而不谈，要么一笔带过。不过，他承认全球化具有贪婪性，必须加以控制。[2] 支持这类观点，甚至不接受后殖民主义话语和文明对话的还有人在，如英国剑桥大学教师雷诺兹。[3]

创建全球史的困难在于，它不大可能如实地重建过去的图景，但其中宗主国和殖民地、企业主和工人之间的历史关系可以自然地成为研究的领域。因此，从后殖民主义批判和全球史的源头上说，我们就有可能"翻转"历史图景，把"第三世界"放在前面。这种改变欧洲中心主义的方案就是

---

[1] 参见 Bruce Mazlish and Ralph Buultjens, eds., *Conceptualizing Global History*, Boulder, Colo.: Westview Press, 1993; Brace Mazlish, *The New Global History*, New York and London: Routledge, 2006。

[2] Akira Iriye, "International Organizations, " "Internationalism", in Bruce Mazlish and Akira Iriye, eds., *The Global History Reader*, New York and London: Routledge, 2005, pp. 182-190, 202-208.

[3] David Reynolds, *One World Divisible: A Global History since 1945*, New York: W. W. Norton & Company, Inc., 2001.

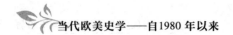

创建另一种不同于现有的全球史的方案。在建立全球史的努力中，许多理论都可以起到作用，如从属发展论、不发达理论、世界体系论等。

在全球史兴起的同时，"文化转向"的后果也完全表现出来了。一方面是对过去和现在的个人主观性兴趣的空前高涨；另一方面是力图把这种兴趣在新的理论—方法论的基础上使之语境化，并要求这种语境适合当代文明的全球性，适合文化间对话发展的目的性和多样性统一原则。

当然，当代国际史学的发展还有许多应该加以研究和论述的问题，然而由于时间有限和我们的知识局限，在这里就此打住了。有兴趣的读者可以阅读本套丛书的各部专著，并提出宝贵的批评意见。

目 录

绪　论

《当代欧美史学——自 1980 年以来》这本书是一个集体完成的项目。它写出了西方各国近年来史学发展的一些主要趋势和特点，以便使国内学界了解近年西方史学的发展概况，从而也能借鉴他们进行历史研究的一些新的方法。

欧洲统一的思想由来已久。"欧洲"是一个近代才产生的概念，它产生于启蒙时代，是逐渐取代"基督教世界"的概念，其间经历了一个复杂的理性发展过程。写欧洲历史的尝试开始于 19 世纪头几十年。最早的有影响力的尝试开始于基佐。作为一名历史学家和政治活动家，他的《欧洲文明史》是以他在索邦学院的讲课内容为基础写就的。以后，又有圣西门和雨果等人也提出了欧洲统一的思想。

作为现实的社会运动，欧洲统一运动是第二次世界大战以后从西欧开始的。象征欧洲统一的各类跨国组织的出现，最终造就了目前的欧洲联合，这就是欧盟。

19 世纪，提出欧洲统一思想的基佐、圣西门和雨果都是法国人，他们是法国的思想家、政治家和作家。基佐写了多卷本的《欧洲文明史》，他特别强调欧洲大陆的宗教性质，多次使用"基督教欧洲"的提法。他认为，欧洲的联合始于十字军东征，这是第一次真正意义上的全欧洲的历史事件。宗教改革也是影响了整个欧洲的事件，它是欧洲进入现代社会的标志。基佐对法国启蒙运动却不屑一顾，没有丝毫的赞许。他认为，激情澎湃的法国大革命带来的多是一些负面的结果，它扰乱了秩序，威胁着社会的平衡。

什么是欧洲文明的特色呢？基佐认为，多样性是欧洲文明最显而易见的特色。欧洲为世界提供了诸多政治体制的样板并成为社会组织和制度改革的试验场。单一君主制、混合君主制、神权体制以及带有些许贵族色彩的共和体制，它从未受任何一种单一的原则、体制、思想或是力量的约束，自始至终，欧洲文明都不曾一劳永逸地确定某种特定的发展模式。

基佐认为法国是欧洲文明的中心和孕育者，几乎所有会传遍欧洲的思想都要首先驻足于法国的土地，因此，欧洲统一应该以法国为中心。

至于历史发展的动力，基佐认为基督教是进步的核心推动力，基督教的出现堪称文明史上具有决定性意义的转折。宗教改革在某种程度上也意味着向宗教的回归。他特别强调政教分离的重要性，认为政治权力与宗教权力的分离构成了进步的双元推动器。基佐强调阶级斗争是历史前进的另一个推动力，是社会进步的源泉。他看到，现代欧洲起源于社会内部的许多阶级的相互斗争，没有任何阶级能完全战胜或取代其他阶级，阶级的不断斗争避免了社会的停滞，是进步的源泉。

基佐认为，要建立一个统一的欧洲，就要让欧洲几个大国之间保持均势。基佐是一个保守主义者，他理想中的欧洲不是革命的产物，而是各自有着民族自决权的君主制政体；这个欧洲也不是铁板一块，而是保持多样性的若干个独立国家所组成的联盟。他认为，这种多样性有利于整个欧洲的进步。

圣西门是另一位主张欧洲统一的思想家，他是一位空想社会主义者。早在200多年前，他就撰写了《论欧洲社会的改组，或在保持各国独立的条件下把欧洲各族人民结成统一的政治体的必要性和手段》（简称《论欧洲社会的改组》）。

圣西门同启蒙时代的许多哲人一样，推崇英国政治体制，他把欧洲和平与新秩序的实现寄托于建立一个英国式的议会制度。这个议会应该被欧洲所有国民承认，它居于所有国民政府之上，具有至高无上的地位，被授权仲裁各国国民之间的争端。他主张这个议会由大商人、学者、法官和行政官员组成众议院。欧洲每一百万会读写的男子，可以选派一名代表进入众议院。这个被选的议员应该有25000法郎的年收入，他在议会的任期是十年。圣西门还认为，议员当选的条件是才能远胜于地产。除此之外，应该有 20 名最杰出但没有财产的人进入议会，他们被授予 25000 法郎的年收入。议会的贵族院议员则由国王任命，要有 50 万法郎的年收入，人数不限，可以世袭。他认为，欧洲议会还要有一位国王，由他发起行动，以确保大议会在建立过程中不发生革命和动乱。此外，欧洲议会在财产和专有主权方面应该拥有一座自己的城市和自己的领土。他主张，这个欧洲议会还应该有自己的宪法。宪法首要的条款是设立两个不同的权力。二者迥然相异：一个倾向于从国民全体利益的角度考虑事情，另一个倾向于从构成国民一分子的个人特殊利益的角度考虑事情。两个权力的平等是宪法的基础，一旦一个压倒另一个，宪法就是有缺陷的。为此，他主张设立第三个权力，可称之为调节和缓和的权力，目的是维持前两个权力的平衡，并把它们限制在合理的范围之内。

圣西门主张由各国组成联邦，这个邦联"在保持各国独立的条件下把欧洲各族人民结成一个统一的政治体"。这个政治体要先以英国和法国为基础，先让英国人和法国人在彼此之间建立起一个共同的议会；然后，由他们支持所有国家内部代议制宪法的拥护者，以便在所有服从绝对君主制的人民那里建立起议会；最后，还要由英、法共同议会建立一所两国共有的银行，它将满足商业阶层的愿望。

雨果是一个文学家，具有文学家的浪漫，他经常慷慨激昂，却有脱离实际的一面。在他生活的时代，已经有欧洲和平大会的召开，所以，欧洲联合已不是空想，而是实实在在的现实。雨果对于欧洲联合的设想是建立一个类似美国那样的欧洲合众国，他希望欧洲能像美国那样组成一个国家。

随着欧盟的建立，西方有不少人在欧洲统一的新视角下撰写欧洲史。这些欧洲史各有千秋，把欧洲的历史写成向着一个统一的欧洲的目标发展的历史。

笔者从这些欧洲史中选取了两种，加以简单介绍。先说诺曼·戴维斯（Norman Davis）的欧洲史。他的欧洲史从古希腊和罗马说起。古希腊和罗马虽然与后来的西欧不是一个文明，但是，它们由于在欧洲的版图上，所以成为戴维斯论述的重点。

宗教是戴维斯叙述欧洲史的一条主线，也就意味着他是把基督教看成欧洲统一的一个主要特性。他探讨了基督教的起源。基督教起初并不是欧洲的宗教，它同犹太教、伊斯兰教一样，都出自西亚。耶稣（公元前5—公元33年）是一个不肯妥协的云游四方的传道者，他生于罗马行省犹地亚。他在耶路撒冷遭处决，被钉上十字架。基督教传播在很大程度上得益于罗马的和平。起初，基督教社团在东地中海地区的绝大多数大城市建立起来。圣保罗主要在讲希腊语的东方城市活动，他是第一个长途跋涉到处传教的基督教领袖，他的作品构成了《新约》的主体部分。他原名扫罗，是个犹太人，大约公元35年，在耶路撒冷，他目睹了第一个基督徒殉道者司提反（Stephen）被石头砸死的惨状。在去大马士革的路上，他突然转变信仰，此后他接受了洗礼，成为最积极的改宗者。他的三次传教旅程极大地促进了基督教的发展。圣保罗的贡献在两个方面：一方面，作为十二使徒，他建立起这样一项原则，即新的宗教不再是犹太部落所特有的宗教，而是向所有的人开放；另一方面，他奠定了以后所有基督教神学的基础，即人生来是有罪的，有罪的人通过基督的神圣怜悯而获得救赎。正是圣保罗使基督教成为一种富有凝聚力的世界性宗教。

9世纪确立的拜占庭文明，由于几个独有的特点而与罗马帝国相区别开来：国家与教会融为一个不可分割的整体，皇帝、大教长分别被视为世俗界和宗教界的神圣权威。

在欧洲，基督教世界不仅是一个宗教共同体，而且是一个紧密的政治实体。欧洲成千上万的教区形成了一张领土权力网络，它常常比世俗权力更古老、更连贯。

戴维斯探讨了欧洲的封建主义。他认为，"从字面上说，封建主义可以被认为是一套制度，用于创立和规范臣服和服役的义务，即一个自由民（附庸）与另一个自由民（领主），领主有保护和维持附庸的义务"。一般来说，欧洲封建主义的典型时代是10~13世纪。欧洲封建主义的中央政府对教会具有权威，使教士被置于地方豪强的控制之下。诸侯习惯于自行任免主教，国王们期待教士担任官职为他们服务。

人们为什么会参加十字军？戴维斯认为，一方面，对于一般的参加者来说，参加十字军是改变贫穷生活的一种手段；另一方面，它也是欧洲的国王们掠夺财富的途径。在教皇的领导下，通过十字军，拉丁教会的集体认同感得到加强，西欧基督教的共同体意识也得到强化。它加深了基督教与伊斯兰教之间的隔阂，恶化了基督教与伊斯兰教之间的关系。

宗教改革是戴维斯研究的一个主要问题。他认为，在宗教改革的过程中，基督教并没有被抛弃，人们也不是趋向无神论，这场运动只不过使教会的权力逐渐限定在宗教领域，宗教的影响也越来越限定在个人意识形态的范围内。瑞士的乌尔里希·茨温利挑战天主教会的教义，同时，他也抨击天主教的组织形式。英国国王亨利八世颁布命令，宣布英国教会与罗马教皇分离。亨利八世通过打击教会特权和没收教会财产，取得了英国议会的大力支持和巨大物质利益。在宗教改革的第二阶段，约翰·加尔文掌管日内瓦的教会。新教的传播不仅表现在地理范围的扩大，也表现在社会政治领域内影响的扩大。路德教派的运动直接导致独立自主王公的出现，它肯定了维持现存的社会统治的合法性。这个原则在北德意志的一些城市得到落实。相比之下，加尔文主义则与特定的社会团体关系密切，与国家政治联系较少。在西欧，加尔文主义通常有助于城市资产阶级的崛起。在法国，加尔文主义对一部分新兴贵族的兴起产生了深刻影响；在英格兰，加尔文主义也发挥了很大作用，安立甘宗经常支持两种主要的政治神学，这就是盎格鲁天主教的"高教会"和加尔文福音主义的"低教会"。在苏格兰，由于约翰·诺克斯的努力，1560年采用长老制形式的加尔文教成为唯一合法的宗教。在法国，加尔文主义者被称为胡格诺教徒，他们在西部原先阿尔比派的教徒中和南部各省的市民中迅速发展，直到1685年被完全驱逐。在尼德兰，尤其在阿姆斯特丹、鹿特丹和莱顿的市民中间，加尔文教传播极为迅速，1622年它被确立为国教。荷兰的改革宗教会在国家中担当了重要角色。在德国，加尔文主义受到路德派和天主教的联合反对，主要从帕拉丁选帝侯、萨克森的克里斯蒂安一世和勃兰登堡霍亨索伦家族得到支持。在波兰—立陶宛、波希米亚和匈牙利，加尔文主义促进了土地贵族的广泛分裂。

新教在欧洲人生活的各个方面都产生着影响。它把天主教世界一分为二，促使罗马天主教不得不进行改革。1530年以前，基督教世界分为天主教和东正教；1530年以后，基督教分为天主教、东正教和新教。

反宗教改革的倾向在欧洲各地都可以真实地感受到，对传统教会的支持在意大利和西班牙最为强有力，在这两个地区，甚至在民众中存在少量的新教徒也要被清查出来。

戴维斯对欧洲的绝对主义也有自己的看法。他认为，绝对主义时代的欧洲既不是清一色的理性主义，也不是清一色的绝对主义。在这个绝对主义时代，绝对主义国家实际只占少数。在欧洲的一端是完全分权、立宪、共和的瑞士联邦，另一端则是极端专制独裁的俄罗斯、奥斯曼帝国和教皇国，居中的国家则类型繁多。欧洲共和制的代表是威尼斯、波兰—立陶宛和荷兰；立宪君主制的代表是英国、苏格兰和瑞典；绝对君主制以法国、西班牙和奥地利为代表；神圣罗马帝国的君主既是选举产生的，又是世袭的，介于立宪君主制和绝对君主制之间。欧洲成百上千的小国，类型就更多了。有微型的城邦共和国，如热那亚、日内瓦；有微型公国，如库尔兰；有教皇国，如阿维尼翁；还有奇特的混合型国家，如安道尔。在任何地方，绝对主义都未获得彻底的胜利，在欧洲，从未产生过一个完全绝对主义的国家。但是，在16~17世纪，它的确成为推动改革的一股激进力量。18世纪，当它的影响变得更为广泛时，它却为民主、自由、公意的新潮流所取代。法国的绝对主义可以作为主要参照物。

戴维斯看到，在近代的国际关系中，均势理论逐渐主宰了欧洲的外交事务，这个理论把欧洲任何一地发生的变化都视作对整体的潜在威胁。这也是一个表明欧洲体系正在形成的可靠标志。在18世纪的战争和保持均势的过程中，欧洲联合的雏形已经在准备之中。

戴维斯首先对欧洲联合的背景进行了探讨，他认为，欧洲联合的历史背景离不开二战后的国际形势。铁幕的落下和冷战的开始让美国在政治和经济上大力扶助西欧，以保持世界局势的均衡。马歇尔计划以提供现金的方式来维持欧洲的贸易和工业。在早期，美国最大的几家企业都在西欧投资。西欧从一开始就参与了1944年7月在布雷顿森林会议上由英美支持创立的国际货币体系——国际货币基金组织和世界银行。因此，当代的经济理论与实践是欧美相互作用的产物。① 欧洲联合的另一个大的历史背景是北约的成立。1949年4月4日成立的北大西洋公约组织是针对苏联在欧洲的兵力而创立的一个军事组织，它是战后时期西欧国家最主要的集体防卫机

---

① 诺曼·戴维斯：《欧洲史》，郭方等译，世界知识出版社，2007，第1114~1115页。

构，也成为欧洲联合的重要基础。

欧洲现实的统一运动是欧洲史产生的基础。欧洲统一运动开始于第二次世界大战以后。早在二战之前，欧洲统一运动的呼声就连绵不断。在欧洲和平与合作领域最活跃的国务活动家无疑当属阿里斯蒂德·白里安，他曾多次任法国总理。他不遗余力地寻求法、德和解，主张建立欧洲联邦。1930 年 5 月出台的备忘录被称为"欧洲道德联盟"。在 1946 年 9 月 19 日，在苏黎世，温斯顿·丘吉尔像雨果一样，呼吁建立一个欧洲合众国。他认为，第一个步骤是建立法国和德国的伙伴关系。1949 年 4 月 4 日，10 个欧洲国家与美国和加拿大共同签署了创建北大西洋公约组织（"北约"）的协议。北约的成立，无疑对欧洲联合起到至关重要的作用。

1949 年 5 月，欧洲委员会成立，总部设在斯特拉斯堡，最初有包括英国在内的 10 个成员国，不久就增加到 18 个，其主要机构包括部长理事会和公开的咨询大会。1955 年，西欧联盟成立，它成立后发生了苏伊士运河危机。1958 年 1 月 1 日，欧洲经济共同体成立，其主要目标是消除所有欧洲国家的内部关税，形成共同贸易政策，协调运输、农业和税收等，它消除贸易壁垒，形成欧洲的自由竞争，鼓励资金、劳动力和企业的流动。1962 年，欧洲经济共同体制定了欧洲共同的农业政策，对农业进行大量补贴。1967 年，增值税的引入大大提高了欧洲共同体的收入。1968 年，欧洲共同体取消了内部关税，商品可以在欧洲各国自由流通。1991 年 12 月，欧洲共同体 12 国在马斯特里赫特召开的会议促进了欧洲一体化的发展，条约为实现"经济和货币联盟"、"单一稳定的金融"、"共同的公民资格"以及"共同的外交和安全政策"开辟了道路。

除了上述戴维斯的《欧洲史》，美国学者罗宾·W. 温克（Robin W. Winks）等人写就的《牛津欧洲史》也值得研究，他们有一些不同的看法。他们认为，在 16 世纪末，已经不存在一个统一的教会了，只有天主教、路德宗、加尔文宗、安立甘宗、浸礼宗以及许多更小的派别。所有派别都在教义、礼仪和伦理层面有所改革。只有一派继续尊崇教皇为真正教会领袖。这时的欧洲人已经不再认为自己属于同一信徒团体，他们接受了自己已经与其他人分开的宗教认同感。路德宗是德意志诸侯国、丹麦以及瑞典的"国家宗教"，为各个王朝的政治目标服务。路德否认教皇和宗教会议的权威，并且宣称自己拥护异端杨·胡斯的某些教义，他把《圣经》和教皇区分开来，并将《圣经》的权威置于教皇的权威之上。这一举动对教皇是一个反叛。

怎样理解新教？《牛津欧洲史》认为，16世纪的新教与19~20世纪的新教有许多不同。首先，16世纪的新教徒不是理性主义者，他们几乎和天主教徒一样迷信。据说，路德曾将墨水瓶投向魔鬼，加尔文教徒也曾吊死女巫。对于《圣经》，新教徒与天主教徒共享最本质的基督教概念，诸如原罪、神对宇宙的直接统治、天堂和地狱的存在等。其次，早期的新教徒既不宽容，也不相信政教分离，他们中的许多人都迫害过持不同宗教见解者。再次，早期的新教徒并不民主，多数早期的新教改革家并不认为人生而平等，他们信仰等级制度。路德宗和安立甘宗在政治和社会理论方面明显呈保守状态，加尔文宗在日内瓦和新英格兰则演变出一种近似神权政治的倾向。

新旧宗教也有一些共同点，如新教和天主教都在原罪和恶行方面加以区别，也都在民法和教会法方面加以区别。此外，虽然程度不同，但是二者都与资本主义相容。天主教与新教之间的差别是有的，但实际上没有那么大。最初，天主教面对新教的挑战试图镇压，后来，天主教也决心从内部进行改革，西班牙和德国的哈布斯堡皇室积极领导了天主教的宗教改革。

《牛津欧洲史》在理性主义和无神论的关系方面也给出了很好的解释。他们认为，自然科学的出现本身并不解决神学和哲学问题，然而近代科学的兴起却与一个新的价值体系密切相连，这就是理性主义。理性主义是一个宽泛的概念，一个人可能既是一个理性主义者，同时也是一个信仰超自然上帝的人。例如，托马斯·阿奎那及中世纪的其他经院哲学家就同时具有这两种特性。然而，在近代早期的西方，理性主义都把上帝降格为启动世界机器的原动力，在这之后上帝就不再干预其运行了，世界将根据科学的原理运行。启蒙运动是批判神学的，但是，这种批判很不彻底，只有极少数启蒙思想家是无神论者，而大多数人是有传统宗教信仰的。伏尔泰是传统宗教的嘲讽者，却也是上帝的坚定信仰者，他对几个无神论者进行了激烈的批判。大多数启蒙思想家都认识到宗教具有明确的社会作用，几乎所有人都将其看作维持道德和秩序的手段。一些启蒙思想家的思想具有宗教渊源。启蒙思想家的宗教信仰是多样化的。许多人提倡自然神论的宗教。自然神论认为，上帝创造了世界，使世界处于他所规定的自然法则的推动下，在这之后就任其自行运作。这种观点清楚地表现出在传统的有关上帝的看法与新的科学之间进行调和的一种努力。

《牛津欧洲史》对欧盟的形成历史也与诺曼·戴维斯有不同的描述。书中认为，欧盟的第一个前身是 1948 年成立的欧洲经济合作组织，它的成立是为了执行马歇尔计划，这个计划要求降低欧洲内部关税和消除贸易壁垒，鼓励信贷和促进贸易往来。欧盟的第二个前身是以美国为主导的北大西洋公约组织。北约是一个超级联盟，致力于保护成员国的安全，因此要求各国的国防部长、外交部长经常合作并进行联合军事行动。欧盟的第三个前身是 1951 年成立的欧洲煤钢共同体（欧洲煤钢联营）。这个联盟为国有的、私有的、公共的以及跨国的公司服务，它建立了两大工业经济能源的共同市场，使法国低成本使用西德高质量的煤炭储备。第四个前身是 1958 年成立的欧洲经济共同体。它不仅建立在欧洲煤钢共同体的经济基础之上，还寻求建立一个真正的共同市场。1967 年，欧洲经济共同体、欧洲煤钢共同体和欧洲原子能共同体合并为欧共体，关税和一些增值税维持着欧共体的运作。1979 年，欧洲议会通过欧洲全体公民选举而不再是国内议会来决定会员的资格。到 20 世纪 70 年代，欧洲共同体成为世界工业大户，也是世界最大的自由贸易区。2004 年，欧盟开始大规模扩张，成员国从 15 个一下子增加到 25 个。这就是欧洲统一的路径。

《牛津欧洲史》与诺曼·戴维斯的《欧洲史》之所以会有这些不同，一个重要的原因恐怕在于它的作者都是美国人。这是美国和欧洲对欧洲统一持不同的观念所造成的。

关于法国近年的史学发展，笔者的意图是就法国史学界最近几十年来的一些重大问题、重要领域以及重要的理论创建做一个相对详细的评说。

孚雷（François Furet，或译傅勒）是传统的法国大革命史学的挑战者，他反对过去勒菲弗尔（H. Lefebvre）、索布尔（Albert Soboul）等人注重写农民、无套裤汉等下层阶级的做法，也反对传统意义上的政治史研究。他从事的是一种政治和文化相结合的研究。孚雷复活了 19 世纪那些著名史学家，如托克维尔和埃德加·基内等人的研究路径，而我们知道，当初年鉴学派举起的一个重要旗帜就是反对19世纪的政治史偶像。可以说，孚雷自己的新政治史或曰政治文化史研究，是对19世纪史学倾向的某种复归和升华，也是对年鉴学派的某种背叛。

20世纪末期，法国中世纪史学界对杜比（Georges Duby）率先阐发并得到众多学者支持的学术观点"千年之变"或"封建革命"进行了讨论。新的挑战者否认在公元千年前后发生了"千年之变"和"封建革命"。

20世纪80年代以来，在法国史学界出现了新政治史。这些新政治史的学者关心的一个重大问题是政治课题在历史研究中的合法身份问题。他们将法语中的政治（la politique）从阴性名词改造为阳性名词（le politique），从而创造出一个新的概念，这个概念的定义是"整个社会的管理场域"，它总括了各个层次的现实。这样一来，政治史就具备了成为总体史的条件。新政治史家努力突破布罗代尔等人对政治史的简单化看法，对布罗代尔的"长时段"理论提出疑问。他们认为，政治史并不是大海浪花上的泡沫，认为一个事件可以通过记忆而发挥持续的历史影响，因而也可能成为长时段的要素。

20世纪80年代以来，有关知识分子的著作在法国层出不穷，从而开启了知识分子史研究的新领域。他们认为，知识分子参与了社会政治生活，充当了历史的"见证"，通过公共领域和意识形态内部的争论，知识分子能将当时国家和社会生活中的焦点问题和社会问题反映出来。

历史记忆是被历史学家重构的记忆或是共同的对过去的回想。这种以歌颂法兰西民族的光荣和伟大为中心的历史，可以被称作拉维斯主义。战后以布罗代尔（Fernand Braudel）和拉布鲁斯（Frnest Labrousse）为代表的主流历史学，重点关注的不是国家，而是社会；不是路易十四，而是他统治下的2000万法国人；不是国王的外交和战争，而是耕地形态、家庭结构、食物乃至情爱的历史。随着非殖民化运动以及国内教育领域的民主化和青年学生的激进化，人们都不再毫无批判地接受拉维斯主义的历史观，在学术上，也更加重视移民、妇女等新社会群体。1993年，即法国大革命时期旺代内战爆发200周年之际，在法国举行了旺代内战死难者纪念碑的落成仪式。旺代记忆的强势复苏表明，拉维斯主义关于大革命塑造民族统一的神话破灭了，地域性认同开始抬头，这势必唤醒和放大那种与民族国家的历史记忆颇为不同的地方性记忆。它针对的是法国大革命建构起来的集权主义的、共和主义的民族认同。应该指出的是，这样的事不仅仅发生在法国，而是一种全球性的文化现象。

20世纪80年代以来，如果要举出一项真正具有世界影响力的法国史学成就，那大概要首推皮埃尔·诺拉（Pierre Nora）主编的《记忆之场》了。莫里斯·哈布瓦赫（Maurice Halbwachs）关于记忆的经典论述的具体阐发是：记忆很大程度上是根据"当下"的条件而重构过去，它总是处于变化之中。记忆的功能并非完整地保存过去。从这个层面来说，对过去的再现、利用和扭曲，同样是历史研究不可忽视的。幻觉和想象本身就是历史研究的一部分，它塑造着历史。皮埃尔·诺拉强调，历史书写是一种有意识的权力策略，是对过去的一种政治利用，即使以科学标榜的实证主义民族史也不例外。这是该著作与拉维斯主义民族史的另一个根本不同之处。

最近40多年来，英国史学的发展并非按照单一的方向前进。在史学中，多种方法和色彩的著作并存，研究在不同的方向上都得到深化。

在中世纪史研究中，理查德·布里特内尔（Richard H. Britnell）写出了划时代的经济史著作《1000~1500年英格兰社会的商业化》（1993年）。他描述和解释了英格兰的商业制度以及观念的发展，研究了1000~1500年商业经济长时段的扩张。他强调中世纪后期市场在社会生活中的极大重要性。菲利普·肖菲尔德（Philipp R. Schofield）在他的《中世纪英格兰农民和乡村团体，1200~1500》（2003年）一书中，利用原始档案，叙述了农民日常生活的经历，包括领主和佃户的关系、土地持有制度、农民家庭及其更广泛的中世纪社团、宗教组织以及商业的联系。1981年，尼盖尔·萨尔（Nigal Saul）写了《骑士和缙绅：14世纪格洛斯特郡的乡绅》一书。他在书中根据该郡的档案，对该郡的社会结构做了研究，指出格洛斯特郡的绝大多数乡绅集中居住在塞文河谷和科茨沃斯区西部。这里表层土地贫瘠，他们形成了一个与骑士相区别的等级。凯特·默提斯（Kate Mertes）的《1250~1600年英格兰的贵族家族，善治与政治规则》（1988年），研究了贵族家庭的组成及其成员、贵族家族的经济状况、家族与政治和宗教的关系。W. M. 奥姆罗德（W. M. Ormrod）的《中世纪英格兰的政治生活，1300~1450》（1995年）一书，是对从爱德华一世晚期到玫瑰战争爆发时期英格兰政治史的研究。该书的特点是离开了宪政史而转向社会史研究。贝尔法斯特女王大学教授布鲁斯·坎贝尔（Bruce M. S. Campbell）写出了富于开拓性的著作《1250~1450年英格兰的领主制农业》（2000年），全书共500余页。坎贝尔在写作时，注意到亡故人士地产遗嘱的调查统计资料、大法官法庭的调查资料和庄园提供给城市的粮食账目统计资料，内容非常翔实。克里斯托弗·戴尔（Christopher Dyer）在1989年出版了《中世纪后期的生活标准，1200~1520年前后英格兰的社会变革》一书。全书研究了贵族的收入、作为消费者的贵族、贵族的开支、农民的生活标准、作为消费者的农民、城市生活标准、挣工资者等，是一种微观研究的写法。2005年克里斯托弗·戴尔的《转型的时代？中世纪后期英格兰的经济和社会》一书出版，该书反映了他对英格兰农业经济的研究从微观向宏观的转变。他认为，15世纪后期一系列特点的产生可以追溯到1300年前后甚至更早，它造成了乡绅等级的诞生，农民在一些时候成为牺牲品。这个结论强调，影响变革的是社会结构，而不是人口、价格、工资和地租。英格兰在1150年主要是农民经济，相对来说城镇数量极少。到了1500年，已经有相当程度的改变。贸易成了人们日常生活的一部分，城镇数量成倍地增长，英格兰成为欧洲工业化程度最高的国家之一。

关于近代早期英国国家的形成，有2000年出版的米切尔·布拉迪克特（Michael Braddict）的《近代早期英格兰国家的形成，约1550~1700年》一书。该书考察了英格兰国家在"漫长的17世纪"中的发展，强调使用政治权力的并非个人。在晚近英国革命的研究中，绝大多数史学家否认革命有长期的原因，而更关注1642年前夕短暂的因素。他们认为，在1640年之前，英国的政治共识超过了政治分歧。坎特伯雷大学历史学讲师格林·伯基斯（Glenn Burgess）的《古代宪政的政治学：英国政治思想导论》一书对早期斯图亚特王朝的政治思想作了研究。他认为，1625年以前，英格兰还保持着观念形态的一致性，这并非说明当时人们彼此观点相同，而是因为当时还没有出现引发原则冲突的事件。该书具体研究了普通法律师的代表人物爱德华·柯克和约翰·塞尔登等人的古代宪政观念，认为到了1625年以后，政治争端越来越影响到全国的稳定。

最近30多年来，近代初期英国农业中资本主义关系发展的程度和发展道路问题成为国际史学界争论的一个焦点。马克思认为英国近代是资本主义经济发展的典型国家，《资本论》中认为英国租地农场是资本主义性质，受这一论断的影响，一些马克思主义史学家形成了英国资本主义起源于农业的认识。罗伯特·布伦纳（Robert Brenner）题为《前工业时代欧洲农村的阶级结构和经济发展》的文章发表后，英国的农业史家对他的论文提出了批评意见。霍伊尔（R. W. Hoyle）在 1990 年撰文批评了布伦纳的文章，认为布伦纳对英国农业发展道路采取了单一化道路的解释。罗伯特·阿兰（Robert C. Alan）在《圈地和约曼农：1450～1850 年南密德兰地区农业的发展》（1992 年）一书中，根据土地税征收资料和维多利亚郡史的资料对 1790 年前后南密德兰地区 16131 个土地单位作了分析，区别了其中的庄园农场和非庄园农场。在这个地区，庄园农场仍占相当的比例，而非庄园农场却更多，占了多数，非庄园农场的总面积略高于庄园农场的总面积。这说明资本主义农场并不如想象的那么多。1989 年明格（G. E. Mingay）主编了《不平静的乡村》一书。明格在"导论"中指出，历史上农村社会关系的现实情况和诗人、小说家、艺术家所描述的大相径庭。到了 19 世纪初，大量农业雇佣劳动者才成为真正的农业无产阶级，农场主和雇佣农业劳动者之间的鸿沟到这时才加宽，阶级冲突也才加剧。1997 年，明格在《1750～1850 年英格兰的议会圈地：原因、发生率与影响的介绍》一书中对圈地运动的原因、过程和结果作了深入阐述，特别是对 1887 年以来在英国盛行的"农民消失"的流行说法提出了不同意见。

在英国社会史领域，出现了以保罗·汤普森（Paul Thompson）为代表的口述史派别。1975 年，他出版了《爱德华时代英国社会的再形成》；1978 年，他出版了代表作《过去的声音：口述史》。1987 年，他开创了"国民生存故事档案搜集计划"项目，这个项目后来改称为"国民生活故事档案"，这批档案现在收藏在大英图书馆全国音像档案馆。建立这一档案的目的是"尽可能地对当代社会作广泛的跨部门的第一手经验的积累"。随后展开的口述史工作，还包括苏格兰渔民家庭史和社团史、考文垂和都灵汽车制造工人的家庭史和社团史等。

20 世纪 80 年代以来，二战后成长起来的一代马克思主义史学家已至晚年，在 20 世纪 80 年代以后这批学者出版了最后一批著作。E. P. 汤普森

（E. P. Thompson）出版了研究 18 世纪英国社会史的文集《共有的习惯》（1991 年）。霍布斯鲍姆在 90 年代著有《极端的年代，1914~1991 年》。研究中世纪史的罗德尼·希尔顿（Rodney Hillton）写了《阶级冲突和封建主义的危机》（1985 年）和《封建社会英国和法国的小城镇比较研究》（1992 年）。希尔顿把英国封建主义的衰落和向资本主义过渡的原因主要归结为阶级斗争。

拉斐尔·萨缪尔（Raphael Samuel）是《新左派评论》最早的编辑部成员之一，他在离开《新左派评论》编辑部之后，开创了自己的"历史工场"事业，推动口碑史学的发展，发动普通工人来写自己的历史，创办了期刊《历史工场杂志》。拉斐尔·萨缪尔认为，历史并非史学家的专利，他拓宽了历史学的内容和历史写作者的范围。80 年代以后，他出版了一批劳工史著作，有《东端的下层社会：阿瑟·哈丁的生活散记》（1981 年）和文化史著作《记忆的戏台》（两卷本）。他还与巴巴拉·布罗姆菲尔德（Barbara Bloomfield）和盖伊·博纳斯（Guy Boanas）合编了《内部的敌人：矿工村庄和 1984~1985 年的矿工罢工》（1986 年）。

在思想史研究中，英国剑桥学派在近代初期的思想史研究中取得杰出成就。这一派以约翰·波考克（John Pocock）、昆廷·斯金纳（Quentin Skinner）和约翰·邓恩（John Dunn）为代表。如何理解剑桥学派？谁是剑桥学派的旗手？芬兰学者帕罗内（Karl Palonen）提出了"斯金纳的革命"论，认为斯金纳是剑桥学派的旗手。而笔者认为，剑桥学派的杰出代表应该数最年长的学者约翰·波考克。在剑桥学派中，应当说，波考克表现了某种与斯金纳不同的研究路线。昆廷·斯金纳还是以旧的方式从源流上和术语上来解读思想史。而波考克则使用了语言历史学方法来揭示思想家提出新思想的方式。他提醒历史学家要注意对史学著作语言的解读，他认为，再现语境或场景是历史学的一个重要任务，他对历史交往中语言的作用持有一种政治学视野，认为语言是一种政治行为和权力运用。他以博士学位论文为基础的第一部著作是《古代宪政和封建法：英国 17 世纪历史思想研究》（1957 年）。该书开创性地运用了语言历史学方法，在当时产生了巨大影响。在半个世纪之后的文集《政治思想和历史》中，波考克的语言历史学理论得到系统的阐述。此外，他出版了论文集《政治学：语言和时代》

（1971 年）。20 世纪 70 年代，波考克转变了自己的研究中心，从研究法学家如何理解法律，转到研究哲学家和神学家如何理解学术。以后，他又著有《马基雅维利时代：佛罗伦萨的政治思想和大西洋的共和主义传统》（1975 年）、《概念变化和宪法》（1988 年）、《德行、商业和历史：18 世纪政治思想与历史论辑》（1986 年），主编了《詹姆士·哈林顿的著作》（1977 年），编辑出版了埃德蒙·伯克（Edmund Burke）的《法国革命论》（1987 年）并作序。在他撰写的《野蛮和宗教》（五卷本，1999 年）中，波考克研究了英国历史学家爱德华·吉本（Edward Gibbon）生活的文化背景，以及吉本如何通过古代道德和近代商业观念之间不可避免的冲突来解释罗马帝国必然的崩溃和衰落。他还出版了《岛国的发现：英国史论文集》（2005 年）、《政治思想和历史：理论和方法论文集》（2009 年）等。据统计，到 1992 年为止约翰·波考克的论文和著作总数已达 149 种之多。

剑桥学派著述的光彩之处在于，它关注"政治思想的语言"和思想的前后关联，并将知识史和政治思想史混合加以研究。斯金纳的贡献在于他吸收了奥斯汀和维特根斯坦的语言学理论，提出了一种解释理论，致力于发现个人在撰写政治理论著作时的"语言行为"对特定语境的陈述。斯金纳长期以来对"语言行动"非常关注，他在 20 世纪 90 年代转向对英国近代早期政治理论的修辞学研究时，写了《霍布斯哲学的理性和修辞学》（1996 年）。之后，斯金纳转到他持续感兴趣的关于自由的历史，撰写《莎士比亚和修辞学的发现》。斯金纳在 1978 年出版了《近代政治思想的基础》（两卷本）后，又陆续出版了《近代英国的政治话语》（1993 年）、《自由主义以前的自由》（1998 年）、《政治学的视野》（三卷本，2002 年）和《国家和公民：历史、理论、展望》（2003 年）等。

斯金纳在自己的导师波考克的影响下，在 20 世纪 60 年代后期提出了方法论的问题，努力纠正政治学对历史的无感觉。他后来的著作论及了政府理论的本质问题。他的历史感使他对政治最终应当服从理性的观念表示怀疑。他著有《诡诈的非理性：理解政治》（2001 年），该书讨论了人类知识和理性的局限性如何阻止民主共和主义诺言的实现。他的《使人民自由：民主的故事》（2005 年）反思了作为一种政治理想的民主的繁盛和衰败。后来他又写了《打破民主的符咒》（2014 年）。

书籍史近年来也在英国发展起来。剑桥大学出版社出版了由 D. F. 麦肯齐（D. F. Mckenzie）、戴维·麦基特里克（David Mckitterick）和 I. R. 威廉森（I. R. Willison）任总主编的多卷本《剑桥英国书籍史》。该丛书篇幅浩大，各卷内容详尽，例如第六卷便有 891 页。该书为英国文化和知识传播史的研究提供了重要的资料。此外，扎卡里·莱塞（Zachary Lesser）著有《文艺复兴时期的戏剧和出版的政治学：英格兰图书贸易研究》（2004 年）。蒂莫西·克莱顿（Timothy Clayton）著有《1688～1802 年英国的出版业》（1997 年）。

英国史学中有优良的地方史编纂传统。维多利亚郡史是从 19 世纪开始编纂的一套大型英国地方史。各郡郡史通常都是多卷本，有的郡史甚至多达十几卷。它的编纂工作旷日持久。目前，一些郡的郡史早已完成；而另一些郡的郡史还在继续编纂之中。

近 40 年来社会历史理论方面最有影响的著作当数剑桥大学三一学院兼职研究员 W. G. 朗西曼（W. G. Runciman）从 1983 年到 1997 年写出的三卷本《论社会理论》（1983 年、1989 年、1997 年）。该书是以历史学理论为基础构建社会理论体系的重大尝试。该书第一卷以"社会理论的方法论"为副标题，以社会理论的功能为研究对象。书中认为社会理论有报道、解释、描述和评价四种功能。朗西曼把研究者的主观活动置于社会理论结构中一个极其重要的地位，把人的活动作为社会理论构成过程中一个重要的再制作过程。要求人们在履行社会理论功能的四个层次上都注意避免谬误。朗西曼特别强调要注意不同时期社会术语的差别，不能用某一术语的现代含义解释古代的术语。《论社会理论》的第三卷以"社会理论的应用"为副标题。他在这一卷中将社会理论的四种功能的分析用于 20 世纪英国社会史的研究。

后现代史学兴起之后，一批英国学者试图将后现代主义的历史观大众化。代表作有贝弗利·索斯盖特（Beverley Southgate）的《历史学，什么是和为什么：古代、近代和后现代的透视》（1997 年）、基斯·詹金斯（Keith Jenkins）的《重新思考历史》（1991 年）。而批评后现代主义思潮的著作主要有 C. 贝汉·麦卡拉（C. Behan McCullagh）的《真实的历史》（1998 年）和基斯·温德舒特（Keith Windschuttle）的《谋杀历史：一门学科是如何被文学批评家和社会理论谋杀的》（1994 年）。拉斐尔·萨缪尔在《历史工场杂志》1992 年第 22 期和第 23 期上发表了题为《阅读征兆》的文章，对后现代主义历史观进行了批评。

德国作为现代历史学的发源地，在历史书写的理论与方法上多有贡献，特别是历史主义的观念、历史社会科学的方法、日常生活史的视角等，都曾引起国际学术界的关注。从国际范围内的历史学发展来看，在过去的 100 年间，德国史学的地位呈现出不断下降的趋势。虽然在史学学科化以及相关理论与方法论的争论中，德国史学曾独占鳌头，但由于 20 世纪德国历史的跌宕起伏和全球化进程中英语文化占有的强势地位，德国的影响力已今非昔比。

就德国史学的内在趋向而言，20 世纪 60~70 年代是重要的研究范式转型期，完成了从普鲁士学派热衷的政治史向批判性社会（结构）史的转变。从 80 年代起，在国际性的"语言学转向"的影响下，德国也出现了诸如日常生活史或文化史的繁荣场景，同时开始摆脱宫廷/高层政治的局限，城市史、环境史、概念史、精神史、交往史等内容成为热点话题。到 20 世纪末，德国史学界基本上呈现为三派力量之间的纠葛，这就是传统但有所革新的历史主义学派、社会（结构）学派和新史学（包括日常生活史、文化史在内）学派。

历史学家大会是德国学界重要的学术聚会之一，至今已有 130 多年的历史。二战后，德意志历史学家联合会改组为德国历史学家联合会。它和德国历史教师联合会一起，继续担任历史学家大会的主办方。历史学家大会也逐渐确立了在时间上每两年一届的机制。与 20 世纪 90 年代的情况相比，21 世纪的大会分场话题发生了明显变化，古代史、中世纪史、近代早期史三大类的所占比重受到压缩，跨时代与近现代/当代史的选题数量占据七成以上。跨时代选题在 2008 年德累斯顿大会上达到顶峰，占总数的 42.4%；"跨洲/全球"性的选题增速明显：2000 年亚琛大会时只占 28.3%，到 2010 年柏林大会达到历史最高峰，达 58.1%，翻了一番以上。从研究领域来看，文化史已经成为每年历史学家大会的重头戏，它已经渗透到政治史、经济史、社会（结构）史等领域，因而累加效应达到三成。这就意味着 95% 的德国历史学家都是研究欧洲历史的，5% 的人是研究欧洲之外地区历史的。

在这一群体中，2.4%的人研究北美。换言之，只有12位学者（占2.6%）的研究范围涉及拉美、非洲、亚洲。

近年来，德国史学发展趋势出现了四点鲜明特征。第一，身份认同的建构与解释继续成为德国历史研究中的重大问题。德国史学家从否定纳粹历史出发，坚定自己的"西方"身份；从反思联邦德国历史出发，强调社会建构的渐进性；从批判民主德国的历史出发，寻找各种消融1949~1989年双重民族史的可能性；从欧洲化或全球化的历史出发，酝酿"欧洲/全球中的德国"这一新定位。第二，文化史的转向是德国历史研究中理论与方法革新的主要成果。文化史是2000年以来历史学家大会分场话题中所占比例最大的研究领域。第三，尽管民族史或欧洲史的选题比重不小，但新世纪以来的历史学家大会仍然表现出向全球视角进行转化的趋势。第四，历史教育的话题长盛不衰。虽然这是历史学家大会举办机制造成的结果，因为历史教师联合会是两大主办方之一，但它同样反映了德国历史学界对"历史传授"和"史学的公众化"所抱有的态度。

如今，在大多数德国人看来，当代史涉及的是东德、西德以特殊形式既互相对立又互相咬合的经验时段。双重甚至是三重当代史的出现表明，当代史并不是一个毫无争议的、可清晰界定的概念。相反，它是一个围绕分期问题争论不休的领域，是一个对时代精神进行权衡的领域，也是一个就历史理解之协调机制确定标准的领域。越到晚近，历史学家越认识到，史料本身无法建构任何有效的历史知识，绝对的客观性并不存在，没有"研究者的建构功能"，无法形成历史知识。研究者的建构功能中，重要的一点就是处理学术和政治的关系。

从20世纪80年代起，当代史的研究图谱不仅经历了量的扩展，而且经历了质的提升。其中最重要的成果之一就是出版了第一套六卷本的《联邦德国史》专著。在20世纪60~70年代，当代史的研究对象主要集中在传统政治史领域。从80年代开始，当代史才将注意力放在了经济、社会和文化政策上，并逐渐向纯粹的社会文化史倾斜。与此同时，地方史、口述史、心态史和日常生活史等分支学科的要素也加入当代史研究中来。

近年来，德国史学最突出的贡献是概念史。《历史基本概念》词典是科泽勒克（Reinhart Koselleck）最主要的著作，它在西方产生了广泛的影响。

科泽勒克在该著的"导论"中指出，这项研究的主要目标是在概念史框架中探讨旧世界的解体和新世界的兴起；主要研究的地域范围为德语地区，但以整个欧洲为背景；研究对象包括已发生转变的概念和新创的概念。科泽勒克把概念史看作理解现代性诞生的一条路径。他的理论前提是：历史凝结在特定的概念中，历史之所以成为历史，首先在于其各种概念化的方式。但他所称的概念，并不是含义清晰确定的术语，恰恰相反，他考察的概念"集中了多重意义"，只有富含社会和政治情境的词语才能成为概念，它与历史实在存在持续的互动关系，唯此概念史才能成为历史变迁的因子和指示器。

近年德国史学的另一个重点是德国公众史学的学科化，其起点出现在20世纪70年代末80年代初，也同样受到社会急剧转型、历史编纂学的后现代转向的促动。德国的特殊性在于，其公众史学不是另起炉灶，而是在一门颇有历史传统的学科，即"历史教育学"内部发展起来的。公众史学旨在"研究不同文化、商业模式的国家和社会机构（大学、中学、博物馆、管理部门、历史协会等）以及媒体如何解释历史，如何让训导、消遣、证明、批判、引导、启蒙和其他记忆模式在无所不包的历史记忆统一体中相互影响"。它关注的是主体间的互动关系，特别是交流和争议。现在，全球视野下的公众史学比较研究早已成为德国学界的一种方向。

在德国，"历史清算"是指人们与纳粹历史所进行的纠缠和批判，它牵涉到当代德国人认识纳粹历史、评价纳粹罪行、反省民族责任的立场、途径与限度，这是战后德国社会不得不面对的重大历史问题。20世纪80年代以来，"历史清算"愈加频繁地成为德国公共历史争议的主角。德国历史学家敏锐地抓住了这一话题，在公众史学研究领域中开拓出一系列值得我们重视的新方向。

对于美国近年来史学的发展，概括说来，全球史、大历史以及观念史的发展是一些突出表现。

从根源来看，全球史首先出现在美国。1963年，威廉·麦克尼尔（William H. McNeill）出版了《西方的兴起》，这部书被认为是第一部具有全球视野的世界史著作。但是，迄今为止，全球史在表现人类历史的多样性和差异性上做得并不成功，甚至有一种以单一叙事来取代多元叙事的危险。而漠视人类历史的多样性和不同地区之间的差异，只能让这种全球叙事成为带有某种种族中心主义倾向的主导叙事，不但拒斥其他来自地方经验的叙事，而且无助于认识和理解人们生活于其中的这个世界。近年来，对全球史的反思和批判已经引起了学者的足够关注。任何一种试图对人类、地球或者宇宙进行总体描述的历史，比如世界史、全球史以及最近流行的大历史，都可以归结为普遍史（universal history）。而普遍史从本质上来说是一种历史哲学，其目的并不在于对过去进行详细的再现与描述，而是对未来提供一种"预言"或"预测"。

早期的普遍史，特别是古罗马和基督教时代的普遍史，通常蕴含着两大主题，即罗马人的征服和基督教的胜利。对过去的所有解释都可以看作对实现上述两个主题的回溯式预言，过去因而成为未来的铺垫和准备。大历史能够让人们更好地理解"人类在不远的未来所面对的重大挑战"。大多数全球史学者在对人类历史的整体叙述中，都暗含了一种指向未来的价值判断，即分散在世界各地的人类最终会走向统一，且自始至终都在顺应着这一趋势。为了使这种价值判断成为可能，全球史学者需要赋予人类历史的空间或横向整合以一种时间或纵向上的连贯性，全球化或全球历史的形成因此被推向了遥远的过去。

如果说注重整体性的全球史叙事必然会忽视地方因素且可能滋生出一种种族中心主义的倾向，那么跨文化互动这一全球史的核心概念似乎是对上述缺陷的弥补。在全球史学者的理解中，跨文化互动对所有卷入其中的人们在社会、政治、经济和文化上都产生了重大的影响，而且以此为全球史分期的标准，会摆脱种族中心主义偏见。"互动"还暗示了对等和自愿的原则。但在人类全球化的历史进程中，特别是1500年以后，互动主要表现为西方对非西方的霸权与压制以及一系列大规模的暴力行为，非西方在这一过程中始终处于被动、防守甚至反抗的境地。因此，在理解全球史中的互动问题时，殖民主义和帝国主义必须被考虑在内，必须看到其中所包含的冲突与斗争、统治与反抗。

后殖民史学是美国近年来一种新的史学研究趋势，它的重要特征是对西方历史知识体系的合理性提出了挑战。这种挑战主要表现在以下三个方面：第一，对启蒙运动时期所形成的历史主义进行批判，反对理性的和进步的历史观；第二，对历史发展的总体性做出否认，强调历史差异和多样化的历史表现方式；第三，对西方历史话语中的权力关系提出考问，质疑其客观性与合理性。具体到世界史研究，后殖民史学的一个重要任务就是将殖民主义重新置于世界史的框架中加以审视和考察。与以往的研究侧重殖民主义对殖民地的政治、经济施加影响不同，后殖民史学探究的是殖民地知识如何影响甚至决定了宗主国（西方）对殖民地（非西方）的认知和想象，以及在这一过程中所体现出的西方的权力运作。

区域史在美国史学中占有重要地位。阿兰·梅吉尔（又译艾伦·梅吉尔）指出，存在两种区域史：一种是一个民族国家内部的某个区域的历史；另一种是超越民族国家边界的区域的历史。前者介于民族史与地方史之间，后者介于民族史与全球史或世界史之间。保罗·克莱默（Paul A. Kramer）认为，不论是第一种区域史还是第二种区域史，都可以通过某些政治经济或地缘政治通道与世界史或全球史发生联系。区域史就是构成世界史或全球史一部分的区域性经验。

当下西方区域史研究的一个热点是大西洋史。美国历史学会自 1998 年起设立大西洋史学奖，从其中一些获奖图书的研究主题中不难看出，大西洋史研究的重点是现代早期美洲、欧洲和非洲或者英国、法国及其在美洲和非洲的殖民地所构成的经济和文化区域之间的联系。世界史或全球史若要避免一元化趋势，也必须借助区域性经验，使自身朝着跨区域史的路径发展。

"大历史"（big history）是近年来在美国兴起的一个新的史学研究领域，它强调从长时段和大范围来研究上迄宇宙诞生直至当今时代的人类和非人类的历史，具有宏观的视野和开放的体系。大历史注重宇宙史、自然史与人类史的相互联系，力图将传统史学与宇宙学、地质学、天文学、气候学、生物学、考古学等学科结合起来，具有典型的跨学科特征。

大历史的产生固然有其特殊的时代和学术背景，但它并不是一个"全新"的事物。希腊历史学家波利比阿的《历史》是第一部称得上普遍史的著作。该书集中论述的是罗马的崛起以及对地中海世界的征服，正是在这一主题下，所有分散的历史才具有了一种统一性。基督教的形成则带来了另外一种普遍史类型，即宗教的普遍史。新的普遍史认为，人类的历史是由普遍的自然规律决定的，人类可以凭借其理性认识发现这些规律。

由此产生了不同的变体。2010年，大历史的奠基人大卫·克里斯蒂安在《历史与理论》杂志上发表《普遍史的回归》一文，将大历史与普遍史传统联系起来，这让沉寂多年的普遍史再次进入人们的视野。克里斯蒂安指出，大历史是对古代普遍史传统的回归，但它是一种新形式的普遍史，新在其实践上的全球性以及精神和方法上的科学性。作为科学的普遍史的大历史，其实质是想整合"两种文化"，即自然科学和人文科学，使大历史成为一门真正涵盖一切学科的知识。

观念史（the history of ideas）在美国也有一定市场。哲学史侧重研究各种哲学体系和流派，观念史则关注构成这些哲学体系和哲学学说的最小成分，即"单元观念"。观念史有时被认为是思想史的分支，并可以和后者不加区分地混用。但两者还是有一些明显的区别。首先，观念史作为一门学科，其产生要早于思想史。其次，观念史偏重对观念或思想本身的考察，更具分析和理论色彩；而思想史则更多地研究思想的产生与发展、起源与流变，更加注重历史脉络。但是，观念史出于本身的学科特性，也因为对历史性和语境的强调，而与思想史日渐趋同，以至于两者几乎没有什么区别。在某种程度上，思想史正在取代观念史，成为更值得历史学家信任的研究模式。

在新文化史的推动下，美国的历史学者尤其是年青一代的历史学者对于微观史、历史人类学的研究兴趣空前高涨。近年来，随着史学研究中大尺度的兴起，史学研究的各个领域，比如经济史、文化史、政治史等，都出现了不同程度的新变化。学者们主张用长时段和跨区域的视角对基于民族国家和短期主义的传统史学予以改造，强调在时间和空间两个范畴上去扩展研究对象的范围，以便对之有一个全面的和综合的认识。

本书绪论、第一章欧洲史部分和参考文献由姜芃撰写；第二章法国史部分由黄艳红撰写；第三章英国史部分由沈汉撰写；第四章德国史第一节、第五节由孟钟捷撰写，第二节由何世韬撰写，第三节由范丁梁撰写，第四节由黄艳红撰写；第五章美国史部分由张旭鹏撰写。

第一章　关于欧洲史的写作

欧洲统一的思想由来已久，在 19 世纪，法国就有人提出了欧洲统一的思想，他们是基佐、圣西门和雨果。这三个人都是法国人，分别是法国的思想家、政治家和作家。他们在自己的学术或政治生涯中感到欧洲需要联合，而不是分裂。随着历史的发展，这种迫切性越来越强烈，最终造就了欧洲的联合。所以，我们探讨欧洲联合，不妨先从这些先贤们的欧洲联合思想萌芽谈起。

第一节　基佐的欧洲观

基佐是最早提出欧洲联合思想的人。他既是一位政治家，同时又是一位学者，他的思想为以后欧洲联合奠定了基础。

（一）生平

基佐生于 1787 年 10 月 4 日。他的家庭信奉新教，祖父是一位信奉新教的地下牧师。在经历了迫害后，国王路易十六的宽容敕令终于使他们获得了公民权。1789 年，法国大革命爆发。基佐的父亲和外祖父都对革命充满热情。他的外祖父博尼塞尔是一位雅各宾党人，1793 年至 1795 年曾被选为加尔省的议长并同时担任省长。基佐的父亲安德烈则是一位吉伦特派的联邦主义者。在雅各宾执政时期他被迫逃亡，但仅仅几周之后就被捕了，被尼姆的革命法庭审判并最终在 1794 年 4 月 8 日被送上断头台。而他的外祖父却对这个处于危难中的女婿袖手旁观。这件事以及被处决前的探监经历对基佐注定产生重要影响，使他对革命运动持怀疑态度。

在接受了共和政府倡导的两年新式教育之后，基佐和母亲及弟弟前往日内瓦。1798年以后，拿破仑战争使日内瓦重新成为莱蒙省的首府。它已然是一座法国市镇。日内瓦保留了自16世纪以来的加尔文派传统，仿佛是新教的"罗马城"。基佐的家庭过着朴素的生活，家庭收入和积蓄的主要部分都用在两个孩子的教育上。从1803年开始，基佐在日内瓦学院修习哲学，阅读康德、席勒和赫尔德的著作，还致力于外语的学习，学习古典语言拉丁语和希腊语，同时注重活的语言，如德语、意大利语和英语。这使他日后能够对邻国的意识形态和文学了然于胸。除此之外，他还学习了细木工、绘画和马术。

1805年，基佐来到巴黎，他母亲则重返尼姆，这使他能够不顾母亲要求他学习法律的愿望，而成为瑞士清教徒施塔弗的家庭教师。1806年至1810年，基佐住在这个家庭。施塔弗有一个著名的沙龙，就是在这个沙龙里，基佐得以接触巴黎的文学界。受法国浪漫主义先驱夏多布里昂的影响，他曾在文学方面有过不怎么成功的尝试。但是，他对外国文学的开放态度与巴黎圈子中的自我中心主义形成鲜明对比。1808年，他开始翻译英国历史学家吉本的《罗马帝国衰亡史》，他还在米绍（Joseph Michaud）主编的《世界历史》中修订了300多位德国文学家的生平，发表了一些有关日耳曼文学作品的评论。由于这些努力，他实现了财务独立，得以在1810年离开施塔弗家，开始独自生活。

1812年是基佐生活的转折点。女作家葆琳·德·莫兰（Pauline de Meulan）因经常在《政论家》杂志发表关于巴黎生活的文章而出名。1807年初，她因为患病不得不终止了专栏的写作，基佐暂时替代了她。其间，两个人开始交往，这段感情以探讨思想为开端，最终由友情发展为爱情。他们看上去并不是很般配，莫兰出生于1773年，比基佐大14岁；莫兰信天主教，基佐信新教。基佐的母亲对这桩婚事的态度很勉强，没有参加基佐的婚礼。婚礼在新教教堂举行一次，在天主教教堂举行一次。婚后，他们致力于教育的比较研究。从1811年到1814年，他们在《教育年鉴》上发表对法国、日耳曼、英国和美国教育比较研究的文章。同时，他们还从事翻译。在结婚的那年，他们完成了对吉本著作的翻译。19 世纪 20 年代初期，他们又完成了对《莎士比亚全集》的翻译。可是，在家庭生活中，他们很不幸，两个儿子都夭折了。

1812 年是基佐思想的转折之年。就在那年的 7 月，索邦大学的校长方丹决定任命他为该校的现代史教授。此时他仅 25 岁。这次任命使他从文学转向了史学。在那里，基佐结交了许多新朋友，其中包括哲学教授、王政主义自由派学者鲁瓦耶-高拉尔（Royer-Collard）。由于他对夏多布里昂作品的频繁引用，最初基佐被归为反对派阵营。但是，他与政权保持的距离并不遥远，正如他在回忆录中所称："反对我所生活的时代毫无意义，我所追求的是纯粹思想上的批判，没有细致的行动计划也无过分的激情，这种批判在我长期的哲学生活中十分重要，但涉及具体的政治行动，我是漠不关心的。我满足于在不作为中保持思想独立和言论自由。"[1] 他对皇帝拿破仑并无任何迷恋，在索邦执教期间，他拒绝为皇帝唱赞歌，也曾花钱免除军役。

在复辟王朝时期，基佐开启了他的政治生涯。他是一个中间派，同情英国的政治制度。在拿破仑第一次失败之后，1814 年 5 月 3 日，路易十八莅临巴黎，颁布《1814 年宪章》。这套宪政模式与英国相近，它肯定了大革命时期的许多重要原则，如法律面前人人平等，宗教信仰和新闻出版自由等；国王保留了完整的行政权，有自由任免内阁各部大臣和对外宣战的权力；宪法还将立法权分属两个机构，上议院的议员由国王任命，众议院由为数不多的纳税人选举产生。这部宪法是 1814 年至 1848 年法国政治生活的基础，1830 年的修宪亦未能动摇其根基。基佐的政治生涯就建立在对这部宪法的完全认同之上。

在鲁瓦耶-高拉尔的大力举荐下，基佐在新政府建立伊始就在政府任职，他首先担任国务秘书，之后又担任内阁大臣，而该职务原先是由孟德斯鸠主教担当。拿破仑的"百日王朝"期间，基佐选择了辞职，暂时重返校园。5 月底他离开法国，在甘德省与路易十八相会并劝其返回巴黎。在随国王返回巴黎后，基佐在司法部担任国务秘书。当时，法国右派和左派的

---

[1] 皮埃尔·特里奥姆夫：《基佐的欧洲观》，秦川译，高毅校，北京大学出版社，2012，第 9~10 页。

斗争激烈。王政派仍沉醉于旧制度，妄图夺回大革命中失去的土地和财产。左派，即自由派，对充斥于国王周围的旧贵族深感不安，对复辟王朝在礼节、礼仪上的旧制度遗存深表忧虑。基佐和鲁瓦耶－高拉尔、加弥尔·乔丹、赛尔伯爵则居于这两个派别中间，他们依附于王权与秩序，又向往自由的政治。考虑到当时复杂的政治形势，他们决心以渐进和审慎的态度推进自由。他们被称为"空论派"（Doctrinaires），在路易十八的宠臣德卡兹（Decazes）的支持下主导着政府，其影响随着时间的推移日益增大。

"百日王朝"之后，极端王政派发起反攻。在法国南部，特别是基佐的家乡尼姆，一场反对帝国与革命的民众运动爆发。作为司法官员，基佐尽全力恢复被暴乱扫荡的司法机构，采取一切手段控制局势，追诉肇事者。1815年8月15日，法国选出了带有反革命色彩的"无双议会"，这个议会千方百计地试图通过特别法，以严惩"百日王朝"期间的"犯罪分子"。他们还试图推翻宪章中的自由条款。基佐竭力限制议会对司法机构的清洗，他顶着王政派的巨大压力，保留了革命和帝国时期任命的四分之三的检察官的职务；他还对逮捕高层行政人员做出特别的限制。

因此，基佐成为王政派十分痛恨的人，1816年5月，政府改组时，基佐被排除出局。在这之后，他成为德卡兹的主要顾问之一。在两人的努力之下，路易十八终于在9月5日颁布敕令，解散了议会。在新的议会中，王政派成为少数，政府终于可以施展自己的方针。基佐的作用一如既往地重要，他参与了许多法律条文的制定。多亏了他，1817年的选举法才得以实施，这部选举法在只有纳税人才有选举权的时代被公认为是具有自由色彩的一部选举法。1819年通过的新闻出版法，取消了审查权，其中也少不了他的功劳。

除了在政府中发挥作用，基佐还积极引导公众舆论。1816年，他翻译了德国人安锡隆的《论主权及政府的形式》和《代议制政府与法国之政情》。从1817年7月到1818年底，他与鲁瓦耶－高拉尔一起支持《哲学、政治和文学档案》一书的出版，之后，他们又创办《邮报》。他的许多文章都是从宏大的原则出发来阐述当下的政治形势。

1819年之后，基佐陷入低谷。随着基佐个人地位的上升，对他的猜疑产生，猜疑者中包括他的老师鲁瓦耶－高拉尔。1820年2月13日，路易十八的侄子贝里公爵被刺杀，这导致一部分中间派与右派结合。德卡兹被迫下台，《特别法》得以通过，对新闻自由也予以严格限制，选举法也被迫修改了，"双重选票"的施行大大有利于富人阶层，因此，右派赢得了此次大选。失去了德卡兹的庇护，基佐连续几个月在政府中碌碌无为。1820年底，他又回到了学校。

1820~1822年，基佐讲授"欧洲代议制起源"课程。他对12世纪以来的欧洲主要国家的政治制度的发展进行回顾，驳斥了认为代议制是舶来品的说法。与此同时，他还写作小册子，1820年，他出版了《复辟以来的法国政府与当今之行政》；1821年，他又出版了《政府形式及当今法国的不同政见》。这两本小册子都大获成功，展现了基佐"理性主权"的观念和他对君主立宪制的推崇。当时反对派主张用暴力推翻1822年掌权的维莱勒内阁。基佐与他们的不同是他仍相信合法手段，并对废除政治犯的死刑感到满意。1822年，他在索邦的课程被取消，同时遭此厄运的还有哲学家维克多·库赞。在以后的岁月里，基佐专门致力于历史研究，出版了《法国历史论文集》及《英国革命史》的最初几卷。

1827年，基佐的妻子去世。也正是在这一年，他又回到政治舞台。1824年，右翼王政派的势力达于顶峰，臭名昭著的查理十世登上王位。左派的声音开始扩大，夏多布里昂谴责政府压制自由，维莱勒政府被击败，取而代之的是倾向于中间立场的马提那克内阁。这届政府取消了对基佐授课的限制，1828年4月18日，基佐重返讲台。这次回归不同寻常，在索邦，历史学的基佐、文学的维勒曼和哲学的库赞，组成了三大教授"阵容"。他们的课总是座无虚席，吸引了两千多名学生来听课。基佐讲的内容离现实较远，但是，他的"文明"概念在方法上是一种创新。他以总体的思想为指导，加之以缜密的研究为基础，对欧洲的诠释充满了新意。他的这些讲稿在当时的名称是《现代历史课程》，一共六卷。在1829年和1830年出版时，题为《欧洲文明史》。他是较早用文明概念讲解历史的人，这一历史观念有助于他从整体上观察欧洲历史。

基佐的私人生活也一帆风顺，他娶了已逝妻子的侄女，此事是前妻在病榻前促成的。这位妻子比基佐年轻不少，出生于1804年。基佐在1829年被补选为众议员，这是由于里斯约（Lisieus）市职位空缺，他本人却与位于诺曼底的里斯约没有什么关系，他得到自由派头面人物杜邦·德·欧尔的大力支持和夏多布里昂的推荐。1829年8月8日，查理十世以更加保守的波里纳克亲王取代马提那克组阁。基佐返回老家尼姆，争取那里自由派的支持。在尼姆回巴黎的路上，他听到了国王颁布"七月敕令"，查理十世再次解散议会，修改选举法，取消新闻自由。在此情况下，基佐和部分人坚持对王权的暴政进行合法抵抗。在与政府军交锋3日后，巴黎市民取得胜利。基佐等人推选持自由派主张的奥尔良公爵为国王。1830年8月7日，议会重新召开会议，奥尔良公爵被正式加冕为国王，号称路易·菲利普。

七月王朝的政体是基佐期盼已久的君主立宪制，它是君主制传统与大革命的遗产、秩序与自由的最好结合。路易·菲利普上台后在恢复秩序的同时，肯定了1789年以来大革命的遗产，比较大的变化包括：废除贵族的世袭权利，使上院的作用受到削弱；通过降低纳税额，使选举人的数量扩大了一倍。总之，政治的天平向左倾斜，此前作为反对派的自由主义者和"空论派"终于占据了政治前台。

从七月王朝建立伊始，基佐便在政府中工作，一直持续到1848年的二月革命。一开始，议会内部意见一致，但是，很快就分化为两个主要派别。一个是抵抗派，基佐是其中的主要人物。他们认为七月王朝的改革已经足够，甚至有些激进，希望迅速回到秩序状态。另外一派是运动派，与抵抗派相反，他们认为应该满足一部分激进派的革命要求，拉法耶特和银行家拉菲特是这一派的主要代表。这两个派别有时这一派占上风，有时那一派占上风。基佐不断谴责革命思潮所导致的失序状态，他甚至为那些最不讨人喜欢的政策辩护，因而被运动派认为是头号敌人。在这届内阁中，梯也尔和基佐的影响最大，他们成了反对派最大的靶子。在任内政大臣期间，基佐对行政人员进行了较大的改组，特别是对地方官员，改变了以往王政派占优势的状况。1832年10月，基佐担任公共教育大臣，尽管历经多次改组，他在这个位置上一直坐到1837年。这里，有必要谈谈《基佐法》，这是1833年6月28日通过的。《基佐法》重新构建了初等教育体制，将教育的目标严格限定为培养学生的基本能力——说、写、算，同时指出道德情操的教育也必不可少。根据该法，教师被置于监管委员会的监督之下，每个乡镇都要有自己的初等学校，每个省必须开办培养教师的师范学校。基佐的另一个贡献是在历史学方面，他呼吁加强国民的历史教育，致力于历史文献的整理和出版，倡导改革历史学的教育机构，还参与了建立凡尔赛博物馆。

1836～1837 年，抵抗派又分裂为三个政治派别，每一派各有信众，虽然三者立场并无本质区别，基佐、梯也尔和莫雷（国王的亲信）分别是各派的代表人物。1839 年春，莫雷终于在反对派的声讨当中倒台。1840 年 3 月，梯也尔在赢得包括温和派的支持后上台组阁，基佐也成为驻英国大使。1840 年 10 月 28 日，路易·菲利普用基佐替换梯也尔，以处理外交事务。国王与基佐的关系日渐亲密，他们对待时局的看法是如此一致，以至于难以区分二人在决策过程中各自所发挥的作用。直到七月王朝倒台，基佐始终领导着政府，但名义上政府首脑是拿破仑帝国时期的老军人苏尔元帅。

外交事务是基佐的本职，也最令他操心。基佐政府最有影响的行动就是征服阿尔及利亚。复辟统治初期，法国强占了阿尔及尔，到 19 世纪 40 年代初期，法国政府决定将占领扩大到阿尔及利亚全境。布里奥将军负责指挥这场战争，这位性格倔强的将军与战争部的关系不太融洽，他总是直接受基佐的指挥。战争中，法国使用了一系列残酷的手段，这些手段在国内也引起不小的争议，但基佐认为没有实质之过。在对待英国的态度上，基佐秉持亲英政策，使法国与英国缔结了同盟条约。他的这个举动屡遭公众质疑，但他不为所动，这也成为他最终下台的原因之一。

从 1846 年开始，基佐的地位似乎更加巩固了，空论派首次在议会中成为绝对多数。也是从 1846 年开始，七月王朝的内政和外交形势更加恶化。法国政局日益动荡，首先是农业，然后蔓延到工业领域。一开始，抗议还局限于合法的领域，后来就出现了革命的苗头，社会主义思想开始赢得人心。小资产阶级由于付不起足够的税额而没有选举权，长期被排除在政治生活之外，而他们本来是秩序的最有力的支持者和国家的保护者。1847 年夏天，巴黎开展了一系列"宴会运动"，由此革命派进行宣传和鼓动，要求降低选举资格。1848 年 2 月 22～23 日，示威变成了革命，国民卫队也拒绝镇压革命。路易·菲利普不得不命令基佐下台。但是，群情激昂，不甘平静，一天后，国王不得不宣布退位并逃往英国。菲利普与基佐在英国相遇，基佐不得不在英国度过一年多的流亡时光。

告别政治生涯，基佐重返历史研究。在间断 20 多年之后，他完成了《英国革命史》六卷本的写作，此书于 1856 年全部出版。他还出版了许多宗教题材的作品，为福音派辩护。基佐也曾想重回政坛。1849 年，他出版过一本谴责民主狂热的小册子，却凸显出他与政局的格格不入。1858~1867年，他修订了《我们时代的历史备忘》一书，坚持他对秩序和自由的推崇，显示出他对 1848 年革命的不能理解。1863~1864 年，他出版了《法国议会史：1819~1848 年的议会演讲稿全集》。第二帝国末期，基佐担任了教育顾问委员会主席和其他几个重要职务，在 1870 年 5 月的公投中，他呼吁人们投赞成票。总体来说，他对政治的影响是有限的，从 19 世纪 70 年代初到去世，基佐一直保持着谦虚和低调。1874 年，基佐去世，享年 87 岁。

（二） 基佐关于欧洲统一的思想

基佐是法国乃至欧洲第一位从历史上系统思考欧洲统一问题的思想家。他长期处于法国政治旋涡中，对时局的掌控具有一定经验；同时，他又是一位历史学家，能从整个欧洲的角度思考问题。因此，他的思想至今具有现实意义。

基佐的现实关怀是与他的历史观相联系的。他写了《欧洲文明史》，那么，什么是欧洲文明？首先，基佐探讨了欧洲在地理上的位置。在地理上，欧洲的边界模糊，随着时间的推移，欧洲的地理范围不断扩展，逐渐融合了东边的斯拉夫世界。但是，基佐认为，欧洲的概念内涵与轮廓也处于不断变化之中，直到 19 世纪，欧洲的演进与转型仍未停止。欧洲将沿着这条自由之路继续迈向未来。

基佐强调欧洲大陆的宗教性质，他多次使用"基督教欧洲"的提法。他认为，欧洲的联合始于十字军东征。十字军东征的首要特征是它的影响的普遍性，几乎整个欧洲都参与进来，它是第一次真正意义上的全欧洲的历史事件。他说，此前我们从来没有看到欧洲人以同样的感情、出于同样的原因而统一行动。十字军东征让基督教徒迈着同样的步伐离开祖国，踏上征程。国王、教士、资产阶级和农民，所有的团体都为了共同的利益加入了十字军的行列。在各国内部团结一致的基础上，整个欧洲也前所未有地联合在了一起。

宗教改革是欧洲进入现代社会的标志，它也是影响了整个欧洲的事件。宗教改革开启了之后延续几个世纪的哲学运动，并逐渐改变了欧洲政治生活的面貌。从某种意义上来说，宗教改革所处时代的政治、宗教、哲学和文学领域的历史事件要比以前大为增加。不仅是数量上，在差异性和重要性上也胜过一筹。当时人们的精神活动涵盖各个方面，包括人与人之间的关系、人和权力的关系、人和国家的关系以及纯粹的思辨领域。一言以蔽之，那是一个充满伟大人物和重大事件的时代。①

令人吃惊的是，基佐对启蒙运动不屑一顾，没有丝毫的赞许。他说，启蒙运动反对绝对君主制，它和政权保持着距离，把一些正确的观念和空想的理论结合在了一起，完全不切实际。基佐对革命有一种天然的反感，他认为，激情澎湃的法国大革命带来的更多的是一些负面结果，它扰乱了秩序，威胁着社会的平衡。他还说，我们要推广的是自由而不是革命，动乱与革命对于一个国家来说实在是再糟糕不过了。要实现自由就必须避免革命。希望今天的人们不要以革命作为法国的美德和优点，它的长处是自由、是内部的秩序而非混乱。他说，他愿意反复强调，激进的精神是所有重大权益，包括国家的合法利益、秩序、自由以及和平的致命威胁。② 他反对共和主义关于权力的种种抽象解释，认为权力必须以君主制的方式"人格化"，只有这样的政权才能超越社会内部的各种矛盾冲突。

基佐对文明的定义与启蒙哲学家的观点大相径庭。启蒙思想家，特别是伏尔泰认为，世界文化的多样性根源于各地区的自然环境，特别是气候等方面的不同。基佐认为，文明是由人及其活动的空间而非地理或人种等那些确定的因素来塑造的。只有历史，只有历史事实才可以构成文明。欧洲的特性是历史辩证演进的果实。欧洲史在历史的情境中，在众多不同的文化因素交相作用却又彼此无法同化的背景中，才孕育出了她永恒的果实——进步。③ 基佐认为，欧洲是世界文化的集大成者，在历史的发展中，崇尚宽容的思想在欧洲生根，大陆内部许多看似矛盾的文化因素其实并无主次之分；同样，这块以进步为动力的土地，具有包容和吸收人类其他文

---

① 参见皮埃尔·特里奥姆夫《基佐的欧洲观》，第 96 页。
② 参见皮埃尔·特里奥姆夫《基佐的欧洲观》，第 118 页。
③ 皮埃尔·特里奥姆夫：《基佐的欧洲观》，第 53、54 页。

化的天然使命感。因为，"人类具有普遍的共同命运"。[①]

那么，什么是欧洲文明的特色呢？基佐认为，多样性是欧洲文明最显而易见的特色。他说，欧洲文明是我们这个世界的真实写照，就像世间万物的演进过程本身一样，欧洲文明不狭隘、不单一，也非停滞不前。在现代欧洲，社会内部的多种元素相互作用孕育出自由的精神，这些不同的社会元素由于相互消灭对方，彼此形成了一种妥协，因而得以共存。欧洲文明的多样性及社会内部各成分彼此斗争、发展的现实催生了自由。他还说，不同形式和原则的社会组织共存于一体，精神权力与世俗权力，神权、君权与贵族权力，当然还有人民的权力，此种状态对自由精神的发展和财富的增长有着无限重要的影响。

那些西欧国家，如法国、英国、德国、意大利和西班牙，是基佐关注的重点。在《欧洲文明史》中，基佐让英国独占一章，好像把它看作楷模，认为它的发展模式代表了欧洲大陆的发展模式。他说，英国贵族从一个与社会割裂的、封闭的上层团体转化为流动的、人才可以不断加入的乡绅群体，17世纪议会制度在英国的出现更证明了她的社会组织的发达。对社会公益的崇尚占据了重要位置，那些终生以纯粹的思想为业的大思想家如培根、洛克，还包括苏格兰学派等，在哲学领域属于实用主义学派，他们关注直接和正面的结果，很少对想象和逻辑推理产生兴趣。从某种程度上说，盎格鲁-撒克逊文明的核心特点就是实用性，功利主义和崇尚实践的原则处处主导着英格兰，具体而实在的有形之物是其文明的特点。[②] 基佐对英国文明特别推崇，他指出，欧洲的普遍特征尤其体现在盎格鲁-撒克逊的文明中，民间力量和宗教力量、地方与中央机构起着同样重要的作用，政治、道德、宗教、贵族、民主和王权等要素共同成长和壮大。总之，英国要比大陆任何一个国家都提早实现了目标，这就是自由政府的建立。

至于德国，基佐说，德国虽然政治上分裂，但文化上是统一的。有人认为，德国在思想和知识上的进展要比社会发展快得多，人的精神世界也要比他们所处的外在环境繁荣。看看16世纪以马丁·路德为代表的思想家

---

① 皮埃尔·特里奥姆夫：《基佐的欧洲观》，第53页。
② 参见皮埃尔·特里奥姆夫《基佐的欧洲观》，第97、98页。

们，再比较一下这个国家当时的社会状况，那是怎样的一种不平衡。德国为思想上的长足发展提供了沃土，从 18 世纪甚至更早些时候的宗教改革开始，德国人便奠定了他们作为欧洲思想先锋的地位。但思想和社会领域的完全脱节，令他们常常陷入纯粹的思辨。[1]

基佐认为，法国是欧洲文明的中心和孕育者，几乎所有会传遍欧洲的思想都首先驻足于法国的土地，因此，欧洲统一应该以法国为中心。法国人比其他地方的人更容易交往，因而也更加有利于思想的传播。在法国，个体和社会、思想与现实从不孤立地单独发展，它们总是共同成长壮大，法国的思想与精神促进了社会的发展和改善。在法国，创新政治的实践总能找到新理论的支撑。在 17 世纪，波舒哀就为路易十四的绝对君主制提供了理论依据；19 世纪初，人们又完善了议会君主制的理论并积极地加以实践。他认为，法国不仅是欧洲社会文明成果的集中体现，它还是促进欧洲大陆转型与进步的主要动力。

对于意大利，他说，意大利人早已在科学、艺术、哲学以及生活的技艺方面显示出自身的才能。但是，他们缺乏追求真理的信念。

对于西班牙，他说，它同样不缺乏曾经成就了辉煌的伟大心灵和社会组织，可是这些过往的荣耀显得分散而零星，仿佛沙漠中的棕榈。西班牙被孤立于欧洲之外，对于外来文明，它既不接受，也不输出。从欧洲的全部历史来看，西班牙文明的意义实在有限。

总之，基佐认为欧洲为世界提供了诸多政治体制的样板，并成为社会组织和制度改革的试验场，包括单一君主制、混合君主制、神权体制以及带有些许贵族色彩的共和体制。它从未受任何一种单一的原则、体制、思想或是力量的约束，自始至终，欧洲文明都不曾一劳永逸地确定某种特定的发展模式。那些丰富多样的力量、原则和体制互相交融、彼此斗争、相互制约，从未产生彻底的胜利者或失败者。基佐认为，这样一种躁动不安、艰难困苦、斗争激烈的社会状态，比追求简单和一致的文明更有优越性。人类从中获得的幸福要远远大于为此承受的痛苦。[2]

至于历史发展的动力，基佐认为基督教是进步的核心推动力，基督教

---

① 参见皮埃尔·特里奥姆夫《基佐的欧洲观》，第 67~69 页。
② 参见皮埃尔·特里奥姆夫《基佐的欧洲观》，第 87、88 页。

的出现堪称文明史上具有决定意义的转折。纵观历史，没有任何事件能够比拟基督教对文明发展产生的影响。基佐认为，文明的两种成分，即社会总体和个人道德的发展，是彼此紧密相连的，它们的联合为历史所见证，为人们所信服。我们发现，任何人类心智的巨大进步必然有益于社会的总体发展，反之亦然。基督教改变了社会的风气，并通过时间和事件的作用，对个人的道德也施展巨大的影响。基佐相信"神意"，认为神意的作用是为人类制定理性可以接近的规则，然后使之自行运转，而"神意"本身不会直接干预这种运行。他说：谁能否认基督教的出现是文明历史上的一次重大转折呢？他强调基督教启示的核心作用，认为基督教启示首先解放了人的内心，也就是思想和信念，然后通过革命的形式使社会结构发生变化。基佐并不排斥革命与基督教之间的联系，相反，他从中找出了有价值的成分，认为宗教改革在某种程度上也意味着向宗教的回归。他特别强调政教分离的重要性，认为政治权力与宗教权力的分离构成了进步的双元推动器。他不主张教会干预世俗事务，认为教会为了证明神权统治的正当性，就必须在政治领域有所回避，这或许是自由意识的第一次"闪光"。他还说，如果教皇想要在精神世界保持至高无上的地位，他就必须宣告自己对世俗政治毫无兴趣。

基佐认为，有一种非人为的、上帝的力量在支配着事物的发展。他认为世界上存在着两种截然不同的力量：一种为科学与人类意志所不能支配的；而另一种则出自智慧、勤劳和自由的人类。人类对自己的使命一无所知，也无法察觉，只是执行者，人类在从事一件不属于他们自己的工作。只有在较晚的时候，即当这工作在现实中得以显现的时候，人类才能感知和理解它。而即使在这个时候，人类对它的理解也只能是非常有限的。但是，这一工作只有通过人类，通过人类智力与自由的发展才能完成。这就如同一台宏伟的机器，它是独立且唯一的精神实体，而它的零部件却被交予不同的、零散的而且互不相识的工人去组装。没有人对机器有全局的感知，他们每个人只是施展自身的智力、才华和自由，理智而自愿地工作。因此，是通过人类的双手，上帝最终完成了对世界的改造。①

----

① 参见皮埃尔·特里奥姆夫《基佐的欧洲观》，第 91、92 页。

　　基佐强调阶级斗争是历史前进的另一个推动力，是社会进步的源泉。他看到，现代欧洲起源于社会内部的许多阶级的相互斗争，没有任何阶级能完全战胜或取代其他阶级，阶级的不断斗争避免了社会的停滞，是进步的源泉。他说，不同阶级对于斗争的渴望与要求，以及他们在利益与情感上的广泛差别，或许是欧洲文明蓬勃发展的源泉。各阶级之间不断斗争，社会形势、物质利益以及道德风尚的差异令他们彼此之间充满了政治敌意。然而，他们也互相接近，甚至融合。欧洲的许多国家在诞生和发展的时候都呈现出某种"普遍精神"，利益、情感和思想的共同点超越了多样性和战争所带来的分歧。① 总之，阶级之间的差别与斗争是社会进步的重要因素。

　　欧洲的历史上战争连绵不断，他认为，要建立一个统一的欧洲，就要在欧洲几个大国之间保持均势。基佐于 1840 年被任命为外交大臣，他终于可以在工作实践中实行他的欧洲思想。在实际上，欧洲强权往往高于法律，因此，他主张通过促进欧洲几大强权之间的协调合作来实现和平。这就是几大强权国家经常性地举行高峰会议，对重大问题进行探讨，来寻求解决之道。他说，征服和战争是人类激情的致命产物，尽管它给人民带来了苦难，但是从未阻断欧洲的不断扩大；现在，要实现欧洲的和平，应该努力将它们缩小和限制在一定的范围内。他说，人类所梦想的社会总是趋向于和平与完美，我们不会停止对这一目标的追求。普遍的思想、公共的风俗、社会的利益，欧洲文明的一切要素都要求国家在内部实现自由、平等和进步；在外部，各国互相尊重法律和彼此权利，用良善的政策来取代武力和干涉。在面临危机的时候，各国不轻易诉诸武力，而是尝试用政治的方式和平解决问题。他反问道：为什么我们使欧洲成为统一体的尝试总是招致如此猛烈的反抗呢？那是因为有些民族的自由受到了损害，这些国家正是在自由精神的引领下反抗暴力所强加的统一。他们真正的需要是自主管理自身事务。不干涉政策代表了当时自由国家之间处理国际关系的原则。②

　　以上，就是基佐的欧洲统一思想。他是一个保守主义者，他理想中的欧洲不是革命的产物，而是由各自有着民族自决权的君主制国家组成的；这个欧洲也不是铁板一块，而是保持多样性的若干个独立国家所组成的联

---

　　① 参见皮埃尔·特里奥姆夫《基佐的欧洲观》，第 93、94 页。
　　② 参见皮埃尔·特里奥姆夫《基佐的欧洲观》，第 113 页。

盟。他认为，这种多样性有利于整个欧洲的进步。

第二节　圣西门的欧洲观

在设想欧洲联合的人们中间，亨利·德·圣西门也是重要一员。我们只知道，他是空想社会主义者，其实，他早在200多年以前就撰写了《论欧洲社会的改组，或在保持各国独立的条件下把欧洲各族人民结成统一的政治体的必要性和手段》（简称《论欧洲社会的改组》）。这使他成为欧洲联合的首批设计师之一。然而，作为一名空想社会主义者，他的名声要比欧洲观倡导者的名声大得多。

（一）生平

圣西门的经历颇为传奇，他是一名革命历险者、金融投机家，也是一个神秘主义者。1760年10月17日，圣西门出生于巴黎一个上层贵族家庭，家中8个孩子，圣西门是长子。他的父亲巴尔塔扎尔-亨利是皮卡第地区的法尔维的领主，曾在洛林担任波兰国王斯坦尼斯拉斯的典礼官和皇家侍卫指挥官。圣西门出生时，他是桑利斯城的长官和大法官。不过，与他的职务和头衔相比，他更骄傲的是祖上的荣光。他的一个表兄弟克洛德-安纳公爵曾出版过一本书，力图证明他的表亲和他自己都是查理大帝的第35代孙。实际情况是，圣西门的祖上克洛德·德·圣西门是路易十三所宠爱的侍从，担任过御前马厩长、圣骑士团的骑士、公爵和廷臣。他的儿子路易·德·圣西门出生于1675年，其所著回忆录记述了路易十四的宫廷生活。

圣西门的老师都是知名人物。例如，他得到数学家和哲学家达朗贝尔的指导，也是百科全书派的门生。在13岁那年，他拒绝参加他的首次圣餐礼仪式，为此，他被父亲关进了圣拉扎尔监狱。之后，他成功地逃了出来。再以后，他进入军队，17岁就被授予少尉军衔。1779年，他以上尉军衔随军开赴安的列斯群岛，那时的法国刚刚与反抗英帝国的北美13个殖民地结成联盟。圣西门在美洲效力了四年。1781年10月，他参加了华盛顿和拉法耶特指挥的约克郡战役。这一决定性的战役结束了美国独立战争。随后，他又回到安的列斯群岛，在那里，英国与法国及法国盟国西班牙的战争直到 1783 年才结束。由于负伤，圣西门被俘虏并被押送到牙买加，在那里，他被英国人关押，直至战争结束。这一段经历对圣西门产生了深远影响。在美洲，他接触到拉法耶特、罗尚博、诺瓦耶、屈斯蒂纳、塞居尔等人，这些人在法国大革命初期形成了自由派贵族的核心。当他回到法国时，他已经晋升为上校。但是，成为军官不是他想要的生活。1785 年，他辞职了。

辞职后，他在法国的两个邻国旅行。首先，他参与了一次法国—荷兰的军事远征，目的地是英属印度殖民地，这个计划很快被弃置。随后，他去了马德里，在那里，他应西班牙政府的要求，制定一个资助计划，目标是建立一条经由瓜达尔基维尔河把马德里和大西洋连接的运河。这个计划遭受了与前一个计划相同的命运。此后，圣西门开始半食利半哲学家的旅行生活，直至法国大革命爆发。

法国大革命爆发以后，圣西门回到法国。1789 年 11 月，圣西门当选为法尔维选举会议的主席。法尔维是他的家乡，离佩罗讷不远。在那里，他宣布永远放弃伯爵称号，主张每个人都完全平等。一年以后，他选择了"克洛德-亨利·好人"作为"再生之名"。在动荡的年月里，圣西门彻底转变，成为一个生意人和企业家。他与普鲁士驻伦敦大使列德伦伯爵合作，买进大革命中被国家没收的教会财产和大革命敌人的财产，再转卖出去，由此，在皮卡第，他获得了兰斯的圣雷米修道院、科尔比修道院和沃赛勒修道院。在巴黎，他掌握了纳耶和帕西地区的大量不动产。他的这些财产在恐怖统治时期足以把他送上断头台，罗伯斯庇尔的倒台救了他一命。1794 年热月九日（公历 7 月 27 日）之后，"克洛德-亨利·好人"变成了公民"西门"。他在巴黎创建了一家公共运输公司——"圣西门公司"，通过该公司积累起新的财富。在督政府时期，他过上帝王般的生活。枢机主教贝尼斯家的名厨、舒瓦瑟尔公爵家的膳食总管都受雇于他。1797 年，他与合伙人的关系破裂，被卷进一场无休止的诉讼当中。在这场与合伙人的纠纷中，他得到 14.4 万里弗尔①的财富。他以为，这笔钱足以使他完成他的计划，不等把钱花完，就可以得到一个体面的学术地位。但是，他的计划落空了。

从 1797 年开始，圣西门改变了人生目标，他准备把全部生命都献给学

---

① 里弗尔，法国古代货币，相当于法郎。——编者注

术事业。为了实现这一计划，他重新开始学习生涯。他先到巴黎综合理工学院听课。从 1801 年开始，他又到医学院听课。他与教师保持着不寻常的关系。他说："我用我的钱去获取知识。佳肴、美酒、我的钱包，时刻向教授们敞开，我对他们殷勤备至。所有这些，为我带来我想要的一切便利。"①他在夏巴奈大街的豪华住所里款待蒙日、拉格朗日、卡巴尼斯、加尔、布兰维尔等当时数学、生理学和动物学界的领军人物。他也曾资助若干贫困青年学者，如数学奇才德尼·泊松。为了更好地起到科学资助者的作用，也为了举办沙龙，他结了婚。他承认"把婚姻作为观察研究科学家们的一种手段"。1801 年 8 月 7 日，圣西门同德·尚格朗（de Champgrand）小姐结婚。新娘是圣西门的一位朋友和一位女歌剧演唱家的女儿，从小热爱音乐和戏剧，她得到父亲的认可和资助。作曲家夏尔·格雷特里和剧作家亚历山大·迪瓦尔，作为证婚人参加了婚礼。圣西门与其妻子无论在年龄上，还是爱好、性格方面都有很大差距，也许婚姻是为了让新娘从她父亲去世所导致的财政困境中解救出来。八个月后，这场婚姻以离婚收场。据说圣西门曾为此潸然泪下。

科学教育完成以后，圣西门认为有必要把他的创新性理论公之于众。1803 年，他出版了《一个日内瓦居民给当代人的信》。这部著作是反基督教的，它宣布现存的一切宗教的终结，代之以一个科学的宗教——万有引力的定律。他认为，要建立全新的世界秩序，应该选举出一个 21 人的委员会，这些委员会的成员在最优秀的数学家、物理学家、化学家、生理学家、文学家、画家和音乐家中普选产生，由他们组成世界政府，来维持世界的和平和发展。也是在这个文件中，他首次提出了欧洲和欧洲人的说法，他希望在欧洲和平和科学宗教的共同影响下对世界进行政治改组。从这部著作中，可以看出圣西门思想的空想和不着边际的性质。

到了 1806 年，8 年前的 14.4 万里弗尔已经消耗殆尽，圣西门向塞居尔伯爵寻求职位，后者给了他一个抄写员的职位，更确切地说，是当铺的缮写员，每月工资仅 100 法郎。圣西门每天工作 9 个小时，晚上写作，这让他筋疲力尽，他开始咯血。《致经纬度测绘局的信》成书于这一时期，书中说

---

① 夏尔-奥利维耶·卡博内尔：《圣西门的欧洲观》，李倩译，北京大学出版社，2016，第 15 页。

道："先生们，我认为我找到了优于培根的百科全书观，胜过牛顿的世界观，赛过洛克的方法论。"可以想见，经纬度测绘局的人看到这些话以后会是怎样的不屑一顾。

正当穷困潦倒之际，幸运之神开始垂青他。他偶然碰到以前的一个仆人迪亚尔，迪亚尔同情他的不幸遭遇，愿意为他提供膳宿以及写作和出版的一切帮助。圣西门接受了，他离开当铺，在迪亚尔家安顿下来。他回顾此生，振作精神，他说："我已年近五十，人们在这个年纪已经退休，而我的职业生涯刚刚起步；经过漫长艰辛的旅程，我正处在起点。"[1] 他计划出版一部新的百科全书，并把前 8 页交付印刷，冠之以《新百科全书提纲，或 19 世纪哲学入门》。他发起了一场签名活动，但是他失败了。

1810 年，迪亚尔去世，圣西门重新陷入无比悲惨的困境。在《人类科学概论》（1813 年）的样书里，圣西门附有一封信，他说；"请救救我吧，我快要饿死了……三个多星期以来，我的食物只有干面包和水，我在屋里没有生火的条件下工作，为了支付我的著作的抄写费以让我的作品为人所知，我卖光了一切，只剩下最后一件衬衫了。"[2] 多亏几位朋友相助，他得以活下来，并撰写他的两篇文章。第一篇写的是《论万有引力》，却不包括宗教性的预言；第二篇是《人类科学概论》，探索人类科学的新道路。由于没有财力付印，他只是手写了几份清稿，分赠给几位科学家和法国皇帝拿破仑。

《论万有引力》一文有一个副标题"迫使英国人承认航海自由的手段"，这个副标题与正文毫不相干，却直接涉及拿破仑正深受其扰的难题，英国海军对欧洲大陆的封锁给欧洲带来破坏和饥饿，也损害了航海自由，而圣西门的文章正是针对英国对欧陆的封锁的。他的方法很简单：如果拿破仑放弃征服，英国就将放弃对大陆的封锁。在另一篇文章中，他对法兰西学院的物理学家、化学家和数学家进行了猛烈抨击，指责他们是在欧洲造成大量死亡和可怕屠杀的同谋。在结论部分，圣西门肯定了科学的至上地位，认为唯有它能够"通过改组社会来重建普遍和平"。

此时，他的财政状况有所好转，和堂兄弟们的遗产之争结束了。根据

---

① 夏尔-奥利维耶·卡博内尔：《圣西门的欧洲观》，第 21 页。
② 夏尔-奥利维耶·卡博内尔：《圣西门的欧洲观》，第 22 页。

达成的协议，圣西门放弃全部遗产，作为补偿，他将从家族得到一笔年金。贫苦的生活终于得以终结。圣西门总结了过往的经验，他觉得应该找一位秘书，能够把他的思想更准确地表达出来。1814 年 5 月，奥古斯丁·梯叶里成为他的秘书，每月酬金 200 法郎。这时的梯叶里是贡比涅中学的年轻教师，当时刚满 18 岁，由朋友引荐给圣西门。梯叶里 1795 年 5 月出生于布卢瓦一个不富裕的家庭，外祖是修鞋匠。他在 16 岁进入巴黎高等师范学校学习，第三年获得学士学位。他才学出众，后来成为一位著名的历史学家。他的主要著作有《乡巴佬雅克的真实史》、《诺曼人征服英国史》、《墨洛温时代叙事》、《第三等级的形成与发展史》和《关于法国史的通信》等。当时的背景是：拿破仑战败，欧洲各大国领导人齐聚维也纳，召开了重整欧洲秩序的维也纳会议。圣西门向梯叶里讲述他关于欧洲和平和秩序的思想，梯叶里足不出户，用了三个月的时间完成了《论欧洲社会的改组》这本小册子。

1816 年，在法兰西银行的行长们和实业家们的资助下，圣西门着手编辑《实业》杂志。这是一份定期出版、集体合作的刊物，旨在保护贸易自由，推动工业革命。后来，由于他的社会思想令资助者们感到不安，他被他们抛弃并重新陷入贫困。然而，他仍然成功地继续着经济学家的工作，并在这期间转变为一名社会主义者。他出版了两本著作，一本是《组织者》（1819 年），另一本是《论实业体系》（1821 年）。在书中，圣西门以一种足以让他吃官司的气魄，叙述了他关于社会主义社会的坚定信念，认为在那种社会里，唯有从事劳动和生产的人才有立足之地。他关于社会主义的思想，成为马克思思想来源的一个组成部分。

1825 年，圣西门猝然离世。

（二）圣西门关于欧洲联合的思想

1925 年，在圣西门的《论欧洲社会的改组》写成一百年之后，法兰西出版社出版了该著，它被列为出版社的"空想丛书"。同年，左派集团的参议院主席爱德华·埃里奥在议员面前大声说道：我最大的愿望是有朝一日看到欧洲合众国的出现。

在《论欧洲社会的改组》一书中，圣西门说：我构思了一个对欧洲改组的计划，阐述这个计划就是本书的宗旨。圣西门同启蒙时代的许多哲人一样，推崇英国政治体制，他把欧洲和平与新秩序的实现寄托于建立一个英国式的政治制度上。他说：当我探索什么是最好的宪法的时候，我被引向了议会制宪政。近一百年来，英国完成了革命，在国内全面建立起这种政府形式，人们难道看不到它日益增加的繁荣和实力吗？这种无可比拟的实力，如果不归因于比欧洲所有政府更自由、更充满活力、更有利于国民的幸福和荣耀的英国政府，还能归因于什么呢？①

　　圣西门的理想是要在欧洲建立一个类似于英国政体的统一的政府，或者说，要建立一个统一的欧洲议会。他探讨了一种政府形式，它建立在可靠的、绝对的、有普遍性的、独立于时间和地点之外的原则之上，这个政府应该被欧洲所有国民承认，它居于所有国民政府之上，被授权仲裁各国国民之间的争端，具有至高无上的地位。② 他认为，这个欧洲政府和各国政府一样，在达成所有成员的共同意愿之前，不可以采取行动。在一个国民政府里，有一种产生于爱国主义的团体意愿；但是，在欧洲政府里，就不同了。它只可能来自一种更广阔的视野，一种更宽广的感情，这就是爱欧洲的情感。他认为，这种使爱国主义超越了祖国疆界的倾向，对那些负责组建欧洲议会的人来说，将是建立欧洲议会的必然条件。③

　　欧洲议会的众议院有必要接纳这样的人，他们有着广阔的外部联系，行为方式比较少受本国习俗的约束，工作并不被限制在本国服务的范围内，而是以欧洲所有民族为服务对象，因而更有能力迅速表现出博大的胸怀，以及迅速实现欧洲议会的团体利益。这个议会由大商人、学者、法官和行政官员组成众议院。欧洲每一百万会读写的男子，可以选派一名代表进入众议院。这个被选的议员应该有 25000 法郎的年收入，他进入议会，任期十年。当选的条件是：才能远胜于地产。除此之外，应该有 20 名最杰出但没有财产的人进入议会，并被授予 25000 法郎的收入。④ 贵族院议员由国王任命，要有 50 万法郎的年收入，人数不限，可以世袭。欧洲议会还要有一位

---

① 参见夏尔-奥利维耶·卡博内尔《圣西门的欧洲观》，第 59 页。
② 参见夏尔-奥利维耶·卡博内尔《圣西门的欧洲观》，第 60~61 页。
③ 参见夏尔-奥利维耶·卡博内尔《圣西门的欧洲观》，第 61 页。
④ 参见夏尔-奥利维耶·卡博内尔《圣西门的欧洲观》，第 62、63 页。

国王，由他发起行动，以确保大议会在建立过程中不发生革命和动乱。欧洲议会在财产和专有主权方面应该拥有一座城市和自己的领土。①

这个欧洲议会还应该有自己的宪法。宪法应该建立在有益于公共利益的社会秩序之上，宪法下属的机构和权力安排能让每个关系到公共利益的问题得到最好的处理。为此，首要的条件是设立两个不同的权力。二者迥然相异：一个倾向于从国民全体利益的角度考虑事情；另一个倾向于从构成国民一分子的个人特殊利益的角度考虑事情。两个权力的平等是宪法的基础，一旦一个压倒另一个，宪法就是有缺陷的。为此，应该设立第三种权力，可称之为调节和缓和的权力，目的是维持前两个权力的平衡，并把它们遏制在合理的范围内。第三种权力应该有权对其他两个权力业已审查了的公共利益问题进行再次审查，它有权驳回并提议其他的法律。②

由各国组成联邦，这个邦联在保持各国独立的条件下把欧洲各族人民结成一个统一的政治体。圣西门认为，欧洲议会有权向联邦征收一切其认为必要的赋税。整个欧洲的公共教育应该置于大议会的指导和监督下，全体的道德准则也好，国民和个人的道德准则也好，将由大议会细心起草拟定，并将在整个欧洲进行讲授。大议会将允许信仰的全面自由和所有宗教活动的自由，但是它将取缔其原则与即将被建立的伟大道德准则相抵触的宗教。

那么，这个欧洲议会怎么建立呢？圣西门认为，要先以英国和法国为基础，先让英国人和法国人在彼此之间建立起一个共同的议会，然后，他们支持所有国家内部代议制宪法的拥护者，以便在所有服从绝对君主制的人民那里建立起议会。再由英法共同议会建立一所两国共有的银行，它将满足商业阶层的愿望。③ 他认为，德国目前有爆发一场大规模动乱的迹象，英法共同议会的第一项工作应该是加快德国的改组，其方法是缩短德国革命，减轻革命的恐怖程度。他认为，德意志凭借它占欧洲近半数的人口，凭借它的中心位置，更凭借它高尚宽厚的特性，一旦在一个自由政府下联合起来，注定会在欧洲担任主角。当英法社会因德国的加入而扩大的时候，

---

① 参见夏尔-奥利维耶·卡博内尔《圣西门的欧洲观》，第64、65页。
② 夏尔-奥利维耶·卡博内尔：《圣西门的欧洲观》，第50~53页。
③ 参见夏尔-奥利维耶·卡博内尔《圣西门的欧洲观》，第69、83页。

一个由三国国民共有的议会就将建立起来，欧洲其余部分的改组就会变得更迅速更容易。

圣西门写作的《论欧洲社会的改组》并不完全是空想，而是有着相应的社会背景。当时，处理拿破仑战争的维也纳会议正在召开，法国代表塔列朗极为迅速地同反法联盟的各国代表打成一片，使他们不仅调和了野心，还为整个欧洲签订了一个最终文件。这个文件奠定了欧洲和谐的基础。这个协议组织了一个由五个强国组成的政府，负责管理欧洲事务，维护欧洲和平。协议规定，当一场预示着革命或战争的危机有爆发的危险时，这五个国家就聚集到这个会议中，施加他们的仲裁和影响。维也纳会议之后，欧洲虽然经历了多次严酷的革命，但是在 1816 年和 1914 年之间，却鲜有战争发生。只有 1853~1856 年，发生了克里米亚战争；1866 年，普鲁士战胜奥地利；1870~1871 年，发生了德国战胜法国的战争。可见，一个会议或议会，还是有可能维护欧洲的和平和均势的。圣西门正是从这个会议中获得了灵感。

以上，就是圣西门对欧洲联合的设想。

第三节　雨果的欧洲观

（一）生平

1802 年 2 月 26 日，维克多·雨果出生于法国贝桑松。他在童年岁月中，始终面对着感情不合的父母，使他无所适从。他的父亲是拿破仑战争的英雄，为拿破仑的兄弟约瑟夫效力，在南意大利和西班牙战场征战。而母亲和他则生活在法国克里希林荫道的家中。在那里，母亲隐藏着她的情夫，一位保皇党人，直到此人在 1812 年因为卷入马勒将军事变而被处决。1807~1808 年，雨果来到意大利，在那不勒斯，雨果见到父亲约瑟夫·莱奥波德·雨果将军，并住在阿维利奥宫。之后，他随父亲前往西班牙。在西班牙，气氛完全不同，虽然他们住在马德里赛拉诺宫，当地民众却视他们为侵略者。雨果与他的西班牙同学相处得并不愉快。随后，他返回巴黎。1818 年，雨果专注于写诗，同时，他开始参加法兰西学院的主题诗歌比赛以及图卢兹的百花诗赛。人们对这位 17 岁不到的年轻人给予极高评价。再之后，他和兄弟创办了一份文学评论杂志，坚持了有一年多。除去爱情主题外，雨果选择了反对革命、符合复辟王朝的主题。《颂亨利四世雕像的重建》一诗尤为突出，在百花诗赛中获得了金百花奖。他还因《悼贝里公爵的遇害》收到了来自路易十八的奖金。他这时的态度，很大程度上受到母亲的影响。

1822 年，雨果与阿黛尔·富歇（Adèle Foucher）结婚。他感受到一家之主的责任，改变了放荡不羁的作风，尽全力专注于树立名声，以求丰厚的收入。他成为复辟王朝的官方诗人，而后者也待他不薄，授予他荣誉勋位团勋章，并提供官方资助。这一年，他的《颂歌与杂诗诗集》出版。雨果的思想越来越自由，他与政府之间的关系保持着若即若离。1827 年，他发表《克伦威尔》，其序言成为浪漫派文学的宣言。1829 年，政府决定禁止雨果写的《马丽蓉·德洛尔墨》一剧的上演，原因在于这部剧本对路易十三不敬，国王为此专门接见雨果，表示他将得到一笔津贴作为补偿。雨果表示拒绝并谴责了政府。以后，雨果以不到一个月的时间写出了戏剧《艾那尼》，这次，政府允许该剧上演。《艾那尼》被视为浪漫文学潮流的代表，与古典主义展开了交锋。在雨果的周围，也逐渐聚集起一批年轻的诗人，有泰奥菲尔·戈蒂埃、巴尔扎克、内瓦尔等人。从 1830 年 2 月 25 日到 6 月 22 日，《艾那尼》上演了 36 场，揭开了一场令人瞩目的艺术风格的论战，它标志着浪漫派戏剧的胜利。

在七月王朝建立之后，雨果抛弃了王政倾向，思想趋向自由。1830 年 9 月 15 日，他说："以前的王政倾向于天主教信仰"，它已经"在十年里崩塌殆尽"。新的信仰迅速在雨果的笔下转化为奔放的热情。1831 年，他完成并出版《巴黎圣母院》，此外，《国王取乐》、《玛丽·都铎》和《吕意·布拉斯》等作品相继出版。诗歌集《暮歌集》、《心声集》和《光影集》也在这一时期出版。1841 年 1 月 7 日，他当选为法兰西学院院士。1845 年 4 月 13 日，他荣获"法兰西世卿"称号，由此进入贵族院。

从 1833 年起，雨果与朱丽叶特·德鲁埃（Juliette Drouet）建立了长达 50 余年的亲密关系，他们进行长途旅行，对于雨果来说，这是文学灵感的重要来源。从 1838 年到 1840 年，他们的足迹遍布法国东北、德国西部以及瑞士。1842 年，他出版了散文集《莱茵河》。在集子的末尾，雨果有一个大胆的想法，即通过规模宏大的疆界交换以实现世界和平。但这只是诗人的一厢情愿。

1848 年 4 月 24 日，第二共和国成立。1848 年 6 月 4 日，雨果当选为制宪议会议员。他被视为温和的保守派。雨果坚决支持普选，他把这一主张表达给拉马丁过渡政府。

欧洲联合并不是空穴来风。1849 年 8 月欧洲第一届和平大会在巴黎召开，这为欧洲联合开辟了先河，它预示着以后欧洲联合的进一步发展。欧洲和平大会自 1849 年起不定期召开，参加者大多为欧洲和美洲的和平主义者。会议的倡导者是英国经济学家和企业家理查德·科布登（Richard Cobden），此人亦是反关税联盟的领袖，自 1846 年起就坚定游说政府实行自由贸易政策。在国际关系领域，科布登不赞成殖民征服和战争，强烈反对英国和法国参与克里米亚战争。他的理想是通过消除一般意义上的疆界，建立一种天下和平的体系。他和 1849 年 2 月罗马共和国的缔造者之一朱塞佩·马志尼共同发起了欧洲第一届和平大会。会议主席由雨果担任。雨果在欧洲和平大会的开幕式上做了"欧罗巴合众国宣言"的演讲，并且提出了欧洲合众国的理念。以后，他频繁地提出这一宏图，从未放弃。

雨果坚信，欧洲的联合是以法国为中坚的，它将处于法国的影响下，他说："上帝创造了舞台，法兰西将担当主角。"他鼓励法国国民议会的议员们充分认识他们身负的"欧洲使命"。雨果与两个儿子以及一些朋友共同创办《时事报》，无条件地支持路易·拿破仑，并为他当选为共和国总统而欢欣鼓舞。1849 年 5 月，雨果被选为立法会议议员，他再次被归入保守者的阵营。

1849 年 6 月 13 日的事件使雨果的政治思想与行动向左转。这一天，立法会议中的极左派代表试图煽动巴黎民众反对政府，原因是政府向驻在罗马的法国远征军司令下达镇压罗马共和国、恢复教皇国的命令。事件败露后，34 位极左派人士逃亡伦敦。1849 年 7 月，雨果开始和议会中的保守派保持距离，10 月，他与右派决裂。法国决定派兵前往罗马，协助恢复教皇的世俗权力。雨果激烈地谴责教皇庇护九世，与路易·拿破仑产生观点上的冲突并很快决裂。1850 年 1 月 15 日，他反对《法卢教育法》的文章显示出对教会垄断公共教育权力的不满。几个月之后，他又投入反抗《终身流放法》的斗争中。他相信今日的政治犯在不远的将来就会被人们视作英雄。作为《时事报》的编辑，他的儿子们相继锒铛入狱。1851年12月2日，路易·拿破仑发动政变，成为总统，雨果流亡布鲁塞尔，1852年至泽西岛，1855年至盖纳西岛。雨果在外一共流亡了19年。

雨果意识到，流亡生活可以使他摆脱巴黎的喧嚣，对文学创作大有裨益。流亡期间，他在写作上大有收获。1853年，他的《惩罚集》出版；其后他的长篇史诗《历代传奇》问世；1862年，《悲惨世界》发表；此后，《静观集》、《海上劳工》和《笑面人》也在法国自由发行。1868年8月27日，雨果夫人阿黛尔在布鲁塞尔逝世，雨果护送她的灵柩到比、法边界。在1869年的洛桑会议上，雨果更加强调战争的必要，更加怀有爱国热情，认为法国不应割让阿尔萨斯和洛林给德国。1870年7月14日，为了庆祝法国大革命爆发81周年，雨果专门在他居住的高城公馆的花园中种了一棵"欧罗巴合众国之橡树"。1870年9月4日，法兰西第三共和国诞生，雨果于次日回到法国，受到隆重欢迎。1871年，雨果当选为国民议会议员，他在《普法合约》辩论时主张对德国复仇。1872年，雨果在洛迦诺和平会议上发言，呼吁通过抗击德国和推翻欧洲君主专制来实现大陆的共和与和平。1881年2月25日，在雨果寿辰前夕，议长茹费里拜访了他。27日，巴黎举行盛典，热烈庆祝雨果生辰。1885年5月22日，雨果逝世，国葬于6月1日举行。

雨果在他的遗嘱中，决定把一些手稿和绘画捐献给巴黎国家图书馆，他特意在后面加了一个注释，赠给"未来的欧罗巴合众国图书馆"。

（二）雨果关于欧洲统一的思想

雨果是一个文学家，具有文学家的浪漫，他经常慷慨激昂，却有脱离实际的一面。在他生活的时代，已经有欧洲和平大会的召开，所以，欧洲联合已不是非现实的幻想，而是实实在在的现实。雨果对于欧洲联合的设想是建立一个类似美国那样的欧洲合众国，他希望欧洲能像美国那样组成一个国家。

雨果所希冀的欧洲统一是在共和国联合基础上的统一，是和平的统一，是建立像美利坚合众国那样的欧洲合众国。他说："我们应该依靠那小小的，被我们称为投票箱的杉木盒子；我们应该依靠人民的议会！在议会中，我们灵魂交流，按照法律的旨意，决策、判断、解决问题。"①他还说：

> 今天我向你们所说的，也会告诉所有法国人、英国人、普鲁士人、奥地利人、西班牙人和俄国人。我会向他们宣告：终有一日，人们会放下手中武器；终有一日，战争对于我们来说将显得荒谬：巴黎和伦敦，圣彼得堡和柏林，维也纳和都灵绝无可能爆发战事，正如和平存在于鲁昂和亚眠，波士顿和费城；终有一日，法兰西、意大利、英吉利、俄罗斯、德意志，所有的民族在不丧失它们特性的前提下，结合成超越一切的共同体……终有一日，大炮会被至〔置〕于博物馆中供人凭吊，人们会惊讶于曾经的举动；终有一日，美利坚合众国与欧罗巴合众国，这两大政治实体将屹立于世界，它们跨越大西洋两岸，交流各自的商品、艺术品，以造物主的旨意互通有无、将文明引入荒漠，彰显人类之博爱，上帝之力量。②

他还说："大家思考一下，如果欧洲的人民不再互相嫉妒仇恨而是彼此关爱；如果他们认为自己除了是法国人、英国人，更是同一个民族，属于同一个大家庭，那该是怎样的场景！""总之，新的世界不再由武力决定，其主题是正义与和平。"③

1872年9月20日，雨果不能参加洛迦诺和平会议，但是，他致辞说：

> 我们即将迎来伟大的欧罗巴合众国，她的光芒照耀整个大陆，正如美利坚合众国点亮新世界！征服的意志将被探索的雄心取代；人民的博爱将溶解帝王的暴虐。届时，国无疆界，商无壁垒，教无死板，民无从军，林无猛虎，思无桎梏，行无教条，爱无仇恨。文明的绳索

---

① 安德烈·卡巴尼斯、达妮埃尔·卡巴尼斯：《雨果的欧洲观》，秦川译，高毅校，北京大学出版社，2012，第49页。

② 安德烈·卡巴尼斯、达妮埃尔·卡巴尼斯：《雨果的欧洲观》，第50页。

③ 安德烈·卡巴尼斯、达妮埃尔·卡巴尼斯：《雨果的欧洲观》，第52页。

就此解除，阻隔人类福祉的海洋终被填平。①

雨果所说的合众国是人民享有主权。在 1869 年 9 月 4 日致洛桑和平会议的贺词中，他说："在成为现实之前，欧罗巴联邦共和国应首先建立在人民享有权力的基础上。""你们任命我为本届大会的荣誉主席，我深为感动。"他把这一宣言叫作"致欧罗巴合众国的公民"，他说："请允许我这样称呼你们，因为在成为现实之前，欧洲联邦共和国应首先建立在人民享有主权的基础上。你们的存在，确保了她的存在。在你们对欧洲统一的规划中有她重要的一席之地。你们才是开启新未来的力量！"②

1876 年 4 月 16 日，在致参加费城博览会的法国劳工代表的发言中，他说："你们，费城博览会的代表们，将会亲眼看见在 20 世纪，美利坚合众国将与欧罗巴合众国并肩屹立于世。"③ 他认为，欧洲大陆的政治运作必须建立在宪法的基础上，推行普选制。这意味着未来欧罗巴合众国的权力机关将是人民议会，只有赋予人民以无可辩驳的选举权利，才能消除长期以来的不公正。在《九三年》（1874 年）一书中，他写道："人类的地平线上从未升起如此崇高之物，制宪会议的诞生应为历史进化的高潮，只有在制宪会议得以顺利运作的基础上，统一的欧洲才能建立。"1872 年 12 月 29 日，他设想："欧罗巴合众国是由众多的公社组成的联邦，其中较大的有法兰西、德意志、意大利、西班牙、俄罗斯和英吉利等，在每一公社内部又进行次一层的划分。"④

雨果所谓的欧洲统一，是以巴黎为中心的欧洲统一。他说："众志成城的法国将为欧洲的统一奠基，此刻的巴黎是整个欧洲大陆的首都。"他还说："我们身负双重使命：重振法国，警示欧洲，欧洲的命运已和法国牢牢捆绑在一起。欧洲绝不能回到封建时代，我们再也不能在暗礁中前行，重又被教会和军人政权统治。"⑤ 1876 年 8 月 29 日，雨果在致塞尔维亚人民的

---

① 安德烈·卡巴尼斯、达妮埃尔·卡巴尼斯：《雨果的欧洲观》，第 73 页。
② 安德烈·卡巴尼斯、达妮埃尔·卡巴尼斯：《雨果的欧洲观》，第 55 页。
③ 安德烈·卡巴尼斯、达妮埃尔·卡巴尼斯：《雨果的欧洲观》，第 77 页。
④ 安德烈·卡巴尼斯、达妮埃尔·卡巴尼斯：《雨果的欧洲观》，第 97、96 页。
⑤ 安德烈·卡巴尼斯、达妮埃尔·卡巴尼斯：《雨果的欧洲观》，第 65 页。

公开信中说:"塞尔维亚所发生的事件显示出欧罗巴合众国存在的必要。分裂的政府应让位于统一的民族。……欧洲共和国,大陆联邦,这就是欧洲所应面对的政治现实。理性已经证明,现实还将继续证明它。塞尔维亚的危机明白无误的〔地〕告诉人们,一个统一的欧洲,联合的欧洲,博爱、和平、民主是多么重要。所有兄弟民族,建设统一的欧洲,你们的首都就在巴黎,自由就在这光明之都!"①

但是,雨果并不认为欧洲的文化可以统一,而是认为它们必须保持多样性。在《九三年》一书中,他有这样一段话:

> 法兰西的多样性同样可以在欧洲大陆中找到,法国的每一个省代表了大陆的一种美德。皮卡迪有着德意志的率真,香巴尼有着瑞典的慷慨,勃艮第与荷兰一样繁荣,朗格多克像波兰一般活跃,加斯科尼与西班牙一般沉重,普罗旺斯类似意大利的乖敛,诺曼底和希腊一般精巧,多菲内的忠诚堪与瑞士比肩……在巴黎,人们能感受到欧洲的脉搏,巴黎是城中之都,巴黎是人类之城。毁灭巴黎就是屠杀欧洲。②

在1846年,他还说:"法兰西是整个欧洲的样板","巴黎是欧洲之母城",保护"欧洲之母城"——巴黎。

雨果还是最早提出了法德和解思想的人。他说:"我们本是同根生,属于同一个家庭……不再有疆界,莱茵河同属于我们!我们一定会建立共和的欧罗巴合众国,实现大陆联邦与整个欧洲的自由!"③"在历史上,德意志与法兰西民族共同散发着圣洁博爱之光"。④1871年3月1日,在普法战争中,德国已经占领了阿尔萨斯和洛林,雨果在国民议会中的演讲中说道:"我们用博爱来'复仇',让我们成为同一个共和国吧,成为欧罗巴合众国,成为大陆联邦,成为自由的欧洲,成为和平世界的一部分!"⑤在普鲁士士兵来袭之际,他对普鲁士的士兵说:"我们依旧是你们的手足。可知道我们

① 安德烈·卡巴尼斯、达妮埃尔·卡巴尼斯:《雨果的欧洲观》,第81页。
② 安德烈·卡巴尼斯、达妮埃尔·卡巴尼斯:《雨果的欧洲观》,第86、87页。
③ 安德烈·卡巴尼斯、达妮埃尔·卡巴尼斯:《雨果的欧洲观》,第101页。
④ 安德烈·卡巴尼斯、达妮埃尔·卡巴尼斯:《雨果的欧洲观》,第58页。
⑤ 安德烈·卡巴尼斯、达妮埃尔·卡巴尼斯:《雨果的欧洲观》,第70页。

如何对待那些俘虏和伤员？置他们于杜伊勒里宫，你们勇敢的士兵在那里！我们的护士尽全力照顾和救护他们，我们如此真诚对待他们，巴黎用卢浮宫迎接他们！"①

雨果还预见到欧洲的统一货币。他在一个半世纪之前就说过："整个大陆属于同一民族……统一的货币在全欧洲流通，它将为两亿人民带来福祉。此货币会取代各国各自的货币，进而取代贫穷！"②

以上，就是雨果关于欧洲联合的思想。

第四节　诺曼·戴维斯的《欧洲史》

随着欧盟的建立，西方有不少人在新视角的指导下撰写欧洲史。其中有英国学者布伦丹·西姆斯（Brendan Simms）的《欧洲：1453年以来的争霸之途》（*Europe: The Struggle for Supremacy, 1453 to the Present*）③、法国学者J. 阿尔德伯特（J. Aldebert）等写的《欧洲史》（*History of Europe*）④、英国学者理查德·韦南（Richard Vinen）的《20世纪欧洲社会史》（*A History in Fragments: Europe in the Twentieth Century*）⑤，还有英国学者诺曼·戴维斯的《欧洲史》（*Europe: A History*）⑥ 和罗宾·W. 温克等人写的《牛津欧洲史》（英文版2003年首发）⑦。这些欧洲史各有千秋，把历史写成向着一个欧洲的目标发展。笔者从中选取了两种，加以简单介绍。

诺曼·戴维斯1939年生于英格兰，曾获波兰克拉科夫大学博士学位。他曾任伦敦大学东欧斯拉夫学院教授，现任牛津大学沃尔夫森学院研究员、教授。他的主要研究方向为中欧与东欧史。主要著作有《起义在1944年：华沙之战》（*Rising, 44: The Battle for Warsaw*），被《纽约时报》评为2004

---

① 安德烈·卡巴尼斯、达妮埃尔·卡巴尼斯：《雨果的欧洲观》，第58页。
② 安德烈·卡巴尼斯、达妮埃尔·卡巴尼斯：《雨果的欧洲观》，第107页。
③ 该书有中译本，见布伦丹·西姆斯《欧洲：1453年以来的争霸之途》，孟维瞻译，中信出版社，2016。
④ 该书有中译本，见J. 阿尔德伯特等《欧洲史》，蔡鸿滨等译，海南出版社，2000。
⑤ 该书有中译本，见理查德·韦南《20世纪欧洲社会史》，张敏等译，海南出版社，2012。
⑥ 该书有中译本，见诺曼·戴维斯《欧洲史》。
⑦ 该书有中译本，见罗宾·W. 温克等《牛津欧洲史》，吴舒屏等译，吉林出版集团有限责任公司，2009。

年度 100 本畅销书之一。《上帝的操场：波兰史》（*God's Playground: A History of Poland*）、《欧洲的心脏：与波兰当代有关的历史》（*Heart of Europe: The Past in Poland's Present*）、《不列颠群岛：一部历史》（*The Isles: A History*）、《微观世界：一个中欧城市的肖像》（*Microcosm: Portrait of a Central European City*）。他的这部《欧洲史》第一版由牛津大学出版社 1996 年出版，被译成几十种语言。中文版是根据 1997 年 Pilmlico 公司出版的修订版翻译而成的。

戴维斯的这部欧洲史与以往的欧洲史不同，有一些新的特点。

（一）　欧洲的概念

"欧洲"是一个近代才产生的概念，它是逐渐取代"基督教世界"概念的，其间经历了一个复杂的理性发展过程。从 14 世纪到 18 世纪，欧洲在经历了几代人的宗教派系斗争之后，需要提醒人们具有一个共同的基督教的一致性已经成为一个难题。1751 年，伏尔泰首先从宗教的一致性中解放出来，把欧洲的一致性归结为同样的法律和政治原则，他说："它们都有同样的公共法律和政治原则，这是世界其他部分不知道的。"在 20 年之后，卢梭说："再没有法国人、德国人、西班牙人甚至英国人，只有欧洲人。"[①] 也就是在这个时候，欧洲的概念才产生。可见，"欧洲"的概念是在启蒙运动期间才形成的。

地理上的欧洲概念是模糊的，有各种各样的说法。这里，我们没有必要去罗列那些说法。由于缺少共同的政治结构，欧洲文明只能由文化标准来确定。当我们用文化标准来确定时，基督教还在发挥潜在的作用。1945 年，当向战败的德国进行广播时，T. S. 艾略特（T. S. Eliot）阐述了一个观点，他强调了基督教传统的中心地位，其中也包含了古希腊、古罗马和以色列的遗产。他说："在每个有着自己独特文化的民族之间创建一种共同文化，其最主要的特点是宗教……我要讲的是基督教的共同传统使欧洲成为这个样子，还有与这个共同的基督教一道带来的共同的文化因素……我不相信基督教信仰若完全消失，欧洲文化会存在下去。"[②] 欧洲文化的特点是

---

① 诺曼·戴维斯：《欧洲史》，"导言"，第 26 页。
② 诺曼·戴维斯：《欧洲史》，"导言"，第 28 页。

多元。现在几乎没有分析家会坚持欧洲文化是铁板一块的。有人说，欧洲文化的同一性是一块两面可以翻转的织料，它的一面是多彩斑斓的，另一面是单一的鲜艳和浓重的颜色。这是从文化上，具体说是宗教上，来决定欧洲的一致性。

长期以来，一个关键问题是欧洲是否包括俄罗斯和英国。俄罗斯的西方邻居们经常寻找理由来排除它。他们说，如果以顿河为界，波兰、立陶宛在欧洲之内，俄罗斯的莫斯科公国则在欧洲之外。从德国嫁到俄罗斯的叶卡捷琳娜女皇却在1767年明确宣布：俄罗斯是一个欧洲国家。俄罗斯的知识分子分为两派：一派是"西方化派"，倾向于西欧的文化；另一派是"斯拉夫派"，强调俄罗斯本身的文化。"斯拉夫派"认为，俄罗斯本身有一种特别的斯拉夫文明，它处于欧洲与亚洲之间。只有一小群"东方派"主张：俄罗斯完全是非欧洲的，大多数方面与中国相同。陀思妥耶夫斯基和普希金属于"西方化派"，他们宣称："欧洲的各族人民，他们不知道他们对我们而言是多么亲切和宝贵。"作为布尔什维克的领袖，列宁也认同欧洲，他将自己看作法国大革命的继承人和德国社会主义运动的延续者；第三国际讨论过建立一个共产主义者领导的欧洲联合国家的可能性问题。但是，在斯大林的统治下，苏联选择了在精神上与欧洲完全拉开距离。英国的欧洲资格问题比起俄罗斯来说并不算少，在近现代史的大多数时期，英国人在其他方面谋求发展，他们建立了一个海外帝国，谋求海外的利益。事实上，他们是半脱离欧洲的。20世纪20年代的第一次泛欧洲运动的发起者们认为，英国与俄罗斯都不属于欧洲，它们都不应该参加泛欧洲运动。[①]

最后一个问题就是欧洲的概念是否包括东欧。塞顿－沃森（Seton-Watson）说："欧洲文化共同体包括生活在德国和意大利以外的民族……欧洲的观念是一个文化共同体，每个特有的文化或亚文化都属于它。他们中没有谁能没有欧洲而存在下去，或者欧洲没有他们能存在下去。……欧洲文化的统一不过是我们各个祖先三千年劳动的终极产品。它是一份遗产。"[②]东欧即使是贫困的、不发达的，或被暴君统治的，依然是欧洲的。东欧也不能因为它是"不同的"而被排斥。所有欧洲国家都是不同的。所有西欧

---

① 参见诺曼·戴维斯《欧洲史》，"导言"，第29~33页。
② 诺曼·戴维斯：《欧洲史》，"导言"，第34~35页。

国家也都是不同的。像希腊这样一个国家，许多人因为荷马和亚里士多德的优秀价值而认为它是西方的，并接纳其为欧洲共同体成员。但是，它在近现代形成的经历是在奥斯曼帝国统治下东正教的世界中，与西欧国家的距离要遥远得多。所以，东欧属于欧洲，而希腊却与欧洲文化相隔甚远。

写欧洲历史的尝试在19世纪头几十年就开始了，最早的有影响力的综合性尝试是基佐进行的，作为一名历史学家和政治活动家，他的《欧洲文明史》是以他在索邦学院的讲课内容为基础写就的。

作为社会运动，欧洲统一是第二次世界大战以后从西欧开始的。当被问到"欧洲的历史"的定义时，许多专业的历史学家都不能给出清楚的回答。1992年，由来自12个不同国家的12位历史学家共同编写了一本教科书——《欧洲历史书》，它力图给予人们一种共同体的意识。对于什么是欧洲史，A. J. P. 泰勒说：

> 欧洲史就是历史学家所要的任何东西。它是事件和理念的一个总结，有政治的、宗教的、军事的、和平的、严肃的、浪漫的、近在手边的、遥远的、悲剧性的、喜剧性的、意义重大的、无意义的，还有其他你愿意写的东西。只有一个限制因素，它必须发生在或是源自我们称为欧洲的地域。但是，当我不能确定这个地域确切地意味着什么时，我对于其余的事情在朦胧中感觉良好。[1]

欧洲人需要这种共同的想象。或迟或早，欧洲历史的一幅有说服力的新图画必然会伴随对欧洲未来的新渴望绘制出来。

（二）欧洲的地理和史前史

欧洲由五种自然成分构成。（1）欧洲大平原。从大西洋一直延伸到乌拉尔山，长达4000公里。这是欧洲最主要的地形特征。乌拉尔山的纵向长度为2000公里，贯穿巴伦支海与里海。（2）高山。连绵的群山构成两道优雅的弧线，从普罗旺斯的滨海山脉到特兰西瓦尼亚的喀尔巴阡山脉，构成

---

[1] 诺曼·戴维斯：《欧洲史》，"导言"，第67~68页。

欧洲的一道脊梁,形成一道分水岭,将北部平原与地中海地区分割开来。(3)地中海。这个壮观的封闭的海洋形成一个独立的地理单元。海上交通为文化、经济和政治交流提供了现成的渠道。它是古典世界的摇篮,在恺撒统治时期变成了罗马的一个湖泊。自从罗马政权衰落之后,地中海就再也没有实现政治上的统一。(4)深入海洋中的半岛。一个多山的岬角是斯堪的纳维亚半岛,它临近波罗的海;另外三个临近地中海的岬角是伊比利亚半岛、意大利半岛和巴尔干半岛。还有两个临近黑海,它们是克里米亚和高加索。(5)大自然赐予欧洲的一万个岛屿。较大的岛屿有冰岛、爱尔兰岛、大不列颠、科西嘉、萨丁岛、西西里岛和克里特岛,它们曾在不同时期发展出各自不同的文化和政治实体。还有许多较小的岛屿,从施皮茨山到马耳他,从爱奥尼亚到斯波拉泽斯,所有这些岛屿都既带有集体特征,又带有个性特征。[①]

从欧洲分化出来的几个主要区域来看,有三个次地区具有特殊的作用:米迪、多瑙河盆地和伏尔加走廊。米迪,即现代法国的南部,紧邻地中海,位于比利牛斯山和阿尔卑斯山之间。它为在地中海游弋的人们提供了唯一一条通往北部平原的通道。它是地中海和大平原之间的桥梁,其得天独厚的地理位置为南部古代文明与北部"蛮族"的文化融合提供了最有效的舞台。多瑙河盆地将地中海与大平原联系起来,但此处的联系是东西走向的。多瑙河发源于黑森林,穿越群山,在帕绍的巴伐利亚峡谷间流淌,东流1500英里注入黑海。对从东部而来的人们来说,它提供了通往内陆腹地的最短捷径;对平原上的人们来说,它是一条吸引人们通往南部海洋的通路。在所有陆桥中,没有哪一个比伏尔加河所流经的地区更重要。按照现代划分的标准,大陆分界线是乌拉尔山和乌拉尔河一线。乌拉尔山以西的一半是欧洲,乌拉尔山以东的一半是亚洲。因此,站在萨拉托夫或是察里津的人其实是站在关口上,因为伏尔加河是大草原高地上欧洲第一站的标志。

史前史学家十分重视史前社会变化的过程。地理时间表的跨度始于大约45.5亿年前地球的形成,从无生代到全新世,被分为代、期、世。相比之下,人类的生命只局限于地理时间表的终点,最早起源于上新世中期的

---

① 参见诺曼·戴维斯《欧洲史》,第5~18页。

非洲。在更新世中期，人类到达欧洲。直到第四纪末期，人类才进入文明阶段。欧洲变成现在这般模样还不到 500 万年。在欧洲，有人类存在的时间也只有 100 万年。在 8 亿年前，大多数后来构成欧洲大陆的陆地还只是浸泡在海洋中的一些散落的群岛。500 万年以前，非洲还直接与欧亚大陆接壤。但此后，直布罗陀的天然大坝崩溃了，巨大的海潮涌进来，塑造了我们所熟悉的地中海的轮廓。在此后的 100 万年的时间里，年轻的欧洲经历了 17 个冰期。在温暖的间冰期，有一种类人生物开始出现。欧洲最早的人类踪迹是在匈牙利靠近维尔特斯却略斯的地方，以及意大利的伊赛尼亚地区发现的，时代都为公元前 70 万年至公元前 850 年。在冰川时期，人类的进化经历了直立人、早期智人、晚期智人几个阶段。拥有巨大骨架和短小四肢的尼安德特人被认为是一种特殊的适应于冰川条件的欧洲人变种，他们大约在 4 万~3.5 万年前的最后一个间冰期消失。[1]

欧洲史前史通常被描述为石器、青铜器和铁器三个时代，这一理论是1836 年由丹麦古生物学家克里斯蒂安·汤姆森（Christian Thomsen）最先提出的。他根据原始人类的工具变化制定出一个时间框架。"劳塞尔的维纳斯"的年代大约在公元前 19000 年，它是一尊刻在多尔多涅一个山洞内壁上的小雕像，并用红赭石颜料涂抹。它是一位女性，脸部看不清，长发浓密，垂落肩头，乳房长大，悬挂胸前，两膝岔开，露出阴户。左手抚摸着怀孕的肚子，右手高举一只月牙形野牛角。[2] "新石器革命"最早发生在公元前8000 年的中东，在欧洲的北部则不晚于公元前 2000 年。可以看出，存在着两条体现新石器进步的主线。第一，它从多瑙河谷迅速转移到中欧，在 700年的时间里，穿越了今天的罗马尼亚和荷兰之间的土地，直线距离 1500 英里。第二条向西移至地中海沿岸，抵达伊比利亚、法国、瑞士、不列颠群岛、斯堪的纳维亚以及东部的大平原。总之，六大新石器地区已经形成：东地中海和巴尔干区、乌克兰草原、波罗的海—黑海区、波希米亚—莱茵区、大平原上的北部区域和西部区域，从西班牙一直延伸到不列颠群岛和斯堪的纳维亚。新石器晚期文化通常与宏大的巨石建筑联系在一起，主要遗址在新格兰治、爱尔兰和奥克尼的麦斯·豪威、布列塔尼的卡尔纳克、

---

[1]　参见诺曼·戴维斯《欧洲史》，第 20~25 页。

[2]　诺曼·戴维斯：《欧洲史》，第 28 页。

威尔特郡的阿维伯里和巨石阵。[①]

青铜时代的兴起时间在中东大约为公元前3000年，在北部欧洲可能要晚1000年。人们发现的青铜时代最伟大的成就在于海因里希·谢里曼（Heinrich Schileman）1876年挖出的迈锡尼，在于亚瑟·伊文思（Arthur Evans）爵士1899~1930年考古发掘的克里特岛的克诺索斯。现在，人们已经普遍接受了这一观点，即克里特的米诺斯文化和希腊本土的迈锡尼文化构成了"欧洲第一个文明"的两座高峰。中欧青铜时代晚期，一种分布广泛的"瓮棺文化"别具特色，死者火化后的残余物被装进瓮中，同特意挑选的随葬品一起埋葬。这一阶段的重要遗址在意大利的塔拉马拉、西班牙的埃尔·阿加尔、德国的阿德勒堡、捷克斯洛伐克的乌涅提斯和罗马尼亚的奥托马尼都有发现。在公元前二千纪的下半叶，大约公元前1200年，青铜时代的欧洲遭到了一场无法解释的打击，考古学家的说法是"普遍系统的崩溃"。爱琴海地区被来自内陆的诸部落搅得天翻地覆。小亚细亚的赫梯帝国宣告结束，埃及被不明身份的海上民族围攻，瓮棺民族在中欧苟延残喘，希腊陷入上古黑暗时代，把特洛伊战争的传说时代与后来有历史记载的城邦时代区分开来。

铁器的使用大约在公元前1200年首先出现于埃及，大约公元前1000年到达爱琴海，而后大约公元前750年到达多瑙河流域。在欧洲内陆，史前铁器时代习惯被分为两个阶段，即霍尔斯塔特（约公元前750~前400年）和拉·泰纳（公元前400~前50年），前者是一个先前的瓮棺民族文化与来自东方的新影响相融合的时期，后者的代表是1858年在瑞士发现的遗址，那里的铁器制造已经达到一个很高的水平。在波兰南部克拉科夫附近圣十字架山上的鲁迪基，留下了欧洲史前史上范围最广的铁器制造遗迹。除此之外，还有一些重要的遗迹分布在普罗旺斯的恩特莱芒、勃艮第的阿莱西亚和艾米利亚的威兰诺瓦。实际上，大多数史前史家的确赞成把那些拉·泰纳时期的铁器制造者视为凯尔特人，而最近的研究认为，凯尔特语起源的时间可能会更早，可以追溯到新石器时代。有一件事是确定无疑的，现代语言研究证实凯尔特人的语言与拉丁语、希腊语以及大多数现代欧洲语言

---

① 参见诺曼·戴维斯《欧洲史》，第28~30页。

是同源的。凯尔特人处于印欧氛围的中心位置。1786 年，在加尔各答任职的英国法官威廉·琼斯爵士（Sir William Jones）发现古代拉丁语、希腊语与古代梵语之间的紧密关系，随后发现印度语言与欧洲的罗曼语、凯尔特语、日耳曼语、波罗的语和斯拉夫语都是同一语族的组成部分。[①]

以上，是作者对欧洲史前史的概述。他认为，正如希腊继承了克里特的荣誉，罗马建立在希腊的基础之上，而"欧洲"建立在罗马的废墟之上。一切人都被编排进政治和文化的共同体的历史中，曾经强大，又不可避免地衰弱了。欧洲自身就曾经强大，但现在衰弱了。欧洲的守望者担心他们的命运是否会走向终极衰落，或者可能被大灾难所毁灭。或者，他们可能活在世上目睹新的欧洲最后一个黄金时代的盛世景象。

（三）古代希腊

古代希腊和罗马虽然与后来的西欧不是一种文明，但它们在欧洲的地域范围内，所以是戴维斯论述的重点。古代希腊的政治史跨越了一千多年，经历了几个不同时期。最初的史前时代有米诺斯和迈锡尼文明两个中心，结束于公元前 12 世纪。它的后期在很大程度上与"英雄时代"相重合，到特洛伊战争时宣告结束。特洛伊建在爱琴海的小亚部分，传统上认为，它的陷落时间是公元前 1184 年。希腊城邦的"黄金时代"从公元前 8 世纪持续到公元前 4 世纪，黄金时代发生的首要冲突是希波战争，这场战争在居鲁士大帝吞并了希腊西部的情况下发生，波斯人后来战败。后来是伯罗奔尼撒战争（公元前 431～前 404 年），希腊城邦之间陷入自相残杀。希腊最辉煌的核心时代开始于公元前 5 世纪，结束于公元前 338 年，从那一年开始，希腊被迫臣服于马其顿人。希腊北部的一个希腊化国家马其顿崛起了，在腓力二世（公元前 359～前 336 年在位）和他的儿子亚历山大大帝在位期间达于鼎盛，他的帝国向东到达印度河沿岸。

从公元前 8 世纪开始，希腊本土和小亚细亚的一些最古老的城市都参与到活跃的殖民活动中来，最稠密的定居点在西西里和南意大利。"半岛城"是在公元前 422～421 年由来自黑海的多利亚殖民者建立起来的，它坐落在

---

① 参见诺曼·戴维斯《欧洲史》，第 42～53 页。

现在的克里米亚半岛，在今天的塞瓦斯托波尔3公里之外，是黑海北岸的希腊城市据点之一，以大麦、酒、皮革和咸鱼的海洋贸易为生，有两万多人口。米利都是最大的殖民点。在西西里，第一批殖民地可以追溯到公元前735年。伊比利亚的恩伯利亚、博斯普鲁斯的马赛里亚（马赛）、拿波里、叙拉古、拜占庭、北非的昔兰尼、黑海南岸的锡诺帕，都可以回溯到同一个时代。马赛里亚是由来自小亚细亚的希腊人在大约公元前600年建立的，古代马赛里亚优良的港口曾经在2500多年里是商业和文化生活的一个重要中心。政府是商业寡头制的，由选举产生终身任职的600个公民组成大议会，再任命一个15人的小议会，由他们组成行政机构。马赛里亚人的商业和探险活动遍布很大区域，统治了从托斯卡纳到伊比利亚南部的海洋。[1]

希腊宗教从早期的万物有灵论和拜物教向把世界看成"一座神和人的伟大城市"的世界观发展。奥林匹亚众神在史前时代后期已经很突出。众神之父宙斯和他的配偶赫拉统治着奥林匹亚的家族，他们在奥林匹斯山顶的家通常被认为位于希腊的北部边境。一大堆地方神祇、森林之神、幽灵、仙女、复仇女神、女巫组成的观众加入了他们的队伍。希腊人向他们献出供品。宙斯的崇拜是普遍的，流传甚广的光明之神阿波罗崇拜以它在提洛岛以及德尔斐的诞生地为中心，土地之神狄米忒尔的秘密宗教在埃留西斯，还有更加迷人的酒神狄俄尼索斯的秘密宗教从古代肥沃的土地上发展起来。

希腊哲学是在与传统的宗教观念对立中成长起来的。虽然苏格拉底因为"毒害青年"而被处死，他用来检验构成知识的假设的不断提问的方法却为后来所有理性思考奠定了基础。柏拉图和他的学生亚里士多德共同打下了思辨和自然哲学的大多数分支学科的基础。柏拉图的学园和亚里士多德的吕克昂学府是古代世界的牛津和剑桥。柏拉图是一个理想主义者，他创造了第一个想象中的乌托邦。亚里士多德是一个学术分类者，他对学科进行了分类，其百科全书式著作的范围从形而上学到伦理学，再到政治学、文学批评、逻辑学、物理学、生物学和天文学。

希腊戏剧起源于宗教节日中的仪式，雅典最早的一些戏剧是在狄俄尼索斯节的时候上演的。演员和合唱队之间的对白为探究最可怕的心理和精

---

① 参见诺曼·戴维斯《欧洲史》，第66~70页。

神上的冲突提供了一种媒介。在他们当中，三大悲剧家埃斯库罗斯、索福克勒斯和欧里庇得斯把部落的神话和传说转化成世界文学的奠基石。他们的剧作只有 32 部悲剧幸存下来，但这些悲剧仍在世界范围内不断被搬上舞台。希腊为什么会产生悲剧艺术？这是个很值得探讨的问题。按说希腊有那么多的殖民地，希腊的生活在古代社会中是足够好的了，为什么还会有悲剧创作？这恐怕和希腊剧作家的思想有关。他们探讨了人生中那些更深层的问题，探讨了人不可逾越的生命的有限性，因而，人生终究是悲剧。这个问题至今值得人们去思考。希腊艺术也经历了伟大的觉醒，现代艺术鉴赏无疑受到那些保存完好、闻名遐迩的石头雕像、陶瓶上的人物画的影响，受到精神和宗教动机的强烈影响。希腊艺术家对于人体给予了特殊的关注，试图通过观察人们在变动中的内在感情效果来表现灵魂的运作。

运动会是希腊生活的一个基本组成部分，每一座有自尊心的城市都有自己的运动场，在奥林匹亚举行的泛希腊运动会仅仅是一百多个这样的节日当中最有名的一个，举办运动会的目的正是感谢神灵的庇佑。所有的运动员都是男性，在 10 个设置好的项目上进行比赛。当一个运动员意外地掉落他的内衣时，他们便开始形成裸体参赛的习俗。运动员和他们家乡的城市从在奥林匹亚运动会上的胜利中获得巨大的荣誉。最后一届古代的奥林匹克运动会是在 393 年（一说 389 年）举行，取而代之的赛会继续在亚细亚的安条克持续到公元 530 年。

希腊的社会并不是一幅规格划一的简单的图画，在城邦社会和边远的山区，存在着根本的差异。奴隶制是一个根本特征。在雅典，人口被划分为奴隶、定居的外国人和公民。公民拥有一定的财产，具有在军队中服役的义务。他们被划分为 10 个部落，部落下划分更小的单位，称为"三一区"。存在不同类型的寡头政治，像科林斯、斯巴达或马赛利亚。雅典自身经历了很多变化，公元前 7 世纪出现第一部成文法"德拉古法典"，公元前 6 世纪有梭伦改革和庇西特拉图的开明专制，雅典在伯罗奔尼撒战争中的失败招致"三十僭主"，即使在公元前 5 世纪雅典民主政治的鼎盛时期，现代学者对于雅典公民参政的确切程度也没有取得一致意见。持续了很短一段时间的雅典民主远不是完美的。为了保障公民大会达到法定人数 6000，公民们被用一根蘸着红颜料的绳子从大街小巷中鞭打着而来。但是，公民们确实参与了统治，他们在法律面前享受着平等地位。他们选举出 10 个包括军事指挥官在内的高级官员；通过抽签在他们之中分配上百个任期一年的管理职务，最重要的是他们把自己视为公众的仆人。柏拉图对民主没有好感，他认为，民主就意味着无能者的统治。

希腊的历史著作也有三位巨匠，他们是希罗多德、修昔底德和色诺芬。

希腊化时代，希腊城邦的世界消失在一个由亚历山大及后继者们创造的范围更大但基本上是非希腊的世界当中。印度河谷，由于亚历山大的到访，也算是希腊化的地方，但是在那里，希腊文化的外观是最单薄的，希腊化也只坚持到公元前 1 世纪中叶。由安条克创建的马其顿安条克王朝，是希腊文化最浓重的地区，在公元 186 年被罗马人所终结。在叙利亚、波斯和小亚细亚，也是希腊文化传播的地区，由塞琉古一世建立的塞琉古王朝，在公元 69 年被罗马战胜。由托勒密·索特在埃及建立的托勒密王朝，一直持续到公元前 31 年，最终也被罗马所灭。[①]

在希腊化时期，希腊文化获得了比之前广泛得多的传播。希腊文化和罗马世界的融合，使找到古希腊灭亡的时间成为不可能。然而，希腊化的传统持续的时间比人们通常认为的要长得多。德尔斐神谕继续运作，直到 276 年被蛮族劫掠者破坏；奥林匹亚赛会继续每四年举行一次，直到 393 年召开了最后一次赛会；雅典学院继续教授学生，直到 529 年被基督教皇帝查士丁尼关闭；亚历山大城的图书馆直到 641 年穆斯林到来之后才关闭。

（四）古代罗马

古代罗马时期是从公元前 753 年到公元 337 年，也就是从罗马建城到最后灭亡，一共持续了大约 1100 年。罗马有一种内聚性品质，这可能与它是从单一的有机体中壮大有关。罗马从希腊文明中继承了很多东西。在宗教上，罗马人完全吸收了奥林匹亚诸神——把宙斯变成朱庇特，赫拉变成朱诺，阿瑞斯变成马尔斯，阿佛洛狄忒变成维纳斯。他们吸收希腊道德哲学到了无以复加的程度，以至于斯多葛学派在罗马比在雅典更典型。一个有教养的罗马人，应该能流利地使用希腊文。在思辨哲学和科学的早期成果

---

① 诺曼·戴维斯：《欧洲史》，第 99~100 页。

方面，成就完全是希腊人的，罗马人基本毫无建树。然而，也不应该认为罗马只是一个次要角色，罗马人的成就在一些新的领域，尤其是法律、军事组织、行政管理和工程领域。

习惯上把罗马划分成三个阶段：王政、共和国和帝国。王国起源于一对由母狼哺育的双胞胎孤儿罗慕路斯和雷慕斯。罗慕路斯，罗马的建造者，据说组织抢劫萨宾妇女，以便帮助新城繁衍人丁。第五王塔克文·普里斯库斯兴建了罗马第一批公共工程，其中包括以他的名字命名的庞大的下水道系统。第六王塞尔维乌斯·图利乌斯赋予罗马人第一部宪法，使平民独立于贵族，并建立拉丁同盟。第七王塔克文·苏帕布斯，其子强奸了鲁克拉提娅而被驱逐。

罗马共和国见证了一个城市的成长，这一过程开始于公元前509年第一次执政官选举，结束于屋大维建立起第一帝国。在古罗马的所有战争中，只有同迦太基的百年冲突最能展示罗马人的坚韧不拔。非洲的迦太基比罗马古老，由腓尼基移民所建，拉丁语称谓为布匿。第一次布匿战争（公元前264~前241年），迦太基丢掉了西西里；第二次布匿战争（公元前218~前201年），汉尼拔最初大获全胜，最后被迫自杀；第三次布匿战争（公元前149~前146年），迦太基被毁灭。公元前241~前190年，山南高卢被征服；公元前201年，伊比利亚和北非大部分地区成了战利品；公元前146年，马其顿同希腊一道被占领；公元前64年，叙利亚和巴勒斯坦也被兼并；公元前58~前50年，恺撒征服了北高卢。[①]

公元前133~前121年，保民官格拉古兄弟进行改革，试图把公有土地分给那些效力于共和国却无处安居的农民，却遭到贵族寡头统治者的反对并双双遇害。公元前60年，三个军人政治家克拉苏、庞贝和恺撒组成了前三头政权；公元前31年，屋大维结束了内战，后三头（安东尼、屋大维和雷必达）政权瓦解。罗马帝国始于公元前31年屋大维的凯旋，公元3世纪帝国分为东、西两半。公元4世纪，出现了明显的资源朝东方的转移，公元330年，首都从罗马迁至拜占庭。

罗马的宗教生活具有惊人的折中性。几个世纪中，罗马人同地中海绝

---

① 诺曼·戴维斯：《欧洲史》，第122~123页。

大多数神祇保持接触，并把每一种神的崇拜添加到自己的收藏中。早期是罗马家庭以献祭灶火神和谷仓神为核心的家神崇拜；后来，在希腊的影响下，全盘接受了奥林匹亚众神。公元前 431 年，第一座阿波罗神庙在罗马落成，伊壁鸠鲁派和斯多葛派也找到许多追随者。在共和国晚期，东方的神秘崇拜流行起来，其中有来自叙利亚的阿塔噶提斯，来自小亚细亚的"大母神"，还有来自埃及的伊西斯。在罗马帝国时代，官方宗教转变成对现任皇帝的义务性崇拜。波斯的太阳神密特拉崇拜也迅速崛起，尤其在军队中蓬勃发展。[①]

罗马社会建立在公民与非公民、非公民中的自由民与非自由民在法律上有根本差别的基础上。罗马共和国早期，在公民和平民中间禁止彼此通婚。贵族氏族既利用元老院主宰城邦的政治生活，又通过把持土地的分配控制着经济生活，还长期抵制平民的挑战。但是，他们的特权最终被推翻。公元前 296 年，《奥古尼亚法案》规定，允许平民成为祭司团和占卜官成员。公元前 287 年，《霍腾西乌斯法案》宣布平民大会对全体公民具有约束力。在公元前 90~前 89 年所谓的"同盟者战争"中，意大利全境的人都获得了公民权；然后，在公元 122 年，帝国全境的人都获得了公民权。[②]

奴隶制是罗马社会的普遍现象，也是一种至关重要的经济制度。它为农业和手工业提供了人力资源，支撑着城市的奢华生活。罗马共和国的战争是维持奴隶制的保证，战争带来数以十万计的俘虏。尤里乌斯·恺撒仅在那姆尔战役之后，就把 53000 名高卢战俘卖为奴隶。罗马时代结束以后，奴隶制仍是欧洲生活的一大特征，它持续存在，贯穿了整个中世纪，尽管后来它逐渐被农奴制取代。在文艺复兴时期的意大利，奴隶制还很普遍。在相当晚近的时代，欧洲列强只允许在海外保留奴隶制。废除奴隶制是欧洲启蒙运动的主要社会产物之一，它分三个主要阶段进行：先宣布蓄奴为非法；紧接着抑制国际性奴隶贸易；然后，禁止在海外殖民地蓄奴。[③]

罗马时期经常召开公民大会，它具有社会和政治的双重功效。贵族在

---

① 诺曼·戴维斯：《欧洲史》，第 128~129 页。
② 诺曼·戴维斯：《欧洲史》，第 134 页。
③ 在诺曼·戴维斯的书中，有许多"知识窗"，这些"知识窗"谈论的内容与正文的内容有关，但是时间跨度往往要超越所谈历史时期，涉及以后很长时期，甚至到现在，在地理范围上也有所超越。

他们的库里亚大会，即胞族会议会晤，在那里，他们审批执政官的命令。平民也定期举行特里布斯会议，即部落会议，在那里讨论他们的共同事务，选举保民官、财务官和营造官。出于军事需要，贵族和平民一起举行森都里亚大会，或者叫"百人团大会"。他们在城外宽阔的战神之地集会。在那里，他们按 35 个部落列队。每个部落根据财产分为五等，骑士处于顶端，最穷的步卒处于底层。有时，还有一个叫"无产者"的无财产等级。各等级依次组成森都里亚，即百人团。每个百人团分为年长者和年轻者。公元前 241 年的人口调查显示，共有 26 万名公民属于 373 个百人团，几乎每个百人团有 700 人。[①] 这就是罗马男性的社会组织。

罗马法律是罗马人对世界最长久的贡献。这项工作始于公元前 451 年的十二铜表法，后来它被视为平等法律的源头。它是通过吸收各种不同的风俗习惯和实践发展而来，并用法律形式确定下来。法官们是制定法律的主体。法律实践的复杂性不可避免地导致法学的兴起，随后出现了一连串著名的罗马法学家。法制是健全的政府、公平交易和有序社会的保障。随着时间的推移，罗马法庞大的体系已被反复编制、固定下来。在这方面，共有三种局部编制法典的尝试：格雷戈里安法典（约 295 年）、赫尔莫基尼法典（约 324 年）、提奥多西法典（438 年）。类似的还有勃艮第法典（516年）。然而，最重要的系统著作是在查士丁尼皇帝领导下完成的，包括五十决议（531 年）、惯例（533 年）、法律摘要（534 年）、修订法（534 年）和新法典（565 年），涵盖了公法与私法、刑法与民法、世俗法与教会法两个方面。正是查士丁尼的法律著作，才使这笔巨大的遗产流传到现代世界。[②]

"赛会"是罗马人生活的中心。它在一年中 4 月、7 月、9 月和 11 月设定的四个星期举办，大竞技场和圆形大剧场几乎永远有节目上演。在公元前 264 年的第一次有记载的赛会上，三队奴隶拼斗到死。四个世纪之后，图拉真皇帝举办了一个节庆，使 1000 名囚徒和 11000 只野兽残杀至死。职业角斗士给人们提供生死搏斗表演。身手轻巧的轻装角斗士手持渔网和三叉戟，迎战身披重型装备、手持剑和盾的重甲角斗士。有时，他们联合作战

---

① 诺曼·戴维斯：《欧洲史》，第 139 页。
② 诺曼·戴维斯：《欧洲史》，第 155 页。

对付一组囚徒或来自异域他乡的野蛮人。失败者的尸体被钩子拖出死亡之门。如果角斗士受伤倒地，皇帝或赛会主席将用"举指赞成"或"按指反对"表示赦免或处死。这种游戏一直持续，直到身为基督徒的皇帝洪诺留于公元404年终止了各种赛会。

宗教问题是戴维斯关注的一条主线，他探求了基督教产生的历史和发展。基督教起初并不是欧洲的宗教，它同犹太教、伊斯兰教一样，都出自西亚。耶稣是一个不肯妥协的云游四方的传道者，他生于罗马行省犹地亚。他在耶路撒冷遭处决，被钉上十字架。基督教传播在很大程度上得益于罗马的和平。起初，基督教社团在东地中海地区的绝大多数大城市建立起来，圣保罗主要在讲希腊语的东方城市活动，他是第一个长途跋涉到处传教的基督教领袖，他的作品构成《新约》的主体部分。他原名扫罗，是个犹太人，来自塔尔苏斯，参与过早期迫害基督信徒的行动。大约公元35年，在耶路撒冷，他目睹了第一个殉道的基督徒司提反被石头砸死。在去大马士革的路上，他突然转变信仰，此后他接受洗礼，成为最积极的改宗者。他的三次传教旅程极大地促进了基督教的发展。圣保罗的贡献在两个不同方面：一方面，作为十二使徒，他建立起这样一项原则，新道不再是犹太部落所掌管的东西，它向所有的人开放；另一方面，他奠定了以后所有基督教神学的基础。有罪的人性通过基督的神圣怜悯而获得救赎。正是圣保罗使基督教成为一种富有凝聚力的世界性宗教。①

犹太教传统与基督教之间的分裂加深了双方背离的情绪。基督教同犹太教之间的冲突所造成的痛苦远远超过了其他宗教的冲突。从犹太教正统派的观点来看，基督教本质上是反犹主义的；从基督教正统派的观点来看，犹太教本质上是反对基督教的温床。实际上，基督教不仅是从犹太教获得灵感，希腊化时期的各种东方宗教都对它产生了影响，亚历山大里亚的斐洛是一个希腊化的犹太人，他试图调和犹太《圣经》与柏拉图主义之间的矛盾。基督教与犹太教可能在两个世纪中都并不是完全分离的，在新近发现的《死海古卷》中保存的公元前200年至公元50年的犹太文献，与基督教福音书有惊人的相似之处。一种推测认为，基督教与犹太教的最终决裂

---

① 参见诺曼·戴维斯《欧洲史》，第168~169页。

发生在公元 131 年。①

　　早期基督教有许多竞争对手，在罗马帝国的前两个世纪中，对伊西斯、西伯里以及波斯太阳神密特拉的崇拜都极具威胁性。它们具有同早期基督教一样的一些特征，是人格化的救世主或上帝的观念。《新约》的核心是 4 部福音书和圣保罗的 13 篇书信，它们大约在 130 年被人们接受。而《旧约》，即希伯来经典，大约在 220 年被确定下来。对于这二者之间的矛盾，罗马的克雷芒（Clement）提出一种解决方案，谁能够找出十二使徒所认可的继承人的线索，就可以获得权威，因为最伟大、最古老的教会是使徒彼得和保罗在罗马建立的。作为独立于俗人的团体，牧师制度似乎是逐渐发展起来的。公认的领袖主教和副主教的职位在教士之上，发挥着专职僧侣的作用。有人认为，在 5~7 世纪，这些领导岗位才固定下来。325 年，君士坦丁皇帝在小亚细亚的尼西亚召集第一次全体教会会议，有 300 名教士参加。313 年，《米兰敕令》颁布，基督教终于成为罗马的国教。

　　宗教异端始终与基督教相伴随。诺斯替教同基督教极为相似。起初，诺斯替教是一批探索知识的哲学家的组织，但是他们的宗教特征更为突出。他们大量借用犹太教的东西，也吸收基督教的东西，以至于他们有时被认为是基督教的一个宗派。阿里乌斯派是很重要的一个异端，它由亚历山大城一个教士创立，赢得罗马帝国内、外许多社团的支持。它认为，基督作为上帝之子，不可能分享天父的全部神力。在一些野蛮民族中，如哥特人中，阿里乌斯派获得较大范围的接受。甚至在基督教早期，在君士坦丁堡占优势的都是阿里乌斯派。②

　　330 年君士坦丁堡的建立，是一个划时代的事件。它是在一个拜占庭小镇的基础上建造的，由皇帝亲自选址并命名。君士坦丁堡的建立，使它迅速变成一个基督教政权的发源地。331 年，在庆祝建城一周年纪念日的时候，它被确立为罗马帝国的首都，并保持这种突出地位一千多年。作为中世纪基督教世界的主流，它扩大了基督教的影响，为欧洲历史做出了贡献。

---

①　诺曼·戴维斯：《欧洲史》，第 171 页。
②　诺曼·戴维斯：《欧洲史》，第 177~178 页。

（五） 欧洲中世纪

在欧洲中世纪的历史中，戴维斯把基督教作为论述的一个重点；他也重视各个人种向欧洲的迁徙。此外，对于欧洲统一的运动，如封建制度、十字军东征等，也是他关注的重点。

公元 330～800 年是欧洲诞生的年代。这时候，历史的发展有四大主流：一是蛮族始于亚洲的不断西进；二是罗马世界东、西两部分之间日益扩大的裂痕；三是基督教向异教人群的稳步发展；四是伊斯兰教的兴起。

匈奴帝国大约在公元前 36 年被摧毁，于是，他们的部落和畜群就从原住地移居到现今的突厥斯坦。在公元 2 世纪，匈奴本部移至里海以北；公元 4 世纪又移至现今的乌克兰。375 年，匈奴人与东哥特人相遇，驱使东哥特人及其邻近的西哥特人进入罗马帝国境内。阿兰人大约在公元 375 年越过第聂伯河，406 年跨过莱茵河，在 5 世纪 20 年代抵达大西洋岸边。这场迁徙席卷了欧洲的东部和西部的大部分，一直持续到第一个千年结束，直到所有的漫游者找到永久的居住地为止。

罗马帝国境内的居民尽管大多并不是正宗的拉丁人或希腊人，但他们在西罗马帝国境内已经拉丁化了，在东罗马帝国境内，他们也都希腊化了。除游牧民之外，非印欧人还包括乌拉尔—芬兰语族人群，西班牙原始的伊比利亚人群，巴尔干地区尚未同化的伊利里亚人、达契亚人、色雷斯人。日耳曼人大致划分成三个族群。斯堪的纳维亚族群演变成后来的丹麦人、瑞典人、挪威人、冰岛人。西日耳曼族群包括巴达维亚人、弗里斯兰人、法兰克人、阿拉曼人、朱特人、盎格鲁人、撒克逊人，他们是后来的荷兰人、法国人、佛拉芒人、英吉利人、低地苏格兰人最重要的祖先。东日耳曼族群以易北河以东为主要活动区域，包括斯瓦比亚人、伦巴德人、勃艮第人、汪达尔人、阿兰人、哥特人。[1] 4 世纪，西哥特人在多瑙河以北的黑海沿岸定居，东哥特人在克里米亚和第聂伯大草原定居。到 8 世纪，欧洲大陆上的各个种族安定下来。8 世纪是欧洲重要的社会结构的产生时期，欧洲基本人种的构成，还需要另外五次较重要的民族迁徙，其中之一的主角是

---

① 参见诺曼·戴维斯《欧洲史》，第 192～196 页。

海上的维京人，两次的主角是游牧的马扎尔人和蒙古人，另外两次的主角是为新兴宗教而战的摩尔人和土耳其人。

破坏圣像是 8 世纪和 9 世纪早期遍及欧洲的一场社会运动，在某种程度上它是对伊斯兰教纯洁价值观的认同。一方面，这是有关基督教信仰中圣像所处地位的纯宗教方面的争论。726 年，伊苏里亚王朝的利奥一世颁布法令，将耶稣受难十字架替换成普通十字架，不久，又有法令要求将童贞女玛利亚的像涂成白色。另一方面，这也伴随着深刻的社会政治斗争，通过攻击偶像崇拜者的修道院和没收其财产，作为圣像破坏者的皇帝加强了国家对教会的控制。这一运动同时也重申了君士坦丁堡对欧洲各行省的控制权。① 与此同时，圣像破坏应被视为君士坦丁堡大教长与罗马教皇之间关系破裂和将拉丁教会逼向法兰克人怀抱的关键因素。9 世纪确立的拜占庭文明由于几个独有的特点而与罗马帝国区别开来，国家与教会融为一个不可分割的整体，皇帝、大教长被视为世俗界和宗教界的神圣权威。

325 年，第一次公会议在尼西亚召开。在第一次公会议召开时，基督教会已经成为东罗马帝国境内最大的宗教组织。此后，历届公会议都在东罗马帝国境内召开。第二次公会议于 381 年在君士坦丁堡召开；第三次公会议于 431 年在以弗所召开；第四次公会议于 451 年在查尔士顿召开；第五次公会议于 553 年在君士坦丁堡召开；第六次公会议于 680 年在君士坦丁堡召开；第七次公会议于 787 年在尼西亚召开。宗教异端有时很普遍，东哥特人和西哥特人都信奉阿里乌斯派基督教。在第二次公会议上，批准了《尼西亚信经》，三位一体派获得基督教正统地位。基督教争论的问题还有：基督是只有一性即神性呢，还是两性即神性和人性？东正教首脑支持二性论，在查尔士顿公会议上，明确提出"一位二性"的表达方式。这一论点在第六次公会议上又得到强调。修道院的兴盛程度与社会的混乱程度成正比。360 年，圣马丁建立了利古日修道院，但是，影响最大的还是本尼迪克（480~550 年）建立的修道院，那里逐渐成为蛮族荒漠中古典知识的绿洲。由于穆斯林占领了波斯、叙利亚和埃及，基督教五大教区中的三个——安条克、耶路撒冷和亚历山大里亚处于异教徒的控制之下。756 年，法兰克人

---

① 诺曼·戴维斯：《欧洲史》，第 222 页。

丕平把拉文纳总督区从伦巴德人手中夺回，献给了罗马主教，此谓"丕平献土"，从此，罗马主教成为教皇，他有了专属于他的土地，也获得神圣的地位。

自从圣保罗传教以来，基督教便对所有人开放。313 年颁布的《米兰敕令》又使基督教成为国教，从而获得了政治意义。高卢-罗马人信奉罗马派基督教；西哥特人、勃艮第人、阿勒曼人最早信奉的是阿里乌斯派基督教。330 年，基督教势力扩展到格鲁吉亚，格鲁吉亚教会一直保持独立，直到1811 年被迫合并到俄罗斯东正教会。在 8 世纪，法兰克人信仰了基督教，接着，基督教扩展至德意志中部。德意志人之后是斯拉夫人，斯拉夫人之后是斯堪的纳维亚和波罗的海东南岸地区的居民。在这一时期，欧洲大陆的大多数民族找到了永久居留地，也信奉了基督教。在基督教世界这一共同体中，形成了众多君主国。查理曼之后的三个世纪里，基督教世界的边界被大大延伸了，先后皈依基督教的有摩拉维亚、保加利亚、波希米亚、波兰、匈牙利和基辅罗斯。

在欧洲，基督教世界不仅是一个宗教共同体，而且是一个紧密的政治实体。欧洲成千上万的教区形成了一张领土权力网络，它常常比世俗权力更古老、更连贯。教区对主教负责而反对王权。在英国，教区比郡的设置更早。正是罗马主教，设想了建立以拉丁教会和天主教皇帝的联合权威为基础的新秩序的观念。基督教会与中世纪的欧洲民族合二为一。但是，基督教世界本身是一个弹性概念，它从来没有精确地等同于欧洲的地理范围。虽然拉丁教会与希腊教会的基本教义相同，但是，他们常常互相把对方看成异己，他们自己更多地意识到彼此之间的差异而不是共性。1043 年，迈克·色路拉里乌斯当选为君士坦丁堡的大教长，他与意大利南部的行省总督发生了争执，下令关闭君士坦丁堡所有拉丁教堂，并写信给各地的拉丁主教，谴责他们在圣餐中使用不发酵面饼的做法。1054 年，拉丁教皇派遣代表团出使君士坦丁堡，授意他们取得希腊教会对罗马教会的承认。但是，君士坦丁堡方面拒绝承认这个代表团，并发表了挑衅性的声明。此外，东西方教会还相互开除了教籍。于是，东西方教会的分裂就不可避免了。1054 年以后，不仅存在着两个自命为"普世"的基督教帝国，而且存在着两个正统的基督教教会。

从 11 世纪后期起，由于塞尔柱人和蒙古人的大破坏，拜占庭帝国进入一个不可逆转的衰落时期。800 年查理曼帝国的建立、962 年神圣罗马帝国的建立和后来沙皇的莫斯科国家的建立，在欧洲历史上都是有深远影响的事件。在 800 年查理曼第五次在意大利停留期间，法兰克与教皇之间的联盟圆满地建成了。在圣诞节的弥撒大会上，当查理曼在教皇面前祈祷后起身时，教皇把一顶王冠戴在查理曼头上，参加弥撒的人顿时高呼查理曼为"恺撒"。这是一个具有象征性的事件，但是，这件事完全不符合传统，教皇利奥三世没有授予帝国称号的权力，查理曼也没有接受它的权力。但是，事情还是发生了。从此，西方出现了一位独立于拜占庭皇帝的天主教皇帝，蛮族人的法兰克王国也被升级了。1075 年，新当选的教皇格列高利七世（1073~1085 年在位）在"教皇至高无上通谕"中宣布了 27 条主张，他声称拥有基督教世界的最高立法权和司法权。不久，在一次宗教会议上，格列高利七世正式宣布，开除那些不经过教会批准就擅自把自己的候选人任命为神职人员的国王的教籍。[1]

843 年，《凡尔登条约》使查理曼的三个孙子瓜分了帝国：秃头查理获得西部领土，包括纽斯特利亚、阿基坦、西勃艮第和西班牙；洛泰尔一世继承了皇帝称号，还获得奥斯特拉西亚、东勃艮第、普罗旺斯和意大利；路易获得帝国东部的广大领土，主要是日耳曼人地区。962 年，奥托一世加冕为神圣罗马帝国皇帝。这是由于他的父亲亨利已经使萨克森公爵领地变成一股强大的势力，通过三次意大利战役和政治联姻活动，亨利重新统一了法兰克尼亚、洛林、士瓦本和巴伐利亚公爵领地。1024~1125 年，萨克森王朝之后的萨利安王朝，从血统上说也属于法兰克人的后裔，他们统治着一个人为创造出来的国家，就是将要发展成日耳曼民族的神圣罗马帝国。作为政治策略的一部分，基辅罗斯于 988 年皈依了东正教。基辅大公弗拉基米尔在皈依之前派使节到国外了解犹太教、伊斯兰教和基督教，在进行了比较之后，才最终选择了基督教。他命令全体臣民到第聂伯河进行集体洗礼，他把贵族的孩子集中到宫廷，用基督教信仰教育他们。传教士被派到基辅罗斯，教堂建立了，异教徒的神龛被捣毁。10 世纪早期，基督教传播

---

① 诺曼·戴维斯：《欧洲史》，第 323 页。

到诺夫哥罗德、明斯克和波洛茨克，罗斯人成为基督教世界的坚定成员。因此，弗拉基米尔常常被与查理曼相提并论。

什么是欧洲的封建主义？"从字面上说，封建主义可以被认为是一套制度，用于创立和规范臣服和服役的义务……一个自由民（附庸）与另一个自由民（领主），领主有保护和维持附庸的义务。"① 这是为欧洲封建主义所下的定义。欧洲的附庸制度产生于罗马帝国后期的庇护制度。加洛林王朝时期，领主开始与他的附庸缔结这种关系，从此，他们就终生具有相互义务和责任。主人授予附庸一定数量的土地，作为换取军役的费用。后来，这种义务的范围不断扩大，扩展到一系列人身权利。封建社会由一张紧密的契约关系网组成，这个关系网连接着王国境内封建体系的最高等级和最低等级。国王可以分封自己的附庸，附庸又可以进一步分封自己的附庸，以此类推，直到最低一级。在早期，教会是豁免权的主要受益者，但是各种豁免权也逐渐被授予了各种个人、组织和团体。

一般来说，欧洲封建主义的典型时代发生在 10~13 世纪。欧洲封建主义的中央政府对教会具有权威，将教士置于地方豪强的控制之下。诸侯习惯于自行任免主教，国王们期待教士担任官职、为他们服务。封建主把教会圣职出售给出价最高的人。多亏勃艮第的本尼迪克修道院阻止这一行为，这种情况才有所缓解。910 年，奥佛涅伯爵创立的克吕尼修道院以本尼迪克修道院规则为蓝本，他们铁的纪律和独立于地方贵族的做法使他们在教会政治中具有强硬的发言权。910~1157 年，7 位长寿的克吕尼修道院长从西班牙到波兰建立了 314 所修道院。

伴随欧洲封建主义的是欧洲的城市化。到了 12 世纪，欧洲几个地区彰显出城市化的活力。意大利的海港城市威尼斯、比萨和热那亚就是最先城市化的地区。不久，伦巴德、莱茵河流域的许多城市以及意大利托斯卡纳地区的纺织业城市佛罗伦萨和锡耶纳，弗兰德尔地区的伊普尔、布鲁日和根特等也兴起了城市化热潮。王权所在城市伦敦和巴黎也发展成政治和经济中心。城市社会的兴起标志着市民阶级的形成和摆脱了封建关系。伦巴德和莱茵河谷地是阿尔卑斯山南北贸易商路的两端。从 1180 年起，历代香

---

① 诺曼·戴维斯：《欧洲史》，第 292~293 页。

槟伯爵建立了早期的自由贸易区，香槟集市成为国际商业的集散地。第一个商业协会于 1161 年在哥得兰岛的维斯比成立，是为"哥得兰神圣罗马帝国旅行家协会"。在此后的一个世纪里，各种商业组织就在从大西洋到芬兰湾的港口城市中发展起来。

汉萨同盟的影响在 14 世纪达到顶峰，它包括一系列内部联盟，它们的代表定期集会，以确定共同的政策。最重要的内部联盟以汉堡、不来梅、吕贝克、维斯马和罗斯托克等城市的成员为主。威斯特伐利亚集团以科隆为首，立沃尼亚集团起初以维斯比、后来以雷维尔为首。这三大集团成为汉萨同盟的核心"三角"。汉萨同盟的成员既不限于德国，也不限于沿海地区。在不同时期里，有 200 多个城市加入了汉萨同盟。汉萨同盟没有正式的组织章程和主管部门，但它有一大堆法律和习惯。从 1373 年起，帝国自由城市吕贝克被确定为上诉法院和召开同盟全体成员大会的地点，许多同盟城市也采用吕贝克的法律。汉萨同盟的早期目标是取得停泊商船、储藏货物、商人居住和当地豁免权的合法权利，它还关心稳定币值、简化支付手段等。但是，商业利益的追求很快便涉及政治，它最初是针对海盗，后来也针对王国。1361 年，丹麦劫掠了维斯比，这促使汉萨同盟与挪威、瑞典结盟，汉萨同盟与丹麦进行了战争。几经战斗，汉萨同盟迫使丹麦承认，没有汉萨同盟的同意，丹麦的任何国王都不能加冕，同时令丹麦认可了汉萨同盟的特权。[①]

伊斯兰教是一个世界性的宗教。它号召社会的经济和政治平等，主张维护被压迫者和妇女的利益，强调人们有施舍和同情的义务。伊斯兰教建立在五大义务之上：第一是信仰的表白，包括对程式化语录的背诵，即"除安拉之外别无真神"；第二是祈祷仪式，要求信徒在黎明、中午、黄昏和晚间净身后向麦加匍匐而拜；第三是对穷人的施舍；第四是在斋日，从日出到日落，戒除饮食和房事；第五是一生要到麦加朝圣一次。622 年 9 月 20 日，穆罕默德建立起第一座神殿。随后，他骑着一匹神奇的战马进入位于耶路撒冷的所罗门神殿。624 年，穆罕默德对他的 300 名追随者进行了武装。628 年，他骑在骆驼上率领一万名信众进入麦加。先知的继承人"哈里

---

① 参见诺曼·戴维斯《欧洲史》，第 323~324 页。

发"们，很快将阿拉伯变成建立神权政治的世界帝国的跳板。哈里发的军队成功地征服了叙利亚、巴勒斯坦、波斯、埃及、西班牙、摩洛哥、突尼斯和伊拉克，耶路撒冷也从基督徒和犹太教徒的手中转到伊斯兰教徒的手中。伊斯兰教在一个世纪里的进展与基督教在 7 个世纪里的进展相当。伊斯兰教长期存在于欧洲，首先是在西南部的伊比利亚，后来在东南部的巴尔干和黑海地区也传播开来。根据亨利·皮朗的极端观点，没有伊斯兰教，法兰克帝国或许就不会出现；没有穆罕默德，查理曼也是不可想象的。总之，正是由于伊斯兰教的强烈影响，罗马主教才被迫转而寻求法兰克的支持，并开始罗马教廷的事业。

为什么要进行十字军东征？1095 年 11 月 27 日，在奥文的克勒芒宗教会议上，教皇乌尔班二世号召全体基督徒为解放耶路撒冷而战斗。这个发动十字军东征的建议被整个拉丁教会采纳了，因此，在六七代人的时间里，伯爵、国王、普通人，甚至儿童都举起十字架与异教徒进行了斗争。夺回基督教圣地的梦想持续了 200 多年，结果以失败告终。

第一次东征（1096~1099 年）十字军成功地攻占了耶路撒冷，屠杀了大量居民，并且在巴勒斯坦建立了一个拉丁王国。第二次十字军东征（1147~1149 年）由圣伯纳德发起，法国的路易七世、德国的康纳德三世共同率领十字军，但是，这次十字军取得的成就很小，只有英国舰队偶然从摩尔人手中夺取了里斯本。第三次东征（1189~1192 年）中，十字军由德国皇帝腓特烈·巴巴罗萨、法国的菲利普·奥古斯都和英国的狮心王理查率领，但是没有攻下耶路撒冷。第四次十字军东征（1202~1204 年）中，贪婪的威尼斯总督使它偏离了原来的目标，十字军成功攻下君士坦丁堡，屠杀了大量居民，在拜占庭建立了一个拉丁帝国。第五次（1218~1221 年）、第六次（1248~1254 年）和第七次（1270 年）东征中，十字军进攻了埃及或突尼斯，法国国王圣路易在那里死于黑死病。① 纵观这几次十字军东征，他们攻击的目标很不一致：是针对伊斯兰教还是东正教？是西亚还是非洲？这里没有一个明确的目的。

人们为什么会参加十字军？这是一个有待思考的问题。一方面，对于

① 诺曼·戴维斯：《欧洲史》，第 343 页。

一般的参加者来说，参加十字军是改善贫穷生活的一种手段；另一方面，它也是欧洲的国王们掠夺财富的途径。十字军劫掠经过的国家有波希米亚、匈牙利、保加利亚和拜占庭，这些行径似乎是针对东正教而来的。1096年，他们经过莱茵河地区，杀戮了8000名犹太人，似乎又是反犹太人的。十字军的海军破坏了地中海沿岸的许多港口，参加十字军的国王们掠夺所到地区臣民的财产，中饱私囊。十字军的目的地并不总是耶路撒冷，有时也是威尼斯、君士坦丁堡和埃及。总之，凡是异教，都是十字军所征伐的对象。

十字军远征的影响是深远的。耶路撒冷的拉丁国家（1099~1187年）是第一个"欧洲海外的国家"。耶路撒冷的"圣约翰医院骑士团"创立于1099年第一次十字军东征之后，他们的成员包括军事、医疗和牧人式的教友。亚克失守后，医院骑士团逃到塞浦路斯，在1309~1522年，他们统治罗德岛和马耳他。"基督和所罗门圣殿的贫穷骑士"是为了保护前往耶路撒冷的香客而于1188年成立的，但是，他们很快就转向经营金融和房地产，从所有基督教徒的财富中榨取巨额财富。1312年，法国国王以实施巫术、同性恋和异端的罪名镇压了他们。"医院骑士团"和"圣殿骑士团"都是国际性组织，在西欧各国都有据点。由于他们的活动，地中海东部的贸易被重新打开，随之，威尼斯和热那亚的贸易也繁荣起来。此外，在教皇的领导下，拉丁教会的集体认同感得到加强，西欧基督教的共同体意识得到强化。它加深了基督教与伊斯兰教之间的隔阂，恶化了基督教与伊斯兰教之间的关系。①

1203~1204年，第四次东征的十字军在威尼斯集结，但很快就成为威尼斯总督和德国国王的牺牲品。威尼斯总督看到了黎凡特扩充领土的机会，德国国王则看到了恢复他侄子的拜占庭王位的机会。1204年4月，十字军向君士坦丁堡发起进攻，并彻底洗劫了这座城市，教堂被抢劫，居民被屠杀，弗兰德尔伯爵鲍德温在圣索菲亚大教堂加冕为"巴塞勒斯"。拜占庭帝国被瓜分为威尼斯的殖民地和拉丁的封地。第四次十字军东征留下了两个罗马帝国：君士坦丁堡的拉丁"海峡帝国"和小亚细亚的尼西亚拜占庭帝国残余。前者存在了近60年，直到1261年。从长远看，威尼斯是十字军运动的唯一受益者。②

1209~1229年对阿尔比派的讨伐展示了中世纪基督教的另一面。1199

---

① 诺曼·戴维斯：《欧洲史》，第343~344页。

② 诺曼·戴维斯：《欧洲史》，第345页。

年，英诺森三世宣布异端是上帝的背叛者，他谴责的对象是朗格多克的阿尔比派。作为古代的诺斯替教、摩尼教和鲍格米勒派的精神后裔，阿尔比派最早出现在波斯尼亚，曾经成为米兰宗教会议异端审判的主要对象。然后，他们迅速传播到阿尔比、阿让和图卢兹等地，并得到这些地方伯爵的保护。1167 年，阿尔比派在图卢兹附近的一个地方成立了"背叛者委员会"，并与小亚细亚的背叛者联系。1209 年，教皇的特使被谋杀，教皇以此为借口全面攻击阿尔比派。英诺森三世还以相同的理由发起对伊斯兰教的讨伐。在第一阶段，即 1209~1218 年，来自法国和勃艮第的 12000 名骑士与盘踞在图卢兹的异端教派展开激战；在第二阶段，即 1225~1271 年，法国国王的军队介入了这场冲突。他们通过武力和审判，一个村庄接着一个村庄，年复一年地持续着铲除异端的运动。1224 年，在蒙塞库，有 200 名顽抗者被活活烧死。既然十字军可以用来反对异教徒，那么，它也可以用来反对非基督教徒。1147 年，萨克森贵族更热衷进攻斯拉夫人，直到逐渐使波罗的海东北部地区都被天主教控制。[①]

卜尼法斯八世（1294~1303 年在位）被称作"中世纪的最后一位教皇"，为了他的家族利益，他削弱其对手科朗纳家族，并使安茹家族在西西里重新陷入长期的战争中。他的诏书包含一项加强教会权威的极端说法，声称没有它任何人都不能得救。该诏书本为法国利益而制定，但他与法国发生争执，结果只能失败。他在家乡安娜尼被法国国王的人绑架而死于冲突中。最终，教廷落得可怕下场，教皇被长期囚禁于阿维尼翁。"阿维尼翁之囚"是从 1309 年至 1377 年，这期间，教皇一直被软禁于阿维尼翁。这段时期的七位教皇都是法国人。位于罗讷河畔的阿维尼翁并不在法国境内，而是在维涅森的一块飞地内，按规定它为教皇所有，1348 年，由安茹家族用 8 万克朗一次性购得。[②]但是，法国的影响是巨大的，很多政治行动由法国策动。阿维尼翁教皇的权威并没有被所有国家接受。

（六）宗教改革

宗教改革是戴维斯着墨较多的一个重要问题。他认为，在宗教改革的

① 诺曼·戴维斯：《欧洲史》，第 347~348 页。
② 诺曼·戴维斯：《欧洲史》，第 390 页。

过程中，基督教并没有被抛弃，人们也不是趋向无神论，这场运动只不过使教会的权力逐渐限定在宗教领域，宗教的影响也越来越限定在个人意识形态的范围内。

马丁·路德是一名神学教授，"因信称义"的教义在他心中孕育良久。托钵修士约翰·台彻尔（Johann Tetzel）在德国兜售赎罪券使他怒火中烧，萨克森选帝侯弗雷德里克（1493~1525年在位）不愿看到民众把大量金钱送入教皇的口袋，于是，禁止台彻尔在他的领土上兜售赎罪券。通过驳斥台彻尔，路德支持了选帝侯的政策。1517年10月31日，路德在维登堡教堂的门上贴上了《九十五条论纲》，反对教皇兜售赎罪券。这个著名的论纲导致一系列严重后果。首先，路德被卷入一系列公共论争之中，其中最著名的是在莱比锡与冯·厄克博士的辩论，这导致他后来被逐出教会。其次，德意志权贵因支持和反对惩罚路德而分为两派。1521年，沃姆斯帝国会议召开之前，查理五世皇帝传唤路德，路德坚定地为自己辩护。之后，他被萨克森选帝侯的手下劫走，并被藏匿于沃特堡城堡之内。帝国会议制定的对路德的禁令根本无法实行。不久，爆发了特里尔帝国骑士的斗争（1522~1523年）和始于巴伐利亚的农民战争（1524~1525年）。路德违抗教会或许是政治权力分离的一个因素。路德对农民的《十二条款》毫无同情心，新的叛乱在图林根发生时，路德发表《反对这些杀人越货的农民暴徒》，坚决维护社会秩序，拥护王公权力。农民起义被镇压在一片血泊中。路德派叛乱在稍后的三次帝国会议中成形。1526年，在施佩耶尔帝国会议的协定宣言中，皇帝的政敌们设法通过了著名的王公宗教信仰自由法令，主张"谁统治，谁决定信仰"。1529年，在第二次施佩耶尔帝国会议上，他们正式接受"抗罗宗"。1530年，在奥格斯堡宗教会议上，发表《奥格斯堡信条》，这是抗罗宗的信条。之后，强硬派皇帝把1531年4月定位为他们投降的最后期限，作为回应，新教的王公们组成施马尔卡尔登军事联盟。至此，天主教阵营和新教阵营正式形成。①

1522年，瑞士的乌尔里希·茨温利起来挑战天主教会的教义，同时，也抨击天主教组织形式。与路德一样，起初他谴责赎罪券，赞同路德因信

---

① 诺曼·戴维斯：《欧洲史》，第480~481页。

称义的观点，同时拒绝承认主教的权威。他打着新教的旗帜，发动反对天主教的战争，导致瑞士联邦的分裂。他开创了新教一个举足轻重的方向，使本地的堂会和组织争取到了决定自己事务的权力。1531年，茨温利被害于卡佩尔。[①]

神秘的托马斯·闵采尔身兼共产主义者和无政府主义者的双重特征，他模仿捷克的塔波尔派组建他的团队。在流浪了许久之后，因他在农民战争期间做过劫富济贫的领袖，他在图林根被捕，并被处决于米尔豪森。在茨温利主义者中，涌现了一些再洗礼派信徒，他们拒绝一切已有的权威，宣称以前一切洗礼都为无效。他们还试图建立一个在福音原则之上的理想的基督教共和国，戒除誓言、财产和一切暴力。再洗礼派是基督教最激进的派别，不仅受到天主教的镇压，也受到新教的迫害。

1529年，英国国王亨利八世颁布命令，宣布英国教会与罗马教皇分离。亨利八世通过打击教会特权和没收教会财产，取得了议会的大力支持和巨大物质利益。《初税法案》（1532年）切断了罗马教皇的财源；《上诉法案》削弱了罗马对英国的司法权；《至尊法案》（1534年）则完全废止了教皇的权威，使英国国王成为教会的最高首领。英国教会与王权的联合成为安立甘主义的典型特征。

1541年，在宗教改革的第二阶段，约翰·加尔文掌管日内瓦的教会。加尔文是一个逃亡的法国人，比路德更为激进，他建立了一个新教中更具影响力的分支。他做过天主教的律师，在听过巴黎大学校长尼考拉·克普的关于《圣经》权威的布道之后，他接受了新思想。由于惧怕受到镇压，他辞去了在出生地的带薪圣职，逃到巴塞尔，在此发表他的神学著作《基督教要义》。在书中，加尔文表述了他关于神学、教会和国家的关系，尤其是有关个人道德问题的思想。在圣餐礼仪上，他更接近于路德而非茨温利，但他重新发展了预定论的教义。他认为，人类分成两部分，被遗弃者和被拣选者，并以此教导他的弟子，视他们为一群被敌视他们的世界包围的弟兄和少数的精兵。在教会组织上，他不仅主张政教分离，而且还强调地方信徒联合的权利；另外，他也期望通过强化宗教观念、由教会实施审判来

---

① 诺曼·戴维斯：《欧洲史》，第481页。

取代现世的权力。在伦理方面，加尔文创立了一种崭新的、独一无二的规则，这使得他的追随者可以毫不费力地被辨认出来。一个良好的加尔文主义的家庭厌恶一切形式的欢乐和轻率——跳舞、唱歌、饮酒、赌博、调情、艳丽的服饰，哪怕仅仅是活泼的姿势。他们的生活以严肃、自制、努力工作、节俭、圣洁而著名。其选民身份通过外表、行为、教会活动和成功而得到证实。他们只是在每日的读经中寻觅快乐感。在英语世界中，他们被称为清教徒。[1]

　　新教的传播不仅表现在地理范围的扩大，也表现在社会政治领域内影响的扩大。路德教派直接促使独立自主的王公出现，它肯定了维持现存的社会统治的合法性。这个原则在北德意志的一些城市得到落实，如符腾堡、黑森、安哈尔特、萨克森选侯国、诺伊马克和波莫瑞。相比之下，加尔文主义则与特定的社会团体关系密切，与国家政治联系较少。在西欧，加尔文主义通常有助于城市资产阶级的崛起。在法国，加尔文主义对一部分新兴贵族的兴起产生了深刻影响；在英格兰王国，加尔文主义也发挥了很大作用，安立甘宗经常支持两种主要的政治神学，这就是盎格鲁天主教的"高教会"和加尔文福音主义的"低教会"。在苏格兰，由于约翰·诺克斯的努力，1560年采用长老制形式的加尔文教成为唯一合法的宗教。在法国，加尔文主义者被称为胡格诺教徒，他们在西部原先阿尔比派的教徒中和南部各省的市民中迅速发展。直到1685年被完全驱逐。在尼德兰，尤其在阿姆斯特丹、鹿特丹和莱顿的市民中，加尔文教传播极为迅速，1622年它被确立为国教，荷兰的改革宗教会在国家中担当了重要角色。在德国，加尔文主义受到路德派和天主教的联合反对，主要从帕拉丁选帝侯、萨克森的克里斯蒂安一世和勃兰登堡霍亨索伦家族得到支持。在波兰—立陶宛、波希米亚和匈牙利，加尔文主义促进了土地贵族的广泛分裂。新教在欧洲人生活的各个方面都发挥着影响。它把天主教世界一分为二，促使罗马天主教不得不进行改革。1530年以前，基督教世界分为天主教和东正教，1530年以后，基督教分为天主教、东正教和新教。

　　耶稣会被称作天主教改革的"精兵"。1540年，保罗三世发布训谕《教

---

[1]　诺曼·戴维斯：《欧洲史》，第487~488页。

会的军事管理》，批准耶稣会成立，使它在教皇的直接命令下行事。耶稣会的成员在将军领导下按等级组织起来，他们的目标是使不信教者皈依，使步入歧途者皈依正确信仰。在成立的头几十年中，他们的传教就出现在从墨西哥到日本的各地，他们的学院也出现在欧洲各地。耶稣会在世界各地引起广泛的恐惧和厌恶，他们被看作教会的秘密思想警察。1773年，耶稣会被取缔，但是，到1814年，耶稣会又恢复起来。

1542年，罗马教会建立了宗教法庭。它是作为异端事务的上诉最高法庭出现的，由主要的枢机主教组成。1557年，它发布了第一个《禁书目录》；在1588年，它成为罗马教廷9个重组的常设委员会和行政部门之一。特伦特宗教公会一共聚会了三次，即1545～1547年、1551～1552年及1562～1563年。它是教会改革者们一直祈求的全体宗教公会。它提供了各个教义上的定义和各种制度的结构，是罗马教会得以复兴并应对新教挑战的重要手段。它关于教义的信条基本上是保守的，驳斥新教对于"圣体"的各种说法，还在各主教区建立了神学院。[1]

反宗教改革的倾向在欧洲各地都可以真实地感受到，对传统教会的支持在意大利和西班牙最为强有力，甚至有少量的新教徒也要被清查出来。瑞士被天主教州和新教州的敌对所分裂。在法国，许多天主教徒对这种新的战斗精神敬而远之。1572年8月22日，一个亲罗马的"教皇至上主义党"举行了圣巴托罗缪之夜大屠杀，在巴黎有2000名胡格诺教徒被杀。在17世纪，詹森主义提供了一条中间道路，它是对胡格诺教徒党派偏见的一种解毒剂。在奥地利哈布斯堡王朝的领地，反宗教改革与王朝政治纠缠到一起，耶稣会士无可争议地掌握了维也纳与布拉格的教育，此外，还有匈牙利西部、斯洛伐克、克罗地亚、西里西亚、波斯米亚和加里西亚，都是这种情况。在德意志，天主教王公们和皇帝害怕新教的进一步扩展，从16世纪50年代起，天主教在科隆、美因茨、因戈尔斯塔特和慕尼黑建立了耶稣会中心；在莱茵地区和巴伐利亚建立了天主教堡垒。因而，很难说"三十年战争"的爆发是在1618年还是在这之前。[2]

宗教狂热在16～17世纪的战争中发作出来，曾经在反对伊斯兰教的战

---

① 诺曼·戴维斯：《欧洲史》，第494页。
② 诺曼·戴维斯：《欧洲史》，第500～502页。

争中积蓄的热情和仇恨现在在基督教徒之间的斗争中燃起。在 1531～1548 年新教徒与天主教徒的战争中，在 1592～1598 年的法国宗教战争中，在 1598～1604 年的瑞典内战中，在 1618～1648 年的三十年战争中，情况都是如此。在经历了一系列的屠杀和迫害之后，亨利四世颁布了《南特敕令》，允许把对胡格诺教徒的容忍限制在贵族家庭，在每个地区建立两个教堂和 120 个指定的要塞。[①] 圣彼得大教堂的重建成为教会改革时代的一个中心事件，为了方便起见，历史学家可以试图说它标志着反宗教改革的结束，而在某种意义上，它确实如此。而在实际上，反宗教改革并没有结束，反宗教改革的理想被坚持了几个世纪，它的制度在以后仍然执行了近 400 年。在以后的日子里，罗马教会已经由于世俗强国的兴起而失色，但是，它没有停止作为欧洲生活中的一个突出角色发挥作用。

（七）绝对主义与革命

戴维斯对绝对主义有清醒的认识。他认为，绝对主义时代的欧洲既不是清一色的理性主义，也不是清一色的绝对主义。在这个绝对主义时代，绝对主义国家实际只占少数。在它的一端是完全分权、立宪、共和的瑞士联邦，另一端则是极端专制独裁的俄罗斯、奥斯曼帝国和教皇国，居中的国家则类型繁多。欧洲共和制的代表是威尼斯、波兰－立陶宛和荷兰；立宪君主制的代表是英国、苏格兰和瑞典；绝对君主制以法国、西班牙和奥地利为代表；神圣罗马帝国的君主既是选举产生的，又是世袭的，介于立宪君主制和绝对君主制之间。欧洲成百上千的小国，类型就更多了。有微型的城邦共和国，如热那亚、日内瓦；有微型公国，如库尔兰；有教皇国，如阿维尼翁；还有奇特的混合型国家，如安道尔。[②]

从理论上来说，绝对主义更多的是指一种政府理想，而不是政治现实状况。它涉及一系列为了纠正中世纪晚期残留下来的过分分权体制而形成的政治理念和设想。它常常对某些君主的个人权力表示赞同，而不赞成另外一些君主的有限权力，这些君主的权威受到议会、自治省、自治市、享有豁免权的贵族和教士的制约。因此，很难给绝对主义下一个清晰的定义。

---

① 诺曼·戴维斯：《欧洲史》，第 504～505 页。
② 诺曼·戴维斯：《欧洲史》，第 586 页。

在任何地方，绝对主义都未获得彻底的胜利，在欧洲，从未产生过一个完全绝对主义的国家。但是，在16～17世纪，它的确成为推动改革的一股激进力量。18世纪，当它的影响变得更为广泛时，它却为民主、自由、公意的新潮流所取代。法国的绝对主义可以作为主要参照物。路易十四是欧洲历史上在位时间最长的君主，在他的统治下，法国显然是欧洲最强大的国家。但是，他所创立的旧制度以灾难性的革命而告终。英国的立宪君主制却不仅鼓舞了19世纪的主要强国，而且影响到20世纪的超级大国。①

革命彻底改变了教会。在法国大革命中，教会的所有财产被没收了。1790年，教士的民政体制把所有教士都变成了领取薪水的国家官员。法兰西共和国迫害不宣誓的教士，发明了自己的世俗历法和世俗崇拜，如1794年的最高理性崇拜和1796年的有神博爱教，推行社会生活的非基督教化。拿破仑在羞辱了教皇以后，正式恢复了天主教。但是，教士的任免、薪水的多少均由国家来管理。在教育方面，原先由教会管理学校的一统天下被打破了，在第二帝国时期，中央集权的公立教育体系建立起来，在巴黎建立起教育部，在主要城市建立起公立中学。法国的情况反映出教会退出了世俗领域，只在精神方面还占有地盘。②

法国大革命中，英国与法国争夺商业航运权。1806年11月，拿破仑的《柏林敕令》正式宣布对英伦诸岛实行封锁，英国的回应是1807年的枢密院令，禁止所有中立国与法国通商。这反过来刺激了拿破仑于1807年12月颁布《米兰敕令》，以严厉的报复来恫吓任何遵守英国规定的人。由此，法国在所有占领国推行大陆体系，同时法国与丹麦、瑞典和俄国等国的合作条件成立。这是欧洲第一次建立统一的经济共同体，它为以后的欧洲经济共同体的建立创造了基础。

在近代的国际关系中，均势理论逐渐主宰了欧洲的外交事务，这个理论把欧洲任何一地发生的变化都视作对整体的潜在威胁。这也是一个表明欧洲体系正在形成的可靠标志。殖民地是方程等式的一部分。英国对这个体系有着特别的兴趣，它本能地反对任何一个欧陆强国占有优势，并巧妙地以最小代价来维持势力均衡。这种国际关系已完全没有此前时代的道德

① 诺曼·戴维斯：《欧洲史》，第587～588页。
② 诺曼·戴维斯：《欧洲史》，第726页。

和宗教热情，领土被视作赌场的筹码，根本不考虑居民的利益。这一类的和约如《威斯特伐利亚和约》（1648 年）、《乌得勒支和约》（1713 年）、《维也纳和约》（1738 年）、《亚琛和约》（1748 年）和《巴黎和约》（1763 年），都是本着犬儒主义精神维持均势的结果。[①] 总之，在 18 世纪的欧洲战争和保持均势的过程中，欧洲联合的雏形已经显现。

（八）19 世纪的主流思潮

在撰写 19 世纪的欧洲历史时，戴维斯没有去叙述纷繁复杂的各国历史，他着重探讨了影响 19 世纪社会运动的主要思潮，因为这些思潮是影响了整个欧洲的。他说，19 世纪的欧洲经历了三个清晰的发展阶段：反动时期（1815～1848 年）、改革时期（1848～1871 年）和对抗时期（1871～1914 年）。在第一阶段，守旧的堡垒不断获得成功，1848 年全面爆发的革命彻底摧毁了这些堡垒。在第二阶段，统治者勉强承认有节制的改革比无止境的抵制更为可取，在各个方面都做出让步：宪法得以通过，最后的农奴制残余得以废除。在第三阶段，欧洲进入一个激烈对抗时期，外交格局重新调整，争夺殖民地和重整军备终于导致 1914 年世界大战的爆发。

19 世纪产生了与资本主义相适应的典型思潮。首先是自由主义。自由主义沿着两条平行的轨迹发展，一为政治上的自由主义，二为经济上的自由主义。就自由主义大部分的早期历史而言，它与有限政府的发展密不可分。从形式上看，最为完备的自由主义包含共和主义，虽然大多数自由主义者把君主视为促进稳定的因素，很乐于接受一个有所限制的公正君主。自由主义的鼓吹者最看重法制、个人自由、宪法程序、宗教宽容以及普遍人权。19 世纪的自由主义者也十分重视财产，但是，他们并不准备构想激进的普选权或平等主义计划。经济自由主义侧重于自由贸易概念及相关的自由放任学说，反对政府通过保护性关税来调节经济的做法。它强调财产权，鼓励从事不受过分限制的各种商业和工业活动。经济自由主义的矛头直指两个方面：一方面是消除各国内部以及各国之间林立的经济壁垒；另一方面是与包括古老行会和新兴工会在内的各种集体主义组织作斗争。

---

① 诺曼·戴维斯：《欧洲史》，第 590 页。

通常认为自由主义是属于新兴中产阶级的意识形态，但是，戴维斯认为实际上远不止于此，它肯定还影响到各种并非基于社会和经济动机组成的利益集团。在经济学方面，大卫·李嘉图的《政治经济学原理》完成了古典经济学家亚当·斯密开创的事业。李嘉图的追随者在反谷物法同盟和曼彻斯特学派中发挥了作用。在政治哲学领域，约翰·斯图亚特·穆勒根据当时的争论和经验，提炼并完善了早先自由主义倡导者的原则，从而确立起一种最完善的宽容和协调的自由主义。穆勒赞同他的哲学家父亲詹姆斯·穆勒的功利主义原则，即"最大多数人的最大利益"。在《论自由》（1859年）一书中，他提出了个人权利宣言：只有在个人权利侵犯到他人权利的前提下，才能对个人权利进行限制。在《论妇女的屈从地位》一书中，他极其清晰地论述了女权主义的目标，认为男子与妇女之间的种种差异，根本不成其为两者拥有不同权利的理由。[①]

与自由主义同时存在的是保守主义。保守主义并不反对民主与变革本身，也不应把它与反动的立场混为一谈。保守主义坚持应对一切变革加以引导与控制，以期使这些变革不会威胁到国家与社会的各种既定制度。他的名称来源于拉丁语的 conservare，意思是"保全"。一个典型的例子就是保守主义的奠基人埃德蒙·伯克，一开始他对法国大革命是持欢迎态度的，只是在后来才转向反对法国大革命的暴行。像自由主义者一样，他们重视个人价值，反对无所不能的国家。事实证明，他们能够与统治者沟通，是最有效率的未来改革者。[②]

民族主义是现代社会的基本力量之一。法国革命最大限度地推进了民族主义的发展，19世纪的社会和政治变迁促进了民族主义的最终形成。此后，民族主义在各大洲传播开来。民族主义有两个彼此对立的变种：一是国家或公民的民族主义，它受到现行国家统治集团的支持；二是大众或种族的民族主义，它的动力来源于那些国家中共同体的要求，而且与政府的政策针锋相对。两者之间的基本差异在于思想和行动有不同的渊源。国家民族主义是由一伙政治精英自上而下地把他们的价值观推行到整个社会；大众民族主义则起源于基层，谋求获得民众支持以左右或推翻现行秩序。

---

① 诺曼·戴维斯：《欧洲史》，第816~820页。
② 诺曼·戴维斯：《欧洲史》，第829页。

民族主义还可以从另一个角度来区分：温和的赫尔德式的文化民族主义与咄咄逼人的政治民族主义。文化民族主义仅限于宣传或保存民族共同体的文化；政治民族主义则要求获得民族国家的民族自决权。国家民族主义的源头是统治精英的利益，1707年，当联合王国形成时，还不存在什么英吉利民族。生活在不列颠群岛上的人认为自己是英格兰人、威尔士人或苏格兰人，然而，随着时光流逝，随着英国主流文化的普及，新的英吉利民族就形成了。各个更为古老的民族并未消亡，但已降格到从属的地位。大多数欧洲国家的政府力求通过各种手段，借助各种仪式、象征艺术、对历史的诠释，最重要的是通过教育和培育共同文化，来增强国民的民族凝聚力。19世纪，每一个政府都无法回避的一个关键问题是在教育中使用哪种或哪几种语言。①

社会主义是重要的社会思潮，它反对剥削和操纵，所保护的不单单是个人，还是整个社会。社会主义并不惧怕现代国家，相反，它希望国家担任仲裁者，往往还是照顾性措施的主要执行者。一般认为，19世纪社会主义学说有四个不同的渊源：基督教社会主义、工会运动、合作社运动以及空想社会主义理论家。基督教社会主义已有几百年的传统，只是没有使用这个称呼而已。基督教教义历来敦促人们为共同体服务，抛弃个人财富。从苦行修道会的实际操作，到莫尔、康帕内拉、哈林顿和摩莱里等人的乌托邦思想，都属于这个范畴。工会运动起源于自由市场经济中工资劳动者的脆弱性。工作的男子和妇女赢得了组织工会就收入和劳动条件进行集体谈判以及举行罢工的权利。到1900年，绝大多数欧洲国家都开展了活跃的工人运动。从一开始，各国工会的结构就各异其趣。在英国是非意识形态的工会，还有脱胎于古老行会的横向联合的同业工会、纵向联合的产业工会、法国或西班牙式的无政府主义—工联主义工会、以教会为依托的基督教工会等。合作社致力于保护成员免遭大企业的危害，它主要集中于制造业、消费和农业等三个领域。罗伯特·欧文在苏格兰建立新拉纳克纱厂的实验时间很短，1844年，兰开夏出现第一个消费合作社——罗奇代尔先驱者合作社，德国率先成立的合作社在东欧将有广泛的发展前景。社会主义

---

① 诺曼·戴维斯：《欧洲史》，第830~831页。

理论的创立者全是法国的空想社会主义者：巴贝夫、圣西门、傅立叶、艾蒂安·卡贝、路易·布朗基、路易·勃朗以及皮埃尔·蒲鲁东。[①]

无政府主义思潮与社会主义共同度过了幼年时期，但二者很快就分道扬镳。无政府主义的核心论点在于任何形式的统治都是可憎的，政府不仅没有必要，而且有害无益。早期无政府主义思想可以上溯到17世纪的再洗礼派和掘地派。英国的无政府主义成熟的标志是威廉·葛德文的《政治正义论》及其女婿雪莱的《解放了的普罗米修斯》。第二股无政府主义思潮以法国的蒲鲁东及其学生昂瑟默·贝尔加里克的活动和著述为代表，他们主要探讨互助学说。这一学说认为，工人不应卷入议会政治，应以街头和工厂的直接行动实现自我解放。第三股无政府主义思潮发生在俄罗斯，这一流派的代表是巴枯宁和克鲁泡特金。第四股无政府主义思潮的代表是柏林新闻记者马克斯·施蒂纳，德国的无政府主义强调个人享有免于制度统治的绝对权利。这吸引了从库尔贝、毕加索到王尔德的众多先锋派艺术家和作家。在实际政治领域，无政府主义取得了几个方面的成果。革命的无政府主义—工联主义者控制了法国、西班牙和意大利的工人运动，尤其是在西班牙，全国工人联盟发展成为西班牙的主要民众运动。农民无政府主义者的影响波及从安达卢西亚到乌克兰的广泛地区。无政府主义还促成了现代恐怖主义的诞生。最后，与上述无政府主义思潮的本意截然相反，无政府主义促成了一项重要传统——道义上反对任何形式的强暴。[②]

哈斯拉卡运动最早形成于柏林，它力图修正犹太教育中排外的宗教内容，使犹太人接触欧洲主流文化。这一思潮试图把犹太习俗限制在家庭和犹太会堂的小圈子里，这么做打破了许多传统的禁忌，势必为1825年出现于德国的新教派——犹太教改革派奠定了基础。犹太教改革派致力于调和犹太教原则与现代生活的需要，它不要求追随者严格遵守教规和各种限制，逐渐成为西欧和美国犹太教移民的规范。在西欧和东欧一些较大的中心地区，这个时代的犹太人更频繁地跻身于金融家、律师、医生、作家、学者和艺术家的行列。1868年，迪斯雷利成为欧洲历史上首位犹太人首相。[③]

---

① 诺曼·戴维斯：《欧洲史》，第854~855页。
② 诺曼·戴维斯：《欧洲史》，第859~860页。
③ 诺曼·戴维斯：《欧洲史》，第864页。

　　新兴的犹太民族主义（犹太复国主义）一开始是文化上的，后来成为政治上的。犹太民族主义的动力源于犹太人的特殊经历所带来的种种忧虑。文化犹太复国主义体现在所谓的希伯来语复兴运动，它把希伯来语从礼拜仪式上使用的死的语言改造成现代文学和政治的工具。这一运动的重要性在于创立起一种将在一个世纪之后被以色列吸收的世俗犹太文化。稍晚一些时候，与希伯来语相竞争的意第绪语开始复兴，1897 年时，90% 的犹太聚居区和加利西亚的犹太人把意第绪语作为母语。19 世纪 60 年代，犹太殖民者第一次尝试迁往巴勒斯坦，标志着政治犹太复国主义的开端。1882 年，一个犹太殖民者团体"耶路撒冷之友"得到埃德蒙·德·罗斯柴尔德男爵的财政援助。两年后，在西里西亚的卡托维兹召开了首届犹太殖民者联合大会；1897 年，在瑞士巴塞尔成立了统一的"世界犹太复国主义者组织"。这一运动的发起者大多是有独立倾向的波兰拉比。

　　在整个欧洲历史上，始终普遍存在着反犹主义，它源于宗教、经济、社会和文化因素。从本质上说，它属于一种邪恶的心理综合征，总是把阴谋和背信弃义的罪名强加在犹太人身上。到 19 世纪末，反犹主义又在几个因素的交互作用下被煽动起来。移民使许多欧洲国家第一次与犹太人有了接触，城市生活给犹太人创造了致富的手段，民族主义浪潮的勃兴使人们不再容忍文化的差异。反犹主义最终表现为俄国的大屠杀、法国的德雷福斯案件以及用心险恶的《犹太人贤士议定书》。反犹主义和犹太民族主义都在不断发展，两者在一定程度上是相互促进的。在俄国、波兰和乌克兰等犹太人最多的国家，反犹主义广泛传播；在犹太人相对较少的国家，如德国和奥地利，反犹主义表现为最恶毒的形式。[①]

　　19 世纪的社会思潮还有帝国主义。19 世纪晚期欧洲的帝国主义与以前的帝国主义有许多不同。1875 年以后的 20 年，六个欧洲列强攫取了占地球面积 1/4 以上的土地，殖民地被看成先进工业经济体不可或缺的组成部分，不论是在范围上还是程度上，宗主国对殖民地的剥削都急剧增加。伴随着政治和经济帝国主义而来的是意识形态的文化使命，即依照宗主国模式使殖民地欧洲化，基督教传教士在这方面扮演了重要角色，尤其是在医疗、

---

　　① 诺曼·戴维斯：《欧洲史》，第 864~867 页。

教育、行政改革方面。帝国主义使欧洲自身也面临广泛的压力和影响，欧洲各民族区分成适于统治帝国的民族和不适合统治帝国的民族，从而划分了欧洲的等级。①

（九）关于欧洲联合

戴维斯首先对欧洲联合的背景进行了探讨，他认为，欧洲联合的历史背景离不开二战后的国际形势。铁幕的落下和冷战的开始让美国在政治和经济上大力扶助西欧，以保持世界局势的均衡。马歇尔计划以提供现金的方式来维持欧洲的贸易和工业。在早期，美国最大的几家企业都在西欧投资。西欧从一开始就参与了1944年7月在布雷顿森林会议上由英美支持下创立的国际货币体系——国际货币基金组织和世界银行。因此，当代的经济理论与实践是欧美相互作用的产物。②

欧洲联合的另一个大的历史背景是北约的成立。1949年4月4日成立的北大西洋公约组织是针对苏联在欧洲的兵力而创立的一个军事组织，它是战后时期西欧国家最主要的集体防卫机构，也成为欧洲联合的重要基础。

戴维斯探讨了欧洲联合的过程，认为在欧洲和平和合作领域最活跃的国务活动家无疑当属阿里斯蒂德·白里安。白里安曾多次任法国总理，他不遗余力地寻求法德和解，主张建立欧洲联邦。1929年9月5日，他在国联召开的全体大会的讲话中说：

> 我想在那些正在构建地缘集团的人民中间，像欧洲人民一样，应该有某种联邦契约……显然，这种联合将是在主要经济方面，因为经济是当前最紧迫的问题……我依然坚信这种联邦形式的联系可能也会有益于政治和社会方面，而不会影响这个联邦中任何国家的主权……③

1930年5月，一个更详尽的备忘录出台，这一文献被称为"欧洲道德联盟"。它设想成立一个常设政务委员会、一个代表机构——欧洲会议。它

---

① 诺曼·戴维斯：《欧洲史》，第870~872页。
② 诺曼.戴维斯：《欧洲史》，第1114~1115页。
③ 诺曼·戴维斯：《欧洲史》，第976页。

呼吁国联的 27 个欧洲成员国尽快召集会议以研究广泛的相关问题。

1946 年 9 月 19 日，在苏黎世，温斯顿·丘吉尔像雨果一样，呼吁建立一个欧洲合众国，而第一步是必须建立法国和德国的伙伴关系。丘吉尔的战略构想是建立一个兄弟般的协会，这个协会由英联邦、"欧洲联盟"和美国三个相互关联的集团组成。丘吉尔的观点使他自然而然地当选为 1948 年 5 月 7 日至 10 日私下成立的欧洲议会的主席。除丘吉尔之外，欧洲议会的名誉主席还有法国的罗伯特·舒曼、意大利的加斯佩里和比利时的斯巴克。大约 800 位知名人士参加了这次会议。

1949 年 5 月，欧洲委员会成立，总部设在斯特拉斯堡，最初有包括英国在内的 10 个成员国，不久就增加到 18 个，它的主要机构有部长理事会和咨询大会，其下属的犯罪、人权、文化和司法合作委员会负责日常工作。1950 年，舒曼提出计划，建议成立一个经济机构来协调钢铁业，建议成立欧洲军，二者一起构成欧洲合众国的基础。结果，舒曼的经济建议被执行，军事方面的建议被搁置起来。1955 年，西欧联盟成立，它成立后发生了苏伊士运河危机。

1958 年 1 月 1 日，欧洲经济共同体成立，其主要目标是消除所有欧洲国家的内部关税，形成共同贸易政策，协调运输、农业和税收等，它消除壁垒，形成欧洲的自由竞争，以及鼓励资金、劳动力和企业的流动。为了追求这些目标，欧洲成立了四个机构：部长理事会，管理和批准所有的政策决策；设在布鲁塞尔的从属的执行委员会，下设一个永久的秘书处和若干个分管各政策的机构；欧洲法院；一个轮流在斯特拉斯堡和卢森堡开会的欧洲议会。1962 年，欧洲经济共同体制定了共同的农业政策，对农业进行大量补贴。1967 年，增值税的引入大大提高了欧洲共同体的收入。1968 年，欧洲共同体取消了内部关税，商品可以在欧洲自由流通。欧洲共同体的成员国也越来越多，这是不争的事实。[①] 然而，欧共体的发展在很大程度上依赖于美国国内的发展。只要美国处于强大的地位并保持相对的繁荣，西欧的现状就不可能发生急剧的变化。[②]

1949 年 4 月 4 日，10 个欧洲国家与美国和加拿大共同签署了创建北大

① 诺曼·戴维斯：《欧洲史》，第 1118~1119 页。
② 诺曼·戴维斯：《欧洲史》，第 1171 页。

西洋公约组织的协议。1952 年，北约又扩大到包括希腊、土耳其；1955 年，西德参加；1982 年，西班牙参加北约。它由一个北大西洋理事会主持，理事会有自己的秘书长，总部设在布鲁塞尔。它的地区军事司令部统帅海、陆、空三军，控制北美和欧洲之间的大西洋通道以及北极到黑海之滨的所有范围。它的目的是遏制对和平造成主要威胁的苏联。它取得了无可争议的成功。[1] 北约的成立，无疑对欧洲联合起到至关重要的作用。

还有一个欧洲组织，这就是欧洲经济共同体。欧洲经济共同体成立后的前 20 年在金融方面有许多重要进展。1940 年夏，德意志帝国银行拟定计划，准备在一个遍及欧洲的所有德国占领区的经济联盟中发行帝国马克，作为共同货币。由于纳粹未能稳定政治秩序，这个计划成为一纸空文。关于货币联盟的第二次尝试发生在 30 年之后，首先是 1969 年拜尔（Barre）的报告，随后，以卢森堡首相皮埃尔·维尔纳（Pierre Werner）为首的委员会于 1980 年拟定了完整的"欧洲货币联盟"计划，其设计者把它看作通往欧洲货币联盟漫长道路上的第一步。与此同时，绰号为"蛇形浮动汇率"的汇率机制将欧共体的每个成员国的货币与其他成员国的货币和美元挂钩。由于美国 1971 年放弃了美元的金本位制，以及英国加入欧共体不久就放弃了蛇形浮动汇率，这一体系迅速解体。第三次尝试发端于欧洲委员会英籍主席罗伊·詹金斯在 1977 年的一次讲话。他的倡议在两年后结出果实，产生了欧洲货币体系和一种新的汇率机制。与此同时，出现了一种新的欧洲货币单位——埃居（ECU）。[2] 1973 年，英国在第三次申请时与丹麦和爱尔兰一起被批准成为新成员。1981 年，希腊加入，1986 年，西班牙和葡萄牙也被批准加入，至此，欧洲经济共同体一共有 12 名成员。[3] 20 世纪 80 年代，由于法国将法郎与联邦德国马克密切挂钩，这一体系得到大大加强。另外，1986 年签订的单一欧洲协定还吸引了英镑加入汇率机制。

雅克·德洛尔（Jacques De lors）曾任法国财政部长，他是一个天主教徒和社会主义者。德洛尔实现自己抱负的主要工具是《单一欧洲法案》，他担任欧洲委员会（欧盟委员会）主席的两个任期（1985~1989 年和 1989~

---

① 诺曼·戴维斯：《欧洲史》，第 1104~1105 页。

② 诺曼·戴维斯：《欧洲史》，第 1036 页。

③ 诺曼·戴维斯：《欧洲史》，第 1120 页。

1992 年），是从概念到实现的重要时期。该法案共有 282 章，为建成拥有
3.2 亿消费者的欧洲单一统一市场制定了一系列措施，还制定了取消欧洲经
济共同体内部边界、实现商业自由竞争、统一对消费者的保护、实现各国
生活水平均等、相互承认专业资格、调和增值税及其他间接税，以及统一
电视、广播和通信指标等方面的措施。理事会成员票额的分配比例是：德
国、法国、意大利和英国各 10 票；西班牙 8 票；比利时、荷兰、希腊和葡
萄牙各 5 票；丹麦、爱尔兰各 3 票；卢森堡 2 票。这样理事会达到有效多数
就需要 72 票或 75%的选票。在经过 20 年平稳的发展之后，欧洲经济共同体的
发展速度加快了。1985 年，欧洲理事会批准了关于共同体应采用旗帜的建议，
旗帜在深蓝色底子上有 12 颗金星，代表了 12 个成员国在共同体扩张方面达到
了一个新阶段。

　　到 1991 年，共同体将允许欧洲自由贸易联盟的剩余国家加入共同市场，
将给予 3 个前社会主义阵营国家候选国资格，并且在 3 年内最终完成奥地
利、瑞典、芬兰及挪威加入共同体的谈判。申请国还包括土耳其、以色列
等国家。1991 年 12 月，共同体 12 国在马斯特里赫特召开的会议促进了欧
洲一体化的发展，条约为建立"经济和货币联盟"、"单一稳定的金融"、
"共同的公民资格"以及"共同的外交和安全政策"开辟了道路。[①]

　　在一位欧洲前政治领导人看来，1989～1991 年的革命形成了三个欧洲。
"欧洲一"由已经建立了民主制度的西欧国家组成；"欧洲二"由波兰、匈
牙利、捷克—斯洛伐克加上斯洛文尼亚构成；"欧洲三"由剩余的原属苏联
阵营国家组成。

　　戴维斯推测，欧盟的命运前途叵测。他认为，共同体的任何扩大都一
定会有巨大的代价，它加强了欧盟现有机构改革的压力。16 个成员国的欧
洲或 20 个成员国的欧洲，是不能由适用 12 个成员国的欧洲机构来管理的，
欧盟的管理机构必须变革。而且，欧共体的发展在很大程度上依赖美国国
内的发展，只要美国处于强大地位，西欧的现状就不可能发生急剧变化。
北约将会被保留，欧洲经济共同体将按设计的步骤向前发展。但是，一旦
美国陷入危机，欧洲国家将会为了共同的防卫利益走到一起，那时欧盟可

---

① 诺曼·戴维斯：《欧洲史》，第 1154～1155 页。

能会有较大的变化。他说，来自西方的大西洋强风和东部的冷风，对欧洲的统一有着同样的作用。就此，戴维斯认为，在最近的将来，欧洲将不会实现完全的统一。但是，它会比过去几代人少经历一些分裂。

第五节 《牛津欧洲史》

《牛津欧洲史》第一卷《欧洲：1350—1650，进入世界视野》（*Europe in a Wider World，1350-1650*）英文版2003年由牛津大学出版社首发，作者是罗宾·W. 温克和L. P. 汪德尔（L. P. Wandel）；第二卷《欧洲：1648—1815，从旧制度到革命时代》（*Europe，1648-1815: From the Old Regime to the Age of Revolution*），英文版于2004年首发，作者是罗宾·W. 温克和托马斯·E. 凯泽（T. E. Kaiser）；第三卷《欧洲：1890—1945，危机与冲突》（*Europe，1890-1945: Crisis and Conflict*），英文版于2003年首发，作者是罗宾·W. 温克和R. J. Q. 亚当斯（R. J. Q. Adams）；第四卷《欧洲，1945年至当代》（*Europe, 1945 to the Present*），于2005年首发，作者是罗宾·W. 温克和约翰·E. 泰尔伯特（J. E. Talbott）。这5位作者都是美国人，因此，它反映了美国学者对统一的欧洲史的一种观点。值得提出的是第二卷是从1648年写到1815年，第三卷却是从1890年写到1945年，也就是说，从1815年到1890年这75年没有衔接上。这不能不说是个小小的遗憾，或者其中另有隐情？

这部著作中的观点与传统的学术观点有所不同，笔者认为是值得注意的。

（一）关于宗教改革

首先是宗教改革。书中说，16世纪的问题并非"为什么要进行宗教改革"。马丁·路德没有将自己视为新教会的创立者，他是保守的，他只是恢复了那个已经被中世纪的虚构腐化了的教会。那时，每个新教群体都认为他们是在向一个更纯洁的教会回归，而不是在创建一种新型的教会。在16世纪的欧洲，数以千计的虔诚教徒在寻求复原《圣经》中所描述的纯正教会。因此，对宗教改革的呼吁才会导致统一的教会分裂。在16世纪末，已经不存在一个统一的教会了，只有天主教、路德宗、加尔文宗、安立甘宗、浸礼宗以及许多更小的派别。所有派别都在教义、礼仪和伦理层面有所改革。只有一派继续尊崇教皇为真正教会领袖，这时的欧洲人已经不再认为自己属于同一信徒团体，他们接受了自己已经与其他人分开的宗教认同感。

马丁·路德是维登堡大学神学教授，路德的父亲曾经将其送至当时德国最富声望的埃尔福特大学去学习法律，但是，路德渴望宗教生活。在返回埃尔福特的路上，他被一场剧烈的雷暴惊吓，并发誓成为一名僧侣。于是，不顾父亲的反对，路德加入了奥古斯丁修会。路德本人强调信仰，即某种不可视的但存在于内心的事物，而不是现存的宗教机构所实施的神功。他对天主教的宗教实践提出质疑，认为其充满了弊端。他以《九十五条论纲》的形式记录了这些问题。《九十五条论纲》试图证明，有违基督教本质的具体行为就是出售赎罪券，尤其是为重建罗马圣彼得大教堂而发动的自愿捐献。赎罪券使得豁免原罪的世俗惩罚成为可能，虽然不能确保对原罪的宽恕，但他们能够缓和苦行以及部分或者全部炼狱中的惩罚。在回复路德的论点时，教皇非常强硬。在对抗的压力下，路德否认教士是必要的中介，并声称"每个人都是宗教的祭司"，世人应该是唯信而称义。

路德在1517年发表了论战檄文，美因茨大主教和教皇都没有马上回复他。一年以后，也就是1518年，路德被召到奥格斯堡的教皇使节和多米尼克修道院院长面前，被命令放弃取消赎罪券的主张，路德拒绝合作。1519年，路德否认教皇和宗教会议的权威，并且宣称自己拥护异端杨·胡斯的某些教义。他将《圣经》的权威置于教皇的权威之上，这一举动对教皇是一个反叛。在1521年1月，路德被施以绝罚。1521年4月，在沃姆斯帝国会议上，路德否定了皇帝在精神事务上的权威，神圣罗马帝国皇帝查理五世对其颁布帝国禁令。到1521年夏，路德既是一个被逐出教会之人，也是一个丧失公权者。但是，路德存活了下来。路德已经集结了大量追随者，还拥有萨克森选帝侯的保护，并且很快赢得其他诸侯的支持。在路德从沃姆斯返回的路上，弗雷德里克安排绑架了路德，并在沃特堡将其保护起来。路德在那里将《圣经》翻译成德语。在第二年，路德变成民族英雄回到维登堡，着手重建萨克森教会。

一位修士只身反对欧洲两个最有权势的统治者——神圣罗马帝国皇帝

和教皇，他不仅能够存活下来，还很成功，这究竟是为什么？原因就在于他呼吁信仰超越善功，内化的信仰超越外化行动，直接理解《圣经》重于教士的中介作用。他还主张在教会中使用生活中的语言。此外，路德的成功也得益于萨克森选帝侯的保护。路德对教皇的挑战表达了帝国中普遍存在的与罗马教皇的距离感，他翻译的《圣经》及其编写的赞美诗已经演化为德国文化的一部分。但是，路德在社会、经济和政治上是保守的，他反对利用《圣经》重塑社会秩序，认为神的正义不能等同于社会正义。路德宗是德意志诸侯国、丹麦以及瑞典的"国家宗教"，为各个王朝的政治目标服务。①

耶稣会是基督教的一个派别，它以保守和效忠教皇而著称。1540年，教皇保罗三世颁布《军旅教会》诏令，正式承认耶稣会。耶稣会的目标是："要在十字架的旗帜下为上帝而战，要侍奉我们的主及其在世上的代理人罗马教皇。"其成员只对教皇负责，主教或大主教都无权召唤耶稣会士。耶稣会的誓言是贫穷、独身和服从。耶稣修会按照军事等级制度组建，其领袖为总会长，是被推举出来的，并终身任职；其下为省会长，然后是区会长。耶稣会将儿童教育视为传道特色，为禁欲色彩浓厚的修会培养继承人。从1551年的罗马大学建立开始，耶稣会也创办了一些大学，到1556年，他们已经创办了26所大学，在校生达5700人。耶稣会士试图将道德权威从抽象的领域带到具体的时间、地点和环境之中，他们成为最好的告解神父。1556年，耶稣会有1000名修士；到1565年，修士数量已达3500名，分布在18个教省。16世纪20年代，罗耀拉草拟了《神操》一书，该书是中世纪宗教实践与原始教会实践相结合的产物，它让修士专注于心灵训练。从那时开始，耶稣会士不再依附于一个有形的地方，而是依靠训导意志和心理认同遍布于全世界，其中包括中南美洲、印度、日本以及中国。②

怎么理解新教？这套书认为，16世纪的新教与19～20世纪的新教有许多不同。首先，16世纪的新教徒不是理性主义者，他们几乎和天主教徒一样迷信。据说，路德曾将墨水瓶投向魔鬼，加尔文教徒也曾吊死女巫。对

---

① 参见罗宾·W.温克、L.P.汪德尔《牛津欧洲史》第1卷，吴舒屏、张良福译，吉林出版集团有限责任公司，2009，第197～209页。
② 参见罗宾·W.温克、L.P.汪德尔《牛津欧洲史》第1卷，第229～231页。

于《圣经》，新教徒与天主教徒分享最本质的基督教概念，诸如原罪、神对宇宙的直接统治、天堂和地狱的存在等。其次，早期的新教徒既不宽容，也不相信政教分离，他们中的许多人都迫害过持不同宗教见解者。最后，早期的新教徒并不民主，多数早期的新教改革家并不认为人生而平等，他们信仰等级制度。路德宗和安立甘宗在政治和社会理论方面明显呈保守状态，加尔文宗在日内瓦和新英格兰则演变出一种近似神权政治的倾向。①

新旧宗教派别也有一些共同点，如新教和天主教都在原罪和恶行方面加以区别，也都在民法和教会法方面加以区别。此外，虽然程度不同，但是二者都与资本主义相容。新教徒强调教育和对道德的操控，但天主教改革中的耶稣会士也是如此。韦伯的论点看似对近代早期资本主义有充分的解释，其实近代资本主义经济生活在路德和加尔文以前早已开始，解释资本主义不是韦伯的功劳。银行业始于佛罗伦萨和意大利北部城市，其实意大利北部、比利时和德国莱茵地区都是天主教繁荣的地区，在这些地区资本主义亦发展得很好。总之，天主教与新教之间的差别是有的，但实际上没有那么大。最初，天主教面对新教的挑战试图镇压，后来，天主教也决心从内部进行改革，西班牙和德国的哈布斯堡王室积极领导了天主教的宗教改革。由依纳爵·罗耀拉创立并组织和训练的耶稣会积极活动，他们从新教徒那里夺回一些教区。在欧洲之外，他们也发展了一批新的皈依者。

（二）关于理性主义和无神论的关系

《牛津欧洲史》在理性主义和无神论的关系方面也做了很好的解释。书中说，自然科学的出现本身并不解决神学和哲学问题，然而近代科学的兴起却与一个新的价值体系密切相连，这就是理性主义。理性主义是一个宽泛的概念，一个人可能既是一个理性主义者，也是一个信仰超自然的上帝的人。例如，托马斯·阿奎那等中世纪经院哲学家就同时具有这两种特性。然而，在近代早期的西方，理性主义倾向于将上帝降格为启动世界机器的原动力，然后他就不再干预其运行了。理性主义以勒内·笛卡尔为最激进的代言人。在笛卡尔年轻的时候，他怀疑一切神学界和知识界的权威，他

---

① 罗宾·W. 温克、L. P. 汪德尔：《牛津欧洲史》第 1 卷，第 236~237 页。

所创立的数学秩序是"牛顿世界机器"的先兆。笛卡尔重建的世界被证明是两个分离的世界：一方面是思想和灵魂的世界；另一方面则是肉体和物质的世界。这就是笛卡尔的二元主义。笛卡尔的方法能够假定完美的事物、优秀的品质、权力、理智以及知识的存在，但是无法为基督教上帝的存在提供理由。从心理学角度来看，也许最伟大的转变始于笛卡尔对演绎方法的阐释。笛卡尔的阐释切断了物质世界与精神世界的复杂的内在联系，与此同时，他坚持人类理性是一切知识的基础，同时，他也预先接受了信仰不能作为任何真正知识的基础，信仰和知识在认识论的意义上是彼此分离的思想。笛卡尔的观念转变为重新认识世界做了准备。奇迹的时代结束于笛卡尔，对方法论的关注、对自然受规律控制的坚定信念，已经改变了世人对上帝与自然及人类关系的构想。人们认识到，对奇迹的信仰只是一种信仰行为，而不再是理智行为。科学成为一种被认可的知识，是一种可以被验证的知识，是缜密的训练有素的理性的产物。在17世纪末，欧洲最智慧的人对实验科学的兴趣已经远远超越了神学。①

　　启蒙运动是批判神学的，但是这种批判很不彻底，只有很少数的启蒙思想家是无神论者，而大多数人是有传统宗教信仰的。伏尔泰是传统宗教的嘲笑者，却也是上帝的坚定信仰者，他对几个无神论者进行了激烈的批判。大多数启蒙思想家都认识到宗教具有明确的社会作用，几乎所有人都将其看作维持道德和秩序的手段。一些启蒙思想家的思想具有宗教渊源。虔信主义是德国的新教运动，它强调内在的精神，在康德的道德理论中起到了关键作用。詹森主义是天主教派内部持不同政见者的运动，在法国，它帮助了启蒙思想家反对专制主义。启蒙思想家的确批判了许多传统的宗教教义，但宗教实践的首要用途是产生道德，宗教的其余部分，它的教义和仪式，只不过是诱使人们遵守道德的外部包装。然而，在欧洲的历史上，成百上千的人因为宗教这些相对不重要的方面而死于不必要的战争，因此，批判传统的宗教仪式和教义对于重新将注意力聚集在宗教的道德核心上是必要的。

　　启蒙思想家的宗教信仰是多样化的。许多人提倡自然神论的宗教。自

---

① 参见罗宾·W. 温克、L. P. 汪德尔《牛津欧洲史》第1卷，第312~316页。

然神论认为，上帝创造了世界，使世界处于他所规定的自然法则的推动之下，在这之后就不再干涉了，任其自行运作。这种观点很清楚地表现出一种在传统的有关上帝的看法与新的科学之间进行调和的努力。苏格兰哲学家大卫·休谟严厉批判了对神迹的相信，自然神论使祈祷成为无意义的，因为上帝一旦创造了世界，就不再干涉自然秩序。自然神论使宗教更像是一种理性哲学，而不再是一种能够深深打动人们内心的实践，它也剥去了基督教关于天国与地狱的观念。①

在《牛津欧洲史》中，作者还关注了环境问题。19世纪下半叶的美国人乔治·帕金斯·马什（George Perkins Marsh）大概是第一个明确提出生态学概念的人。作为一名律师、国会议员及外交家，马什曾密切观察其家乡的自然环境，并发现为了建设高架桥、筹备枕木而砍伐森林，明显改变了生物的繁殖环境及物种之间的相互关系。马什在出任美国驻土耳其及意大利公使期间积累了丰富的经验，写了两本被视为20世纪环保运动发端的著作，一本是出版于1864年的《人与自然》（Man and Nature），另一本是出版于1874年的《被人类活动改变了的地球》（The Earth as Modified by Human Action）。依据历史学家的界定，人类对环保问题的关注始于马什著作的出版，并持续至二战后蕾切尔·卡逊（Rachel Carson）出版《寂静的春天》（Silent Spring）。卡逊在书中指出，美国、澳大利亚及西欧因农业化工发展而广泛使用化学杀虫剂，导致了女性不育并使母乳遭受污染。

在这一时期内，思想领域发生的另外两大变化，使人们对自然资源的关注发展为更具广泛意义的环保意识。第一大变化主要包括人类对长时段内气候变化日益深入的了解与认识，气候长时段的冷暖变化对物种及人类居住地域的影响等。第二次世界大战及1945年美国向日本投放两颗原子弹，都深刻证实了人类行为对人类自身及自然环境造成的严重破坏。第二大变化是DDT杀虫剂的大量使用对人类造成的破坏，因为它污染了母乳，并储藏在脂肪中，使婴儿在出生前就通过胎盘受到了污染。随着妇女参政的不断发展，环境问题也走向政治的前台。人口增长成为受到普遍关注的问题，1850~1930年，世界人口翻了一番，从10亿增加到20亿；到1975年，又

---

① 参见罗宾·W.温克、托马斯·E.凯泽《牛津欧洲史》第2卷，赵闯译，第162~164页。

翻了一番，达到40亿。人口的增长、流动及安置将会成为未来突出的社会、政治、经济与环境问题。[①]

（三）关于第二次世界大战的起因

关于第二次世界大战的起因，《牛津欧洲史》归纳得比较详细。它认为，二战之所以发生，从很多方面来看，都是第一次世界大战结束时不成功的和平安排的后果，同时，也是因为两次大战之间的经济混乱和大萧条。书中认为，1931年日本占领中国东北是二战爆发的第一个决定性的步骤。这就说明，《牛津欧洲史》承认中国的反法西斯战争是二战的一个组成部分。第二个步骤是德国的重新武装。第三步是1935年10月墨索里尼派兵入侵埃塞俄比亚（当时叫阿比西尼亚）。1936年初，意大利国王最终宣布兼任埃塞俄比亚皇帝。在当时的大国中，只有德国公开表示支持。第四步是西班牙内战。第五步是卢沟桥事变的爆发。第六步是1938年德奥合并，使奥地利不仅失去独立，而且被迫改名为德意志帝国奥斯马克省。第七步是捷克斯洛伐克被肢解。1938年9月12日，希特勒在纽伦堡发表激进演说，要求苏台德区的德国人实现民族自治。1938年9月29日，希特勒、墨索里尼、张伯伦和法国总理爱德华·达拉第在慕尼黑开会，在没有捷克代表参加的情况下，苏台德地区被德国接管。1939年3月，捷克斯洛伐克实际灭亡。第八步，1939年8月23日，斯大林与希特勒签订互不侵犯条约；9月1日，德国占领波兰。苏联也迫不及待地从东边入侵波兰，接着吞并了爱沙尼亚、拉脱维亚和立陶宛这几个波罗的海的共和国。对德国的担心和扩张欲望还驱使苏联于1939年12月发动了对邻国芬兰的战争。到1940年3月，苏联军队终于打垮了芬兰人。这场与芬兰的"冬季战争"，促使希特勒最终做出了1941年进攻苏联的重大决定。[②]

（四）走向欧盟之路

在欧洲走向欧盟的道路上，《牛津欧洲史》讲得简明扼要。在经历了战

---

① 参见罗宾·W.温克、R.J.Q.亚当斯《牛津欧洲史》第3卷，贾文华、李晓燕译，第172~177页。

② 参见罗宾·W.温克、R.J.Q.亚当斯《牛津欧洲史》第3卷，第314~328页。

争的纷扰之后，早期的欧盟设计师决定限制国家作为战争机器的能力，他们相信，维持长久和平的最好办法就是在跨国组织中给各国相应的历史责任。《牛津欧洲史》认为，他们并不想实现政治统一的目标（现在的继承者仍不想这样），但是，绝大部分欧盟成员希望能够达成最起码的一致。欧盟的第一个前身是 1948 年成立的欧洲经济合作组织，它的成立是为了执行马歇尔计划，这个计划要求降低欧洲内部关税和消除贸易壁垒，鼓励信贷和促进贸易往来。欧盟的第二个前身是以美国为主导的北大西洋公约组织，即 "北约"，它致力于保护成员国的安全，北约是一个超级联盟，要求各国的国防部长、外交部长经常合作并进行联合军事行动。欧盟的第三个前身是 1951 年成立的欧洲煤炭钢铁联盟。这个联盟为国有的、私有的、公共的以及跨国的公司服务，它建立了两大工业经济能源的共同市场，使法国低成本使用西德高质量的煤炭储备。第四个前身是 1958 年成立的欧洲经济共同体。它不仅建立在欧洲煤钢共同体的经济基础之上，而且寻求建立一个真正的共同市场。1967 年，欧洲经济共同体、欧洲煤钢共同体和欧洲原子能共同体合并为欧共体，关税和一些增值税维持着欧共体的运作。1979 年，欧洲委员会通过全民选举而不再是国内议会来决定会员资格。戴高乐 1970 年的下台使欧共体进一步得到扩张，1973 年，英国终于加入欧共体。1975 年，爱尔兰和丹麦加入欧共体，使成员国增加到 12 个。欧共体扩张的代价是异质性不断加强。到 20 世纪 70 年代，欧洲共同体成为世界工业大户，也是世界最大的自由贸易区。①

　　英国参加美国的伊拉克战争和反恐战争，疏远了它与欧盟的关系。布莱尔坚持认为，英国既可以发展跨大西洋的盟国，同时也会拥有海峡对岸的盟国。小布什拒绝在阻止全球变暖的《京都议定书》上签字，使布鲁塞尔有理由指责美国。2003 年 3 月，国际刑事法庭在海牙开庭，美国不承认国际刑事法庭，他们担心会危害到美国军人的利益。在 20 世纪与 21 世纪之交，美国和欧盟是世界最大的贸易伙伴，每年双方的贸易额近 4000 亿美元。其中 95% 都能顺利进行，剩余的 5% 导致美国和欧洲长期激烈争吵。2004 年，欧盟开始大规模扩张，成员国从 15 个一下子增加到 25 个。爱沙尼亚、

① 参见罗宾·W. 温克、约翰·E. 泰尔伯特《牛津欧洲史》第 4 卷，任洪生译，第 81~86 页。

拉脱维亚、立陶宛、波兰、匈牙利、捷克、斯洛伐克，这些前社会主义国家此时都加入了欧盟。除此之外，曾经是南斯拉夫一部分的斯洛文尼亚和地中海岛国塞浦路斯和马耳他也加入了欧盟。

与欧盟扩张同时进行的是欧盟宪法的起草。关于宪法，有两种意见：一派具有联邦倾向，认为欧盟应该拥有税收权力、共同的外交和军事政策；另一派则是怀疑主义者，他们同意自由贸易区或关税联盟，但认为成员国应有自己的政治制度。① 总之，对于欧盟这个新生事物，这套书的作者认为其前途是复杂和多变的。但无论如何，它已经是一面旗帜，它使欧洲已经成为一个松散的整体。

① 参见罗宾·W. 温克、约翰·E. 泰尔伯特《牛津欧洲史》第 4 卷，第 176~180 页。

第二章 20世纪80年代以来
法国史学的新发展

20世纪80年代以来，中国学界对法国史学的发展有了更深入的了解，已经不限于对年鉴学派以及几位重要历史学家的一般性介绍，对一些重要的法国史学著作也有译介。[①] 法国学界也对20世纪80年代以来的史学发展进行过一些总结。[②] 从表面上来看，法国史学20世纪80年代以来的发展与西方学界的整体趋势没有太大的不同，例如文化史（法国学界很少提新文化史）地位的上升、环境史和全球史的兴起。当然，法国史学界有些话题看起来非常新颖，比如体育史的研究。[③] 但本章不打算对这些话题做逐一的介绍，这既是因为很多领域超出了笔者的理解能力，也是因为国内已经有较好的相关著作可以参考，而且这类著作不一定是专门讨论法国史学的。本章只打算就法国史学界最近几十年来的一些重大问题、重要领域以及重要的理论创建做一个相对详细的评说。选取的内容包括：（1）以"千年之变"为核心命题，简述二战后，尤其是自20世纪70年代以来，传统的中世纪史学的重要成果和重要论辩；（2）介绍传统法国史学研究中相对薄弱的

---

① 尤其值得一提的是，克里斯蒂昂·德拉克鲁瓦等：《19—20世纪法国史学思潮》，顾杭等译，商务印书馆，2016；彼得·伯克：《法国史学革命：年鉴学派，1929—2014》，刘永华译，北京大学出版社，2016。

② 21世纪的回顾性概论，参见 Jean-François Sirinelli et al. eds., *Les historiens français à l'oevre, 1995 – 2010*, Paris: PUF, 2010; Jean-François Sirinelli et al. eds., *Les historiens français en mouvement*, Paris: PUF, 2015。

③ 关于体育史，参见 Jean-François Sirinelli et al. eds., *Les historiens français en mouvement* 相关章节。

现当代史研究，主要围绕知识分子史和移民史展开；（3）评介 20 世纪 80 年代以来法国史学的一座丰碑《记忆之场》；（4）介绍新世纪以来法国史学理论界的重要理论创建："历史性的体制"和"当下主义"概念。但在对具体问题展开讨论之前，鉴于"年鉴学派"在二战后几十年间的重大影响力，从对《年鉴》的反思和批判入手对理解 1980 年之后的法国史学和随后的一些新气象仍然是必须的。

第一节　对年鉴史学的反思和批判[①]

1996 年，研究移民史的法国学者热拉尔·努瓦利耶（Gérard Noiriel）发表了《论历史学的危机》，概述 20 世纪 70 年代以来法国史学的变迁。关于这一变迁，当时有各种各样的说法，如年鉴学派的"特征和实践的危机""不确定的时代""认识论的混乱""记忆的魔力""批评转向"等。具体来说，这个时期出现了新型的政治史、当代史，社会史有了新的定义，文化史的地位在上升；法国人以记忆和身份认同（identité）为中心，对历史的社会功能展开了辩论；还有史学史的发展和对史学客观性的古老问题的新反思等。所有这些现象都可以视为努瓦利耶所谓的"史学危机"的表现。要理解这种危机和历史学的重构，需要从 20 世纪 70 年代以来对年鉴史学模式的批评说起。

布罗代尔于 1985 年去世。实际上，早在他去世之前，他已经对新一代史学家的某些提法感到不满了。1978 年他抱怨说："我的继承者更愿意研究心态而忽视经济生活，真是太糟糕了！我自己倡导整体化的史学。"[②] 布罗代尔的说法，主要针对的是 20 世纪 70 年代盛行一时的心态史学。《年鉴》的一位老编辑、历史学家比尔基埃在晚年的一部回顾性著作中认为，《年鉴》学派的核心、最具"法国"特色的贡献是开创"心态史"（histoire des

---

① 关于对年鉴学派的反思和批判，主要依据 Christian Delacroix et al. éds., *Les courants historiques en France, XIXe-XXe siècle*, chapitre 6: "Entre doutes et renouvellements (les années 1980 - 2000)", Paris: Gallimard, 2007, pp. 483-634；另可参见陈启能主编《二战后欧美史学的新发展》第十五章"20 世纪 70 年代末以来的年鉴学派和法国史学"（山东大学出版社，2005，第 423~467 页）。

② Christian Delacroix et al. éds., *Les courants historiques en France, XIXe-XXe siècle*, p. 484.

mentalites）研究。① 对于法国的心态史研究，应该作更为专门和深入的研究。就笔者的粗浅理解而言，心态史至少在一个问题上与布罗代尔有区别，并且该问题成为通往后来新史学的桥梁。这就是"表象"（représentation）的问题，或曰历史中的行为主体是如何看待自己周围的环境并据此采取行动的。早年费弗尔（Febvre）和布洛赫（Marc Bloch）对于经济史的解释正是采取这种思路，后来的记忆史和新文化史等研究，也都强调历史主体（即个人或群体）对历史现象和历史环境的意义建构。心态也像记忆和文化现象一样，都是人对世界的表象或表现。1989 年，法国文化史的领军人物罗杰·夏蒂埃（Roger Chartier）在《年鉴》上发表的论文《作为表象的世界》，探讨的正是这一观念在当时史学界的表现。② 实际上，布洛赫早就说过，一切历史事实都是心理事实。③ 从这个意义上说，历史事实不完全是纯粹客观的存在，即勒高夫（Jacques Le Goff）所说的"社会学家的事实"，④只有深入历史事件背后的人的心理动机，才能产生真正的历史理解。另外，心态史重新把人（无论是个体还是群体）当作历史研究的中心，它将注意力转向了人的情感和心理，而不仅仅是布罗代尔关注的地理环境和经济生活。从这些方面看，心态史可以称为"回归"年代的先声和桥梁。

按法国学者自己的说法，1980 年前后，有两篇重要论文对法国史学界影响很大。第一篇早已为中国学界熟知，就是英国历史学家劳伦斯·斯通（Lawrence Stone）的《叙述的回归或对一种新型的旧史学的反思》；另一篇是意大利历史学家、微观史学代表卡洛·金斯伯格（Carlo Ginzburg）的《标记、痕迹、线索：一种形迹范式的根源》。这两篇文章都发表于 1979 年，1980 年译成法文后发表在诺拉和高舍（Marcel Gauchet）等人主办的新杂志《争鸣》（Débat）上。

斯通强调，很多史学家开始回归叙述方式，按编年顺序来写作。而以布罗代尔为代表的年鉴史学是强调分析的，因而叙述的回归标志着历史学

① André Burguière, *The Annales School, an Intellectual History*, trans. by J. M. Todd, Ithaca: Cornell University Press, 2009.

② Roger Chartier, "Le monde comme représentation", *Annales. Histoire, Sciences Sociales*, 44e année, No. 6(Nov. -Dec., 1989) , pp. 1505-1520.

③ Marc Bloch, *Apologie pour l'histoire, ou métier d' historien*, Paris Armand Colin, 1997, p. 156.

④ Marc Bloch, *Apologie pour l'histoire*, p. 15.

家兴趣的某种转移：

> 从人周围的环境转向环境中的人；在研究对象方面，从经济和人
> 口转向文化与情感；在史料方面，从社会学的、人口和经济的，转向
> 人类学与心理学；在历史主体方面，从群体转向个人；关于历史变化
> 的解释模式，从分层和单因论转向交互影响和多因论；在方法论方面：
> 从群体的定量分析转向个体现象；在表达方式上，从分析转向描述；
> 而历史学的观念则从科学的转向文学的。[1]

斯通认为，这种兴趣转移可以视为"科学的史学"失败的标志。他认
为科学的史学有三种模式：马克思主义的经济论模式，年鉴学派的"生
态—人口"模式，以及美国的计量史模式（新经济史）。在斯通看来，计量
方法、历史的三个层次（或三个时段）的划分，以及人口—经济的单因决
定论，都已经将历史学工作者引入死胡同，"科学的历史"本身就是个神
话。在他看来，"叙事的回归"根源在于"科学的史学"的失败，以及对科
学历史解释的奢望。当然，即使在今天，法国有些学者仍不能完全赞同斯
通的这些说法。但他的文章引起了激烈的论争。在当时的氛围中，法国历
史学界对海登·怀特（Hayden White）所谓的"历史虚构论"的负面反应
特别多，有些学者则否认纳粹毒气室，从而提出了历史学能否说出真相的
问题。从这个角度看，斯通的论文对历史学的本质和社会功能、历史叙事
的真相问题的辩论起到了推动作用。[2]

金斯伯格则提醒历史学工作者注意19世纪末出现的一种不同于自然科
学的认识论模式（他称之为伽利略范式）：形迹范式（paradigme indiciaire）。
历史学工作者可以通过对历史现象留下的痕迹来认识历史事实。但与伽利
略的科学不同，历史学本质上与个体化联系在一起："历史认识是间接的、
有指示性和猜测性的"，而且是定性的，但伽利略式科学是定量的，因而这
种认识意味着必须根据叙述顺序处理事实。因此，与斯通不同，金斯伯格
把历史学中的叙述表达形式与依靠痕迹的历史认知模式联系在了一起。换

---

①   Christian Delacroix etc. éds., *Les courants historiques en France, XIXe - XXe siècle*, p. 485.

②   Christian Delacroix et al. éds., *Les courants historiques en France, XIXe - XXe siècle*, pp. 485-486.

言之，历史学之所以依靠叙事，是历史认知的模式决定的。金斯伯格认为，伽利略关于物理学的科学范式的出现，是西方思想史上决定性的断裂。虽然现代物理学不能定义为伽利略式的，但其中伽利略范式意蕴依然大体保存完好。然而，我们所称的形迹性学科群（包括医学）完全不符合伽利略范式推演出的科学标准。这些学科主要是定性的，它们的对象更多的是个体状况和文献，正因为如此，它们的结果具有不可化约的偶然性；而在伽利略式科学中，数学和实验方法的使用意味着：现象是可定量的，可重复的。但个体化本质上就排除了重复的可能，而定量方法在其中只具有辅助功能。这一切解释了为什么历史学从来不能成为伽利略式的科学。① 在 17世纪，传统历史学中引入了古物研究方法（马比荣等人的文献考订），当时学者们就已经阐发了历史学的形迹特征（文字、书法、语法等）。② 虽然历史学与社会科学的联系越来越紧密，但从根本上说，早期历史学奠定的这种形迹特征没有改变，即依靠文本和痕迹去分析历史现象。历史学仍然与具象联系在一起。历史学家的认识论和表达模式，本质上仍是个体化的（当然个体可以是个社会群体也可以是社会个体）。

　　追溯起来，金斯伯格的见解，跟 19 世纪后期以来德国历史主义的内核是一致的。德国历史主义也强调，作为文化科学或精神科学的历史学与自然科学是不同的，或者是个学与类学之间的差异。③ 但 20 世纪初，以法国史学为代表的西方史学，强调应吸收其他社会科学的方法和成果，并转向了对科学性的追求。如果从这个大背景看，金斯伯格所谓的历史学的形迹范式和伽利略范式的区分，某种程度上复活了过去历史主义关于文化科学与自然科学的区分，是历史认识论的一种回归。

　　以上两篇文章以不同的方式，对历史学过分模仿自然科学提出了质疑。其实早在 20 世纪 70 年代，叙事就成为论争的中心话题，金斯伯格对历史书写辩论的影响更大。在法国，一位曾十分接近年鉴学派的古代史专家保罗·韦纳（Paul Veyne）对历史科学性的质疑最为激烈，他认为历史真的是

---

① Christian Delacroix et al. éds., *Les courants historiques en France, XIXe–XXe siècle*, p. 487.

② Cf. Ernst Breisach, *Historiography: Ancient, Medieval & Modern*, Third Edition, Chicago: The University of Chicago Press, 2007, p. 194.

③ 参见 H. 李凯尔特《文化科学和自然科学》，涂纪亮译，商务印书馆，1986。

小说，而非真实的叙述。当然，这种看法很多法国学者是不能接受的，而且保罗·韦纳援引的那些英语世界的学者，在法国知道的人不多。像海登·怀特等人，在法国讨论得很少。因此，若要理解20世纪80年代以后法国史学的发展，更应该关注法国史学界，首先是年鉴派内部的转折。

前面已经提到，晚年的布罗代尔已经意识到，新一代的年鉴派学人跟他在理念上是有距离的。1977~1985年，弗朗索瓦·孚雷成为高等研究院的领导人，他也是《年鉴》杂志的重要角色。他在1981年写了一篇意味深长的文章：《年鉴的边缘：历史学与社会科学》，作者当时就已提出"认识论的碎化"，并认为新史学在无止境地追求新课题。文章认为，这标志着《年鉴》真正的死亡，这份杂志只是一个支配性的影响力的象征，而不是一个思想流派，毫无疑问，它也不再象征着某种普遍的共同精神，孚雷本人也已坚定地离开了经济社会史，他还质疑《年鉴》过去对叙事史的批评。[①]

关于孚雷，这里可以多说几句。其实他本人的学术历程便是20世纪后期法国史学变迁的一个侧影。孚雷年轻时是个共产党员，曾追随拉布鲁斯从事计量经济史研究，早年研究过社会阶层等问题，走的是典型的社会史的研究道路。但是，孚雷真正享有世界影响力的，是他关于法国大革命的研究。但这种研究已经不再是过去勒菲弗尔、索布尔等人注重的农民、无套裤汉等阶级阶层及传统意义上的政治史问题。他从事的是一种政治和文化研究，而且孚雷复活了19世纪那些著名史学家，如托克维尔和埃德加·基内等人的研究路径，而我们知道，当初《年鉴》的一个旗帜便是反对19世纪的政治史偶像。可以说，孚雷自己的新政治史或曰政治文化史研究，是对19世纪的某种复归和升华。20世纪80年代政治史回归的一个重要标志是阿歇特出版社的多卷本法国史。这部著作的作者堪称当时法国史学界最耀眼的明星：乔治·杜比、拉杜里（Ladurie）、孚雷和阿居隆（Maurice Aguhlon）。在这套法国史的开篇词中，诸位作者宣称，他们的计划集中于政治史。而本章首先要介绍的具体史学问题，就是这套书的第一卷作者乔治·杜比开创的封建社会的新解释模式及其争论。

---

① Christian Delacroix et al. éds., *Les courants historiques en France, XIXe-XXe siècle,* p. 493.

第二节　封建社会阐释模式的变迁："千年之变" 与反变革派

　　长期以来，国内学界对于法国学界中世纪史研究动态的了解相对薄弱，对于像封建社会这样的经典课题，相关的讨论仍然基本以马克·布洛赫等人二战前的著作为出发点。但在二战后，法国的中世纪史研究发展很快，封建主义这样的经典课题的讨论，也因为乔治·杜比等人的著作而不断更新。20 世纪末期，法国中世纪史学界关于"千年之变"或"封建变革"（mutation féodale）的讨论，涉及的就是乔治·杜比开创的封建社会的解释模式，因而在学界引起广泛关注。但这一讨论在中世纪史家圈子之外很少被注意到，但正因为如此，这场讨论堪称一场真正的史学辩论。① 关于"千年之变"的话题，中国学人已有初步的介绍。② 这里准备对这一解释范式的来由、发展及其受到的批评做一个较为全面的梳理。笔者认为，这种围绕较为具体的课题的探讨，可以更为深入地反映法国史学界的动向。

（一）　乔治·杜比的阐释范式

　　1953 年，乔治·杜比的博士学位论文《11～12 世纪马孔地区的社会》（以下简称《马孔》）出版，③ 这部著作不仅是杜比本人此后一系列研究的出发点，而且书中关于公元千年前后社会演变的基本论点，影响了此后的诸多中世纪史专家，由此形成的一套解释模式出现在大部分教材和历史著

---

　　① 对千年之变或封建变革讨论的一般性介绍，可参见 Patrick Boucheron, "An mil et féodalisme", in C. Delacroix et al. éds., *Historiographie*, Ⅱ, *Concepts et débats*, Paris: Gallimard, 2011, pp. 952 – 966; Christian Lauranson-Rosaz, "Le débat sur la 'mutation féodale': état de la question", *Scienza & Politica*, 26, 2002, pp. 3–24; Florian Mazel, "Un débat historique: la mutation de l'an mil", Florian Mazel, *Histoire de France: Féodalités, 888 – 1180,* Paris: Belin, 2010, pp. 637 – 648; Dominique Barthélemy, "La société de l'an mil dans le royaume capétien: Essa historiographique", *Revue Historique*, No. 681(2017), pp. 93–140。

　　② 参见李云飞《自愿委身与十一世纪法国底层社会的依附关系》，《中国社会科学》2012 年第 10 期。

　　③ Georges Duby, "La société aux Ⅺe et Ⅻe siècles dans la région mâconnaise", in *Qu'est-ce que la société féodale*, Paris: Flammarion, 2002, pp. 5–597。

作中，直到 20 世纪最后 10 年，情况才有所改观。由杜比率先阐发并得到众多学者支持的这种学术观点，被称为"千年之变"（mutation de l'an mil）、"封建变革"（mutation féodale）或"封建革命"（la révolution féodale）。

从形式上看，《马孔》是一部传统的地方史和制度史著作。杜比选取的研究地域很有限；在加洛林晚期，这个地区位于法国和德国的边境地带，从政治上说，马孔属于法国南方，[①] 与王权距离较远。但杜比认为，这种地方性差异并不意味着他对马孔的研究没有普遍意义，他对这一地区社会演变的描述，大体上说与同期整个西方看到的情况类似。[②] 在《马孔》一书中，杜比并未将"封建革命"作为一个明确的概念加以申述，但他确实提到，从 10 世纪末期开始，"一场无声的社会组织革命正在发生"。[③] 在后来的《三个等级》中，他以封建革命作为一章的标题。[④] 关于这场社会演变，杜比总结道：

> 当时间进入 12 世纪，经过四代人的演变，法兰克社会变成了封建社会。对这个新社会来说，最鲜明的特征是主权的瓦解：这与其说是采邑（fief）时代，不如说是城堡时代，城堡是私人统治权的基础，个人的地位，取决于他同强制性领主制（seigneurie banale，城堡是其中心）的关系。[⑤]

杜比把大约一个世纪的封建社会的形成历程分为前后两个主要阶段：

> 第一个也是决定性的阶段，是旧的框架开始瓦解，它发生在 10 世纪的最后几十年。971 年，第一次出现骑士头衔；986 年，出现第一个私人法庭，即克吕尼修道院的法庭；988 年，我们第一次看到拥有强制权的领主（seigneur banal）对自由民和受奴役的农民（paysans serfs）

---

① Georges Duby, *La société aux XI e et XII e siècles dans la région mâconnaise*, p. 112.

② Georges Duby, *La société aux XI e et XII e siècles dans la région mâconnaise*, p. 575.

③ Georges Duby, *La société aux XI e et XII e siècles dans la région mâconnaise*, p. 161.

④ Georges Duby, *Les trois ordres ou l'imaginaire du féodalisme*, in Georges Duby, *Féodalité*, Paris: Gallimard, 1996, pp. 609–628.

⑤ Georges Duby, *La société aux XI e et XII e siècles dans la région mâconnaise*, p. 341.

不加区分地征收捐税；994 年，昂塞（Anse）地区举行第一次"上帝的和平"宗教会议。这个阶段在 1030 年左右结束：1004 年，独立的伯爵助理法庭留下最后的痕迹；1019 年，伯爵法庭（mall comtal）发出最后一个针对堡主的判决；1030 年，附庸的服务以封建赠与（concession féodale）为酬劳成为普遍现象；1032 年，过去的贵族称号（nobilis）消失，取而代之的是骑士（miles）。①

因此从法兰克社会到封建社会的转变，决定性的阶段是 980 年到 1030 年，这就是人们常说的"千年之变"或"封建革命"。杜比所说的法兰克社会，从政治上说，其特征在于，作为国王代理人的伯爵是公共和平的维护者，他仍能对其辖区内的贵族实行有效控制，贵族向他履行军事和司法义务，地方一级的法庭（viguerie）是伯爵司法权的有效延伸。从社会关系上说，人与人之间最重要的区分是自由民和奴隶的区分。区分的关键在于，前者可以参与军事和司法审判活动，处于伯爵所代表的公法的保护下；后者则不具有这些特征。②

杜比认为，上述社会关系的变化是政治演变的直接后果，这一演变就是加洛林国家的解体。王权的瓦解首先导致其地方代理人，即伯爵的权威式微，其辖区（pagus）开始碎化，当君主权力不再为人感知时，昔日的王权便成为堡主手中的私人权力。最富有的自由地（alleu）持有者，不久前还直接从属于伯爵，现在则逃避后者的指挥权，自行组成一个享有特权的新的骑士阶层。③ 因此，封建制度的产生，其首要原因是政治方面的。

在杜比的论述中，封建社会形成的第二个阶段是社会结构的固化和稳定期，其中心期在 1075 年前后。1050 年左右，出现了第一批相互竞争的领主之间的协约，协约引入了守卫扈从（garde）观念，军事指挥权中产生了等级，25 年后，骑士身份最终成为世袭的；逐步推广的采邑成为封臣义务的基础；同时，商业开始复兴，农村大众中间出现孤立的市民群体；在

---

① Georges Duby, *La société aux XI e et XII e siècles dans la région mâconnaise*, pp. 341-342. 按：miles 通常指武士、战士，但在当时的语境中，指骑士。参见 Georges Duby, "Les origines de la chevalerie", in *Qu'est-ce que la société féodale*, pp. 1071-1086。

② Georges Duby, *La société aux XI e et XII e siècles dans la région mâconnaise*, première partie.

③ Georges Duby, *La société aux XI e et XII e siècles dans la région mâconnaise*, p. 572.

1105年，个人最后一次在法律上被认定为奴隶（serf）。① 杜比认为这是封建社会形成期的终点。②

对11世纪形成的新的社会关系，需要作一点详细说明。概括而言，新的社会关系可以总结为两大新的社会阶层——骑士和农民——的出现。在骑士内部，最明显的特征是骑士身份的世袭、家族意识的强化，这个阶层最终成为一个封闭的集团；对于农民，最重要的变化是自由与奴役的古老对立的消失，以及教区作为农民生活共同体的产生。

杜比首先从术语的角度分析骑士（milites）是如何从一种职业变成一个世袭性身份的。这个过程的启动大致在公元千年前后，其完成则在1050～1075年。③ 在这个过程刚开始时，马孔地区的骑士大多是10世纪中叶最富有家族的后代，他们之所以会产生阶级意识并走向封闭，一个重要原因是这个阶层当时经历了深刻的危机：宗教捐赠和分割继承导致家产分散。当骑士无力置办武装时，他们很可能会落入别人的控制之下并丧失骑士特权。这让很多家境不宽裕的人深感焦虑。要维护既得利益，最自然的做法就是让身份世袭，并强化对家产的控制，后一种做法带来的后果就是家族强制的产生。杜比认为，加洛林时代的财产观念是非常个人主义的，家族中的每个人在经济上都十分独立，继承权（包括妇女继承权）十分广泛，个人几乎可以完全自由地处置其自由地。因此，宗教捐赠、婚姻、继承都可能导致家产的迅速分散。④ 杜比对中世纪家庭史有个基本假设：当公共制度可以提供强有力的保障时，个人会逃避家庭的强制，血缘联系会松弛。家族世系的历史是一系列强制联系加固和放松的历史，其节奏随公共秩序的变化而变化。⑤ 因此法兰克晚期的经济个人主义跟公共权力机构的维系直接相关。但公元千年之后，新的权力分配要求骑士更多地依靠家族的力量来维系其特权地位，家族对家产的控制日益明显了。这跟骑士身份的世袭几乎是同步的。习惯法日益排斥妇女继承权，并认可家族将最好的自由地和采

① 杜比书中对各种奴役身份使用的术语是个需要深入探讨的问题。他使用的现代法语词serf，看来不同于平常理解的封建社会的农奴，而更接近于奴役性更强的古代servus，即奴隶。

② Georges Duby, *La société aux XI e et XII e siècles dans la région mâconnaise*, p. 342.

③ Georges Duby, *La société aux XI e et XII e siècles dans la région mâconnaise*, pp. 229–242.

④ Georges Duby, *La société aux XI e et XII e siècles dans la région mâconnaise*, pp. 79–88.

⑤ Georges Duby, *La société aux XI e et XII e siècles dans la région mâconnaise*, p. 148.

邑留给一位继承人。这种情形在 11 世纪末已被广泛认可。[①] 对杜比的描述，戈瓦尔作了形象的总结：封建变革导致的一个社会结果是，家族关系从法兰克时代平行关系（如兄弟关系）占上风转向了垂直关系（首先是父子关系）占上风，尤其是产生了贵族的家族谱系（lignage）意识，以及对家族记忆的追寻。[②]

非贵族阶层同样发生了重大演变，即自由民（francus）和奴隶（servus）法律区分的消失。在法兰克时期，人与人之间最重要的区分是自由和受奴役的区分，它最根本的标准是能否参与公共性质的军事和司法活动，是否受公法机构的保护。当公共权力机构瓦解时，这种社会区分也随之变化。杜比认为，在 11 世纪的文献中，servus 一词所包含的奴役意味在逐步消失，它与自由民的对立也日益淡化。在马孔，servus 最后一次被用来指称特定的个人是在 1105 年，此后便没有奴隶而只有农民了。同样，领主用一个更宽泛的术语来称呼依附于其强制性领主权的农民："人"（homo）。[③] 这也见证了农民阶层中自由民与奴隶的融合，这种融合标志着"长期作为人类关系框架的社会制度的最后痕迹消失了"。[④] 杜比认为，在法国西部和东南部，自由与奴役的古老对立也逐渐消失，但比马孔要晚一些。[⑤] 因此帕特里克·布什隆说，杜比将奴隶制的终结大大延迟了，尽管他在《马孔》一书中并未有过如此明确的判断，而只是笼统地说"法兰克社会"；对于公元千年之后由奴隶和自由民融合而成的新农民阶层，杜比也没有特别强调他们是农奴，而只是说他们对领主都有某种依附关系（dépandance）。1985 年，皮埃尔·博纳西（Pierre Bonnassie）正式提出，直到 11 世纪初，西方世界的奴隶制度才消失，而且封建社会的新的依附关系建立起来，从而将杜比早年

---

① Georges Duby, *La société aux XI e et XII e siècles dans la région mâconnaise*, pp. 259-271。杜比在后来的研究中进一步确认了这种看法，参阅 Georges Duby, "Lignage, noblesse et chevalerie au XII e siècle dans la région maconnaise. Une révision", *Annales. E. S. C.*, 27ᵉ année, No. 4（1972），pp. 803-823。

② Claude Gauvard, *La France au Moyen Age*, Paris: PUF, 2010, pp. 176-177, 218-219.

③ 值得注意的是，千年之变后，在骑士阶层内部，附庸或封臣（vassal）更常见的称呼也是这个词，即某个骑士是某个领主的"人"。参见 Georges Duby, *La société aux XI e et XII e siècles dans la region mâconnaise*, p. 181。

④ Georges Duby, *La société aux XI e et XII e siècles dans la région mâconnaise*, pp. 252-253.

⑤ Georges Duby, *La société aux XI e et XII e siècles dans la région mâconnaise*, p. 245.

的论断进一步明确化和普遍化。[1]

那么，与此前关于封建社会形成的论述，尤其是马克·布洛赫的经典论述相比，杜比有何新的创见呢？主要是两个方面。第一，关于封建社会产生的新的年代学。在布洛赫的阐述中，封建社会的产生分为两个关键阶段：第一个阶段发生在9世纪末，其关键现象是诺曼人的入侵导致加洛林制度的瓦解；第二个阶段开始于12世纪初，这时的社会关系开始围绕城堡重新构建。在第二个阶段，农民服从于领主，领主之间则通过人与人之间的契约关系建立效忠等级关系，同时新的贵族阶层形成，封建制度趋于完善。[2] 简单地说，在布洛赫的阐述中，第一个阶段是政治统治结构的碎化，第二个阶段是人与人的社会关系的重新建构。但在杜比的描述中，这两个阶段的时间距离大为缩减，政治解体与社会关系的重构几乎同时发生，并被压缩到公元千年前后的两三代人的时间内，这样一来，布洛赫描述的两个关键期被放在了一起。这种年代学打破了17世纪以来形成的传统，公元千年前后到11世纪中叶的上百年时间成为封建社会形成的关键期。[3]

第二，杜比区分了两种领主制：seigneurie foncière 和 seigneurie banale。在《马孔》一书的语境中，前一个术语可以粗略地理解为"地产领主制"，是一种比较纯粹的经济关系；而后一种才是封建社会特有的领主制，即带有军事和司法特权的"强制性领主制"。杜比认为，这是一种高级或优先的领主制。强制领主制的建立是理解千年之变的关键：王权衰落之后，伯爵权威随之式微，其辖区（pagus）解体，司法、军事和公共税收等"公权"也随之分割，落到了城堡主人的手中，公共权力蜕变成私人权力。[4] 杜比强调，这两种领主制有着不同的源头，而且时人也注意到了新出现的强制性领主制，因为它导致各种各样的征收权出现，"其根源都在法兰克时代的公共机构中"。[5] 因此强制领主制的出现与加洛林制度的解体直接相关。当代

[1] Pierre Bonnassie, "Survie et extinction du régime esclavagiste dans l'Occident du haut moyen âge (Ⅳ-Ⅺ e s.)", *Cahiers de civilisation médiévale*, 28ᵉ année(n. 112) , oct. -dec. 1985, pp. 307-343.

[2] Marc Bloch, *La société féodale*, Paris: Albin Michel, 1994.

[3] Dominique Barthélemy, "La société de l'an mil dans le royaume capétien: Essa historiographique", *Revue Historique*, No. 681(2017) , p. 93.

[4] Georges Duby, *La société aux Ⅺ e et Ⅻ e siècles dans la région mâconnaise*, pp. 208-228.

[5] Georges Duby, *La société aux Ⅺ e et Ⅻ e siècles dans la région mâconnaise*, p. 212.

学者认为，这是杜比不同于布洛赫的另一个地方，后者认为领主制基本上是一种地产（foncière）现象。①

虽然"千年之变"是后来被讨论得最多的一个话题，但《马孔》对1030年之后的社会演变的描述同样不可忽视，杜比把千年之际启动的变革运动的下限定在了1160年。在他看来，加洛林政治制度解体后，社会结构的固化和稳定发生在1075年前后。② 这个阶段最明显的社会特征是采邑（fief）的普遍化。在公元千年之前的马孔，封君与附庸之间并不经常产生土地权益的转让，附庸既不承认封君对自己的自由地有任何权力，也不会从封君那里领取采邑。采邑和附庸效忠（hommage）的结合出现于1030年。这里需要提一下克劳德·戈瓦尔的观点：严格意义上的封建制度在于两种制度的结合，即人际关系和物态关系的结合，因而封建制度诞生于11世纪初。此前虽然这两种关系都曾出现，但二者的关联并未系统化。③ 在马孔，采邑的世袭化开始于1075年前后。从这时起，封建关系网将全部的教俗贵族罗织在一起，一些大贵族也会为了获得一块土地的用益权而成为某个小贵族的附庸。但这种网络中并不存在严格的服从关系。在11世纪末的马孔，所有的骑士（即贵族）都已成为某人的附庸，但这种效忠关系相当松散，骑士几乎可以随意向某人效忠；而高级贵族，即堡主和克吕尼修道院等大型宗教机构，其权力跟伯爵完全是平行的。④

杜比在《马孔》一书的结论中说，11~12世纪王权最虚弱的时候，堡主是绝对的主人，世俗社会分裂为两类人，即骑士和劳动者。⑤ 但这里有一个问题，骑士的范围比堡主大得多，⑥ 后者属于上层武士，因此杜比的说法就意味着当时堡主（或其他地位和权势较高的贵族）与普通骑士融合成一个社会阶层。在马孔，旧的贵族称号nobilis于1032年消失，而1075年左右，骑士阶层的世袭化定型。不过，后来的研究者强调，马孔

---

① Florian Mazel, "Un débat historique: la mutation de l'an mil", in Florian Mazel, *Histoire de France: Féodalités, 888-1180*, pp. 637-638.

② Georges Duby, *La société aux XI e et XII e siècles dans la région mâconnaise*, p. 341.

③ Claude Gauvard, *La France au Moyen Age*, p. 181.

④ Georges Duby, *La société aux XI e et XII e siècles dans la région mâconnaise*, pp. 180-200.

⑤ Georges Duby, *La société aux XI e et XII e siècles dans la région mâconnaise*, p. 574.

⑥ 杜比认为，每个堡主手下的骑士及他的附庸，一般有20~30个。Georges Duby, *Les trois ordres ou l'imaginaire du féodalisme*, p. 617。

的情况比较特殊，那里的上层贵族较早地使用了 miles（杜比理解为"骑士"[①]）这个称号；而在其他地区，尤其是在法国北方，上层贵族与普通武士之间的隔阂维持的时间往往更长。[②] 不过这个观点某种意义上说是对杜比看法的复述，[③] 杜比在 1960 年之后的一系列研究中试图提出一套阐释模式，以解释中世纪法国贵族的集体身份——骑士（现代法语为 chevalerie）的形成过程。

在这个过程中，公元千年前后同样是个关键时期。除了上文提到的垂直传递、男系贵族家世的确立和骑士身份的世袭化，还有一个重要现象发生在意识形态领域，就是"基督的武士"（milites Christi）概念的整合。这个概念可能在加洛林时期就已出现，在公元千年之后被称作"上帝的和平"的运动中，教会人士以此为基础，对所有武士群体提出同样的要求，这客观上有利于掌握强制权（ban）的贵族上层与普通骑士的接近和集体认同的塑造。杜比认为，在这一点上，法国的情况不同于日耳曼地区，那里掌握高级指挥权的贵族与普通骑士长期保持严格的等级区分。[④] 在随后的研究中，杜比对这个假说作了进一步的深化。在关于 12 世纪马孔地区贵族家世的论文中，[⑤] 杜比认为，miles 最终取代 nobilis 有两方面的原因：第一，政治领域内强制领主制的演变；第二，观念领域中"上帝的和平"运动推动了军事"等级"（ordo）观念的构建。

在杜比看来，"上帝的和平"运动是王权式微（"国王的和平"失效）之后，教会尤其是以克吕尼为代表的修道运动恢复社会秩序的一种努力，这在很大程度上可以解释为何这场运动首先诞生于公元千年前后的法国南方，在那里，加洛林秩序衰落和封建化造成的震荡最为明显。在当时教会

---

① Georges Duby, "Les origines de la chevalerie", in *Qu'est-ce que la société féodale*, pp. 1071-1086.

② Jean-Pierre Poly et Eric Bournazel, *La mutation féodale, Xe-XIIe siècle*, Second Edition, Paris: PUF, 1991, Chapitre Ⅲ, "Nobles et chevaliers", pp. 157-193.

③ Georges Duby, "La Noblesse dans la France médiévale. Une enquête à poursuivre", *Revue historique*, T. 226, Fasc. 1(1961), pp. 1-22.

④ Georges Duby, "La Noblesse dans la France médiévale. Une enquête à poursuivre", *Revue historique*, T. 226, Fasc. 1(1961), pp. 9-16.

⑤ Georges Duby, "Lignage, noblesse et chevalerie au XIIe siècle dans la région maconnaise. Une révision", *Annales. E. S. C.*, 27ᵉ année, No. 4(1972), p. 823.

人士的眼里，和平的关键是遏制有武器的人对没有武器的"弱者"（pauperes）①的侵犯，于是 miles 就成为称呼前一类人的泛指词，这时堡主与下层骑士的区分就不重要了。② 这种分析与《马孔》最后的结论形成了呼应。不过这只是骑士集体身份构建的第一步，更关键的是要赋予这个群体的军事职能以某种积极色彩，使其成为真正的等级（ordo）③。在这方面，法国南方再次走在了前面。奥里亚克的热罗（Géraud d'Aurillac）就是骑士的"基督教化"的早期典型：在 10 世纪克吕尼的奥东（Odon）院长的笔下，热罗因为保护弱者而成为基督的骑士，骑士可以为上帝服务而不必放下武器，这就使得骑士等级（ordo militum）的出现有了可能。④ 在教会规范骑士等级的过程中，杜比认为一个非常关键的环节是授甲礼（adoubement，授予武器的仪式）的发展。⑤ 到 12 世纪末，像伯爵这样的上层贵族也把授甲礼视为一种荣耀，这标志着他正式成为骑士（miles）。到这个时候，骑士已经成为整合所有武士的身份认同。但杜比强调，经过 11~12 世纪的漫长发展，授甲礼已经成为一种真正的圣礼，是教会塑造骑士阶层伦理观的过程，它与圣伯纳尔（Bernard de Clairvaux）鼓吹的新骑士（nova militia）和军事修道团的兴起是同一性质的。⑥

在政治方面，领主制的演变也有利于骑士成为所有贵族的身份认同。这个过程时间很长，其中关键的要素是强制领主权（ban）的重新分配。这

---

① 这个词常见的意思是"穷人"（复数），但在当时的语境中，正确的理解应该是"弱者"，即没有武器的（inermes）平民，它与强者（potentes），即带武器的骑士相对。见 Georges Duby, *Les trois ordres ou l'imaginaire du féodalisme*, pp. 553-561。

② Georges Duby, "Les laïc et la paix de Dieu", in *Qu'est-ce que la société féodale*, pp. 1087-1099. 另外，根据正式文献记载，在 1031 年的利摩日宗教会议上，教会已经不加区分地对"所有骑士"发出号召。见 Georges Duby, *Les trois ordres ou l'imaginaire du féodalisme*, p. 619。

③ 在当时的语境中，ordo 一词具有很强的秩序和使命的意味，11 世纪初北方的一些主教甚至认为只有教会才是 ordo，因此称呼骑士为 ordo，本身就意味着对他们进行规范和整合。参见 Georges Duby, *Les trois ordres ou l'imaginaire du féodalisme*, pp. 533-535。

④ Georges Duby, "Les origines de la chevalerie", in *Qu'est-ce que la société féodale*, pp. 1081-1085.

⑤ 《马孔》中提到了授甲礼，但已是 12 世纪后期的事。见 Georges Duby, *La société aux XIe et XII e siècles dans la région mâconnaise*, p. 524。

⑥ Georges Duby, "Situation de la noblesse en France au début du XIII e siècle", in *Qu'est-ce que la société féodale*, pp. 1137-1145.

里借鉴了比利时历史学家列奥波德·热尼可（Léopold Génicot）的研究。[1]
在公元千年前后快速的演变之后，各种强制领主权都掌握在堡主手中，在
北方一些地区，这类上层贵族有个专门的称号 dominus，使他们明显区分于
骑士 miles；但在 12 世纪与 13 世纪之交，这种区分逐渐消失，普通骑士也
在使用 dominus 称号。因此这是从两个方向上进行的接近：贵族上层认可骑
士头衔和授甲礼，普通骑士也可使用堡主们专用的称号。这一演变的政治
背景是诸侯（princes，广义上说，国王也是 prince）权力的回归，过去享有
独立地位的堡主的高级领主权（如高级司法权）逐渐被削弱或被废除，而
堡主的一些低级权力则逐渐被分散给乡村小骑士们，而且这一过程得到诸
侯的鼓励；这样一来，处于诸侯与骑士之间的堡主的地位被削弱，逐渐与
乡村骑士持平。[2] 因此骑士身份认同的出现发生在诸侯或国家权力开始重构
的大背景下，《马孔》对强制指挥权 ban 的碎化描述，正是以 1160~1240 年
国王势力的回归和某种封建等级制的重构为背景的。[3] 需要强调的是，这个
时期的很多贵族遭遇了经济困难，而为诸侯服务是克服困难的一条出路。[4]

这就回到了《马孔》结论中对"两个封建时代"的总结：一个是独立
的堡主的时代；另一个是采邑时代和封建诸侯国的时代。对马孔来说，后
一个时代就是 1160~1240 年，它的标志是"高级指挥权已经掌握在国王和
诸侯手中，城堡已经与国家整合"。[5] 显然，在杜比的解释模式中，公元千
年前后的变革显然是此后两个世纪封建社会演变的起点：简单地说，千年
之变为第一个封建时代，即独立的堡主时代奠定了基础；而第二个封建时
代则是对第一个封建时代的逐渐克服，某种意义上说，是"国家"的回归。

20 世纪 60 年代以后，法国中世纪史学界的众多地方史研究纷纷援引杜

[1] Georges Duby, "La Noblesse dans la France médiévale. Une enquête à poursuivre", *Revue historique*, T. 226, Fasc. 1(1961), pp. 1–22.

[2] Georges Duby, "La Noblesse dans la France médiévale. Une enquête à poursuivre", *Revue historique*, T. 226, Fasc. 1(1961), pp. 17–22; Georges Duby, "Situation de la noblesse en France au début du XIIIe siècle", in *Qu'est-ce que la société féodale*, pp. 1137–1145.

[3] Georges Duby, *La société aux XIe et XIIe siècles dans la région mâconnaise*, p. 525–531.

[4] Georges Duby, "Situation de la noblesse en France au début du XIIIe siècle", in *Qu'est-ce que la société féodale*, pp. 1140–1145; Georges Duby, *La société aux XIe et XIIe siècles dans la région mâconnaise*, pp. 444–465.

[5] Georges Duby, *La société aux XIe et XIIe siècles dans la région mâconnaise*, p. 574.

比的解释模式,^① 而杜比则将自己前期的思路贯彻到对封建时代的观念和心态领域的研究中,最主要的成就是 1978 年出版的《三个等级:封建主义的想象》(以下简称《三个等级》)。^② 杜比认为,近代法国广为人知的社会功能三分法(祈祷者、战斗者、劳动者),最初是 11 世纪 20 年代由法国北方的两位主教——拉昂的阿达尔贝隆(Adalbéron de Laon)和康布雷的热拉尔(Gérard de Cambrai)——明确提出来的,但他们都是加洛林秩序的守护者,强调主教和国王在维护和平与领导人民中的主导地位,而且国王需要掌握智慧(sapienta)的主教的指导,以明辨是非善恶;在他们的表述中,祈祷者(oratores)仅指主教,战斗者(bellatores)首先指的是国王。^③ 这种关于社会秩序的想象带有明确的指向性。它针对的是公元千年前后出现的三种"竞争性体系"的挑战。第一,已经波及法国北方的异端运动。它宣扬教会无效论,主张民众与教士并无区分。第二,"上帝的和平"运动。作为"国王的和平"的替代品,它将世俗社会区分为强者和弱者,不仅没有凸显国王和诸侯的领导作用,也淡化了国王和主教与下层受奴役者之间的身份差别。第三,以克吕尼为代表的新修道运动的挑战。受新的宗教精神指引的修道院脱离主教的管辖,对国王、诸侯和地方贵族施加不利影响,导致贵族的僧侣化、修道院的军事化;僧侣们不仅僭越了上级的地位,还混淆了本来的等级秩序;克吕尼的奥东院长像是"国王",这是地道的篡夺和僭越。^④

　　这些挑战都是率先从南方酝酿出来的。在"封建革命"一章中,杜比强调了南方在新社会制度形成过程中的先导性,并认为不能继续认为封建制度是从莱茵河与卢瓦尔河之间发展出来的。^⑤ 就在《三个等级》问世的同一年,在罗马举行的以"地中海封建主义"为主题的学术会议上,皮埃

---

① 主要成果可参见 Christian Lauranson-Rosaz, "Le débat sur la 'mutation féodale': état de la question", *Scienza & Politica*, No. 26(2002), p. 9, 注释 18。

② 当然,杜比很早就对这个问题有所思考,除上文引注中提到的论文,杜比在 1973 年出版的《武士与农民》一书中专门谈到了"三个等级"的问题。Georges Duby, *Guerriers et paysans, VIIᵉ–XIIᵉ siècle. Premier essor de l'économie européenne*, 转引自 Georges Duby, *Féodalité*, pp. 164–168。

③ Georges Duby, *Les trois ordres ou l'imaginaires du féodalisme*, pp. 469–519.

④ Georges Duby, *Les trois ordres ou l'imaginaires du féodalisme*, pp. 591–608.

⑤ Georges Duby, *Les trois ordres ou l'imaginaires du féodalisme*, p. 612.

尔·图贝尔（Pierre Toubert）和皮埃尔·博纳西在发言中都提到了"走出莱茵—卢瓦尔中心主义"。[①] 不过杜比并没有将南北方截然对立起来，他认为南北方存在一致性，因为北方统治阶层面临的困境与南方并无本质的区别，即都处于"封建革命"的大背景下，北方同样经历着封建化的危机：康布雷的热拉尔也要应付新兴的堡主戈蒂耶（Gautier）对其权威的挑战。[②] 尽管两位主教与南方修道运动的头面人物在政治和社会构想上有分歧，但在某些基本方面，双方是一致的：他们都属于教会领主阶层，都不愿意看到异端的发展，都希望为新的不平等的社会秩序寻找某种理论依据，而且这种依据强调各阶层之间的互惠，并最终归结为神的意志。从这个意义上说，两位主教的社会保守立场同样揭示了封建制度诞生时期的社会震荡。[③]

但这种社会功能的三分模式随后沉寂了大约一个半世纪。对于这个沉寂期，杜比围绕三大现象展开论述：一是修道主义走向鼎盛；二是12世纪兴起新修道运动；三是城市学校的发展以及为国王服务的知识分子的出现。修道主义不太关心尘世秩序，不利于对武士价值的肯定；而新兴知识分子则有僭越教士功能的倾向。[④] 这个模式于12世纪末再度出现于法国西部金雀花王朝的宫廷中，但此时它已经不再基于宗教道德，三种社会功能都服务于君主，因此这个模式实现了"世俗化"。[⑤] 另一个变化是，作为战斗者的骑士（militia）在1200年前后彻底摆脱与恶行（malitia）的关联，他们通过授甲礼、为国王和诸侯服务而真正成为一个有集体身份的"等级"（ordo），这在金雀花家族的领地表现得尤其明显。[⑥] 杜比以对1214年布汶战役的描述作为全书的结尾，此时的国王已成为一个秩序井然的等级制社会

---

① *Structures féodales et féodalisme dans l'occident méditerranéen(Xe- XIIIe siècles)*, *Bilan et perspectives de recherches*, Colloque international organisé par le Centre national de la recherche scientifique et l'École française de Rome(Rome, 10-13 octobre 1978), École française de Rome, Palais Faernèse, 1980, pp. 1-2, 44.

② Georges Duby, *Les trois ordres ou l'imaginaires du féodalisme*, p. 479.

③ Georges Duby, *Les trois ordres ou l'imaginaires du féodalisme*, pp. 624-628.

④ Georges Duby, *Les trois ordres ou l'imaginaires du féodalisme*, pp. 631-732.

⑤ Georges Duby, *Les trois ordres ou l'imaginaires du féodalisme*, pp. 735-744.

⑥ Georges Duby, *Les trois ordres ou l'imaginaires du féodalisme*, pp. 758-768。杜比认为，金雀花王朝亨利二世的宫廷盛行骑士文化，与卡佩国王路易七世那充满宗教色彩的宫廷存在很大的差异，并强调这是亨利二世的一种有意识的文化策略。他后来在通史著作中再次提到这一点。见 Georges Duby, *Le Moyen Âge, 987-1460*, Paris: Hachette, 1987, pp. 316-323。

的守护者，"上帝的和平"转变成了"国王的和平"。①

不难看出，杜比关于三个等级的观念研究，是放在社会史和政治史的背景下展开的。社会功能三分法诞生于封建革命，骑士的"等级化"是贵族集体身份构建的结果，三个等级观念的复苏服务于国王和诸侯力量的重建，对封建社会的想象伴随着封建社会的诞生及其第二阶段的发展。

（二）变革模式的发展

《马孔》出版后的十几年间，杜比虽然以一系列的后续研究完善和发展早年的论点，但千年之变或封建变革论真正在学界造成巨大声势是在 20 世纪 70 年代，这得益于一大批重要的研究成果的问世。首先是 1973 年皮埃尔·图贝尔发表的《中世纪拉丁姆的结构：9 世纪到 12 世纪末拉丁姆南方和萨宾地区》。② 这部 1500 页的巨著以 incastellamento（城堡化）为核心概念阐述变革，与杜比的阐释模式有很多相似之处。简单地说，图贝尔说的城堡化指的是 10 世纪以后以城堡为中心的新居民聚落的形成过程。在 920 年之前，拉丁姆地区的村落和农业行为都是相当分散的。但此后，由于萨拉森人的威胁，农民聚居到领主的控制范围之内，而城堡（castrum）就是这个地域的核心。③ 图贝尔的这个概念对法国学界关于中世纪空间和定居模式的研究产生了很大的影响，如罗伯特·福希耶将图贝尔的核心概念改造为 encelluement（框架化），用以解释公元千年前后乡村土地格局的重组和领主制的形成。④ 在图贝尔的阐释中，10 世纪发生的聚居模式的变化是一次"断裂"（rupture）和"变革"（mutation），因为它意味着一种新的社会关系产生。城堡化很大程度上是领主的行为，他们为了获取更大的利益而对居民进行集中，并对后者形成社会和心理强制，从而将生产者置于一种新的

---

① Georges Duby, *Les trois ordres ou l'imaginaires du féodalisme*, pp. 815–824.

② Pierre Toubert, *Les structures du Latium médiéval: Le Latium meridional et la Sabine du IXe siècle à la fin du XII e siècle*, 2 vols., École française de Rome, 1973.

③ Pierre Toubert, *Les structures du Latium médiéval: Le Latium meridional et la Sabine du IXe siècle à la fin du XII e siècle*, Vol. 1, pp. 303–368.

④ Robert Fossier, *Enfance de l'Europe: Xe-XII e siècles. Aspspects économiques et sociaux*, Tome 1: *L'homme et son espace*, Paris: PUF, 1982；另见黄艳红《中世纪法国的空间与边界》，《世界历史》2016 年第 3 期。

经济框架中。从 11 世纪中期开始，控制城堡的领主们获得了司法权，社会权力被重新分配，其结果是封建制度的建立。这与《马孔》的描述具有相当大的相似性，变革的年代也相当接近。同样，拉丁姆采邑制度的普及也是在 12 世纪，但采邑—效忠关系也成为教廷构建国家的工具。①

在上面提到的 1978 年的罗马会议上，皮埃尔·博纳西在论文中接受了图贝尔关于拉丁姆地区"10 世纪的重大革命"（la grande révolution du Xe siècle）的说法，并认为这个模式适用于从西班牙到意大利的地中海世界，尽管各地在变革的年代上有所不同。② 博纳西是位受马克思主义影响较深的学者，他的博士学位论文研究的是 10 世纪中叶至 11 世纪末加泰罗尼亚地区封建制度的诞生，③ 其阐释模式深受杜比的影响。博纳西的研究基于 10～11 世纪加泰罗尼亚遗留下来的 1.5 万份文件的分析，他将封建制度诞生分为三个阶段。第一个阶段大约延续到 1020～1030 年，在此之前的加泰罗尼亚仍然存在大量奴隶，采邑—封臣制的习惯在这里基本不存在，因此它的封建制度不是因为加洛林的征服而输入的。在权力组织方面，罗马法依然通过西哥特法而产生强大影响，政治理想也是罗马式的，再加上穆斯林的压力，巴塞罗那伯爵的权威就有了坚实的理论和现实基础，他的地方代理人依然是公共官员，当时的文件称呼他们为"公家人"（personae publicae），他们的薪水来自公共收入。第二个阶段，富有罗马和加洛林色彩的社会—政治平衡在 1020～1060 年的危机中被打破，这是加泰罗尼亚封建制度诞生的核心时期。危机是长时间的经济发展的结果，但财富的积累引发的社会矛盾在 11 世纪初被激化了，贵族群体内部爆发战斗，战斗的目的在于争夺经济发展的成果。贵族试图对农民强加各种征收，于是产生强制领主权和"恶劣的习惯征收"（mauvaises coutumes）；这当然导致农民的抵制，最明显的标志是"上帝的和平"和休战运动。当然，斗争最后的胜利者是专业的战士，即贵族，他们对过去的自由民施加了相当普遍的奴役。斗争还在政治

---

① 可参见全书的总结论，Pierre Toubert, *Les structures du Latium médiéval: Le Latium meridional et la Sabine du IXe siècle à la fin du XII e siècle*, Vol. 2, pp. 1355-1360。

② Pierre Bonnassie, "Du Rhône à la Gallice: Genèse et Modalités du Régime féodal", in *Structures féodales et féodalisme dans l'occident méditerranéen(Xe-XIII e siècles)*, pp. 19-45.

③ Pierre Bonnassie, *La Catalogne du milieu du Xe siècle à la fin du XI e siècle. Croissance et mutations d'une société*, 2 vols., Toulouse: Presses Universitaire du Mirail, 1973.

权力的层次上展开，这就是贵族对伯爵权威的长期反叛。对于加泰罗尼亚，人们可以说这是封建主义的来临。在大约一代人的时间里，这场变革完全重塑了社会组织；战争催生了众多的私人军事扈从，即骑士；整个旧的公共司法体制被摧毁，家族之间的关系从此建立在叫作 convenientiae 的私人契约之上。第三个阶段大约开始于 1060 年，这是封建制度的凝固化（cristallisation），最主要的是以伯爵为首的封建忠诚关系网的构建，其中的关键环节是贵族世家成为伯爵的附庸，具体做法是他们将作为自由地的城堡领地献给伯爵，再从后者那里作为采邑领回，这种做法就是法国各地常见的"回执采邑"（fief de reprise）。到 1100 年，加泰罗尼亚的全体贵族融入了以巴塞罗那伯爵为首的采邑—封臣关系网络。①

　　与《马孔》的解释模式相比，博纳西对加泰罗尼亚封建制度形成的解释有一些不同之处：第一，关键变革期的时代有差别，马孔是在 980～1030 年，加泰罗尼亚是 1020～1060 年；第二，加泰罗尼亚采邑的普遍化比马孔来得更早，因为杜比认为，马孔地区的采邑直到 12 世纪中叶都只占很小的面积，它的迅速扩大是在 1166 年国王的势力重回该地之后。② 尽管有这些差异，两种解释模式之间的相似性仍然非常明显，最关键的一点是，这两个地区封建制度的形成，都是从法兰克的公共权力解体开始的，而且这个过程相当迅速，大约只有两代人的时间；这个过程都导致同样的新社会阶层的出现：一方面是骑士，另一方面是过去的自由民转变为受领主制奴役的依附民。应该指出的是，博纳西的解释非常强调经济因素，这一点影响了杜比，在《三个等级》的"封建革命"一章中，他明确地将新的意识形态的出现置于新的领主制"生产方式"产生这一背景之下，并且认为加洛林时代的生产方式是以战争和"奴隶制"为基础的。③

　　博纳西认为，他关于加泰罗尼亚封建制度形成的三部曲适用于从罗讷河到西班牙北部的西地中海世界，并强调 11 世纪的第二个 1/3 时期是变革

---

① 博纳西在 1978 年罗马会议上的论文对其博士学位论文中的要点进行了总结，Pierre Bonnassie, "Du Rhône à la Gallice: Genèse et Modalités du Régime féodal", in *Structures féodales et féodalisme dans l'occident méditerranéen(Xe-XIIIe siècles)*, pp. 19-24。

② Georges Duby, *La société aux XIe et XIIe siècles dans la region mâconnaise*, p. 503.

③ Georges Duby, *Les trois ordres ou l'imaginaires du féodalisme*, pp. 612-614.

的关键期;① 而杜比的学生、研究普罗旺斯封建制度的 J-P. 勃利等人也在完善他的观点,② 1978 年罗马会议的论文集堪称地中海"封建变革"论的一次大结集。③ 1980 年,勃利和埃里克·布纳泽尔共同出版《封建变革:10~12 世纪》(以下简称《封建变革》),并于 1991 年和 2004 年分别出了第二版和第三版。该著不是地方史研究,而是对整个西法兰克的封建制度的总论性考察。某种意义上说,它把杜比和博纳西阐明的封建变革论推广开来。两位作者在结论中指出:

> 10 世纪末,一种十分古老的社会组织开始解体,一种十分古老的生产方式的统治地位在西方终结或开始终结。无论是古代的庄园奴隶制,还是它的替代者加洛林的劳役制,都没有能够消灭独立的农民社区群体,除了某些十分特殊的地区……要想做到这一点,必须有某种大量甚至过量的结构的繁殖……这种结构就是地方暴政。堡主家族 (mesnies) 兴旺,自由民群体衰败或破产,这是同一运动的两个方面……乡村社会解体了……在两三代人的时间里,依附成为常规,自由是例外了。领主的强制权到处扩张,恺撒成批出现。④

于是,在以公元千年为中心的前后几十年中,伴随着响彻城堡周围的"骑士的马蹄声",西欧社会"完成了根本的转变",领主制确立了对农民的支配地位。两位作者还对布洛赫关于封建制度的分期进行了修正:布洛赫说的封建制度的第一个阶段严格来说不是封建制,因为在 11 世纪之前,家族亲属关系 (familiarité) 远比附庸关系 (vasselage,或称封君封臣制) 和采邑重要,用杜比使用的共居共生概念 (来自拉丁语的 convivium) 来称呼这个时期更为恰切。只是到这个时期结束时,真正的封建因素才出现,10~12

---

① Pierre Bonnassie, "Du Rhône à la Gallice: Genèse et Modalités du Régime féodal", in *Structures féodales et féodalisme dans l'occident méditerranéen(Xe-ⅩⅢe siècles)*, pp. 18-25.

② J-P. Poly, *La Provence et la société féodale, 879-1166*, Paris: Bordas, 1976.

③ 乔治·杜比、皮埃尔·图贝尔、皮埃尔·博纳西、J-P. 勃利等人都参加了这次会议。见 *Structures féodales et féodalisme dans l'occident méditerranéen(Xe-ⅩⅢe siècles)*。

④ Jean-Pierre Poly et Eric Bournazel, *La mutation féodale, Xe-ⅩⅡe siècle*, pp. 507-508.

世纪的社会才有严格意义上的封建制。[1]

该著第一章论述的是"从公共和平到城堡制度"，其观点与杜比和博纳西的观点明显一致，如王权与公共和平的衰落和伯爵辖区的解体（首先表现为伯爵司法机构转化为私人权力），接下来是强制领主制的确立、领主专营权（banalités）的产生和自由民的消失，城堡成为社会组织的枢纽，"坏习惯"即领主的专断征收出现。尽管上述现象在法国各地存在时间先后或表现形态上的差异，但它们是普遍的，"也是同质的"，甚至在法国之外的地方也能看到。[2] 总之，10世纪末至11世纪发生的这一连串的、相对迅速的运动奠定了封建社会基本的格局。值得一提的是，两位作者在论述过程中出示了大量的地区研究资料，如关于沙特尔、加泰罗尼亚甚至个别村庄的自由地在11世纪逐渐减少过程的资料。[3] 当然，地区资料的丰富有时也会呈现10~12世纪法国巨大的地区差异，这一点在论述贵族问题的一章中表现得特别明显。[4] 如在11世纪的法国北方，miles一词有时带有奴役色彩，但在南方（例如马孔），堡主阶层都已经毫不犹豫地使用这个头衔了。[5] 但这并不妨碍对封建时代法国贵族的融合进行整体概括：在自由农阶层瓦解时，各个阶层、各种出身的武士逐渐通过"骑士"理想凝结在一起，[6] 这是对杜比观点的扩大化；而且，在论述miles地位的上升时，两位作者同样认为11世纪教会主导的和平运动以及随后骑士礼仪的基督教化起了关键作用。[7]

但不能认为《封建变革：10~12世纪》一书完全是对杜比和博纳西既有研究的复述和总结。由于作者着眼的范围更大，因而关注到一些更为宏观的问题，如王权与封建秩序的互动，这主要表现在"天国等级、尘世等级和封建等级"一章中。[8] 两位作者的基本看法是，12世纪的王权复兴，不

[1] Jean-Pierre Poly et Eric Bournazel, *La mutation féodale, Xe-XⅡe siècle*, pp. 509-510.
[2] Jean-Pierre Poly et Eric Bournazel, *La mutation féodale, Xe-XⅡe siècle*, pp. 63-106.
[3] Jean-Pierre Poly et Eric Bournazel, *La mutation féodale, Xe-XⅡe siècle*, p. 95.
[4] Jean-Pierre Poly et Eric Bournazel, *La mutation féodale, Xe-XⅡe siècle*, pp. 155-193.
[5] Jean-Pierre Poly et Eric Bournazel, *La mutation féodale, Xe-XⅡe siècle*, pp. 176-178.
[6] Jean-Pierre Poly et Eric Bournazel, *La mutation féodale, Xe-XⅡe siècle*, pp. 192-193.
[7] Jean-Pierre Poly et Eric Bournazel, *La mutation féodale, Xe-XⅡe siècle*, pp. 178-184.
[8] Jean-Pierre Poly et Eric Bournazel, *La mutation féodale, Xe-XⅡe siècle*, pp. 275-309.

应视为 11 世纪封建化的对立面，而应理解为后者的延续和规范化。尽管 10 世纪就存在附庸或封君封臣关系，但不存在真正的等级。构建这种等级有两个要素。第一，附庸关系网大量繁殖，几乎所有人员和土地都被编织到这个网络中；但国王是不是某个关系网的首领并不重要，如果这些关系网之前是某个伯爵或诸侯创立的。第二，关系网的编织需要采用同样的秩序，即相似身份的人员在关系网中的地位是平行的，这样一来，国王便能从顶端控制诸侯，诸侯控制其下的堡主和普通骑士。[①] 从这个意义上说，王权的复兴是封建化深入发展的结果，但在这里，我们依稀可以看到杜比在《马孔》中关于封建社会第二阶段的论断。

在骑士和贵族研究领域，杜比的学生让·弗洛里和马丁·奥莱尔丰富了对 10~12 世纪"封建变革"时期的认识。弗洛里从加洛林公共秩序衰落、诸侯国分立和堡主领地制（châtellenie）构建的时代出发，探讨军事职能和 miles 概念的道德价值的演变；[②] 奥莱尔在阐述 11~12 世纪的西方贵族时，使用的标题是"从贵族到骑士"，并专门提及贵族群体的"基督教化"。[③] 这些论述与杜比关于 miles 取代 nobilis、骑士被教会整合为一个等级的基本论点有延续关系。弗洛里还试图在"上帝的和平"运动与十字军东征之间建立联系。教会主导的"上帝的和平"运动并非禁止战争，而是根据自己的目标和利益对骑士们的军事行动进行"道德化"，这是十字军观念形成的重要源头。[④] 杜比曾提到，"上帝的和平"运动旨在抑制公元千年前后封建化导致的骑士的暴力无序行径，为此教会将其纳入等级秩序，但同时也对军事行动作出了越来越严格的限制，以致暴力行动只能针对基督教世界的敌人了。1095 年克莱蒙宗教会议最初的主要议题是和平问题，但教宗乌尔班二世正是在这次会议上发出组建十字军的号召的，这一点并不偶然。[⑤] 不过弗洛里同时指出，虽然教会成功地向骑士群体灌输了基督教价值观，但

① Jean-Pierre Poly et Eric Bournazel, *La mutation féodale, Xe-XIIe siècle*, p. 298.

② Jean Flori, *L'idéologie du glaive, Préhistoire de la chevalerie*, Genève: Librairie Droz, 1983.

③ Martin Aurell, *La noblesse en Occident, Ve-XVe siècle*, Paris: Armand Colin, 1996, pp. 53-93.

④ Jean Flori, *La guerre sainte. La formation de l'idée de croisade dans l'Occiden Chrétien*, Paris: Aubier, 2001, pp. 98-99.

⑤ Georges Duby, "Les laïc et la paix de Dieu", in *Qu'est-ce que la société féodale*, pp. 1084, 1098; Jean Flori, *La guerre sainte. La formation de l'idée de croisade dans l'Occiden Chrétien*, pp. 310-311.

它统领整个骑士阶层的想法却落空了，因为骑士的意识形态也意味着他们应通过追随君主和诸侯为上帝服务。索尔兹伯里的约翰（Jean de Salisbury）的说法"骑士服从君主就是为上帝服务"就是明证。[①] 这一论断又与 12 世纪封建等级的构建、诸侯和王权的回归对接了起来。

杜比曾提示，在骑士身份的构建中，授甲礼是个很重要的仪式。[②] 弗洛里从 12 世纪的文学作品出发，对这个仪式的相关概念进行了语义学的分析。他的看法是，这个带有宗教色彩的仪式，其作用不仅仅在于宣示某人正式投身行伍，更重要的是表明某人所享受的特权地位的合理性，它是贵族意识形态的一部分。[③] 但是，这种仪式在 12 世纪后期的程式化及其意义的放大，与骑士的危机意识有关，国王和诸侯势力的重新崛起、市民阶层的经济优势、军事领域雇佣兵和专业部队出现，都在挑战这个贵族集团的地位，于是他们需要某种意识形态、某种伦理乃至某种神话来强化自己的优越感，授甲礼的意义因为贵族逐渐封闭为某种"种姓"（caste）而被强化了。[④]

勃利和弗洛里等人的研究都给予 12 世纪很大的篇幅，这个时期的明显特征是各种秩序的回归：国王占据首位的封建等级出现，贵族群体对其真实身份表示认同。但从根本上说，这些现象是公元千年前后创生的封建制度的后续发展，千年之变是他们一系列阐释的基础和出发点。到 20 世纪末，这个观点似乎走向了极端，并开始引发学界的反思。1989 年，基·布瓦出版了一部著作，标题是《千年之变：马孔村庄卢尔南从古代向封建主义的过渡》（以下简称《千年之变》）。[⑤] 基·布瓦试图从马孔地区的一个小村庄透视从古代到封建制度的转变。他的主要观点如下。[⑥] 第一，千年之变前的法兰克社会仍然是奴隶社会。基·布瓦借用摩西·芬利（Moses Finley）

① Jean Flori, "Église et la Guerre Sainte: de la ' Paix de Dieu' à la ' croisade' ", *Annales. E. S. C.*, 47ᵉ année, No. 2, (1992), pp. 453–466.

② 一般性的描述，参见 Martin Aurell, *La noblesse en Occident, Ve-XVe siècle*, pp. 99–104。

③ Jean Flori, "Pour une histoire de la chevalerie. L'adoubement dans les romans de Chrétien de Troyes", *Romania*, tome 100, No. 397(1979), pp. 21–53.

④ Jean Flori, "Sémantique et société médiévale. Le verbe adouber et son évolution au XIIe siècle", *Annales. E. S. C.*, 31ᵉ année, No. 5(1976), pp. 915–940.

⑤ Guy Bois, *La mutation de l'an mil. Lournand, village mâconnais de l'Antiquité au féodalisme*, Paris: Fayard, 1989.

⑥ Guy Bois, *La mutation de l'an mil*, pp. 239–263.

的基本概念，认为法兰克社会具有"古代社会"的基本特征：同样的社会阶层，即权势贵族、自由民阶级和奴隶；同样的经济结构，即自给自足的乡村和寄生性的城市；同样的政治模式，即国家在社会经济生活中扮演关键角色。第二，加洛林的复兴是古代国家的回光返照，它试图重建中央权威，恢复其分配功能，但这一努力加剧了国家的瓦解，上层阶级因为传统秩序的掌控者和新秩序的推动者的对立而发生分裂。封建革命塑造了新型的贵族，其统治权延伸到整个农民阶层，他们窃取了过去的公共权威，在自己的领地内建立了对农民的强制权。千年之变导致农民阶层的深刻变化，自由民像其他生产者一样变成依附民。第三，千年之变导致新的权力分配、新的剥削关系即领主制的建立，也伴随着新城乡关系的产生，它以互惠为基础。封建制度有利于商业复兴，促进了城市从寄生型向商业和生产型的转变。第四，这一变革过程得益于加洛林时期的农业增长，城市和税务机构对乡村控制的放松、农民婚姻制度的巩固、乡村团结和小规模生产的进步等因素促进了农业发展，并使得传统的奴役关系逐渐过时。第四，尽管经济社会变革可以追溯得较远，但法兰克时代终结于一次断裂，它不是一个缓慢的进程，因此革命一词是适用的；在这次断裂中，最关键的因素是国家功能的削弱，而削弱的原因是深入乡间的根基被斩断，税收收入告罄，商业衰落，这是导致全面乡村化的决定性要素。

这些观点在很多方面延续了杜比和博纳西等人的看法。勃利和布纳泽尔在评论 12 世纪的农奴制时说，这时的农奴（serf）不同于加洛林的奴隶（servus），他们所遭受的奴役强度降低了，但农奴制的涉及面更广。[1] 这个论断所揭示的社会变革趋势适用于上述所有论者，尽管他们在具体名词的使用上不尽相同。基·布瓦也像博纳西一样，认为千年之变是经济增长的结果，封建领主制是生产关系调整的结果。但基·布瓦的唯物主义色彩更为强烈。例如他认为，杜比研究过的拉昂主教阿达尔贝隆在捍卫加洛林制度的同时也在为奴隶制辩护，而克吕尼的奥迪隆院长的观念则更适应新的生产关系，[2] 这就更加凸显了千年之变和"上帝的和平"所体现的生产方式的变革；而公元千年前后三四十年之间的暴力行为的泛滥和社会动荡，则

---

① Jean-Pierre Poly et Eric Bournazel, *La mutation féodale, Xe-XIIe siècle*, p. 219.

② Guy Bois, *La mutation de l'an mil*, pp. 214-215.

被他称为"封建社会分娩的代价"。①

（三）对"千年之变"的批评

今天回过头去看，《千年之变》是这一解释模式反思的起点。1990年，法国学者阿兰·盖罗已经对书中描绘的公元千年前后的"社会风暴"提出了质疑。② 很快就有其他学者加入讨论，这个话题也开始越出法语学术圈。比利时中世纪专家阿德里安·范浩斯特指出，基·布瓦从个案到一般的推导过程忽略了法国和西欧内部存在的巨大差异，相比之下，博纳西在探讨加洛林时期的经济增长时要仔细得多。③ 1991年，法国《中世纪》杂志就《千年之变》发了一组批评文章，撰稿人包括克里斯·魏可汉（Chris Wickham）和芭芭拉·罗森文（Barbara Rosenwein）等英美中世纪史专家，以及一位日本学者森本芳树（Yoshiki Morimoto）。④ 总的来说，《千年之变》受到的批评相当严厉，即使是持封建变革论的博纳西，也不赞成将公元千年之前的鲁尔南说成"奴隶制社会"；⑤ 福希耶则说这本书本来不应该得到这样大的关注，不过他强调的是，基·布瓦自认为独创的很多观点其实早就有人说过，并认为杜比给他写的序言有明显的保留。⑥ 除明显的方法论问题和表述的武断之外，基·布瓦还有一个为人诟病之处，就是他对资料的使用：一方面是材料太单薄；另一方面是《千年之变》主要参靠克吕尼修道院的宪章（charte），但这对不少中世纪史专家来说太熟悉了。罗森文的批评尤其强调了该著在材料使用方面存在的严重问题，并说基·布瓦的宏大解释抱负是削足适履的"普罗库斯特之床"。⑦

仔细推敲起来，这场对《千年之变》几乎一致的批评中，各家的侧重

---

① Guy Bois, *La mutation de l'an mil*, pp. 210-211.

② Alain Guerreau, "Lournand au Xe siècle: histoire et fiction", *Le Moyen Age*, No. 96(1990), pp. 519-537.

③ Adriaan Verhulst, "The Decline of Slavery and the Economic Expansion of the Early Middle Ages", *Past & Present*, No. 133(1991), pp. 195-203.

④ *Médiévales*, No. 21(1991).这次专题讨论的主持人是法国学者 Monique Bourin，标题是"千年：增长的节奏与因素"（L'an Mil. Rythmes et acteurs d'une croissance）。

⑤ Pierre Bonnassie, "Mâconnais, terre féconde", *Médiévales*, No. 21(1991), pp. 39-46.

⑥ Robert Fossier, "Réflexion sur un 'modèle'", *Médiévales*, No. 21(1991), pp. 77-79.

⑦ Barbara Rosenwein, "Le lit de Procuste de Guy Bois", *Médiévales*, No. 21(1991), pp. 11-16.

点不一样。福希耶认为，基·布瓦认为的 10 世纪的断裂（cassure），杜比和图贝尔等人早就论证过；但罗森文则强调，很多学者已经认为古代向封建制度的过渡问题不值得去讨论。① 双方有种深刻的分歧：福希耶认为 10 世纪的确存在断裂，尽管不是基·布瓦定性的那种断裂；但罗森文更倾向于淡化封建制度形成过程中的"断裂"。如果考虑到福希耶（1927 年生）是老一代的法国学者，而更为年轻的罗森文（1945 年生）来自美国，这种内在分歧就更加预示着随后讨论的深化。

就在《中世纪史》杂志讨论《千年之变》的当年，勃利和布纳泽尔的《封建变革》一书修订再版。第二年，多米尼克·巴特雷米在《年鉴》杂志上发表了对该著的一篇评论，标题是《封建变革发生过吗？》。② 这是一篇纲领性的文章，它对由杜比开创的、几十年来"占据支配地位的范式"（paradigme dominant）提出了几点相当有分量的批评意见，将有关千年之变的探讨推向了一个新的层次。与此同时，巴特雷米还在《历史评论》杂志连续撰文，反思千年之变或封建变革模式；③ 几年后，这些成果汇聚成《千年之变发生过吗？》④ 一书出版。不过，在巴特雷米的批判中，基·布瓦的观点已经无足轻重了，杜比、博纳西和勃利等人在学界享有很高地位的成果是主要的批评对象。

巴特雷米与图贝尔和杜比都有师承关系，他自己也承认，直到 1988 年，他自己在很大程度上也受这种模式的支配。⑤ 但是他于 1993 年出版的博士学位论文《从公元千年到 14 世纪旺多姆伯爵领的社会》（以下简称《旺多

---

① Robert Fossier, "Réflexion sur un ' modèle' ", *Médiévales*, No. 21(1991) , p. 77; Barbara Rosenwein, "Le lit de Procuste de Guy Bois", *Médiévales*, No. 21(1991) , p. 16.

② Dominique Barthélemy, "La mutation féodale a-t-elle eu lieu?", *Annales. Histoire, Sciences Sociales*, 47ᵉ année, No. 3(1992) , pp. 767 – 777.

③ Dominique Barthélemy, "Qu'est-ce que le servage, en France, au XIe siècle?", *Revue Historique*, No. 582(1992) , pp. 233 – 284; Dominique Barthélemy, "Qu'est-ce que la chevalerie, en France aux Xe et XIe siècles?", *Revue Historique*, T. 290, Fasc. 1(587) (1993) , pp. 15 – 74.

④ Dominique Barthélemy, *La mutation de l'an mil a-t-elle eu lieu? Servage et chevalerie dans la France des Xe et XIe siècles*, Paris: Fayard, 1997.

⑤ Dominique Barthélemy, "La mutation féodale a-t-elle eu lieu?", *Annales. Histoire, Sciences Sociales*, 47ᵉ année, No. 3(1992) , p. 767.

姆》）转而反对他所称的"变革主义"（mutationisme），① 从此法国中世纪史学界就有了所谓变革派（mutationiste）和反变革派（anti-mutationiste）的称呼。在 1992 年那篇纲领性的文章中，巴特雷米从以下几个方面阐述了他对变革主义的批评意见，并在随后的研究中对这些论点作了进一步的展开。但需要强调的是，这些观点并不完全是他一个人的创造，巴特雷米吸收了很多其他学者的研究，尤其在第二个和第三个方面。

此外，还有"文献变革"（mutations documentaires）。杜比和博纳西等人是从地方文献分析来着手构建解释模式的，他们认为可以从文献本身的变化窥视历史实际的演变。杜比在《马孔》开头指出，在 1030 年之前，马孔地区的档案文书（actes）是严格按照传统程式撰写的，但从 1030 年起，"司法制度的演变导致了文献资料（sources diplomatiques）的转变"，在私人诉讼中，书面文献的价值比不上附近邻居和朋友的口头证词，宪章让位于笔录，后者行文更为自由，不拘程式，篇幅更长，有时还有真正的叙事情节。② 杜比认为，文献行文风格的变化反映了公共秩序的衰退：宪章是更为正式的"公文"；而笔录更为随意，它是公共权力私有化的后果。后来他在《三个等级》的"封建革命"一章中更为明确地指出，封建社会是从新术语的发明中"展现"（révélation）出来的，因为书写的变化反映社会关系的变化，文书撰写人不可能对社会变革无动于衷；他还认为，在公元千年之后的数十年，法国各地的文献中都可见到新术语的出现。③ 如前所述，他对miles 和 servus 等术语的分析是其封建变革论的重要基石。

但巴特雷米质疑文献变化与社会变革之间的直接对应关系，他反问道：难道"公共制度的危机"不是文献变化产生的幻觉吗？④ 在《旺多姆》一

---

① Dominique Barthélemy, *La société dans le comté de Vendôme: De l'an mil au XIVe siècle*, Paris: Fayard, 1993.

② Georges Duby, *La société aux XIe et XIIe siècles dans la région mâconnaise*, pp. 10-11。关于中世纪司法记录文件的探讨，可参见 François Bougard, "Écrire le procès: le compte rendu judiciaire entre VIIIe et XIe siècle", *Médiévales*, No. 56(2009), pp. 23-40; Dominique Barthélemy, "Une crise de l'écrit? Observations sur des actes de Saint-Aubin d'Angers(XIe siècle)", *Bibliothèque de l'école des chartes*, tome 155, livraison 1(1997), pp. 95-117。

③ Georges Duby: *Les trois ordres ou l'imaginaire du féodalisme*, pp. 611.

④ Dominique Barthélemy, "La mutation féodale a-t-elle eu lieu?", *Annales. Histoire, Sciences Sociales*, 47e année, No. 3(1992), p. 770.

书中，他以足足一百页的篇幅对"文献变革"进行了深入探讨，[①] 而杜比在《马孔》中的论述只有寥寥数页。[②] 巴特雷米承认，大约从 1060 年开始，在他研究的旺多姆地区，的确出现了一个引人注目的新现象：有具体情境的、叙事色彩很强的笔录大量出现，里面有许多关于当时社会"动荡"的珍贵信息。[③] 这似乎可以佐证"千年之变"的论点。但巴特雷米提出了另一种解释。11 世纪的文书起草者并不像后世的文献学家那样，[④] 对宪章和笔录有清晰的区分。[⑤] 1060 年左右旺多姆地区笔录的涌现，并不是因为封建化导致的社会冲突加剧，而是文献本身发展的结果。从文化方面说，加洛林文化复兴在卢瓦尔河谷地区造成了持久影响，这一带的各大修道院很早发展出一种新的拉丁叙事文体，修士们——当时主要的文化人——在记载世俗事务时，往往会采取这种更为灵活的、采用第三人称和过去时的长篇叙述风格，因此笔录的出现主要是加洛林文化发展的结果。至于这一时期笔录数量的突然激增，巴特雷米认为这是文字记录搜集保管带来的效应，但有些记录在这之前就已产生了。这种档案化工作尤其得益于受到改革浪潮推动的各修道院的努力。他还认为，类似的情形可能存在于其他地区，尽管时间上不尽一致。[⑥] 当然，修道院的这种做法是受利益驱动的，这一点影响到对"习惯"（consuetudines）一词的解读。公元千年之后的一些文献中出现了对领主的"习惯"捐税的斥责，这被变革派解读为领主对依附农民确立强制领主权的重要信号。[⑦] 但在《旺多姆》一书中，巴特雷米认为这种谴责言辞来自刚刚设立或经历过改革的修道院的文献，这是与他人争夺捐税征收权时的一种修辞。[⑧] 他借用阿兰·盖罗的观点，认为 11 世纪的僧侣习惯将世

---

① Dominique Barthélemy, *La société dans le comté de Vendôme: De l'an mil au XIVe siècle*, pp. 19–127.

② Georges Duby, *La société aux XIe et XIIe siècles dans la région mâconnaise*, pp. 8–12.

③ Dominique Barthélemy, *La société dans le comté de Vendôme: De l'an mil au XIVe siècle*, p. 29.

④ 这两类文献的拉丁文名分别是 carta 和 notitia，德国学者 Heinrich Brunner 率先对它们进行明确的区分使用。Dominique Barthélemy, *La mutation de l'an mil a-t-elle eu lieu?* pp. 30–33.

⑤ Dominique Barthélemy, *La société dans le comté de Vendôme: De l'an mil au XIVe siècle*, pp. 91–92.

⑥ Dominique Barthélemy, *La mutation de l'an mil a-t-elle eu lieu?* pp. 11, 18–29, 61–64.

⑦ Jean-Pierre Poly et Eric Bournazel, *La mutation féodale, Xe-XIIe siècle*, pp. 97–98.

⑧ Dominique Barthélemy, *La société dans le comté de Vendôme: De l'an mil au XIVe siècle*, p. 1003.

俗竞争者的权利要求称为"暴力"（violentia）。① 不过，这种修辞并非公元千年之际出现的新现象，它从墨洛温时代就出现了，只是因为 11 世纪的"文献变革"，它们才显得很醒目，但修辞本身并不等同于世俗领主和骑士阶层的"阶级恐怖主义"。②

因此，公元千年前后文献的变化与社会变革没有对应关系，杜比等人的解读太过"实际主义"（lecture réaliste）。③ 另外，与更为自由的叙事文风对应的是，当时的撰写人在术语的选择方面也没有十分严格的区分，后世研究者对文本中重要术语的解读有时会有过分阐释之嫌。例如，杜比曾认为，在法兰克时期，servus 和自由民的区分是很明确的，当这个词最终于 1105 年从马孔地区的文献中消失时，一种新的依附状态的农民就产生了，这个阶层包括了过去的 servus 和自由民，他们往往被统称为 homo（人）；在 12 世纪，新的奴役现象是随着"专有人"（homines proprii）的出现而产生的。④ 巴特雷米认为这种解读夸大了加洛林时期农民阶层的身份差异，也夸大了公元千年之后农民身份演变的程度。在他看来，homo、servus 和另一些带有奴役和依附意味的术语，可能只是一种社会事实的不同说法而已；形容词 proprius（专有的、特有的）的使用非常灵活，它与"人"的结合并不意味着这类人有特定的身份。⑤ 对于公元千年之前自由民与 servus 的对立，巴特雷米同样倾向于淡化这种区分。例如他对自由地的理解。杜比认为，公元千年之前的自由民对这样的土地有完全的处置权。⑥ 根据对旺多姆的研究，巴特雷米提出了修正。公元千年之前的自由地并没有逃脱上层贵族的影响，它仍然处于各种庇护关系网（clientèles）中：在传统社会中，个人小

---

① Dominique Barthélemy, *La société dans le comté de Vendôme: De l'an mil au XIVe siècle*, p. 350, 注 526。

② Dominique Barthélemy, *La société dans le comté de Vendôme: De l'an mil au XIVe siècle*, pp. 349 - 352.

③ Dominique Barthélemy, "La mutation féodale a-t-elle eu lieu?", *Annales. Histoire, Sciences Sociales*, 47ᵉ année, No. 3(1992), p. 770.

④ Georges Duby, *La société aux XIe et XIIe siècles dans la région mâconnaise*, pp. 244-245, 251-252.

⑤ Dominique Barthélemy, "Qu'est-ce que le servage, en France, au XIe siècle?", *Revue Historique*, No. 587(1993), pp. 245, 260.

⑥ Georges Duby, *La société aux XIe et XIIe siècles dans la région mâconnaise*, p. 80.

地产的独立性要打很大的折扣。① 这样一来，公元千年之前农民内部自由与奴役的分野也被大大地相对化了。

不难发现，巴特雷米的论证都在淡化社会变革的烈度。公元千年之前自由和奴役之间的区分并不像变革派认为的那样绝对；而他在关于农奴制（servage）和奴役（servitude）问题的一系列研究中都强调，尽管公元千年前后涉及奴役的术语和仪式多种多样，但并不存在两种不同的奴役制度，10~11世纪法国农民中的奴役本质而言是相同的。② 他本人更倾向于以马克·布洛赫为代表的"老学派"的看法，更强调11世纪的奴役是"后加洛林式"的奴役，即对加洛林奴役制度的调适（ajustements），而非根本性的突变。③

对于封建社会上层的演变，巴特雷米也提出了不同意见。变革派认为，千年之变后，新兴的武士阶层骑士逐渐与上层贵族整合为统一的骑士阶层。巴特雷米的修正从追溯miles这一术语在公元千年之前的历程开始。他承认公元千年前后的宪章文书中有大量使用miles的现象，杜比关于马孔地区的论断本身并无问题。但他同时强调，个别地区的文献中miles的突然涌现，并不能推而广之，因为miles在10世纪时已经逐渐为人使用，通常是"附庸"（vassus）的同义词，并可作为一种相互关系来使用，如某人是另一个人的miles。为此巴特雷米列举了10世纪法国北方的一些文献，并认为在这些地区存在一个miles取代vassus的过程。因此产生了一个问题：如果在10世纪，甚至9世纪后期就已经存在某种为他人服务的miles，那么当时已经具备封建制度的一个重要特征；而且，作为vassus一词替代品的miles，其在公元千年之际的大量出现，并不能像变革派认为的那样，标志着社会的军事化。④ 对于杜比提到的著名例证——奥里亚克的热罗（约855~909，克吕尼的奥东院长给他写传记是在930年前后）⑤，巴特雷米认为恰恰能证明miles概念及其基督教化早在加洛林后期和10世纪就已开始，奥东院长是在

---

① Dominique Barthélemy, *La société dans le comté de Vendôme: De l'an mil au XIVe siècle*, p. 1003.

② Dominique Barthélemy, *La mutation de l'an mil a-t-elle eu lieu?* p. 89.

③ Dominique Barthélemy, "Qu'est-ce que le servage, en France, au XIe siècle?", *Revue Historique*, No. 587(1993), pp. 282-284.

④ Dominique Barthélemy, *La mutation de l'an mil a-t-elle eu lieu?* pp. 173-191.

⑤ 参阅"De vita sancti Geraldi Auriliacensis comitis", in *Patrologie Latine*, Tome 133, pp. 639-708。

延续加洛林时代的意识，这并非千年之变的先兆；① 而与骑士意识形态相关的武器授予仪式，其原型在 9 世纪就可以看到。②

在与变革派辩论时，巴特雷米始终注意发掘从基佐到马克·布洛赫的"老学派"学说的价值，他再次强调 9 世纪加洛林文化复兴和随后的政治分裂对封建社会及其意识形态的巨大影响，而不是将关键变革期放在公元千年前后，这尤其体现在《加洛林骑士》一文中。③ 他总是试图揭示，变革派认为 11 世纪之后才出现的骑士意识形态及其社会实践，在加洛林时代就已经有了明确的先兆。9 世纪的僧侣们对世俗与精神两类"武士"（militia）的区分（进入修道院的同时必须放下武器），兰斯大主教欣克马尔（Hincmar de Reims）关于"强者"应保护"弱者"的言论都表明，"830~900 年的各种局面和言辞，都是 11 世纪明确的先声"。④

这也预示着对变革派关于公元千年之后新意识形态认识的修正。杜比在《三个等级》中曾列举阿达尔贝隆和热拉尔之前关于社会秩序的一些想象，⑤ 巴特雷米则进一步强调这些早期观念与公元千年之后的相似性，如 9世纪末《圣贝尔坦的神迹》（Miracles de saint Bertin）就区分了祈祷者（oratores）和战斗者（bellatores）。⑥ 不过，真正对杜比的论点进行修正的是法国学者多米尼克·约尼亚-普拉的研究。⑦ 这位研究者发现，欧塞尔的圣日耳曼修道院的僧侣厄里克（Héric）于 875 年前后撰写的《圣日耳曼神迹》（Miracula sancti Germani）中，已经明确提出了社会功能三分法：战斗者、农民和祈祷者；⑧ 而且，像 11 世纪初那两位北方的主教一样，厄里克也只

① Dominique Barthélemy, *La mutation de l'an mil a-t-elle eu lieu?* pp. 244-245.

② Dominique Barthélemy, "Qu'est-ce que la chevalerie, en France aux Xe et XIe siècles?", pp. 15-16.

③ Dominique Barthélemy, "La chevalerie carolingienne", in *La mutation de l'an mil a-t-elle eu lieu?* pp. 193-217.

④ Dominique Barthélemy, *La mutation de l'an mil a-t-elle eu lieu?* p. 214.

⑤ Georges Duby, *Les trois ordres ou l'imaginaires du féodalisme*, pp. 536-582.

⑥ Dominique Barthélemy, *La mutation de l'an mil a-t-elle eu lieu?* p. 246.

⑦ Dominique Iogna-Prat, "Le 'baptême' du schéma des trois ordres fonctionnels: L'apport de l'école d'Auxerre dans la seconde moitié du IXe siècle", *Annales. Histoire, Sciences Sociales*, 41ᵉ année, No. 1(Jan. -Feb., 1986) , pp. 101-126.

⑧ 相关文本及其分析见 Dominique Iogna-Prat, "Le 'baptême' du schéma des trois ordres fonctionnels: L'apport de l'école d'Auxerre dans la seconde moitié du IXe siècle", *Annales. Histoire, Sciences Sociales*, 41ᵉ année, No. 1(1986) , pp. 106-107。

把祈祷者视为 ordo，另两类人则是在履行上帝安排的"职能"（functio），但三个群体构成和谐的互补关系。这就把杜比论点中的时间提到了一个半世纪之前。此外，约尼亚-普拉还认为厄里克的论点与 11 世纪初两位主教的言论很可能是有关联的。《圣日耳曼神迹》是献给国王秃头查理的，文中自然少不了对"明君"的颂扬，作者认为这是 860～880 年关于等级秩序（ordines）的各种思考的一个反映和总结。但是，由于厄里克本人的身份，这个三分法中的祈祷者更主要的是指修士，这就易于被克吕尼接受和传播，而 11 世纪初阿达尔贝隆和热拉尔的分类，则像是厄里克分类法的"主教版本"。[1] 这样一来，社会功能三分法的提出不仅更早，更重要的是，它与公元千年前后的政治—社会危机的关联并不像杜比认为的那样明确。11 世纪初的社会功能三分法，更像是当时局面下对既有的社会意识的一种"调适"，而不是"封建革命"催生出来的。

还有对中世纪司法与暴力的重新评估。在变革派的解释模式中，加洛林公共制度（尤其是司法制度）的衰落，被视为封建革命的关键因素之一。美国学者帕特里克·葛瑞认为，这是西方近代政治思想传统的一种反映：司法功能是有效的政治治理的关键，没有公共司法也就不存在国家，就意味着秩序的混乱，因此封建时代就是无政府的混乱时代。[2] 在变革派的阐释中，加洛林"公共"司法制度向封建时代"私人"司法制度的转变导致秩序的混乱，领主骑士阶层的暴力行为随之激增，这是封建革命时期最重要的社会现象之一。巴特雷米强调，变革派的这种看法很大程度上是对"文献变革"的误读。[3] 此外，他还试图对加洛林的公共秩序和封建时代的混乱等传统看法进行修正。这项工作参考了"法律人类学"，整合了其他学者，尤其是美国学者斯蒂芬·怀特的研究。[4]

---

[1] Dominique Iogna-Prat, "Le 'baptême' du schéma des trois ordres fonctionnels: L'apport de l'école d'Auxerre dans la seconde moitié du IXe siècle", *Annales. Histoire, Sciences Sociales*, 41ᵉ année, No. 1(1986), pp. 111-118.

[2] Patrick Geary, "Vivre en conflit dans une France sans État: typologie des mécanismes de règlement des conflits(1050-1200)", *Annales. E. S. C.*, 41ᵉ année, No. 5(1986), pp. 1107-1133.

[3] Dominique Barthélemy, "La mutation féodale a-t-elle eu lieu?", *Annales. Histoire, Sciences Sociales*, 47ᵉ année, No. 3(1992), p. 773.

[4] 怀特在相关领域的重要研究收录于其文集中，见 Stephen White, *Feuding and Peace-Making in Eleventh-Century France*, Hampshire: Ashgate Publishing House, 2005。

1978 年，斯蒂芬·怀特在关于法国西部马尔穆捷（Marmoutier）修道院诉讼的研究中认为，在 11 世纪，以私人协商和妥协形式处理纷争而不诉诸法庭的情况的确大量存在。但与变革派的看法不同，怀特不认为这意味着社会秩序的瓦解；相反，他认为私人调解有利于维系社会纽带，也同样会尊重冲突各方的财产权，换言之，公共法庭的缺席并不必然意味着失序，封建社会可以产生自我调节和约束的机制。① 1986 年，葛瑞比怀特更进一步，他从 11 世纪普罗旺斯的一个案例出发，分析了封建社会的"冲突结构"。这一案例涉及骑士和僧侣之间的地产捐赠纠纷，骑士们的确曾威胁使用武力，但最终各方在伯爵和主教的调解下达成暂时的妥协，暴力行为得到了控制。文献中对这起纠纷的具体起因和最终解决方案都没有记载，它像是个无头无尾的案件。葛瑞认为，冲突是当时社会的一种常态，是一种会延续好几代人的结构，这种紧张态势有利于各社会群体的内聚力的维系。但这种紧张是适度的，在接近失控之时每每会达成暂时的妥协，但它不同于法庭正式的最终判决，这也意味着冲突有可能再起；当时文献中经常提到的 guerrae，并不等同于现代意义上的战争，而是为恢复受侵害的财产和荣誉等利益而采取的威胁，这种威胁既可导致实际的攻击行为，也可以是仪式性、象征性的行动，因此教会也有发动 guerrae 的能力。总之，在 11～12 世纪"无国家的法国"（这是葛瑞论文标题中的说法），仍然存在调处冲突、限制暴力的制度。② 同一年，怀特在探讨 1100 年前后法国西部图兰地区的贵族世仇或私战（feud）时，得出了同样的结论，他甚至强调私战中有"和平"，因为各种社会机制都在抑制私战演变成真正的杀戮。③

两位美国学者的研究预示着 1990 年之后对封建变革论批评的深入。葛瑞还认为，应该在中世纪史研究中引入"法律人类学"（anthropologie juridique）的视角。他暗示，封建时代的法国处置纷争的方式，可能与非洲

---

① Stephen White, "' Pacture Legem Vincit et Amor Judicium': The Settlement of Disputes by Compromise in Eleventh-Century Western France", *The American Journal of Legal History*, Vol. 22, No. 4(1978), pp. 281-308.

② Patrick Geary, "Vivre en conflit dans une France sans État: typologie des mécanismes de règlement des conflits(1050-1200)", *Annales. E. S. C.*, 41ᵉ année, No. 5(1986), pp. 1113-1126.

③ Stephen White, "Feuding and Peace-Making in the Touraine around the Year 1100", *Traditio*, Vol. 42(1986), pp. 196-263.

一些原始社会存在相似性，即都无须通过中央集权式的、非个人色彩的司法机构，[①] 换言之，"无国家的社会"同样可以是一个有秩序的社会。巴特雷米后来也强调法律人类学的价值，并批评勒高夫和让-克劳德·施密特（Jean-Claude Schmitt）的历史人类学研究过分集中于"新课题"和宗教领域，而忽视"关键性的社会问题"。[②] 他特别强调的是法国学者诺伯特·卢朗于1988年出版的《法律人类学》，一部主要以非洲研究为基础的论著。[③] 在巴特雷米看来，这一研究很大程度上可以削弱公共与私人、暴力与法治的对立思维。私人妥协可以与"公共"审判并存，传统社会的暴力"很少撕裂社会肌理"。[④]

1994年，美国学者托马斯·比森的《封建革命》一文引发的批评，进一步强化了上述论证。[⑤] 比森认为，如果考虑到领主制历史的连续性，"封建革命"一说可能要打折扣；但巴特雷米等人的修正，并不能掩盖公元千年前后"几乎革命性的"权力危机、"公共"秩序的解体与突发的暴力混乱局面。[⑥] 巴特雷米在回应时强调，加洛林的国家文化并不完全排斥"暴力"，王权也不是制约贵族行为的唯一力量，暴力有自我约束的机制；将加洛林的"公共秩序"与领主时代的"无序"对立起来的做法是错误的，毋宁说，领主-骑士的统治是在更小的层次上延续了王权和伯爵的统治；另外，11世纪的法国仍然存在伯爵法庭；[⑦] 后来怀特在关于马孔地区司法制度的研究中证实了这一点：在杜比强调的980~1030年的变革期，司法的运作方式没有

①　Patrick Geary, "Vivre en conflit dans une France sans État: typologie des mécanismes de règlement des conflits(1050-1200) ", *Annales. E. S. C.* , 41e année, No. 5(1986) , pp. 1109-1110.

②　Dominique Barthélemy, *La mutation de l'an mil a-t-elle eu lieu?* pp. 23-24.

③　Nobert Rouland, *Anthropologie juridique*, Paris: PUF, 1988.

④　Dominique Barthélemy, *La mutation de l'an mil a-t-elle eu lieu?* pp. 24-25.

⑤　T. N. Bisson, "The ' Feudal Revolution' ", *Past & Present*, No. 142(1994), pp. 6-42。1996 年，《过去与现在》刊发巴特雷米和怀特的批评文章：Dominique Barthélemy, "Debate: The' Feudal Revolution' , I", *Past & Present*, No. 152(Aug., 1996), pp. 196-205; Stephen White, "Debate: The ' Feudal Revolution' , II", *Past & Present*, No. 152(Aug., 1996), pp. 205-223.

⑥　T. N. Bisson, "The ' Feudal Revolution' ", pp. 39-42。另参见黄春高《追寻中世纪"权力的历程"——托马斯·N. 比森的权力史研究》,《历史研究》2008 年第 5 期。

⑦　Dominique Barthélemy, "Debate: The ' Feudal Revolution' , I", *Past & Present*, No. 152(1996), pp. 201-204.

出现明显的断裂,① 这个修正意义重大,因为它进一步削弱了变革派的一个核心理念:加洛林的公共秩序与领主权的私人性质的二分法。在千年之变的解释范式中,一个重要的前提假设是加洛林制度的公共性质。怀特在回应比森的论点时指出,很多学者对加洛林的"公共司法"存在理想化的误读。他引述英国学者珍妮特·尼尔森(Janet Nelson)的话:

> 公元千年前后所有被谴责的行为,两个世纪前就被人指出过;加洛林王朝的国家不是一台官僚制机器,它与领主权共存……双方总会发生摩擦,但这种共存和相互依赖是必须的,公共事务和私人事务交织在一起,国王的代理人和地方领主经常就是同一个人。②

在淡化司法领域的公私之分、重建公元千年前后的连续性的同时,怀特尤其不满于比森对封建革命时期"暴力"的理解。像巴特雷米和葛瑞一样,他也强调,历史学家在解读残留的 11 世纪修道院文献时,经常受制于修士对暴力(violentia)的表述,但这些文献是带有论战色彩的,它们在斥责世俗暴力的同时,使用的是一种仪式化的、超验的"暴力"。③ 几年后,怀特根据芭芭拉·罗森文等人的研究,④ 对加洛林和封建时代的"战争文化"(culture guerrière)做了进一步阐发。他认为,外在暴力的合法与非法之分很难适用于中世纪,当时的公共权威从来不认为自己垄断了暴力机器,暴力是一种被广泛认可的恢复合法权益的手段。⑤ 这里他援引马克·布洛赫的观点,试图从深层的风俗和心态角度来理解中世纪暴力的运作。布洛赫曾说,"整个社会从上到下盛行同样的风俗","暴力植根于社会结构和心态

---

① Stephen White, "Tenth-Century Courts at Mâcon and the Perils of Structuralist History: Re-reading Burgundian Judicial Institution", in Warren C. Brown and Piotr Górecki eds., *Conflict in Medieval Europe: Changing Perspectives on Society and Culture*, Aldershot: Ashgate, 2003, pp. 37–68.

② Stephen White, "Debate: The 'Feudal Revolution', Ⅱ", *Past & Present*, No. 152(1996), p. 222.

③ Stephen White, "Debate: The 'Feudal Revolution', Ⅱ", *Past & Present*, No. 152(1996), pp. 209–217.

④ 最重要的是: Barbara Rosenwein et al., "Monks and Their Enemies: A Comparative Approach", *Speculum*, Vol. 66, No. 4(Oct., 1991), pp. 764–796.

⑤ Stephen White, "Penser la violence: de 2000 à 1000", *Médiévales*, No. 37(1999), pp. 99–113.

的最深处"。① 但布洛赫说的"暴力的滥用"（abus de la force）② 恐怕不是怀特所能认同的；而且，怀特显然也不认为暴力变成了骑士的"阶级特权"，③ 因为他对暴力的理解相当宽泛，认为修道院同样有自己的战争文化。在这一点上，葛瑞、罗森文和怀特三位美国学者的看法汇聚到了一起：修士有强大的超验的、仪式性的武器库，咒骂、绝罚、圣物恐吓、拒绝安葬都是有效的报复手段，而且报复的对象是包括农奴在内的所有人。显然，在这种战争文化之下，"上帝的和平"运动的意义在很大程度上被消解了，因为修士们在运动中习惯性地使用这些武器。另外，怀特还强调，修道院的战争文化不是公元千年之际突然出现的，它早在一个世纪前就产生了。④ 这再次表明，公元千年前后的变化是对既有制度的调适而非突变。

怀特提出这一论点，是受德语学界概念史研究的重要开拓者奥托·布鲁纳的启发。布鲁纳名著《乡村共同体与领主统治》研究的是中世纪奥地利，⑤ 它最突出的理论创新是试图弥合19世纪"资产阶级—自由主义"历史认知模式造成的断裂，这种模式试图从中世纪的历史建构现代民族国家及其资产阶级—自由主义的社会秩序的起源。布鲁纳将这种思路称作"分离性思维"（Trennungsdenken），即通过一系列对立概念来分析中世纪，如国家与社会、公共与私人、暴力与法治等。但这套概念本质上是现代产物，历史学家在中世纪寻找现代国家的源头时，必然将现代范畴强加给中世纪的史实，勃伦纳书中的两章就是为了拆解19世纪的认知模式。⑥ 在个案方面，勃伦纳探讨了中世纪的 Fehde 概念。⑦ Fehde 相当于英语中的 feud（私战）。很多历史学家——包括本书中的变革派——都认为，封建领主的私战是无政府主义行为，是政治和法律秩序崩溃的突出象征。但布鲁纳试图指

---

① Marc Bloch, *La société féodale*, pp. 188, 566-568.

② Marc Bloch, *La société féodale*, p. 566.

③ Marc Bloch, *La société féodale*, p. 188.

④ Stephen White, "Penser la violence: de 2000 à 1000", *Médiévales*, No. 37(1999) , pp. 99-113.

⑤ 关于这部著作的学术影响，可参见其英译者撰写的译序：Otto Brunner, *Land and Lordship: Structures of Governance in Medieval Austria*, Trans. and with an Introduction by Howard Kaminsky and James Van Horn Melton, Philadelphia: University of Pennsylvania Press, 1992, pp. xiii-lxi。

⑥ Otto Brunner, *Land und Herrschaft*, Fifth Edition, Darmstadt: Wissenschaftliche Buchgesellschaft, 1984, pp. 111-133.

⑦ Otto Brunner, *Land und Herrschaft*, pp. 1-110.

出私战背后的 Recht，即法律或正义的观念。在法庭正义不能奏效或根本不存在时，私战就成为以战斗来审判的法律形式；但正如怀特等人强调的，私战有规则和自我限制机制。

有人在评论千年之变的辩论时，指出了政治文化传统对史学研究的影响，这一点在关于司法和暴力问题上表现得最为突出。与英美等其他现代西方国家相比，法国政治生活中的集权色彩要浓厚得多。中世纪史学中将秩序等同于国家，将国家的解体等同于混乱和暴力，间接地反映出法国史学传统中强大的国家崇拜倾向。相比之下，在英美德意等国，对中央与地方的平衡、公共与私人之间的复杂关系，人们的感知要更为敏锐；因此法国学界最近几十年来的开放无疑也推动了对千年之变解释模式的修正。[①]

20 世纪最后 10 年的讨论之后，反变革派看来占了上风。很多中世纪史学者不再认为公元千年前后的西欧有过一场深刻而迅猛的社会和政治变革，这个时期的很多社会现象早在公元千年之前就出现了，杜比的学生奥莱尔也承认，变革派的观点不再被普遍接受。[②] 根据笔者的观察，这次辩论之后的一个直接和明显的效应，首先体现在中世纪史阐释和编纂的年代学上。巴特雷米曾反复强调 9 世纪后期的重要性，认为标志着加洛林王朝终结的 888 年，比于格·卡佩（Hughes Capet）登基、靠近公元千年的 987 年意义更为重大，[③] 这在某种程度上恢复了老学派的年代划分。进入 21 世纪后，一些重要的法国中世纪通论也将 888 年作为一个重要时段的开端，如马泽尔的《法国史：多元的封建制，888～1180》[④] 和康达明主编的《中世纪法国政治史》。后一著作认为，不仅要淡化以 987 年为开端编年的观念，更要像巴特雷米一样深信，公元千年前后并未发生一场颠覆过去的权力结构的深刻变革。[⑤] 克劳德·戈瓦尔在新版中世纪史教材中对巴特雷米的"文献变

① Florian Mazel, "Un débat historique: la mutation de l'an mil", in *Histoire de France: Féodalités, 888-1180*, pp. 647-648.

② Martin Aurell, "Society", in Daniel Power ed., *The Central Middle Ages Europe 950-1320*, Oxford: Oxford University Press, 2006, p. 28.

③ Dominique Barthélemy, "Debate: The 'Feudal Revolution', I", *Past & Present*, No. 152 (1996), pp. 199-200.

④ Florian Mazel, *Histoire de France: Féodalités, 888-1180*.

⑤ Philippe Contamine ed., *Histoire de la France Politique*, Vol. 1, *Moyen Âge*, Paris: Seuil, 2002, pp. 139-140.

革"论给予了积极评价，并接受了斯蒂芬·怀特等人关于封建暴力的修正：11世纪固然是独立堡主的时代，但这并不意味着无政府状态，暴力的泛滥更多的是教会文献的渲染。[1]

马泽尔提到，作为一种阐释模式，千年之变的一大优势在于其"融贯性"（cohérence），[2] 它针对10~13世纪西欧社会的许多重大现象提出了一套完整的、具有内在连贯性的解释。虽然杜比开创的千年之变论受到了广泛的质疑，但他对第二个封建时代的阐释看来并非如此。巴特雷米在《旺多姆》的总结论中说，从12世纪开始，城堡对骑士的控制力逐渐减弱；随着13世纪初卡佩王朝势力的回归，"旺多姆进入了另一个历史阶段"。[3] 这些论断与杜比关于第二个封建时代的总体看法及其对贵族的研究并无矛盾。此外，21世纪出版的大部头中世纪史中关于贵族的阐述，其基本的脉络与前述杜比的论点高度吻合；[4] 戈瓦尔也认为，miles与nobilis逐渐融合为统一的贵族阶层——骑士——的看法，"大体上为历史学家们接受"。[5]

还需要指出的是，变革派所提出和阐发的一些重要概念，仍然是当前历史研究中不可或缺的工具。例如，20世纪80年代以来，中世纪史学界对定居模式和聚落构建等问题的探讨，随处可见图贝尔的"城堡化"概念的影响。杜比强调的强制领主制概念，依然是一种有效的解释工具，因为它清晰地揭示了领主权的超经济强制性和西欧封建制的特征，戈瓦尔对此还进行了图解，尽管她承认这种人造概念并不总是能与实际情况完全对应。[6] 因此，21世纪以来对千年之变的批评，并不意味着这个解释范式完全失效，我们应该将它视为整个中世纪史研究历程中一个富有成效的范式或阶段，这甚至是一些修正性的研究也愿意承认的。例如，杜比早年在讨论公元千年前后勃艮第司法制度的演变时曾说，在缺乏任何法律强制的情况下，"唯

---

① Claude Gauvard, *La France au Moyen Age*, pp. 141-145, 172.

② Florian Mazel, "Un débat historique: la mutation de l'an mil", in *Histoire de France: Féodalités, 888-1180*, p. 637.

③ Dominique Barthélemy, *La société dans le comté de Vendôme: De l'an mil au XIVe siècle*, p. 1004.

④ Jean-Christophe Cassard, *L'Age d'Or Capétien 1180-1328*, Paris: Belin, 2011, pp. 386-405.

⑤ Claude Gauvard, *La France au Moyen Age*, p. 141.

⑥ Claude Gauvard, *La France au Moyen Age*, pp. 155-157.

有道德责任和劝说"能限制堡主和骑士的暴力和贪婪。① 葛瑞后来说,这个结论暗示,在制度性法律机构之外仍然存在社会控制机制,② 而他和怀特等人则证明,这种控制机制同样有效。即使是备受批评的《千年之变》,其论点似乎也与近年来兴起的古代晚期研究有某种暗合,③ 在新的视角之下,"古代是否延续到公元千年"④ 一问的答案可能并不是全然的否定。

当巴特雷米对封建变革模式发起正面抨击时,乔治·杜比年事已高,并于 1996 年去世。根据帕特里克·布什隆的说法,杜比晚年在与皮埃尔·诺拉的一次谈话中说,他对自己的解释模式仍然有信心。⑤ 1999 年,皮埃尔·博纳西发表了一篇短文,文中肯定了巴特雷米的贡献,但博纳西试图通过一些文献分析来证明,公元千年仍可视为一个具有转折意义的时代,文献变化并非与现实毫无关联。⑥ 2005 年,博纳西去世;同一年,图贝尔在一次访谈中认为,巴特雷米发起的辩论并无多大实际意义,因为历史就是研究变迁的;但他仍然坚持,950~1050 年之间的变化"非常重要"。⑦

三位变革派的老一辈学者看来都没有完全放弃自己的立场,同样,新一代的学者也不都认为反变革派的论证无懈可击。布什隆提出了一个重要问题:变革派的学者最重要的研究都是针对欧洲南部和地中海地区,而反变革派大多主要研究北方地区;在 1993 年的一次会议上,巴特雷米在与博纳西的论争中说,变革派的论点因为"南方特色"而进一步激进化。⑧ 尽管所有专业学者都有地方差异意识,但这种差异可能还是被低估了。博纳西

---

① Georges Duby, "Recherches sur l'évolution des institutions judiciaires pendant le Xe et le XIe siècle dans le sud de la Bourgogne", in Quést-ceque la société féodale, p. 1412.

② Patrick Geary, "Vivre en conflit dans une France sans État: typologie des mécanismes de règlement des conflits(1050-1200) ", *Annales. E. S. C.*, 41e année, No. 5(1986) , p. 1108.

③ 关于古代晚期研究,参阅李隆国《从"罗马帝国衰亡"到"罗马世界转型"——晚期罗马史研究范式的转变》,《世界历史》2012 年第 3 期。

④ 这是当时一篇质疑基·布瓦论点的文章的标题,见 Nancy Gauthier, "L'Antiquité se poursuit-elle jusqu'à l'an mil?", *Médiévales*, No. 21(1991) , pp. 69-76。

⑤ Patrick Boucheron, "An mil et féodalisme", in C. Delacroix et al. éds., *Historiographie*, II, *Concepts et débats*, p. 964.

⑥ Pierre Bonnassie, "Les inconstances de l'An Mil", *Médiévales*, No. 37(1999) , pp. 81-90.

⑦ Nicolas Offenstadt, "Pierre Toubert, ' L'histoire médiévale des structures' ", *Genèses*, No. 60(2005) , pp. 138-153.

⑧ Patrick Boucheron, "An mil et féodalisme", in C. Delacroix et al. éds., *Historiographie*, II, *Concepts et débats*, p. 960.

晚年的文章中在表述千年之变时说，公元千年前后封建制度几乎降临整个欧洲，"尤其是欧洲南部"，这一强调意味深长;① 巴特雷米在批评变革派时，每每以布洛赫的论说为加持，但是布洛赫本人也主要是研究法国北方的。是否可以认为，巴特雷米是在回应南方和地中海封建模式的挑战？布什隆还提到一个重要问题：文献学家奥利维·居特雅南（Olivier Guyotjeannin）认为，公元千年之后西欧各地文献呈现出更为明显的"地方风格"。② 巴特雷米的"文献变革"论主要依据的是卢瓦尔河谷地区的文献，也许我们可以怀疑，他的结论是否适用于其他地区。对于像杜比这样深受当时心态史影响的学者，很难设想他会原封不动地接受修士留下的文本。例如，在《公元千年》这部带有浓厚心态史色彩的著作中，杜比明确提到，修士的世界观由于其内在的悲观主义而被扭曲，变得更加阴暗。③ 由于既有的重要研究都带有无法避免的地域局限性，争论仍然存在，这也是戈瓦尔和马丁·奥莱尔等人的看法。④

最近几年，这个话题失去了20年前的热度。不过可以肯定的是，中世纪史研究者在面对文献时将有更为自觉的批判意识，对中世纪与自身所处时代的情境差异也会更加敏锐。对千年之变的批评涉及历史研究的诸多方面，从最基础的语文学和文献学，到研究者使用的概念工具，其探讨都是具有普遍意义的。此外，还有历史中的变迁（mutation 也可作如是理解）和年代学问题。图贝尔说历史就是研究变迁的，但巴特雷米经常引述布罗代尔的理论，"社会很少阔步前进，重大转变随时间的流逝而发生"。⑤ 对传统社会而言，情况或许的确如此。但问题是，如果这种缓慢的变化是匀速的、同质的，历史阐释和叙事中的年代学问题恐怕就不存在了。为什么巴特雷米要强调9世纪后期的重要性呢？正如他的老师图贝尔指出的，尽管历史总是在变迁中，但有些时期的变迁特别重要。这场辩论之后，我们应该在布

① Pierre Bonnassie, "Les inconstances de l'An Mil", *Médiévales*, No. 37(1999), p. 81.
② Patrick Boucheron, "An mil et féodalisme", in C. Delacroix et al. éds., *Historiographie*, Ⅱ, *Concepts et débats*, p. 960.
③ Georges Duby, *L'an mil*, in Georges Duby, *Féodalité*, pp. 284-287.
④ Claude Gauvard, *La France au Moyen Age*, p. 145; Martin Aurell, "Society", in Daniel Power ed., *The Central Middle Ages Europe, 950-1320*, p. 29.
⑤ Dominique Barthélemy, "Debate: The ' Feudal Revolution', I", *Past & Present*, No. 152(1996), pp. 197-198.

罗代尔的论断之后再加上一句：变迁即使是缓慢和漫长的，这个过程的不同阶段也并非均质和等值的。

第三节 现当代史研究的新气象

（一） 为政治史辩护

千年之变涉及的封建社会研究，可以说是法国史学研究中的传统重点课题。相比之下，现当代史的研究曾在法国长期受轻视。1929年《年鉴》创刊后出现了一些新气象。《年鉴》不同于传统史学杂志的一个鲜明特点是，它极为关注现当代问题。根据对该杂志刊发的文章的量化分析，当代史，即1815年之后的历史，在1929~1941年占到刊发的文章总数的近一半，有时竟超60%。《年鉴》刊发的文章讨论经济局势和经济危机、失业、泰勒制与生产合理化、国联和国际劳工局、社会主义、苏联的五年计划、罗斯福新政、纳粹、列宁和斯大林，甚至高级时装，以至于可以说《年鉴》是一本当代史杂志。① 这一点尤其值得注意。皮埃尔·诺拉曾指出，19世纪后期法国实证主义史学的代表同时也是共和主义民族史学的奠基者，他们绝大多数是从中世纪研究开始学术生涯的。诺拉认为，这与强调文字史料、喜欢从古代史料中寻找当下之根由的史学思潮有关：历史学家以为，讲述过去就是在阐释现在的根源。这种简单的、以时序先后为基础的因果论，就是布洛赫所说的历史学中的"起源崇拜"。② 《年鉴》强调现当代问题，不仅表明了一种新的学术旨趣，也意味着对传统的"起源"论的质疑：每个时代都面临新的问题，它们需要历史学做出新的应答。

但是，二战后对长时段的推崇，很自然地导致历史学家将目光投向更有历史纵深的时代，当代史被忽视就很正常了。情况在20世纪70年代之后有了改变。1974年，皮埃尔·诺拉已经提到"事件的回归"，四年后，诺拉在高等研究院开设"当下史"（histoire du présent）研究。诺拉所谓回归的

---

① Krzysztof Pomian, "L'heure des ' Annales' : La terre-les homes-le monde", in Pierre Nora dir., *Les lieux de mémoire*, Paris: Gallimard, 1997, p. 908.

② Pierre Nora, "L'*Histoire de France* de Lavisse: Pietas erga patriam", in Pierre Nora ed., *Les lieux de mémoire*, pp. 869-870.

事件是经媒介传播的事件（évenement médiatisé），与传统政治史中的事件相距甚远，我们稍后会有进一步的介绍。但诺拉的创意在当时得到了很多同行的呼应。1978 年，法国国家科研中心（CNRS）设立了当下史研究中心（IHTP）；1984 年，以让-皮埃尔·里乌（Jean-Pierre Rioux）为首的一批历史学家创办专业史学杂志《20 世纪》（Vingtième siècle），机构和建制上的发展表明当代史问题已经成为专业研究的重要领域。① 而这种局面的出现，与以勒内·雷蒙（René Rémond）为代表的当代史家对"新政治史"的提倡和对《年鉴》传统的反思有密切关系。②

新政治史的倡导者关心的一个重大问题是政治课题在历史研究中的合法身份。他们将法语中的政治（la politique）从阴性名词改造为阳性名词（le politique），从而创造出一个新的概念，这个概念的定义是"整个社会的管理场域"，它总括了各个层次的现实。le politique 是最具包容性的层次，这样一来，政治史就具备了成为总体史的条件。另外，新一代史家还努力证明，政治史可以容纳经济社会史和年鉴学派最丰硕的成果，而且可以使用计量方法等手段运用，布罗代尔对时间多元性的思考同样可以纳入政治史研究中：政治包括各种形态的历史时间，既有瞬时的时间，也有长时段的时间。

这种努力与 20 世纪 70 年代法国的社会—政治形势是分不开的，尤其是索尔仁尼琴和红色高棉引发的关于极权主义的反思，促使史学界重新考量政治对人与社会的巨大影响。从学术上说，新政治史家在努力突破布罗代尔等人对政治史的简单化看法，他们需要重新定义政治，因为政治并非大海浪花上的泡沫。1988 年，勒内·雷蒙在《论政治》一文中对此做了全面阐述：

> 政治是整个社会管理的场域，这个场域部分控制了其他活动；它确定这些活动的法律身份，规范着它们的运作……政治史家……并不认为什么都是政治，也不鲁莽地坚持政治总是首要和决定性的，而是认为，

---

① Christian Delacroix et al. éds., *Les courants historiques en France, XIXe–XXe siècle*, pp. 525–532.
② 关于新政治史兴起，另可参见吕一民、乐启良《政治的回归——当代法国政治史的复兴探析》，《浙江学刊》2011 年第 4 期。

政治是大部分活动的汇聚点，它总括了社会整体的其他构成部分……

政治并不遵循直线发展：它由断裂构成，断裂看来像是意外……事件总是固执地引入不可预测的事物：虽然历史学家努力将其纳入连续性的逻辑中，但它终归是不可预测的意外，甚至不可解释。政治中更多的是结果而不是原因，更准确地说，人们在先行事物中发现不了它们产生的全部后果：因为偶然性在起作用。当然，偶然性到处存在，文化领域中同样如此：文学或艺术天才的出现、新哲学的产生都无法通过先行事物来解释，但在政治中，这一切都是历史常态。政治是绝大多数原因序列的汇聚点，而政治的复杂性使得对它的解读更为困难。事件意味着某些理性的失效，但并不因此意味着理解上的混乱……政治事件是心态的奠基要素：事件将一代人凝结在一起，即使这一代人对事件的记忆消失，这种记忆也将沉浸在无意识的集体记忆中，仍会不知不觉地产生影响。

政治是所有其他现实层次的总括，所以政治是集体身份的最高级的表达方式之一：人民通过对政治的想象、实践和体验方式来自我表达，正如通过文学、电影和厨艺来表达一样……人们有时所称的政治文化堪称某个人民行为方式之特征的总结，它并不是政治风景之中的一个因素，而是一个民族的气质、一个人民的灵魂强有力的显示器。①

在这篇纲领性文章中，一方面，勒内·雷蒙显然拒绝了政治是表层现象和被决定者的固有认识；另一方面，他也明确地否定了政治史等于短时段的看法，因为一个事件可以通过记忆而发挥持续的历史影响力。今天看来，这些看法比简单的结构论和决定论可能更符合实际。原子弹的爆炸只有一瞬，但它的影响绝不是稍纵即逝的。认识上的更新无疑是当代史研究的前提，而20世纪80年代以来这个领域的成就也证明了新政治史的活力。接下来仅举两个例子。

---

① René Rémond, "Du politique", in René Rémond ed., *Pour une histoire politique*, Paris: Seuil, 1996, pp. 385-387.

（二） 西里奈利的当代史实践

在 20 世纪 80 年代以来的法国史学界，一个令人瞩目的新兴研究领域是知识分子史研究。[①] 早在 1957 年，勒高夫就发表过《中世纪的知识分子》，引起不小的反响，但勒高夫笔下的知识分子与现在人们理解的知识分子存在不小的差异。知识分子史形成气候，是 20 世纪 80 年代的事。知识分子（intellectuel）这个词在法语中的出现时间非常晚，它诞生于 19 世纪末的德雷福斯案件。当然，在此之前，法国知识界就有介入政治和社会生活的传统。"介入"是知识分子史研究中的一个很重要的概念，正是因为介入，知识分子的活动才能反映整个社会。但是，从时间上说，当知识分子史研究兴起之时，法国知识界却认为知识分子走向了没落。1983 年 7 月，社会党政府的新闻发言人马克斯·加罗在《世界报》撰文说，今天的知识分子未能像他们的前辈那样承担起社会责任："今天的纪德、马尔罗、朗之万在哪里呢？"如果从时代背景上考察，知识分子社会影响力消退的一个原因可能是我们前面提到的革命意识形态的衰退，思想上的对立和争论不再那么激烈，萨特和雷蒙·阿隆那样的领军人物似乎已经失去了存在的土壤。

西里奈利（Jean-François Sirinelli，也作西里内利）是知识分子史研究的主要开拓者。他的代表作有《法国知识分子：从德雷福斯事件到当代》《知识分子的"代"：两次世界大战之间的高等师范文科预科班和巴黎高师的学员们》《20 世纪的两位知识分子：萨特和阿隆》[②] 等。他的贡献主要体现在以下几个方面。

第一，关于知识分子的定义。西里奈利认为，知识分子必须同时满足以下两个条件：首先，他们是文化的创造者和媒介；其次，他们必须介入，

[①] 中国学人较早就注意到了这一新领域，并做了重要的研究和译介工作。评介论文如吕一民《法国学者对法国知识分子史的研究述评》，《世界历史》2001 年第 2 期；吕一民《法国知识分子史视野中的德雷福斯事件》，《浙江大学学报》（人文社会科学版）2001 年第 1 期；朱晓罕《法国反战知识分子与阿尔及利亚战争》，《历史教学》（高校版）2008 年第 3 期；朱晓罕《让-弗朗索瓦·西里奈利的法国知识分子史研究》，《史学理论研究》2005 年第 4 期。专著如吕一民、朱晓罕《良知与担当：20 世纪法国知识分子史》，浙江大学出版社，2012。

[②] 该著有中译本，见让-弗朗索瓦·西里奈利《20 世纪的两位知识分子：萨特与阿隆》，陈伟译，江苏人民出版社，2001。

也就是或直接参与社会政治生活或充当"见证"，因为通过公共领域和意识形态内部的论争，知识分子能将当时国家和社会生活中的焦点问题和社会问题反映出来，或者梳理清晰。所以从这个意义上说，知识分子史试图通过对知识分子这一特殊群体的分析，去透视当时的社会变迁和运动。

第二，研究工具。有人认为，知识分子史属于政治文化史学的研究范畴，其研究领域由政治史、文化史和社会史交叉形成。西里奈利强调，知识分子史的研究要运用三套工具："历程"、"社交性"和"代"。"历程"即对知识分子在各个历史时期的发展过程做历时性考察，"社交性"指对知识分子群体的内部结构进行考察，"代"则指从代际更替的角度去理解知识界内部的新陈代谢。西里奈利所说的知识分子的"代"的形成，往往以某个重要事件为起点和背景。实际上，知识分子这个概念诞生于德雷福斯案件，20 世纪 50 年代的"共产主义一代"，其成长背景自然不能脱离第二次世界大战，而五月风暴则催生了 1968 年的一代。西里奈利直截了当地说，知识界代际更替的主要原因是社会和政治方面的。

在笔者看来，西里奈利的见解中有一个重要的推论：事件绝非布罗代尔所形容的那样，只是大海浪花上的泡沫，它有时会给整整一个时代乃至更长的历史打上它的烙印，因而也可能成为长时段的要素。实际上，法国大革命这样的课题之所以有它的意义，是因为它的影响至今仍然清晰可见，如理性、进步、平等等现代信念。从某种意义上说，布罗代尔关于历史时段的划分是僵硬的，瞬时性的历史事件也可以产生长时段的影响。

西里奈利使用的社交性（sociabilité）来自莫里斯·阿居隆，阿居隆对旧制度末期至 1848 年革命期间普罗旺斯的社会团体进行研究时发现，当地有些类似于城市的咖啡馆和沙龙的社交场所，新思想就从这些地方传播，从而促进了政治观念的转变，瓦尔地区的居民从保王派转变成共和派。那么知识分子的社交工具是什么呢？杂志和出版社。每种杂志和每家出版社都有相对固定的编辑和作者群体，形成知识界的小团体。另一位知识分子史专家米歇尔·维诺克（Michel Winock）曾以《精神》杂志为中心，写了一部《精神杂志的政治史》；西里奈利则把 20 世纪的声明和请愿书视为另一种思想社交和介入社会的重要方式，每一次宣言和请愿，都是知识界内部的一次动员，它会选择一部分人，排斥一部分人，从而形成一些团体。①

从20世纪80年代涉足知识分子史以来，西里奈利发表了数十部著作，其内容以20世纪法国史为主；与此同时，这位在巴黎政治科学院任教的历史学家先后担任法国历史科学委员会（Comité Fançais des Sciences Historiques）主席和联合国教科文组织历史科学委员会（Comité Scientifique d'histoire de l'Unesco）主席。② 西里奈利本人的成就和地位本身就足以说明当代史在法国史学界的地位。不过，西里奈利并未在知识分子史领域裹足不前。从某种意义上说，他的探索也很好地体现了法国史学界的新动向。从20世纪90年代开始，西里奈利提倡政治史和文化史的结合，主张文化是政治的基础，并注重表象体系和传播过程，并提出了一系列颇有新意的看法。③

这里必须强调一下，法国史学界很少使用"新文化史"一词。尽管20世纪七八十年代在美国兴起的这个史学流派产生了广泛的影响，④ 但是法国史学一般只用"文化史"。朱晓罕对这个现象提出了自己的看法。他认为，最重要的原因在于，法国学界对历史的客观真实性仍然具有大致的共识。即使是一些注重话语分析的学者，也未完全接受"语言学转向"的观点。法国的史学家们在不同程度上普遍采纳了哲学家保罗·利科（Paul Ricoeur）的观点，即寻求实证主义和相对主义之间的平衡。利科虽然认为历史与叙述不可分离，但也非常明确地捍卫历史学的客观性和真实性，这与海登·怀特是不同的，在后者看来，历史学与虚构并无二致。这可以说是当代法国史学的重要特征之一。⑤

具体而言，一方面，西里奈利以文化史学的视角，重新审视了20世纪史的年代学，提出60年代才是这个世纪真正的分水岭。法国史学界一般将1914年一战爆发作为20世纪史的开端，以二战为界，将20世纪史分为

---

① 让-弗朗索瓦·西里奈利：《知识分子与法兰西激情：20世纪的声明和请愿书》，刘云虹译，江苏人民出版社，2001。
② http://chsp. sciences-po. fr/chercheur-permanent/sirinelli, accessed on 2017-03-28。
③ 可参见朱晓罕《从新政治史到文化史——让-弗朗索瓦·西里奈利的法国20世纪史研究》，《史学理论研究》2017年第3期。
④ 关于新文化史，可参见周兵《新文化史：历史学的"文化转向"》，复旦大学出版社，2012。
⑤ 关于20世纪90年代以来西里奈利史学研究的发展，本书主要依据朱晓罕《从新政治史到文化史——让-弗朗索瓦·西里奈利的法国20世纪史研究》，《史学理论研究》2017年第3期。

"两次大战之间"和战后两部分。但西里奈利认为，如果用文化史的视角审视20世纪的法国，历史的分水岭不在二战而在20世纪60年代。这种分期依据的是政治文化的演变。19世纪末第三共和国塑造的共和主义的民族政治文化，并未随二战和战后初期的剧烈震荡而消亡，60年代才是新的民族政治文化孕育产生的时期。西里奈利创造性地将长时段视角引入了政治文化的探讨中。他认为，1870年之后法国的政治文化深受战争氛围的影响，这种情形直到1962年《埃维昂协议》签订之后才真正终结，而在此之前，战争与和平始终是法国社会意识的首要问题，它并未随二战的结束而终止。另一方面，西里奈利也没有使政治文化与经济社会实际分离开，他非常强调战后初期的人口爆炸和经济增长带来的深刻变革，认为这是60年代大众文化变革的社会条件。从传播过程来看，60年代是大众文化的加速期。"那时候，整个一场社会文化的变革显示出了清晰的轮廓：'60年代'正从朦胧状态中走出来。尤其是两种重要倾向脱颖而出，并且很快让人感觉到它们的威力：一种'新兴的'文化迅速发展，更明显的是，电视的威力日益增强。"[1] 1965年，人们首次可以通过电视了解总统选举信息，传播方式开始深刻地改变政治的运作方式。大众媒体的出现也加速了集体表象的转变。年青一代的法国人开始对外部的世界有更多了解，随着法德和解和殖民帝国的瓦解，传统的民族表象体系变得更为开放、更为适应全球化的新时代了。对于60年代的标志性事件"五月风暴"，西里奈利认为，这次危机并没有超出法治国家的限度，各阶层都没有推翻现体制的意愿，军队也保持了稳定，这些都表明第五共和国已经扎下根来，它的合法性和正当性并没有受到实质性的威胁。因此"五月风暴"只是放大和推动了60年代法国社会各方面的变革，并促进了新的政治文化系统的协调发展。

由于20世纪的重大政治和军事事件跌宕起伏，历史学家容易将20世纪史简化为一部政治史或国际关系史，而忽略了社会文化的变迁。西里奈利的"60年代分水岭"观点，克服了传统的政治史年代学分期，强调文化在衡量时代变迁中的重要地位，并向更深层次发掘影响历史变迁的要素。具体而言，西里奈利认为60年代意味着某种历史变革速率的转折：在此之前

---

[1] 让-皮埃尔·里乌、让-弗朗索瓦·西里内利主编《法国文化史》卷四《大众时代：二十世纪》，吴模信、潘丽珍译，华东师范大学出版社，2011，第273页。

的半个多世纪中，法国社会虽然持续动荡，但殖民帝国仍大体维持着，更重要的是，社会形态和价值观相对而言是静止的；但从 60 年代开始，历史开始加速发展。法国经济学家让·福拉斯蒂埃曾提出，1946～1975 年是"辉煌的 30 年"（Les Trente Glorieuses），① 这个观点在学界影响很大。但西里奈利在考察 20 世纪法国史的整体进程时，试图突破单纯的经济史视角，转而提出 1965～1985 年是"决定性的 20 年"的观点。他强调，尽管法国的经济增长在 70 年代的危机之后陷入停滞，但社会变革并未止步，由此产生的新的文化氛围更具决定意义。当然，除了经济学的考量，这种历史变迁的年代学还得到其他学科的启发。法国社会学家亨利·蒙德拉曾提出一个看法：1965～1984 年，法国经历了"第二次大革命"。② 西里奈利的"决定性的 20 年"在年代上与蒙德拉的"第二次大革命"高度吻合，不过他进一步指出，今日法国的面貌，正是"决定性的 20 年"塑造出来的。但需要强调的是，对西里奈利而言，1965 年和 1985 年都只是模糊的、象征性的时间线。

作为社会学家，蒙德拉着重从阶级结构、社会运动、两性关系等方面考察了法国社会的变革，而西里奈利则加入了对第五共和国政治体制的考察。在他看来，20 世纪 70 年代的总统选举表明，法国的政治格局完成了从多元到"两极化"（bipolarisation）的重要转变；从空间角度而言，虽然法国失去了殖民帝国，民族认同收缩到六边形的本土，不过，随着 1973 年欧共体的扩大化，法国开始获得另一个发展空间。

综观法国史学界对法国历史各时期的研究，与成果丰硕的中世纪史和大革命史相比，尚处于起步阶段的 20 世纪史无疑是比较薄弱的一个环节。但是，从最近这些年法国史学界的一些重要动向来看，如果不理解 20 世纪的法国史，就无法理解法国史学本身的变迁。20 世纪末的一些重要史学研究领域，如下文即将论述的《记忆之场》和当下主义，如果脱离 20 世纪法国历史的深刻演变，是无法深入理解的。在这方面，"第二次大革命"和西里奈利的"决定性的 20 年"都是具有重大价值的命题。

① Jean Fourastié, *Les Trente Glorieuses ou la Révolution invisible de 1946 à 1975*, Paris: Fayard, 1979, p. 7.

② Henri Mendras(avec la collaboration de Laurence Duboys Fresney) , *La Seconde Révolution française, 1965-1984*, Paris: Gallimard, 1988, pp. 20-24.

（三）努瓦利耶的移民史

以西里奈利为代表的新政治史和文化史的兴起，其背景是社会史的衰落。对以拉布鲁斯为代表的社会史的反思和批判，[①] 是 20 世纪 70 年代以来法国史学新发展的最重要的学术背景之一。如果要指出反思和批判的主要方面，强调各社会行为方的主体性应该是其中之一，而且，这种批判早在 20 世纪 60 年代拉布鲁斯学派如日中天之时就出现了，笔者已经在关于另一位法国社会史名家罗兰·穆尼埃（Roland Mousnier）的文章中提到过这一点。[②] 不过，对拉布鲁斯社会史的批判、新政治史和文化史等新趋向的兴起，并不意味着社会史研究完全无人问津。随着法国史学界的开放，尤其是意大利微观史学的引入，法国的社会史从 20 世纪 80 年代开始经历了"重新定义"。[③] 在这个过程中，安托万·普罗斯特（Antoine Prost）是主要代表，《社会运动》（*Le Mouvement Social*）则是主要阵地。普罗斯特坚持认为，社会因素在历史解释中仍然占中心位置，社会群体依然是历史分析的重要范畴。但是，他对社会群体的理解已经与拉布鲁斯大异其趣：社会群体不再是由外在条件（如劳动、财富水平等经济技术因素）决定的，而是某个时代的集体表象构建起来的。而且，阿兰·科尔班（Alain Corbin）等人的作品几乎把这一点推向了极端：一战中巴黎的工人不是以经济和社会结构来界定，而是通过政治活跃分子对工人阶级使用的话语来确定的，这些话语完全渗透到工人阶级的对手和无产阶级本身的价值观中。从某种意义上说，社会史成了社会表象的历史。[④] 应该认为，普罗斯特等人的社会史研究转向，与 1980 年前后整个法国史学界的变化息息相关，即开始关注作为历史主体的人的主观—表象世界，这可以被视为广义的文化史方法对社会史的渗透。

新的社会史不仅在方法和观点上突破了拉布鲁斯的经典范式，而且在

---

① 中国学界对拉布鲁斯及其学派已有研究，参见庞冠群、顾杭《马克思主义影响下的法国拉布鲁斯史学探析》，《史学史研究》2015 年第 1 期；周小兰《拉布鲁斯经济社会危机理论研究探析》，《世界历史》2017 年第 2 期。

② 参见黄艳红《罗兰·穆尼埃的社会史研究》，《史学理论研究》2012 年第 4 期；《制度、表象与社会：罗兰·穆尼埃的史学研究评介》，《贵州社会科学》2017 年第 7 期。

③ Christian Delacroix et al. éds., *Les courants historiques en France, XIXe-XXe siècle*, pp. 494-510.

④ Christian Delacroix et al. éds., *Les courants historiques en France, XIXe-XXe siècle*, p. 498.

课题上有了新的开拓，在这方面，当代法国的移民史专家热拉尔·努瓦利耶堪称典型。[①] 众所周知，法国是欧洲最大的移民输入国，但这样一个重要的历史实际，却是拉布鲁斯等经典社会史家所忽视的"边缘现象"，而努瓦利耶选择这一课题，本身就反映了1980年之后法国史学的一个重要特征，即边缘群体开始受到关注，其中不仅有移民，还有妇女、少数族裔，以及大量在传统历史叙事中被消声的群体，这是应该特别强调的一点。为什么移民会被历史学家忽视呢？除了移民基本是19世纪才出现的现象，因而属于长期受轻视的当代史，努瓦利耶还指出了如下原因：第一，法国的民族国家形成模式不同于美国，美利坚民族的形成过程基本是外来移民不断涌入与融合的进程，而在法国，外来移民的大量涌入是在民族国家早已形成之后；第二，法国的共和主义民族观念总是在强调法国的"集体人格"和有机统一，因而不太容易将移民视为一个独特的群体；第三，法国学界，包括社会学和以年鉴学派为代表的历史学，对移民问题相当漠视，更何况移民并不是个具有长时段意义的历史现象。

努瓦利耶本人的移民后裔身份无疑是促使他投身这一研究领域的重要原因，但他并没有忽视历史学和社会学的现有成就对移民史研究的重大意义。正如乐启良教授指出的，诺伯特·埃利亚斯（Nobert Elias）和皮埃尔·布尔迪厄（Pierre Bourdieu）的社会学对历史学家克服传统的主观—客观、社会—个人、结构—意图的二元对立，以及更为积极地关注个人的主体性具有启迪作用；而罗杰·夏蒂埃（Roger Chartier）对"文化"的重新定义，也有助于人们注意到各种社会实践活动都具有某种意义赋予的维度。在这些思想资源的支持下，努瓦利耶从移民史的角度对"民族认同"这一传统的政治史课题做出了具有原创性的解读。

1976年，美国历史学家尤金·韦伯出版名著《农民成为法国人：1870~1914年法国乡村的现代化》[②]，指出第三共和国在一战之前的经济发展和教育的普及，是农民克服地方意识并将作为法国人的身份认同置于首

[①] 这里关于努瓦利耶移民史的研究的阐述，主要借鉴乐启良《当代法国社会史的革新——热拉尔·努瓦利耶的社会历史学探析》，《历史研究》2014年第4期。

[②] Eugen Weber, *Peasants into Frenchmen: The Modernization of Rural France, 1870-1914*, Stanford: Stanford University Press, 1976.

位的关键。努瓦利耶的设问与尤金·韦伯的研究类似，但他对政治因素的关注更多，并从移民史的角度论证法兰西作为民族国家的最终确立可以放在19世纪80年代末90年代初，因为一系列针对外国移民的法律更为严格地界定了公民身份，对边境的管控也日趋严厉。努瓦利耶同时强调，第三共和国排他性的民族身份政策并未有过实质性的中断，并且为20世纪上半叶的各种极端种族主义政策开了先河。当然，从长时段看，法国的移民政策曾有过多次波动，但努瓦利耶认为，移民政策的调整和排外的民族主义情绪高涨，是与法国经济形势紧密相关的。[①]

努瓦利耶上述观点的一个重大意义，就在于揭示了法国史学传统中的"共和主义"认同模式的排他性。以皮埃尔·诺拉为代表的法国历史学家，一直在强调法国大革命开创的民族认同模式具有普遍性，他们认为法兰西民族认同最大的难题在于调和大革命造成的历史断裂，但大革命本身宣告的人权原则本质上具有普遍性，具有几乎无限度的包容性。[②] 但努瓦利耶的研究否认了这一点。第三共和国确立的人民主权原则的确赋予了法国（男性）公民普选权，也有利于工人运动的发展，但这并不意味着外来移民可以自动获得这类带有普遍色彩的权利。实际上，每当经济形势不景气时，共和国政府就会迫于民众压力而严格管制移民，如采取严密的登记监控，对公民身份的限定日趋严格。这是一种相当狭隘的、排他性的民族主义措施。[③] 我们将在下文看到，努瓦利耶的研究可以被视为一个更为广泛的运动的一部分，这就是对传统的民族历史叙事的解构、对被压制的过去的重新发现，而正是在这种背景下，20世纪末的法国诞生了一部具有世界性影响力的巨著——《记忆之场》。

第四节　《记忆之场》：民族主义之后的民族史

20世纪80年代以来，如果要举出一项真正具有世界影响力的法国史学

---

① 乐启良：《当代法国社会史的革新——热拉尔·努瓦利耶的社会历史学探析》，《历史研究》2014年第4期。

② 可参见皮埃尔·诺拉为《法国大革命史批判词典》所写的"民族"词条。Pierre Nora, "Nation", in François Furet et Mona Ozouf eds., *Dictionnaire critique de la Révolution française: Idées*, Paris: Flammarion, 1992, pp. 339-358.

③ 乐启良：《当代法国社会史的革新——热拉尔·努瓦利耶的社会历史学探析》，《历史研究》2014年第4期。

成就，那大概要首推皮埃尔·诺拉主编的《记忆之场》了。从最浅显的层次看，这部巨著的影响力就表现在"记忆之场"这一概念上，它已经被收入《罗贝尔词典》，并频频出现于各种语境中，无论是在法国国内还是国外。中国学界对该项由诺拉主持的工作亦有关注，[①] 该著的节选中译本已出版，[②] 笔者也曾就相关问题发表过一点浅见。[③] 由于中国学界与法国学界面临的问题不尽相同，对《记忆之场》主旨的阐发，尤其是对诺拉本人的总体设想和理论阐发，难免有所隔膜。不过，尽管《记忆之场》全书内容涉面很广，[④] 各位作者的侧重点可能有所不同，但诺拉本人对该著有一个总体的设想，而且这一设想也的确体现在该著的众多篇章之中，这就是诺拉明确提到的新的民族史书写。

（一）民族的"历史—记忆"的衰落

1984 年，即《记忆之场》第一卷问世的当年，历史学家皮埃尔·古贝尔（Pierre Goubert）编纂了一本《法国史入门》，旨在"促进对祖国的重新认知，并获得关于祖国的意识"，因为"法国正在失去它的记忆"。[⑤] 这个说法反映出当时法国历史教育中的一个重大问题：民族国家的历史正在淡出人们的记忆，而直到 20 世纪 50 年代，有关民族国家的历史叙事一直是公民教育的重要工具，它在很大程度上决定了法国人对历史的认知。但到 1989 年，无论是教师还是学生都抱有同样的疑虑：本国的历史还能否提供共同的价值观参考。[⑥] 这就意味着，在 20 世纪 60~80 年代，民族国家的历史在法国的地位和作用发生了很大的变化。要理解这种变化，当然不能脱离这个时代法国社会经历巨大变革以及历史学科内部发展的背景。

---

① 参见沈坚《记忆与历史的博弈：法国记忆史的建构》，《中国社会科学》2010 年第 3 期；孙江《皮埃尔·诺拉及其"记忆之场"》，《学海》2015 年第 3 期。

② 皮埃尔·诺拉主编《记忆之场：法国国民意识的文化社会史》，黄艳红等译，南京大学出版社，2015。

③ 黄艳红：《"拉维斯主义"的退隐：法国记忆史研究一瞥》，《史学理论研究》2012 年第 3 期。

④ 其总目录见中译本第 523~532 页。

⑤ Jacques Revel dir., *Histoire de la France, L'espace français*, Paris: Editions du Seuil, 2000, pp. 7-8.

⑥ Jacques Revel dir., *Histoire de la France, L'espace français*, p. 13.

1. 拉维斯主义与"结构转向"

《记忆之场》开篇就提出了一个说法："历史—记忆的终结"。[1]"历史—记忆"是诺拉发明出来的概念，[2] 不过他对这个概念没有做专门的界定。当代法国另一位研究记忆史的专家菲利普·茹塔尔的阐述更为明确。简言之，历史—记忆是被历史学家重构的记忆或对共同的过去的回想。[3] 最成功的历史—记忆是"民族传奇"（roman national），它向民族国家的国民尤其是孩子解释过去，以论证民族当下的合理性，解释其卓越成就，并展望其远大前程。民族传奇需要主权国家来传播，使其在个人记忆中打上烙印，学校教育是最重要的传播渠道。[4] 这个说法可以视为对诺拉关于第三共和国历史学的论述的补充说明："历史、记忆和民族……构成一种互为补充的循环，一种在所有层次上的共生现象"；"高层学术研究和学校课本之间没有断裂，前者把新成果融入我们的传统，后者则把这些成果确立为大众信条"。[5] 这种历史是关于民族的历史，它通过学校教育而成为国民的记忆。这种建立在专业历史学基础之上的、关于民族的过去的共同记忆，即诺拉所称的"历史记忆"。

茹塔尔说，民族传奇的黄金时代是 19 世纪和 20 世纪初，诺拉则称之为"长 19 世纪"。他曾多次提到，以历史书写为载体的民族记忆在法国经历了几个重要阶段。[6] 在 12~14 世纪封建君主制巩固的时期，起源于圣丹尼修道院的纪年（Chronicles）奠定了以法语撰写的王朝记忆；16 世纪下半叶，以帕斯捷（Etienne Pasquier）为代表的史学家颂扬"高卢特性"，并使民族独立于王朝；第三个阶段即拉长的 19 世纪，从 20 世纪 20 年代梯叶里发表《法国历史通信》到 1933 年瑟诺博斯（Seignbos）出版《法兰西民族信史》，其间的米什莱（Jules Michelet）和拉维斯（Ernest Lavisse）是浪漫主义和实

---

① Pierre Nora, "Entre Mémoire et Histoire: La problématique des lieux", in Pierre Nora dir., *Les lieux de mémoire*, Paris: Gallimard, 1997, p. 23.

② Philippe Joutard, *Histoire et mémoires, conflit et alliance*, Paris: La Découverte, 2015, p. 17.

③ Philippe Joutard, *Histoire et mémoires, conflit et alliance*, p. 18.

④ Philippe Joutard, *Histoire et mémoires, conflit et alliance*, p. 101.

⑤ Pierre Nora, "Entre Mémoire et Histoire: La problématique des lieux", p. 27.

⑥ Pierre Nora, "Une autre histoire de France", in *Présent, nation, mémoire*, Paris: Gallimard, 2011, pp. 153-155. 茹塔尔在为比尔基埃主编的《法国史：文化选择与记忆》撰写的《记忆》一编中，对法兰西民族的"历史记忆"做了更为详尽的叙述。见 André Burguière dir., *Histoire de la France: Choix culturels et mémoire*, Paris: Editions du Seuil, 2000, pp. 295-424。

证主义民族史的巅峰。

诺拉尤其强调拉维斯的典范意义，认为他是"法国史"这一独特的、以统一性为特征的编年体民族史学者中最杰出的代表。[①] 这不仅是因为他主编了27卷的《法国史》，也因为他是第三共和国历史教育的主持人，他的历史观念通过中小学历史教育而成为19世纪末以后几代法国人共同的历史记忆。[②] 拉维斯从不讳言他的《法国史》是为了培养法国人的爱国情操，让他们认识到民族历史的伟大并热爱共和国。他的《法国史》以民族国家为叙事框架，将共和国视为民族历史的必然，"粗暴地将民族（nation）与共和国合一，将共和国视为'可以认为最终确立了的制度'"，[③] 这是以过去来论证当下的合理性。此外，拉维斯的《法国史》还有如下特征：第一，构建民族历史的连续性——尽管大革命中的雅各宾派处死了国王，但这些革命者捍卫法国的执着和热情与过去的君主一脉相承；第二，强调法国在世界历史舞台上占有独特的地位，负有特别的使命，戴高乐就是这种意识的见证者。[④] 有关贞德的记忆便包含对法兰西民族"天定使命"的诠释：法兰西民族是"教会的长女"，是革命和人权的圣殿，是各民族中的"王者"和"教母"。[⑤]

这种以歌颂法兰西民族的光荣和伟大为中心的历史，可以被称作"拉维斯主义"历史。[⑥] 它在历史教育中的垄断地位一直延续到二战以后。尽管

---

① Pierre Nora, "Pourquoi lire Lavisse aujourd'hui?", in *Présent, nation, mémoire*, p. 203.

② 茹塔尔曾以戴高乐和著名作家阿兰·德科（Alain Decaux）为例，对这种历史记忆的各个面向做了具体的说明，André Burguière dir., *Histoire de la France: Choix culturels et mémoire*, pp. 303-304。

③ Pierre Nora, "L 'Histoire de France' de Lavisse, pietas erga patriam", in Pierre Nora dir., *Les lieux de mémoire*, p. 890.

④ Philippe Joutard, *Histoire et mémoires, conflit et alliance*, pp. 102-103.

⑤ Michel Winock, "Jeanne d'Arc", in Pierre Nora dir., *Les lieux de mémoire*, pp. 4467-4469.

⑥ "拉维斯主义"一说，前引沈坚等人的文章已有使用。诺拉本人曾多次撰文论述拉维斯的《法国史》及其历史教育。参见 Pierre Nora, "Ernest Lavisse: son rôle dans la formation du sentiment national", *Revue Historique*, No. 228(1962), pp. 73-106; "Lavisse, instituteur national. Le 'Petit Lavisse', évangile de la République", in Pierre Nora dir., *Les lieux de mémoire*, pp. 239-275; "L 'Histoire de France' de Lavisse, pietas erga patriam", in Pierre Nora dir., *Les lieux de mémoire*, pp. 851-920. 对第三共和国初期拉维斯主持的历史教育及其政治影响，国内学者亦有研究。见顾杭《传统的发明——法兰西第三共和国前期对共和文化的塑造》，《史林》2010年第5期；《战争创伤、历史教育与民族复兴——论拉维斯与法兰西第三共和国的历史教育》，《浙江学刊》2004年第3期；曾晓阳《论19世纪末法国促进民族统一的教育举措》，《贵州社会科学》2014年第8期。

此时法国的内外局势都在发生巨大变化，这种具有鲜明的民族主义色彩的工具化的历史仍在继续。[1]

但此时历史学科的内部发展与"拉维斯主义"分道扬镳了。拉维斯的《法国史》以标志性的事件（首先是政权的变更）为核心、按年代顺序来讲述民族国家的形成和发展，该著的目录便反映了这种叙事线索。[2] 然而，战后以布罗代尔和拉布鲁斯为代表的主流历史学者，重点关注的不是国家，而是社会，不是路易十四，而是他治下的 2000 万法国人，不是国王的外交和战争，而是耕地形态、家庭结构、食物乃至情爱的历史。过去的民族国家历史叙事中，重大的事件、重要的日期是进步的标签，它跟法国人的命运紧密相连，因此 1789 年、1848 年等年份具有特别重要的意义——它们是政体变革和民族历史发展的阶段性标志——拉维斯的《法国史》便有两卷以这两个日期为起始。但在新史学中，时间中的进步表现得不那么明显了，拉迪里（Emmanuel Le Roy Ladurie）宣扬一种"静止的历史"，[3] 布罗代尔则尖刻地指出，只有平庸甚至糟糕的学者才会去研究大革命和 1848 年。[4] 在这种长时段的结构主义视角中，时间感知走向扁平化，再加上研究题材的不断扩展，历史叙说就变得相对无序，而在拉维斯式的政治史中，民族国家的起源和发展有着清晰的时间脉络。[5]

这是《记忆之场》中提到的"场所问题"的学术史背景。历史认知的对象从民族国家和政治军事事件，变成了中长时段的社会生活，历史学"逐渐演变成社会对自身的认识"。[6] "长 19 世纪"的历史结束于瑟诺博斯的《法兰西民族信史》问世之时，而当时《年鉴》刚刚创刊，因此诺拉认为，1930 年前后的法国史学发生了一场"结构转向"，长时段、结构、人口等成

---

[1] Christian Delacroix et al. éds., *Les courants historiques en France, XIXe-XXe siècle*, pp. 473-475.

[2] Pierre Nora, "L'Histoire de France' de Lavisse, pietas erga patriam", in Pierre Nora dir., *Les lieux de mémoire*, p. 898.

[3] 伊曼纽埃尔·勒鲁瓦·拉迪里：《历史学家的思想和方法》，杨豫等译，上海人民出版社，2002，第 1~34 页。

[4] Keith M. Baker, "In Memorial: Françoit Furet", *The Journal of Modern History*, Vol. 72 (2000), pp. 1-5.

[5] Jacques Revel dir., *Histoire de la France, L'espace français*, pp. 14-15.

[6] Pierre Nora, "Entre Mémoire et Histoire: La problématique des lieux", in Pierre Nora dir., *Les lieux de mémoire*, p. 27.

了史家关注的核心，^① 从此人们开始对政治史、军事史、外交史和人物传记进行长达 50 年的"十字军讨伐"。^② 从这个意义上说，20 世纪 30 年代历史学兴趣的重大转向，是导致历史从对民族国家的叙说演变成对社会的认识的重要原因。以年鉴学派为代表的学术研究使得"历史成为社会科学"，历史学"摆脱了与民族合一的身份"。^③

2. "第二次大革命"

年鉴学派的影响无疑不利于传统的民族史教育。但更为决定性的影响来自学科外部，来自当时的法国社会。二战之后的数十年中，法国经历了一系列的"终结"，有人称这是"第二次大革命"，诺拉自己也使用这一说法。^④ 前文已经提到西里奈利"决定性的 20 年"的论点：从很多方面看，法国的历史学家们都深刻地意识到 20 世纪 60 年代之后法国社会的巨变，而这种变化同样深刻地改造了历史学研究，对西里奈利和诺拉而言都是如此。

二战后，殖民帝国终结，法国重回欧洲，它已经不是世界大国，只是一个中等规模的国家。非殖民化深刻改造了民族国家的地位，"民族的神话"被深深撼动并失去了历史根基。在很长的时间里，法国人的历史—记忆具有普世主义和弥赛亚信念，这方面只有美国的历史—记忆可以与之相比。^⑤ 米什莱说法兰西民族是"人类航船的舵手"，^⑥ 就是这种意识的典型反映。而且，它很自然地与帝国主义结合了起来。在拉维斯那里，第三共和国的殖民扩张被描绘成开化和落后的人民，"法国对待那些她所征服的民

---

① Pierre Nora, "Les Lieux de mémoire, mode d'emploi", in *Présent, nation, mémoire*, p. 166.

② Pierre Nora, "Une autre histoire de France", in *Présent, nation, mémoire*, p. 152.

③ Pierre Nora, "Entre Mémoire et Histoire: La problématique des lieux", in Pierre Nora dir., *Les lieux de mémoire*, pp. 27–28.

④ Pierre Nora, "Comment écrire l'histoire de France?", in Pierre Nora dir., *Les lieux de mémoire*, p. 2231. "第二次大革命"是社会学家蒙德拉提出来的概念，他认为 1965 年是具有标志性意义的时间，但诺拉在借用这个概念的时候，认为 1975 年更具标志性意义。他的理由是，到这个时候，以戴高乐主义为代表的民族主义式微，革命观念走向衰落，再加上经济危机的冲击，三个现象交织在一起，一连串的事件深刻地改变了法国人与过去的关系，也改变了民族情感的传统模式。参见 Pierre Nora, "Les Lieux de mémoire, mode d'emploi", in *Présent, nation, mémoire*, pp. 157–169; Henri Mendras, *La seconde révolution française, 1965–1984*。

⑤ 关于法美两国的历史—记忆和"民族神话"的异同，参见茹塔尔 Philippe Joutard, *Histoire et mémoires, conflit et alliance*, pp. 101–124。

⑥ Philippe Joutard, *Histoire et mémoires, conflit et alliance*, p. 109.

族是仁慈的"。① 但是，随着非殖民化运动以及国内教育领域的民主化和青年学生的激进化，这种"民族神话"受到了普遍的质疑，经历过阿尔及利亚战争和反越战浪潮的年青一代，都不再毫无批判地接受拉维斯主义的历史观，不再毫无保留地歌颂十字军和殖民者。"非殖民化造成的震荡，以及随之而来的思想意识，是对历史教育内容产生批判性质疑的重要因素"，②它所催生的《民族的神话》《法国人的神话历史》等著作，③ 都在质疑拉维斯主义民族史的有效性，认为这种历史营造出的是共和主义和雅各宾主义的理想城：④ 我们在努瓦利耶的移民史研究中已经看到了类似的批判。

不过，到20世纪70年代，由于战后长期的经济增长、移民的涌入、女权主义等"新社会运动"⑤ 的兴起以及地域认同的抬头，法国的社会关系和公共领域的轮廓发生了非常大的变化，⑥ 这些是"第二次大革命"的具体内容。传统的农民阶级消失了，工人阶级变得日益多元，其战斗色彩在减弱。学术上，传统的工人运动史也更加重视移民、妇女等新社会群体。⑦ 国内学界在讨论历史学的"碎片化"时，多聚焦于学科内部的发展；⑧ 在法国，类似的史学现象经常被称作 éclatement，意思是碎裂，但它与新社会运动的兴起及公共领域的新格局有直接关系，亨利·鲁索（Henry Rousso）1998年在评述记忆研究的兴起时指出：

> 如果说与过去的纠缠关系以记忆方式表达出来……大概还因为公共空间轮廓的重新定义。在这方面，少数群体的问题尤其明显，无论

---

① 转引自顾杭《战争创伤、历史教育与民族复兴——论拉维斯与法兰西第三共和国的历史教育》，《浙江学刊》2004年第3期，第127页。
② Christian Delacroix et al. éds., *Les courants historiques en France, XIXe-XXe siècle*, p. 477.
③ Suzanne Citron, *Le Mythe national*, Paris: Editions ouvrières, 1987; Claude Billard et Pierre Guibbert, *Histoire mythologique des Français*, Paris: Galilée, 1976.
④ 关于另一些抗议，参见 Philippe Joutard, *Histoire et mémoires, conflit et alliance*, pp. 168-172.
⑤ 关于西方"新社会运动"的特征，参见王晓升《新社会运动"新"在何处——对20世纪70年代以来西方社会运动理论的思考》，《学术月刊》2011年第2期。
⑥ 关于20世纪70年代法国社会及政治文化的变迁，参见 Emile Chabal, "French Political Culture in the 1970s. Liberalism, Identity Politics and the Modest State", *Geschichte und Gesellschaft*, Vol. 42(2016), pp. 243-265。
⑦ 参见米歇尔·比日耐《法国工会史研究的焦点与视角》，《史学理论研究》2014年第1期。
⑧ 如李长莉《"碎片化"：新兴史学与方法论困境》，《近代史研究》2012年第5期。

是性别的——首先是妇女作为特别类群的出现——还是宗教的、种族的、地方的或地区的……新的群体或新的实体……都以一种新方式要求在公共空间中获得一席之地，它们认为自己应有的地位被剥夺了……被大写的历史（Histoire）排斥的群体介入公共舞台几乎总是表现为政治行动，但还有与之相应的对过去的重新理解，以及对某种独特历史的把握，这种历史具有个别性，它有别于一般意义上的历史，例如民族史。此后，人们所关心的更多的是记忆，或者说活的传统，而不是传统意义上的历史，因为，准确地说，传统的历史遮盖了某些历史行动者扮演的特殊角色。①

质言之，当妇女、少数族裔和具有地方独特性的群体试图在公共舞台上表达自己的意愿时，它们会向过去寻求资源，这种过去主要是以口传记忆承载的，它有别于传统的、书面的、大写的历史，特别是以民族国家视角书写的历史。从这个角度看，民族历史记忆的衰落是 20 世纪 70 年代以来"后现代"政治的产物，这种缺乏稳定轮廓的政治追求的是"社会内部各特殊群体的叙事"。② 在这种背景下，20 世纪 70 年代以后民族国家视角的历史研究在法国的处境就很尴尬了。在学术和教育领域，一方面，历史在学校中被神化了；另一方面，很多具体研究又提出了新的观点，此前那种井然有序的历史观日益受到动摇和质疑。在社会层面，1968 年以来的反叛思潮和新社会运动呼唤并催生了一种新的、另类的历史，它与大写的民族国家历史有时针锋相对。学校传递给法国人的集体记忆受到了挑战。③

3. "内部去殖民化"与"逆向认同"

上述学术背景和社会条件，构成《记忆之场》设问的基础。除了以"结构转向"来概括历史学科内部的转变，诺拉还在 2002 年提出三重意义上的"去殖民化"，以概述战后法国经历的内外变革。④ 第一重是外部的、世界性的非殖民化；第二重是内部的去殖民化；第三重是"意识形态的去

---

① Christian Delacroix et al. éds., *Les courants historiques en France*, pp. 564-565.

② Emile Chabal, "French Political Culture in the 1970s. Liberalism, Identity Politics and the Modest State", *Geschichte und Gesellschaft*, Vol. 42(2016) , p. 265.

③ Christian Delacroix, et al. éds., *Les courants historiques en France, XIXe-XXe siècle*, pp. 479-480.

④ Pierre Nora, "Pour une histoire au second degré", *Le Débat*, No. 122(2002) , pp. 24-31.

殖民化"，诺拉指的是东欧剧变和拉美军政府垮台后民众对传统的追忆，这种传统曾被前政权摧毁或扭曲。此处强调的是第二重去殖民化，即法国社会的"内部去殖民化"。①

内部去殖民化可以从两个方面来观察，一是地域性的，二是群体性的。对地方性的强调早在《记忆之场》问世前就出现了。在法国的一些乡村中，拿破仑战争和德雷福斯案件几乎没有在村民的记忆中留下痕迹，② 两次世界大战也没有成为村民生活中具有标志性意义的事件，③ 尽管它们是民族国家的历史中着力书写的对象。地域性认同的抬头，势必唤醒和放大那种与民族国家的历史—记忆颇为不同的地方性记忆。布列塔尼和旺代是突出的例证。笔者曾在一篇小文中，以 2008 年发表的关于圣加斯特战役（1757 年）记忆的论著为例，④ 指出这种记忆所具有的地方主义色彩，它针对的正是法国大革命建构起来的集权主义的、共和主义的民族认同，⑤ 后者典型地表现在拉维斯《法国史》对 1790 年 7 月 14 日联盟节的描述中：那一天，各省人民"忘却了、抹去了各种地理的、人种的、历史的差异"，"以自愿行动创建一个现代民族……这是法兰西的观念"。⑥

但旺代的地方记忆直接挑战了这种历史—记忆。大革命期间，旺代地区反对革命政府的叛乱引发了残酷的内战，对内战的记忆一直通过各种媒介保存在当地居民之中，⑦ 但主要依靠口传和仪式在家族和村庄之中传播。而且，当地人对档案馆里保存的记录抱有天然的不信任感，认为那些文字

---

① 诺拉提出的是个总结性的概念。早在 1966 年，米歇尔·罗卡尔（Michel Rocard）就在法国西部的圣布里厄号召"让本省去殖民化"。类似的诉求也出现在其他地区，诺拉称为"外省和村民们的 1968 年五月风暴"。参见 Philippe Joutard, *Histoire et mémoires, conflit et alliance*, pp. 25-28。

② Jean Bouvier, "La mémoire partagée, Lus-la-Croix-Haute", *Le monde alpin et rhodanien*, No. 3-4 (1980), p. 145.

③ Françoise Zonabend, *La mémoire longue: temps et histoires au village*, Paris: PUF, 1980, p. 299.

④ Yann Lagadec et Stéphane Perréon, *La bataille de Saint-Cast (Bretagne 11 septembre 1758)*, *Entre histoire et mémoire*, Rennes: Presse de l'Université de Rennes, 2009.

⑤ 黄艳红：《"拉维斯主义"的退隐：法国记忆史研究一瞥》，《史学理论研究》2012 年第 3 期。

⑥ Ernest Lavisse, *Histoire de France contemporaine, depuis la Révolution jusqu'à la paix de 1919*, Tome 9, Paris: Hachette, 1922, p. 511.

⑦ Jean-Clément Martin, "La Vendée, région-mémoire, Bleus et blancs", in Pierre Nora dir., *Les lieux de mémoire*, pp. 519-534.

反映的是共和派胜利者的观点。① 这就是亨利·鲁索提到的，与过去的关系是以记忆来表达的。在大革命到来200周年之际，一场围绕旺代屠杀的记忆之战在法国上演。旺代人甚至要求抹去凯旋门上那些曾参与镇压这场叛乱的将军们的名字。② 在巴黎，以历史学家皮埃尔·肖努（Pierre Chaunu）为代表的保守派人士要求重新认识旺代的内战，他们不仅强调内战的残酷和伤亡的惨重，而且尤其愤慨于20世纪以来雅各宾主义史学对这一暴行的"沉默"和"遗忘"。③ 对于肖努来说，纪念旺代内战期间因"恪守其祖先的信仰"而被屠杀的平民，不仅是历史学的任务，也是一项道义责任。1993年，即旺代内战爆发200周年之际，肖努出席了旺代内战死难者纪念碑的落成仪式。④ 这是当时人们广泛谈论的"记忆的责任"的一个写照。旺代记忆的强势复苏表明，拉维斯主义关于大革命塑造民族统一的神话被揭穿了。

从群体层面来说，一些边缘群体的记忆纷纷复苏，甚至被重新"发明"出来。马赛早期的意大利移民为了更好地融入法国而遗忘有关母国的记忆，但20世纪70年代，他们的后代试图找回失落的家族记忆。⑤ 应该指出的是，这些记忆的出现是一种全球性的文化现象，即地方身份的产生与对少数派群体和边缘性价值的肯定。在美国，小说《根》的反响可以为证。在法国，1975年出版的《骄傲的马》也曾轰动一时。⑥ 移民对拉维斯式历史教育的反思很有代表性，可举当代法国思想家埃德加·莫兰（Edgar Morin）为例。莫兰的父母是希腊的犹太人，一战期间移居法国。"我母亲的名字是西班牙的，姓是意大利的，我父亲的姓是希伯来的。但学校竟教我要为布

① Philippe Joutard, *Histoire et mémoires, conflit et alliance*, p. 89.
② Philippe Joutard, *Histoire et mémoires, conflit et alliance*, p. 90.
③ Steven L. Kaplan, *Farewell, Revolution, The Historians' Feud, France, 1789/1989*, Ithaca: Cornell University Press, 1993, pp. 37 - 39. 大革命200周年前夕（1986年），塞谢尔（Reynald Secher）撰写了一部批判这场暴行的著作（*Génocide franco-français, La Vendée-vengé*, Paris: PUF, 1986），其书名《法国人对法国人的种族灭绝：作为被报复者的旺代》意味深长。
④ 参见艾丽丝·热拉尔《史学革命进程中的法国大革命：半个世纪以来的国际化和多元修正主义》，黄艳红译，《世界历史评论》2015年第1期，第228页。
⑤ Anne Sportiello, *Les pêcheurs du Vieux-Port, fêtes et tradition*, Marseilles: Jeanne Laffite, 1981.
⑥ Philippe Joutard, "Mémoire collective", in Christian Delacroix et al. eds., *Historiographie*, II, *Concepts et débats*, Paris: Gallimard, 2010, pp. 779-790.

汶战役和拿破仑而激动，要为滑铁卢和都德的《最后一课》而哭泣。"[1] 努瓦利耶则证明，法国虽然是欧洲的第一移民大国，但移民在法国的集体记忆中长期"不在场"，而且法国政府对移民的排挤从 19 世纪一直延续到当代。[2] 为了找回不在场的记忆，早在 1973 年，来自阿尔及利亚的一批移民（pieds-noirs，字面意思是"黑脚"）就组织了一个致力于保存"黑脚的记忆"的组织，它声称要推翻法国官方表述的阿尔及利亚历史，并以个人回忆的方式讲述殖民时代的阿尔及利亚。这是后殖民时代的移民带给法国的记忆挑战。[3]

无论是地方还是移民等边缘群体，其记忆的复活都意味着对传统的民族国家的历史—记忆的质疑，它自觉地把后者视为压抑性的力量，直接挑战这种"大写的"历史—记忆所承载的意识形态。有理由认为，这种记忆旨在塑造一种"逆向认同"，因为埃德加·莫兰接受的历史教育，是要让移民成为法国人；同样，正如尤金·韦伯的名著《农民成为法国人》揭示的，19 世纪的教育是要让各地的农民摈弃地方身份而成为法国人。但到《记忆之场》问世的年代，无论是移民的后裔还是布列塔尼人，都试图唤醒为成为法国人而被压抑的记忆和认同。

与此相应的是民族国家认同的衰落。这尤其体现在大革命的纪念活动中。最近 20 多年中，学界出现了两部专门研究法国大革命庆典活动的著作：帕斯卡尔·奥里考察的是 1889 年、1939 年和 1989 年三次庆典；帕特里克·加西亚则集中研究 1989 年的纪念。[4] 他们得出了同样的结论：1989 年的纪念中，到处都可以见到民族身份认同的衰落。各种现象都表明，纪念活动的民族特征在消失。[5] 人们搞不清楚，1989 年的大革命 200 周年庆典到底是激发了法国人对大革命的热情，还是让他们的公民变得精神麻木。这

① André Burguière, *Histoire de la France, Choix culturel et mémoire*, p. 295.
② 乐启良：《当代法国社会史的革新——热拉尔·努瓦利耶的社会历史学探析》，《历史研究》2014 年第 4 期。
③ Emile Chabal, "French Political Culture in the 1970s. Liberalism, Identity Politics and the Modest State", *Geschichte und Gesellschaft*, Vol. 42(2016), pp. 257-263.
④ Pascal Ory, *Une nation pour mémoire, 1889, 1939, 1989, trois jubilés révolutionnaires*, Paris: Presses de la Fondation Nationale des Sciences Politiques, 1992; Patrick Garcia, *Le Bicentenaire de la Révolution française. Pratiques sociales d'une commémoration*, Paris: CNRS Edition, 2000.
⑤ Pascal Ory, *Une nation pour mémoire, 1889, 1939, 1989, trois jubilés révolutionnaires*, p. 253.

场活动主要是在地方和社区层次上展开的，这与过去对纪念活动的中央集权式操办形成了对比。人们聚集在自由树周围，更多的是为了社区这个"小祖国"，而不是雅各宾意义上的大祖国；纪念活动中盛行的是"小叙事"，而不是关于法兰西和革命理想的宏大叙事。人们怀念革命中的受难者，像旺代一样，并且编写自己社区的历史。因此200周年纪念更多的是唤起社区记忆的机会。在官方层次上，纪念活动的组织者对民族主题的使用十分谨慎，以免被指责为沙文主义，"民族万岁"的口号几乎只出现在一份纪念瓦尔密战役的出版物上。[1] 法兰西民族快要从纪念活动中消失了。

诺拉也总结说，在大革命200周年的纪念活动中，"最受期待的、听众最多的，不是大革命的鼓吹者，而是大革命的受害者……他们要求在纪念活动中获得一席之地"。[2] 如果从一个较长的时段来观察，纪念活动的变化反映出法国社会公共生活的深刻变革。"大革命100周年纪念是确认共和国大家庭的团结的契机，而大革命200周年纪念是所有政治派系各抒己见的场所。"[3] 1989年纪念活动呈现的面貌，意味着由大革命开创并由第三共和国确立的全国性纪念活动的古典模式（如1889年的纪念活动）瓦解了。这个模式首先意味着一种肯定式权威的存在，如法兰西民族或共和国，这是国家组织和引导纪念活动的真正动因。[4] 应该指出的是，民族国家在纪念活动中的退隐，与20世纪70年代以来（尤其是德斯坦执政后）法国社会的自由化，与传统的威权制和集权制国家的削弱存在对应关系。[5] 这同样可以视为"第二次大革命"的一个效应。

（二）新的民族史尝试

1. "没有民族主义的民族"

至此，我们已对皮埃尔·古贝尔面临的问题有了初步的澄清。战后新

---

[1] Patrick Garcia, *Le Bicentenaire de la Révolution française. Pratiques sociales d'une commémoration*, pp. 299-308.

[2] Pierre Nora, "L'ère de la commémoration", in Pierre Nora dir., *Les lieux de mémoire*, p. 4693.

[3] Pierre Nora, "L'ère de la commémoration", in Pierre Nora dir., *Les lieux de mémoire*, p. 4694.

[4] Pierre Nora, "L'ère de la commémoration", in Pierre Nora dir., *Les lieux de mémoire*, p. 4692.

[5] Emile Chabal, "French Political Culture in the 1970s. Liberalism, Identity Politics and the Modest State", *Geschichte und Gesellschaft*, Vol. 42(2016), pp. 252-257.

史学的研究旨趣、"第二次大革命"造成的社会变革及随之而来的逆向认同,唤起了被压抑的记忆,但与之对应的是有关法兰西民族记忆的衰落。正是在这种局面下,诺拉追问道:

> 如果没有集权的雅各宾主义……共和国还会剩下些什么?如果没有民族主义,没有帝国主义,没有国家的至上权力,那么民族还会剩下些什么?如果没有普遍主义,那么法兰西还会剩下些什么?①

换言之,拉维斯主义的《法国史》曾经塑造的国家中心主义、民族主义和带有世界使命色彩的民族意识,如今已经凋零殆尽了。在这种局面下,如果谈论法国史还有意义的话,该以何种方式去谈论?诺拉的《如何书写法兰西历史》一文,明确表达了他试图以《记忆之场》重新书写法兰西民族历史的意向。不过,诺拉自己也承认,在他提出"记忆之场"的创意时,民族史已经有复苏的势头。② 著名的例子有布罗代尔的《法兰西的特性》和乔治·杜比、勒鲁瓦·拉杜里、弗朗索瓦·孚雷和莫里斯·阿居隆四人撰写的五卷本《法国史》。但在所有这类著作中,最具国际影响力的是《记忆之场》。这当然与该著工程浩大、汇聚了法国史学界的一大批精英学者有关,但另一个原因可能更重要,即它在民族史的框架内,通过盘点民族历史的"记忆之场"来回应已然兴起的、很大程度上是在解构民族史的记忆研究浪潮,因而它的针对性更强。古贝尔说"法国正在失去它的记忆",诺拉在《记忆之场》的序言一开头就指出,"之所以有记忆之场,是因为已经不存在记忆的环境","人们之所以这么多地谈论记忆,是因为记忆已经不存在"。③

诺拉在《记忆之场》的序言中并没有对"记忆"做明确的定义。关于这一概念在法国史学界的讨论和发展,已有专门的分析,这里不再赘述。④

---

① Pierre Nora, "Comment écrire l'histoire de France?", in Pierre Nora dir., *Les lieux de mémoire*, p. 2235.

② Pierre Nora, "Une autre histoire de France", in *Présent, nation, mémoire*, p. 151.

③ Pierre Nora, "Entre Mémoire et Histoire: La problématique des lieux", in Pierre Nora dir., *Les lieux de mémoire*, p. 23.

④ 沈坚:《记忆与历史的博弈:法国记忆史的建构》,《中国社会科学》2010 年第 3 期,第 209~214 页。

诺拉本人曾提到"记忆和历史之间的巨大鸿沟",他将此处的记忆定义为原始的、古代社会的记忆,带有较强的私密性。这一说法与记忆研究的另一名著《犹太历史与犹太记忆》对历史与记忆的区分类似。① 但《记忆之场》中大量论述的是以文字形式,尤其是历史撰述形式呈现出来的记忆,即历史记忆。诺拉提到,记忆往往具有神圣性,它缺乏反思,而历史的真正使命是去神圣化。② 拉维斯主义的历史是以历史的面目呈现的记忆,"历史是神圣的,因为民族是神圣的。正是由于民族,我们的记忆才能立足于神圣的殿堂中"。20 世纪 70 年代以来的历史研究和社会演变使这种历史记忆去神圣化了。基于这种情形,诺拉认为《记忆之场》既以某种方式光大拉维斯的民族史传统,又在"颠覆"这种已成为过去的法国史传统。③

《记忆之场》的批评者认为,这套著作一方面试图为法兰西举行葬礼,另一方面又暗中鼓吹"拉维斯式的"(à la Lavisse)民族主义。④ 批评者认为,《记忆之场》的写作最初是为了"解构民族历史,以及它的表象、它的神话",但其最后成了"歌颂法兰西的光辉认同的新拉维斯丰碑"。⑤ 但从诺拉的意图来看,这是一种误解,因为他早年在高等研究院就已经尝试过这种民族史,而且从不讳言自己深受拉维斯的影响,"没有他,《记忆之场》就无法设想",该著在民族史的框架内设问,甚至其宏观设计思路也受拉维斯的启发:共和国、民族和"多元但统一的法兰西"依稀让人想起当年拉维斯的努力。⑥ 因为诺拉反复提到,拉维斯的 27 卷《法国史》将民族、共和国和法兰西融合在一起。⑦

但诺拉不承认《记忆之场》是在复活拉维斯式的民族主义。他认为,新的民族史不可能按拉维斯的方式去书写,"民族主义不可能从民族的葬礼

---

① Yosef H. Yerushalmi, *Zakhor. Jewish History and Jewish Memory*, Seattle: University of Washington Press, 1996.

② Pierre Nora, "Entre Mémoire et Histoire: La problématique des lieux", in Pierre Nora dir., *Les lieux de mémoire*, pp. 24-25.

③ Pierre Nora, "Les Lieux de mémoire, mode d'emploi ", in *Présent, nation, mémoire*, p. 161.

④ Pierre Nora, "La nation sans nationalisme", *Espace Temps*, No. 59-61(1995), pp. 66-69.

⑤ Christian Delacroix et al. éds., *Les courants historiques en France, XIXe-XXe siècle*, p. 553.

⑥ Pierre Nora, "Pourquoi lire Lavisse aujourd'hui?", in *Présent, nation, mémoire*, pp. 193-204.

⑦ Pierre Nora, "L' ' Histoire de France' de Lavisse, pietas erga patriam", in Pierre Nora dir., *Les lieux de mémoire*.

中获得能量"。① 法国内外的去殖民化运动已经摧毁了旧式的民族主义历史，这就是诺拉反复提到的，民族国家和历史不再合一：

> 20 世纪 70 年代法国出现的抗议局面反对的正是这种合一。很显然，经典的、传统的、基督教的、国家主义和中央集权的、农民的法国模式，已经从各个方面破裂了；在过去，这个法国在边界内是享有绝对主权的，在其外部保护地中是帝国主义的，并带有弥赛亚式的和自发的"普世主义"倾向：这就是拉维斯试图阐明的对象。②

因此民族历史应该谋求新的出路：

> 我在高等研究院的讲座中曾尝试……以一种民族情感的研究取代经典的研究……它分析我们集体遗产的各个凝结点，盘点主要的场所（lieux），场所是在各个意义上使用的，它们是集体记忆的植根点，是广义的法国象征。③

但承载这种民族情感的记忆，并非第三共和国的民族史所宣扬的"侵略性的""强烈索要的记忆"。④ 诺拉在《记忆之场》中试图唤起的是一种"没有民族主义的民族"记忆，⑤ 用他 1986 年的话来说，20 世纪以来，"我们的民族笼罩在民族主义之下"，今天，法国摆脱了高卢中心主义、帝国主义和"普世主义"的"民族主义版本的民族"，现在是"法兰西与没有民族主义的民族相逢"的时刻了。⑥

这些说法是在民族主义的衰落的背景下提出的。无论是左翼雅各宾式的爱国主义，还是保守的右翼版本的爱国主义，都在 20 世纪后期成

---

① Pierre Nora, "La nation sans nationalisme", *Espace Temps*, No. 59–61(1995), p. 67.

② Pierre Nora, "Pourquoi lire Lavisse aujourd'hui?", in *Présent, nation, mémoire*, p. 203.

③ Pierre Nora, "Les Lieux de mémoire, mode d'emploi", in *Présent, nation, mémoire*, p. 157.

④ 这是诺拉自己对拉维斯主义的评论，参见沈坚《记忆与历史的博弈：法国记忆史的建构》，《中国社会科学》2010 年第 3 期，第 207 页。

⑤ Christian Delacroix et al. éds., *Les courants historiques en France, XIXe–XXe siècle*, p. 559.

⑥ Pierre Nora, "La nation-mémoire", in Pierre Nora dir., *Les lieux de mémoire*, pp. 2211–2215.

了绝唱。① 大革命 200 周年的纪念活动、诺拉自己关于共产主义和戴高乐主义的研究②都清楚地见证了这一点。因此，在这种情形和心态下书写"民族"，势必与拉维斯代表的那种民族意识有所区别，它不是对第三共和国民族史学的简单复归。

关于《记忆之场》的创新之处，国内学界已有所论及。③ 可以补充的是，从该著的选题看，诺拉没有回避民族历史上的冲突和分裂。虽然《记忆之场》像拉维斯的《法国史》一样，有某种担当民族的"教化传奇"的抱负，④ 但它并不追求后者的那种"全景式的（panoramique）统一"，⑤ 而是充分观照民族史碎裂后的成果和现实，如"多元但统一的法兰西"一卷中有一组文章的主题是"冲突和分裂"（conflits et partages），"共和国"一卷也收入了两篇主题为"反记忆"的文章："旺代"和"巴黎公社墙"。因此《记忆之场》在内容上更富包容性，它承认过去的历史记忆掩盖的冲突也是民族历史的一部分。米歇尔·维诺克对贞德记忆的评论可以诠释这一点。曾经被各派政治势力和社会思潮利用的洛林姑娘贞德，某种意义上凝结着法兰西历史中既相互对立又彼此依存的观念和传统，她是"统一"的，也是分裂的（une et divisible）。⑥ 贞德形象同样可以诠释第三卷那个单复数混用的标题：les France。

从形式上看，《记忆之场》已经不再是统一的、编年体的法国史，而是对民族记忆各个凝结点——"场所"——的盘点与回溯。在《民族》卷的导言中，诺拉强调应从象征的维度研究民族的"表征"（représentation），即使是实体性的疆域问题——如"六边形"——也多着眼于历史上的文本、话语和观念意象的分析。至于史学撰述（如中世纪的《法国大纪年》）、景

---

① Pierre Nora, "Comment écrire l'histoire de France?", in Pierre Nora dir., *Les lieux de mémoire*, pp. 2233-2234.

② Pierre Nora, "Gaullistes et communistes", in Pierre Nora dir., *Les lieux de mémoire*, pp. 2489-2532.

③ 参见沈坚《记忆与历史的博弈：法国记忆史的建构》，《中国社会科学》2010 年第 3 期，第 214~219 页。

④ François Hartog, "Temps et histoire: Comment écrire l'histoire de France?", *Annales. Histoire, Sciences Sociales*, 50° année, No. 6(1995), p. 1233.

⑤ Pierre Nora, "L' 'Histoire de France' de Lavisse, pietas erga patriam", in Pierre Nora dir., *Les lieux de mémoire*, p. 879.

⑥ Michel Winock, "Jeanne d'Arc", in Pierre Nora dir., *Les lieux de mémoire*, pp. 4469-4470.

观［如白兰士（Blache）的《法国地理概论》］、遗产（如加冕之城兰斯）等课题，则更是"第二层次的事实"了，因为它们或是构建，或是反映，或是"内化"于当下的过去。①

2. 第二层次的历史

《记忆之场》不只考察"第二层次的事实"，诺拉还认为应采取与过去不一样的研究路径，即考察"第二层次的历史"：

> 现在是尝试多重阐释的时候了。必须再次重申，这种尝试……将法国界定为一个实在，一个象征性整体……这种历史……较少关注记忆行动甚至纪念活动，而是这些活动留下的痕迹和纪念活动的要害所指；较少对事件本身感兴趣，而是对它们在时间中的构建、消失和其意义的重现感兴趣；较少对实际发生的过去感兴趣，而是对过去的不断被利用、再利用和滥用，以及过去对于连续不断的当下的全部意义感兴趣；较少对传统感兴趣，而是对构建和传递传统的方式感兴趣……这种历史对作为回忆的记忆本身不感兴趣，而是对过去在当下的整体功能和被操控感兴趣，这是第二层次的历史。②

第二层次的历史意味着，研究者关注的重心、问题导向乃至使用的材料，都与以再现历史事件本身为使命的传统史学有了很大的不同。它的出发点在于，通过记忆传承到当下的历史事件，其形态和意蕴是有变化的，而何以发生变化则是研究者应关注的中心问题。对第二层次的历史来说，真正的问题是在事件发生之后人们如何去再现它。

可以结合《记忆之场》中的一些篇章做进一步的说明。如维诺克对贞德的故事本身（"实际发生的过去"）着墨极少，作者关注的重点是贞德身后的故事。法国人对贞德的记忆到19世纪才活跃起来。但在整个19世纪，关于贞德的记忆是撕裂的。她既是天主教的圣徒，也是出身平民的爱国英雄，甚至是"高级种族"的纯洁之花。天主教会、共和派和反犹主义者都在利用和滥用与贞德有关的各种历史细节，对贞德记忆的争夺战鲜明地反

---

① Pierre Nora, "Présentation", in Pierre Nora dir., Les lieux de mémoire, pp. 571–581.

② Pierre Nora, "Les Lieux de mémoire, mode d'emploi", in Présent, nation, mémoire, p. 169.

映了当时法国的政治纷争。与其说维诺克是在讲述贞德,不如说他是在透过贞德讲述近现代法国的政治生活,并通过这段纷扰变幻的故事来诠释"法兰西天性",认识这个"既统一又分裂"的民族。① 从这个意义上说,维诺克感兴趣的不是对贞德的回忆或记忆本身,而是后代人(或曰"连续不断的当下")对有关贞德的记忆进行操控的方式和目的。

《记忆之场》中有一组论文讨论历史上法国的领土空间和边界。② 综合起来看,它们是对这个看似敏感的话题的"时间化"处理。今天的法国人都了解自己的国家是"六边形"的,19世纪的法国读者都知道,莱茵河是他们历史悠久的"自然疆界"。但是这些研究指出,六边形直到20世纪60年代殖民帝国解体后才真正进入法国人的日常用语,而且,直到19世纪末,普通法国人对于法国的地理轮廓是缺少视觉印象的,因为地图奇缺。因此"六边形"是非常晚才构建起来的传统,也是法兰西民族重新自我定位的反映。至于自然疆界,它的实际内容和政治指向都是在变化的,莱茵河作为自然疆界进入法国人的历史记忆,很大程度上是高卢这一历史意象复活的结果。在中世纪,国家边界并不比其他类型的边界更为重要,对边界记忆的强调是近代主权国家崛起的一个推论,但其中经历了"四河之境"记忆的消失以及古代高卢记忆的重现等复杂局面。从这些例子来看,第二层次的历史是莫里斯·哈布瓦赫关于记忆的经典论述的具体阐发:记忆很大程度上是根据"当下"的条件而重构过去,它总是处于变化之中。③ 记忆的功能并非完整地保存过去。

对象征符号的记忆及其政治利用,鲜明地反映在三色旗、马赛曲、7月14日国庆日、"自由、平等、博爱"格言等记忆之场中。④ 这些象征符号都

---

① Michel Winock, "Jeanne d'Arc", in Pierre Nora dir., *Les lieux de mémoire*, pp. 4427-4473.
② Cf. Bernard Guenée, "Des limites féodales aux frontières politiques", in Pierre Nora dir., *Les lieux de mémoire*, pp. 1103-1124; Daniel Nordman, "Des limites d'Etat aux frontières nationales", in Pierre Nora dir., *Les lieux de mémoire*, pp. 1125-1146; Jean-Marie Mayeur, "Une mémoire-frontière: L'Alsace", in Pierre Nora dir., *Les lieux de mémoire*, pp. 1147-1169; Eugen Weber, "L'hexagone", in Pierre Nora dir., *Les lieux de mémoire*, pp. 1171-1190.
③ Maurice Habwachs, *La mémoire collective*, 2e édition, Paris: PUF, 1968, pp. 57, 73.
④ Christian Amalvi, "Le 14-Juillet: Du Dies irae à Jour de fête", in Pierre Nora dir., *Les lieux de mémoire*, pp. 383-423; Michel Vovelle, "La Marseillaise: la guerre ou la paix", in Pierre Nora dir., *Les lieux de mémoire*, pp. 107-152; Mona Ozouf, "Liberté, égalité, franternité", in Pierre Nora dir., *Les lieux de mémoire*, pp. 4353-4388.

源于大革命，但到它们最终被确立为共和国的象征，是一个相当曲折的过程，历时约一个世纪之久，而它们的共和主义象征意蕴无疑是在这一历程中逐渐被塑造和突出的。例如，三色旗最初的象征意义、旗帜的具体形象和三种颜色的排列顺序都是不确定的。它真正深入人心是在大革命的对外战争和拿破仑战争期间，尤其是它成为白旗的对立面之时，但白旗作为王党和旧制度的象征，也是在大革命的战争年代被"发明"出来的。当 1830 年的七月革命推翻波旁复辟王朝，年迈的拉法耶特将军将三色旗授予新国王路易·菲利普时，"民族找回了自己的色彩"，人们仿佛回到了 41 年前，看到了风华正茂的法拉耶特和他的三色旗带给法国的希望。1848 年革命和 1871 年巴黎公社时，三色旗还被赋予抵御红旗所象征的社会主义革命的意义。第三共和国最终选定它作为国旗，不仅因为它已经是深入人心的民族象征色，还因为它可以作为抵挡来自左右两翼的威胁的符号。① 三色旗的百年历程典型地反映了象征物在时间中的意义消失、重现和重构，以及各种政治格局下人们对它的利用。阿尔托格指出，记忆之场中的"场"是对西塞罗 locus（地点）概念的一个修辞性用法，这个词本指放置事物的地方，它始终是人为构成的；同样，诺拉的"场"也不是简单给定的，而是被建构和不断重构的。②

　　第二层次的历史强调的是当下对过去的操纵和利用，关注记忆、纪念所唤起的过去在当下的意义，相形之下，"实际发生的过去"反而是个次要的问题。这的确是历史认知兴趣的一个重大转移。按阿尔托格的说法，19 世纪的"科学历史学"以过去和当下截然两分为前提，历史应始于记忆中断之处，即始于档案文献。③ 这一方面是因为现代历史学重视修昔底德对记忆的贬斥；④ 另一方面也因为其科学主义抱负，即通过档案的搜集可以重建"真实发生的过去"。记忆研究导致的兴趣转移也使史学研究的资料来源发生了重大变化。过去不大可能通过深埋在档案馆里的文件来影响当下，这

① Raoul Girardet, "Les Trois Couleurs", in Pierre Nora dir., *Les lieux de mémoire*, pp. 49-66.

② François Hartog, "Temps et histoire: Comment écrire l'histoire de France?", *Annales. Histoire, Sciences Sociales*, 50ᵉ année, No. 6(1995), p. 1231.

③ François Hartog, *Régimes d'historicité: Présentisme et expériences du temps*, Paris: Editions du Seuil, 2012, p. 166.

④ Philippe Joutard, "Mémoire collective", in Christian Delacroix et al. eds., *Historiographie*, Ⅱ, *Concepts et débats*, p. 779.

些文件产生影响的主要途径在于对它的各种再现，传播越广的再现物越是重要。因此《记忆之场》的很多研究都注重普通人所能接触的流行文本和图像，即使它们是对过去的扭曲和幻觉，也都承载着重要的历史信息。从这个层面来说，对过去的再现、利用和扭曲，同样是历史研究不可忽视的：幻觉和想象本身就是历史的一部分，并且塑造着历史。①

（三）史学史转向与拉维斯主义的去神圣化

诺拉1978年在高等研究院开展"当下史"研究时，就已经在关注第二层次的历史了。那时他倡导回归事件史，但这种事件不再是传统史学中"实际发生"的事件，而是通过媒介传播的事件（évenement médiatisé），②即经过再现的事件。在《记忆之场》的研究展开后，他发展了当初的设想，并将新的研究路径纳入现代法国史学发展的宏观脉络中。

诺拉曾多次提到，19世纪末法国史学有过一次"方法论"（méthodique）或"史料批判"的转向，《年鉴》的诞生标志着"结构转向"，二战后心态史等新史学的出现则可以"人种志"转向名之，福柯（Michel Foucault）的《疯癫史》是其标志之一，而以《记忆之场》为代表的史学是一种"史学史"（historiographique）断裂或转向。③他强调，这种史学史不是传统上对史家、流派的分析，而是在民族历史的框架中"对我们接受的整个传统的理性分析，对于这种传统，当下（présent）迫切要求我们重新审视，但我们不能带着实证主义者天真本能的眼光……而是要从整体上把握我们遗产的各个组成要素，剖析其构成，如杜比笔下的布汶战役"。④

换言之，史学史转向要求对不同时代的各种史学和记忆呈现做更为全面的剖析。前文对《记忆之场》中一些篇章的简介，可以视为对史学史转向的反映，贞德、法国的疆界、共和国的各种象征符号在历史进程中不断被人再现和利用，只不过这些研究所使用的材料不只限于纯粹的历史著述。但《记忆之场》中的许多论文，直接针对一类特殊的记忆之场，即法国史

①　Daniel Nordman, "Des limites d'Etats aux frontières nationales ", in Pierre Nora dir., *Les lieux de mémoire*, p. 1129.

②　Christian Delacroix et al. éds., *Les courants historiques en France, XIXe-XXe siècle*, p. 526.

③　Pierre Nora, "Les Lieux de mémoire, mode d'emploi", in *Présent, nation, mémoire*, pp. 165-168.

④　Pierre Nora, "Une autre histoire de France", in *Présent, nation, mémoire*, pp. 155-156.

上一些重要的历史著作和历史记忆机构，这是一种狭义的史学史，某种意义上说是对拉维斯主义更为深刻的反思乃至颠覆。

反思首先针对 19 世纪民族史的科学基础：档案。在对拉维斯《法国史》的论述中，诺拉指出，实证主义者大有将历史化约为档案的倾向，而且他们从不怀疑，档案的"普遍真理性"和"民族的特殊真理性"可以完美融合。[1]《记忆之场》中有数篇论文论及作为民族的记忆之场的档案制度，以及档案与历史书写的关系。[2] 法国官方档案制度的设立是在 12 世纪末腓力二世时期，它的初衷是服务于王权，是一种王朝记忆策略。[3] 波米扬在总结法国档案八个世纪的历程时也说，档案先是与君主制的记忆，后是与民族的记忆紧密联系在一起。[4]

诺拉的基本看法可见于对拉维斯的《法国史》的分析中，[5] 他强调档案是国家权力的产物。在法国，历史学与档案的自觉结合是 19 世纪初的事情。但此前他就对档案与民族历史的构建之间的关系进行了研究。[6] 诺拉认为，19 世纪的欧洲史学对档案的系统利用，主要是为了服务本质上属于民族主义运动的历史学，后者"将档案提升至真理之保障、科学性之标准的地位"，[7] 从而赋予民族史书写以权威性和神圣性。但档案从其源头上说是国家权力集中的结果和反映，"权力的档案预先就规划出某种权力的历史，一种政治、军事、行政、外交和传记的历史，一种有关领导阶级和民族国家

---

[1] Pierre Nora, "L' ' Histoire de France' de Lavisse, pietas erga patriam", in Pierre Nora dir., *Les lieux de mémoire*, pp. 863, 870.

[2] 另参见 Laurent Theis, "Guizot et les institutions de mémoire", in Pierre Nora dir., *Les lieux de mémoire*, pp. 1575-1597; Krzyszt of Pomian, "Les archives, du Trésor des chartes au Caran", in Pierre Nora dir., *Les lieux de mémoire*, pp. 3999-4067；等等。

[3] Jacques Le Goff dir., *Histoire de la France. La longue durée de l'Etat*, Paris: Edition du Seuil, 2000, pp. 52-53.

[4] Krzysztof Pomian, "Les archives, du Trésor des chartes au Caran", p. 4056.

[5] Pierre Nora, "L' ' Histoire de France' de Lavisse, pietas erga patriam", in Pierre Nora dir., *Les lieux de mémoire*, pp. 863-873.

[6] Pierre Nora, "Archives et construction d'une histoire nationale: les cas français", in *Colloques Internationaux du CNRS*, No. 555, (*Les Arabes par leurs archives xvi-xxe siècle*), Paris: CNRS Edition, 1976, pp. 323-332.

[7] Pierre Nora, "L' ' Histoire de France' de Lavisse, pietas erga patriam", in Pierre Nora dir., *Les lieux de mémoire*, pp. 872-873.

发展的回溯性的记录"。① 而且，这种形态的历史学还到处传播，它的精神和方法论被视为具有普适性，"但它其实是一种非常特别的历史的产物：这就是古老的民族国家历史"。②

诺拉的反思与前引旺代人对官方档案的怀疑立场形成呼应，而且这一反思引起共鸣。在近期的德国，史学家们也已注意到类似的问题。鲁道夫·菲尔豪斯在论及 19 世纪德国史学中的国家主义视角时说，"研究者的注意力过分地集中于政府行为和中央行政制度，当时大量国家档案资料的发掘推动了这一研究趋向；学者们完全从国家的角度、从国家行为这一渠道来考察历史"。③于尔根·科卡（Jürgen Kocka）则说，在 19 世纪，历史学家们最重要的工作场所——档案馆，"绝大多数是由国家——越来越多地由民族国家——组织建设的"。④ 从这个意义上说，19 世纪历史学的学科基础决定了它是以民族国家为中心的。

这些评论都在提醒我们，兴起于 19 世纪欧洲的"科学历史学"的局限性，而诺拉的"史学史转向"无疑有助于深化对传统的民族国家历史叙事的反思。权力的档案预示着权力的历史，这本身就是一句鲜明的解构主义的口号。在诺拉看来，以文献档案为民族服务的史学家，本质上与昔日为贵族服务的封建法学家并无二致。⑤ 有了这样一个认识前提，当《记忆之场》对民族历史上一些重要的历史撰述和记忆机构进行史学史考察时，就意味着从学科内部对它们进行了一次"去神圣化"。在这个意义上，完全可以说这是对实证主义时代拉维斯《法国史》的颠覆。

不过，史学史的批判性考察的目的，不仅在于揭示 19 世纪民族史构建中的"天真本能的眼光"，同样也在于把握民族历史—记忆中的若干重

---

① Pierre Nora, "Archives et construction d'une histoire nationale: les cas français", in *Colloques Internationaux du CNRS*, No. 555, (*Les Arabes par leurs archives xvi-xxe siècle*), p. 331.

② Pierre Nora, "Archives et construction d'une histoire nationale: les cas français", in *Colloques Internationaux du CNRS*, No. 555, (*Les Arabes par leurs archives xvi-xxe siècle*), p. 332.

③ Rudolf Vierhaus, "Absolutismus", in Rudolf Vierhaus, *Deutschland im 18 Jahrhundert*, Göttingen: Vandenhoeck & Ruprecht, 1987, pp. 63-83.

④ 于尔根·科卡：《国际历史科学大会：回望与期待》，景德祥译，《史学理论研究》2015 年第 3 期，第 4 页。

⑤ Pierre Nora, "Archives et construction d'une histoire nationale: les cas français", in *Colloques Internationaux du CNRS*, No. 555, (*Les Arabes par leurs archives xvi-xxe siècle*), p. 332.

要元素。《记忆之场》有一系列专门探讨拉维斯之前的法兰西历史—记忆的论文，[①] 即使对于广泛被认为不关注政治史的年鉴学派，波米扬也试图从马克·布洛赫的名著中指出有关民族的主题。[②] 总体而言，这些文章的设问重心都在于，历史是如何表述民族的？当然，民族历史这个概念本身也有一个历史化的过程。在中世纪，它与王朝记忆是合一的，贝尔纳·葛奈关于中世纪的论文就揭示了这种情况。从加洛林时代到百年战争期间，制造王朝记忆、为国王服务的历史撰述中心发生了好几次空间位移：从最初的王室礼拜堂到兰斯，再到卢瓦尔河畔的弗勒里修道院，当中心于 12 世纪转到圣丹尼后，法国的记忆找到了一个长久的生产地和储存地。葛奈还考察了中世纪一些重要史著的流传，从而拓宽了史学史的视野。[③]

应该指出的是，《记忆之场》并非这种第二层次的历史和史学史方法的

---

① 如 Bernard Guenée, "Chancelleries et monastères: La mémoire de la France au Moyen Age", in Pierre Nora dir., *Les lieux de mémoire*, pp. 587 - 606; Bernard Guenée, " 'Grands Chroniques de France': Le Roman aux roys, 1274-1518", in Pierre Nora dir., *Les lieux de mémoire*, pp. 739-758; Corrado Vivanti, "'Les Recherches de la France' d'Etienne Pasquier: L'invention des Gaulois", in Pierre Nora dir., *Les lieux de mémoire*, pp. 559-786; Marcel Gauchet, "Les 'Lettres sur l'histoire de France' d'Augustin Thierry", in Pierre Nora dir., *Les lieux de mémoire*, pp. 787-850; 等等。

② Krzysztof Pomian, "L'heure des 'Annales': La Terre-les homes-le monde", in Pierre Nora dir., *Les lieux de mémoire*, pp. 903-952. 波米扬认为，马克·布洛赫在《会魔法的国王》(*Les rois thaumaturges*) 中描绘的国王神圣权力的历史，也是一部有关君主与民族和国民之间关系的历史。在中世纪存在各种身份差异的社会里，国王是一个非常独特的角色。他从性质上不同于其他的群体，但他能够，也唯有他能够维系整体。法兰西民族是国王的全体臣民，他们都从国王的世俗和超自然的权威头衔中受益，尽管他们在其他方面各有不同，但在这方面他们是一致的。而在漫长的法律身份平等化历程完成之时，在信仰体系解体之后，法兰西民族已经可以构建自身的团结和稳定。他们生来就是法国人，因为一生下来就跟这个身份联系在一起，既因为共同的语言和确定的传统，也因为国家负责防卫和维持秩序。此时国王退居次席了，国王之所以为国王，是因为法国人的同意，他是法国的代表和人格化象征。总之，一开始民族靠国王而存在，在大革命前夕，是国王依靠民族而存在。这时神奇的治病能力不再是必要的了，国王的神话死了，君主制的信仰也随之衰亡 (Krzysztof Pomian, "L'heure des 'Annales': La Terre-les homes-le monde", in Pierre Nora dir., *Les lieux de mémoire*, pp. 892-933)。不过需要指出的是，《会魔法的国王》中有关民族叙述的 "时间性" (temporality) 与拉维斯的《法国史》是不同的，前者是一种相当长时段的、缺乏明确年代标记的、隐性的民族发展史，这跟后者以政体变迁为中心、按年代顺序来讲述、集中于政治军事等事件的民族史差异较大。

③ Bernard Guenée, "Chancelleries et monastères: La mémoire de la France au Moyen Age", in Pierre Nora dir., *Les lieux de mémoire*.

首创者。在这方面，乔治·杜比的《布汶的星期天》① 堪称先驱者。这部出版于 1973 年的作品至少反映了两种新趋向：事件的回归和对事件的记忆的追溯，② 即第二层次的历史。杜比在书中考察了布汶战役的记忆历程：它在 13 世纪后一度被人遗忘，17 世纪时在对卡佩王朝的颂扬声中复活，而在 1914 年前不久到达记忆的顶峰，当时这场战役的意义比贞德还重要——贞德是抗英英雄，但英法两国已经于 1904 年缔结协约——因为"这是我们对德国人的首次胜利"。显然，当时的国际关系格局是理解这一记忆现象的关键。诺拉也曾谈到杜比这一研究的意义，并认为它是《记忆之场》的先声。③

这种路径较宽的史学史可以视为政治史的一个重要方面，即政治对过去的利用，借用诺拉的说法，就是当下为何和如何利用"媒介化"的过去。比如关于查理曼的研究。查理曼是中世纪的人，但《记忆之场》中对他的研究完全着眼于 17 世纪以后，使用的材料也不是中世纪的文献，而是近代以来的史学和政治宣传中对他的描述。④ 可以说，史学史转向是第二层次的历史在方法论上的一个合乎逻辑的结果。

这种史学史可以与政治史研究紧密结合在一起。如在法国的中世纪史研究中，学者频频从中世纪的史学著述出发，分析当时的政治策略和身份认同等问题。如有人指出，爱因哈德的《查理大帝传》中关于墨洛温懒王的历史记述，是为了论证加洛林王朝的合理性而编造出的传说。⑤ 因此，考察对于过去的表述是窥视当下政治的一条可行路径。

从上述分析来看，这种史学史路径有一个前提假设：历史书写是一种有意识的权力策略，是对过去的一种政治利用，即使以科学标榜的实证主义民族史也不例外。这就很自然地导致过去形象的复杂化，因为不同的历史书写会展现不同的过去。一旦《记忆之场》把这些不同的过去同时展现

① Georges Duby, *Le dimanche de Bouvines*, Paris: Gallimard, 1973.
② Philippe Joutard, *Histoire et mémoires, conflit et alliance*, p. 171.
③ Pierre Nora, "Duby, l'autre bataille de Bouvines", in Pierre Nora, *Présent, nation, mémoire*, pp. 205-220.
④ Robert Morrissey, "Charlemagne", in Pierre Nora dir., *Les lieux de mémoire*, pp. 4389-4425.
⑤ Philippe Contamine dir., *Histoire de la France politique*, I, *Le Moyen Age*, Paris: Editions du Seuil, 2002, p. 94.

出来，过去的整体性、连续性便动摇了。这是该著与拉维斯主义民族史的另一个根本不同之处。

第五节　当下主义：一种新的历史性体制的诞生？

在今天的法国学界，《记忆之场》不只是一个新的研究领域的代表作，它还促使理论家对 20 世纪末的法国史学乃至西方史学做更深层次的思考。在这方面，法国学者弗朗索瓦·阿尔托格尤其具有代表性。在他提出的"历史性的体制"（régime d'historicté）和"当下主义"（présentisme）概念中，诺拉的记忆研究是非常重要的参考。这里拟结合《记忆之场》中的一些具体论述做一些说明。

历史性体制和当下主义都是晚近的概念，前者最初是阿尔托格于 1983 年提出的，后来他做了进一步的发挥，并将其与当下主义放在一起进行系统的探讨。二者都牵涉历史研究中的时间经验和时间意识问题，相关的论述显得比较抽象。根据阿尔托格在《历史性的体制：当下主义与时间经验》一书中的阐述，历史性的体制一说，指的是各个社会在过去、现在和未来之间确立的关系。[1] 阿尔托格本来是位研究古希腊的历史学家，他将研究欧洲近代史的科泽勒克、研究人类学的马歇尔·萨林斯（Marshall Sahlins）和关注"当下史"的诺拉的核心观点融会在一起，认为西方世界至少先后出现过若干种历史性体制。第一种是《荷马史诗》所反映的"英雄"体制，这种体制中的人很难感觉到时间的流逝，"每一天都是新的"，人们很难区分过去和当下。第二种历史性体制，阿尔托格称为历史性的"旧制度"，这种体制中的人最突出的意识在于，过往的经验是未来模仿的典范，西塞罗的名言"历史乃人生之师"（Historia magistra vitae）就是这一意识的典型写照。但法国大革命颠覆了这种意识，开启了向现代历史性体制的转变，人们开始从未来出发赋予过去意义。阿尔托格认为，夏多布里昂的思想转变就集中展现了两种历史性体制的冲突和转换。[2] 现代性历史体制可以被视为一种未来主义，这种未来是历史中尚未经历过的、全新的期待中的未来，

---

① François Hartog, *Régimes d'historicité: Présentisme et expériences du temps*, Paris: Seuil, 2012.

② François Hartog, *Régimes d'historicité: Présentisme et expériences du temps*, pp. 97–139.

而时间则成为指向进步的矢量和媒介,从此历史有了一个方向,一个可以通过过去的某些特征窥视的终极目标,即德国历史学家科泽勒克所称的新的"期待视域"(Erwartungshorizont)。[1] 过去和当下的苦难都不会是无意义的,而是更美好时代的前奏。在这种历史性体制中,历史是一场有目标的、连续性的运动。但阿尔托格认为,在20世纪末的西方世界,尤其是在法国,未来主义似乎已经走到了尽头,这时,另一种历史性体制,即"当下主义"开始浮出水面,在这种历史性体制中,未来不再是光辉的,过去同当下的连续性也已经很虚弱,不断变换的"当下"主宰了人们的时间意识。[2] 本节试图结合诺拉等人的论述做一些深入说明。

(一)作为遗产的民族

阿尔托格将1789年和1989年作为未来主义(或现代历史性体制)的开始和终结的两个标志性日期。如果取二者的中间日期,即1889年,我们会看到"法兰西身份认同的顶点"。[3] 那一年的5月5日(1789年三级会议召开的日子),共和国总统萨迪·卡诺[Sadi Carno,大革命的"胜利组织者"拉扎尔·卡诺(Lazare Carno)的孙子]发表演讲,强调大革命中的革命者是共和国的"建筑师";次日,卡诺为世界博览会揭幕时说:"法国昨天纪念开启人类历史新纪元的光辉日子,今天我们来注视这个伟大的劳动和进步的世纪所创造的光辉"。人们称5月5日是"父亲们的节日",5月6日是"儿子们的节日"。[4] 那一年落成的埃菲尔铁塔,意在彰显法兰西民族与共和国的光荣。[5] 这种纪念行为,明显是要将当下与过去连接在一起并展

---

[1] 在阿尔托格的理论建构中,科泽勒克的学说同样是重要的参照。可参阅 Reinhart Koselleck, *Vergangene Zukunft. Zur Semantik geschichtlicher Zeiten*, Frankfurt am Main: Suhrkamp Verlag, 1979。

[2] 阿尔托格关于历史性体制和当下主义的系统论述,见 *Régimes d'historicité: Présentisme et expériences du temps*。另见弗朗索瓦·阿尔托格《一个古老名词的未来:兼论当下主义历史观》,黄艳红译,《史学理论研究》2014年第3期;黄艳红《欧洲历史中的过去和未来——简析科泽勒克和阿尔托格的历史时间研究》,《史学理论研究》2014年第4期。

[3] Pascal Ory, *Une nation pour mémoire, 1889, 1939, 1989, trois jubilés révolutionnaires*, p. 253.

[4] Patrick Garcia, *Le Bicentenaire de la Révolution française. Pratiques sociales d'une commémoration*, pp. 62-63.

[5] Pascal Ory, *Une nation pour mémoire, 1889, 1939, 1989, trois jubilés révolutionnaires*, pp. 108-109; Henri Loyrette, "La tour Eiffel ", in Pierre Nora dir., *Lieux de mémoire*, pp. 4271-4293.

望未来：当下是共和国，未来是无限的进步，过去的大革命是它们的源头和基础。

然而，记忆和纪念活动中这种鲜明的政治取向，看来已经在 20 世纪末消失了，国庆仪式"已经成了每年的例行公事，而且人们沉浸在旅游氛围中，这样的节日看来早已失去一切党派性和战斗色彩"。法国人对国庆日已经"毫不关心"了。[1] 米歇尔·伏维尔则感叹："今天的《马赛曲》还剩下什么？"由于大革命在学校课程中的地位不断下降，"《马赛曲》失去了最基本的事件背景参照"。[2] 弗朗索瓦·孚雷也说，"旧制度"与"大革命"这两个曾经引起无数争议、激发过众多史家著述热情的概念，现在已经在法国人的漠不关心和法国的繁荣昌盛中死去。[3]

记忆和纪念活动的"去政治化"现象同样体现在埃菲尔铁塔和环法自行车赛上。这两个事物最初的诞生都是带有国家意志的。埃菲尔铁塔是"共和之塔""世俗之塔"；环法自行车赛是一种"国家仪式"，它试图让人感受"受创"的国土。然而，到《记忆之场》的年代，埃菲尔铁塔究竟象征什么，"其实都无关紧要"；而环法自行车赛在二战后变成了消费盛事，完成了"从意志主义教育到消费主义教育的转化"。[4]

因此，这些"记忆之场"当初严肃的政治意蕴都被当下的消费主义稀释了、抽离了，这是民族国家在集体记忆中已然枯竭的例证。国庆日、马赛曲、旧制度与大革命这些记忆之场，都与大革命这一共和主义民族认同的奠基性事件相关，自然具有特殊性。但《记忆之场》中的另一些篇章同样折射出这种意识。如"自然疆界"等曾经非常具有民族色彩的话题，也已经很难体察到拉维斯主义的那种进攻性和"索要"特征了。人们可以从容地追溯"自然疆界"的观念如何被发明出来并服务于王朝国家的边境扩张；[5] 可以承认

---

① Christian Amalvi, "Le 14 – Juillet: Du Dies irae à Jour de fête", in Pierre Nora dir., *Les lieux de mémoire*, p. 418.

② Michel Vovelle, "La Marseillaise: la guerre ou la paix", in Pierre Nora dir., *Les lieux de mémoire*, p. 149.

③ François Furet, "L'Ancien Régime et la Révolution", in Pierre Nora dir., *Lieux de mémoire*, p. 2324.

④ Henri Loyrette, "La tour Eiffel "; Georges Vigarello, "Le tour de France", in Pierre Nora dir., *Les lieux de mémoire*, pp. 3801 – 3833.

⑤ Daniel Nordman, "Des limites d'Etats aux frontières nationales ", in Pierre Nora dir., *Les lieux de mémoire*, pp. 1125 – 1146.

1871 年德国兼并阿尔萨斯后，当地居民的情感是复杂的，并非法兰西—德意志这样简单的二元选择可以描述的。① 在《六边形》一文中，尤金·韦伯这样论述二战后法国人的边界意识：

> 人们的头脑在发生转变……过去人们曾关注边界界标，如今准备放弃界标。国家边界失去了其首要但短暂的意义，民族国家意识形态正在让位于新的更大范围的内部交流这一现实……对明确边界的热情开始消退……一个民族的定义不是线性边界……从此不必强调民族身份认同了，为此只要采用一个跟路标差不多的标记就行了。②

这种边界意识，显然与战后的欧洲建设和法德和解有关，虽然这不是全部的原因。这表明，在西欧和法国的现实生活中，民族国家意识正在削弱。如诺拉所言，曾凝结着民族情感的"六边形"正在高处和低处分裂。高处是欧洲、西方世界，低处是地区、故乡等地方性现实。"民族情感从肯定变成了质疑"，这是传统民族主义的终结。③ 谈及德法之间的边界，人们不再像一个世纪以前那样剑拔弩张了，关于莱茵河和阿尔萨斯的记忆已经冷却，两国的边界如今已是确定的而非处于争议中；移民也已不再毫无批判地接受拉维斯的共和主义历史"圣经"，他们更愿意强调融入法国进程中的冲突，强调他们被压抑的身份和记忆。

以上所有例证归结为一点，就是诺拉所说的，过去作为民族象征的符号完成了"从民族性到遗产性"的过渡。④ 对"遗产"（patrimoine）的强调是随着《记忆之场》一书的进展而出现的。当全书第二卷"民族"还未完成时，诺拉就提出，"遗产"一词可以统帅整部著作。⑤ 正如保罗·利科所言，诺拉关于记忆之场的理解有一个内在的发展过程，这尤其体现在"记

---

① Jean-Marie Mayeur, "Une mémoire-frontière: l'Alsace ", in Pierre Nora dir., *Les lieux de mémoire*, pp. 1147–1169.

② Eugen Weber, "L'Hexagone ", in Pierre Nora dir., *Les lieux de mémoire*, p. 1186.

③ Pierre Nora, "Comment écrire l'histoire de France?", in Pierre Nora dir., *Les lieux de mémoire*, p. 2234.

④ Pierre Nora, "L'ère de la commémoration", in Pierre Nora dir., *Les lieux de mémoire*, pp. 4699–4710.

⑤ Pierre Nora dir., *Les lieux de mémoire*, pp. 1431.

忆遗产"（mémoire-patrimoine）上。[1] 这个概念是在"民族"卷结束之后提出的。[2] 虽然这些记忆之场见证着民族国家的过去，但诺拉此刻强调的是，记忆本身包含的各种元素也已成为"集体遗产"了，"从民族性到遗产性"则是他在全书最后的评论中的说法。

要理解记忆之场的"遗产"性质，仍须以"终结的时代"为背景条件，而且，在《记忆之场》问世的时代，这种"终结感"在公共生活中表现得更为强烈了，最明显的例子就是 1989 年法国大革命 200 周年的纪念活动。

在 1989 年来临之前，莫娜·奥祖夫就已经提到传统的政治格局和意识形态的终结。[3] 她指出，推动大革命纪念活动、强化或激活其记忆的有两大逻辑：共和主义的逻辑和革命的逻辑。1889 年，新生的世俗共和国仍受到王党主义和教权主义的挑战，它需要在对大革命的追忆中强化自己的合法性；1939 年，法国共产党是纪念活动的重要推手，那时候的工人阶级及其政党深信"革命永不停止，它永远具有现实性。我们的祖先看到了开端，我们还没有走完一半的路程"，法共领导人强调大革命是预言性的，它有不可穷尽的繁殖力，"工人阶级还没有完成 1789 年的事业"。[4] 在这两种情形下，当下尚未完成的事业都很自然地被认为是大革命的延续。

但是，到 20 世纪 70 年代，这两个逻辑的内在动力都已经被耗光。就共和制而言，连极右翼的国民阵线领导人勒庞也不否认"自己身处共和国之中，对这一现实并不质疑"。[5] 而另一个逻辑，即革命的逻辑，到 20 世纪 80 年代也已褪去了昔日的光芒，这不仅反映在学术研究方面——孚雷著名的檄文《法国大革命结束了》（1978 年）就是明证[6]——同样反映在左翼意识形态在知识界乃至整个法国社会的衰落中，这是大革命开启的革命旅程的终结。过去曾激起人们记忆的重大政治和社会斗争以及革命理想主义，已

[1] Paul Ricoeur, *La mémoire, l'histoire, l'oubli*, Paris: Seuil, 2000, pp. 522–535.

[2] Pierre Nora, "La nation-mémoire", in Pierre Nora dir., *Les lieux de mémoire*, pp. 2207–2216.

[3] Mona Ozouf, "Peut-on commémorer la Révolution française?", *Le Débat*, No. 26(1983), pp. 161–175.

[4] Mona Ozouf, "Peut-on commémorer la Révolution française?", *Le Débat*, No. 26(1983), p. 168.

[5] Patrick Garcia, *Le Bicentenaire de la Révolution française, Pratiques sociales d'une commémoration*, p. 81.

[6] 中译见弗朗索瓦·傅勒《思考法国大革命》，孟明译，生活·读书·新知三联书店，2005，第 1~118 页。

经淡出了法国的公共生活。知识界也陷入沉寂：20世纪80年代，法国的知识分子"失却了本世纪早期与中期的激情"，过去曾经引起极大反响的大辩论"显然已经成为历史"，[1] 因此像大革命"这种并无一致见解的共同场所所表达的不再是斗争信念和热情的参与"。[2]

无论是民族还是共和国，都已不需要拉维斯主义那带有进攻色彩和构建主义意识的历史叙事来强化其认同，往日的冲突消失或冷却了，所有相关的元素都成为共同的"集体遗产"——这时的民族不再是一场战斗，而是一个给定的条件；[3] 从这个意义上说，"没有民族主义的民族"不仅是一种意向，而且是一种既成事实。

（二）历史连续性的动摇

当民族的记忆业已成为遗产时，《记忆之场》中的某些晦涩文字便可以理解了："历史记忆的对象逐步转向最终的死亡……人们已经摆脱了传统的余温……过去周而复始的事情已经走到了终点……"[4] 过去赋予国庆日的意义已经丧失，当代的人们把它转变成一场消费主义的盛宴，这是过去与当下的割裂。靠传统的余温维系的历史，其连续性已经十分淡薄，在这种情形下，新的民族史书写必然呈现出不同的面貌。

19世纪的法国民族史有这样一种信念：民族的形成有深厚的历史渊源，并与指向未来的进步主义紧密相连。因此过去、现在和未来存在连续性：历史是一个进程，一种进步，一种必然的发展。按科泽勒克的说法，这种历史观18世纪后期才诞生，[5] 这就是阿尔托格说的"未来主义"的历史性

---

① 吕一民、朱晓罕：《良知与担当：20世纪法国知识分子史》，浙江大学出版社，2012，第271页。

② Pierre Nora, "Entre Mémoire et Histoire: La problématique des lieux", in Pierre Nora dir., *Les lieux de mémoire*, p. 29.

③ Pierre Nora, "Entre Mémoire et Histoire: La problématique des lieux", in Pierre Nora dir., *Les lieux de mémoire*, p. 28.

④ Pierre Nora, "Entre Mémoire et Histoire: La problématique des lieux", in Pierre Nora dir., *Les lieux de mémoire*, p. 23.

⑤ Reinhart Koselleck et al., "Geschichte/Historie", in Otto Brunner et al. eds., *Geschichtliche Grundbegriffe, Historisches Lexikon zur politisch-sozialen Sprache in Deutschland*, Band 2, Stuttgart: Ernst Klett Verlag, 1975, p. 594.

体制。诺拉也意识到这种未来主义，稍有不同的是，他把回到想象中的美好过去也看作一种未来的视角：

> 历史，更确切地说是民族史，通常是从未来的视角书写的……人们是根据不言明的，有时甚至是公开的观念，根据未来必然或可能展露的面貌，来追忆集体之生存所需要的事物……这就使得当下成为简单且永恒的过渡，而历史学家则成为摆渡者……这种对未来的预期和对过去的追忆……是依据三种重要的理解模式来进行的：可能的复辟模式……可能的进步模式……再有就是期望中的革命……。[1]

在未来主义的视野下，当下只是通往一个应然的美好未来的过渡期。而在这一伟大的历史进程中，民族、祖国无疑是最重要的角色，[2] 这是历史学家的一种自觉意识。1876 年《历史评论》创刊时，历史学家加布列尔·摩诺在发刊词中称，历史研究的唯一目标就是"获得真理"，从而"以隐秘而可靠的方式致力于弘扬祖国的伟大和促进人类的进步"。[3] 1922 年，当拉维斯《法国史》最后一卷问世时，这位年迈的教父虽然意识到大战造成的创伤何等深重，但他在书末的"总结论"中仍在努力寻找"相信未来"的理由，如"不可摧毁的"民族统一、一个"可以认为最终确定下来"的政府，尤其是进步的历程将重新开始，"各民族将再次启程，迈向一个新的阶段。我们有理由期望和相信，法国仍将是先锋"。[4]

但诺拉随即指出，"这个世纪的严酷现实相继耗尽了这三大模式的希望和幻觉"。[5] 不仅回归传统已无可能，革命意识形态也已衰落，进步主义则随着经济危机和其他社会问题的爆发而受到普遍的质疑。20 世纪 80 年代，

---

[1] Pierre Nora, "Comment écrire l'histoire de France?", in Pierre Nora dir., *Les lieux de mémoire*, pp. 2231–2232.

[2] François Hartog, *Régimes d'historicité: Présentisme et expériences du temps*, p. 146.

[3] Gabriel Monod, "Introduction. Du progrès des études historiques en France depuis le XVIe siècle", *Revue Historique*, Vol. 1(1876) , p. 38.

[4] Ernest Lavisse, *Histoire de France contemporaine, depuis la Révolution jusqu'à la paix de 1919*, pp. 511, 515, 551.

[5] Pierre Nora, "Comment écrire l'histoire de France?", in Pierre Nora dir., *Les lieux de mémoire*, p. 2232.

左翼的共和国总统密特朗也公开承认："对进步的普罗米修斯式的狂热不完全符合我的意图……我们不再生活在启蒙时代……我们认识到理性女神的两面性。"① 未来并没有消失，但它变得晦暗不明，过去的乐观和进步如今让位于责任和谨慎。② 对法兰西民族来说，它已经不可能有引领世界走向进步的雄心，它甚至不能设想现存的民主共和制度会有根本的变化。换言之，它已经难以憧憬新的期待视域。当下已经定格，不再是"永恒的过渡"。

未来主义视角下的民族史不仅憧憬光辉的未来和无限的进步，还着力塑造过去与当下的连续性，"因为我们通过过去来景仰的正是我们自己"。③ 拉维斯正是负责在学校中教育孩子们树立这样的信念："我们的祖先，就是过去的我们。"④ 于是，在长19世纪，寻找各种起源、塑造当下与过去的延续性成了一项使命。

对于复辟王朝一代的史学家，学术和政治上的一大基本任务是弥合大革命与民族历史的割裂。他们最大的功绩之一就是以他们的研究证明，大革命"是10个或11个世纪的历史戏剧的自然结局"，1789年的断裂"被纳入许多世纪的漫长的连续性序列中"，"一种有关历史时间的深度和力量的新意识确立了起来"。⑤ 人们把大革命的起源和第三等级的兴起追溯到12世纪的公社运动。这种"长时段"的历史意识在当时是一种相当普遍的信念，⑥ 梯叶里《法国历史通信》的发表是"民族的长时段历史的酝酿时刻"。⑦

与此相应，在拉维斯《法国史》的编纂中，"民族编年史的重心一下子转移到了历史的上游"，研究1453年之后历史的学者被歧视成为理所当然

---

① Patrick Garcia, *Le Bicentenaire de la Révolution française. Pratiques sociales d'une commémoration*, p. 72.

② François Hartog, *Régimes d'historicité: Présentisme et expériences du temps*, p. 261.

③ Pierre Nora, "Entre Mémoire et Histoire: La problématique des lieux", in Pierre Nora dir., *Les lieux de mémoire*, p. 35.

④ Philippe Joutard, *Histoire et mémoires, conflit et alliance*, p. 110.

⑤ Marcel Gauchet, "Les ' Lettres sur l'histoire de France' d'Augustin Thierry", in Pierre Nora dir., *Les lieux de mémoire*, pp. 787–850.

⑥ Marcel Gauchet, "Les ' Lettres sur l'histoire de France' d'Augustin Thierry", in Pierre Nora dir., *Les lieux de mémoire*, p. 806.

⑦ Marcel Gauchet, "Les ' Lettres sur l'histoire de France' d'Augustin Thierry", in Pierre Nora dir., *Les lieux de mémoire*, p. 822.

的，"现代民族史的大部分奠基人都是从研究中世纪史起步的"，这种现象根源于一种认识论，即因果关系可将最新的和最古老的事物串联起来，而档案文献则为此提供了"科学主义"的加持和"象征资本"。① 全书采用近乎一致的叙述手法，"官方文献的叙述方式与暗含的国家连续性思想的自然融合造就了这部著作的统一性"。② 因此，拉维斯的民族史在统一的框架中以编年体的方式塑造有目的的连续性。③ 正是因为这种目的论和编年体，过去的历史事件和人物才得以通过一条强有力的线索串联起来，它们被赋予意义，并与未来建立起关联。

然而，当民族成为遗产后，这种连续性的信念便没有必要了。梯叶里曾论证说，法国的"自然疆界"是一个具有历史连续性的民族理想，具有"深刻的民族性、深刻的历史性"。④ 在拉维斯那里，查理七世在法国尚未恢复元气时就已经在追想，莱茵河左岸"从前属于法国的先王们"。⑤ 但当法国的疆界已经确定下来，人们不再关心边界问题时，强调这种历史延续性有多大意义呢？人们可以坦然承认自然疆界是个被人为操纵的、内涵并无一致性的概念。既然共和国也已是确定的事实，回想那些曾经被共和国掩盖的负面记忆、遗忘共和国的战歌有什么要紧的呢？因为记忆的环境变了，此类话题已经成为一堆冷却的灰烬。由此，当下与过去的联系变得相当薄弱，就像当下与未来的关系一样：

　　　就像可感知、可预见、可控制、有方向、作为当前投影的未来已经变得不可见、无法预测、不可控制一样，我们关于过去的观念也发生了相应的转变，从可感知变得模糊不清，从可直接交通的过去，变成我们正感受着破裂的过去；从在记忆的连续性中摸索的历史，转向

① Pierre Nora, "L' 'Histoire de France' de Lavisse, pietas erga patriam", in Pierre Nora dir., *Les lieux de mémoire*, pp. 869-870.

② Pierre Nora, "L' 'Histoire de France' de Lavisse, pietas erga patriam", in Pierre Nora dir., *Les lieux de mémoire*, pp. 879-881.

③ Pierre Nora, "Les Lieux de mémoire, mode d'emploi", in *Présent, nation, mémoire*, p. 161.

④ Augustin Thierry, *Récits des Temps Mérovingiens, Précédes de considérations sur l'histoire de France*, 2ᵉ édition, Paris: Just Tessier, 1842, pp. 192-194.

⑤ Ernest Lavisse, *Histoire de France contemporaine, depuis la Révolution jusqu'à la paix de* 1919, p. 512.

投射在断裂的历史之上的记忆……过去对我们而言是个截然不同的他者，是一个已与我们永远割断联系的世界。[①]

历史连续性不仅没有必要，而且已被当下的研究击碎了。贞德的形象是撕裂的，有关法国疆界的理解经历了各种变化。过去已经成为一堆碎片，它的形象变得模糊了，连续性中断了，法国人已经走出民族主义历史"人为制造的永恒"；当他同时又面临一个与进步主义颇为不同的"不可预知的未来"[②] 时，他思考和关注的出发点就转移到了当下。诺拉在《如何书写法国历史》中对当下主义的历史意识做了如下阐释：

　　未来无限开放但无法预知，对过去的解释众说纷纭，但最终让人看不清，当下已然成为我们自我理解的范畴。但这是一个已然膨胀的当下，其中的变化持续不断。[③]

正如亨利·鲁索提到的，在各种新生的社会力量纷纷涌现的"膨胀的"当下，人们试图从当下的诉求出发来审视过去并求诸记忆。当下同样是《记忆之场》的立足点，因为它意识到，"将未来与过去紧密联系在一起的民族神话已瓦解"，"过去不再是对未来的保证"，"过去与未来的结合被当下与记忆的结合取代"。[④] 就像2002年诺拉在法兰西学院的演讲中提到的，在这种局面下，应当尝试一种新的法国历史，以便让公民感受到法兰西的存在。[⑤] 无须以未来统摄过去并赋予其意义，也不必以过去来论证当下。所有有关破碎的过去的记忆都是复数的法兰西的组成部分，不需要像拉维斯那样为了构建而压抑和排斥他者——这就是诺拉的当下主义历史的基本特征。

---

① Pierre Nora, "Entre Mémoire et Histoire: La problématique des lieux", in Pierre Nora dir., *Les lieux de mémoire*, p. 35.

② Pierre Nora, "La nation-mémoire", in Pierre Nora dir., *Les lieux de mémoire*, p. 2215.

③ Pierre Nora, "Comment écrire l'histoire de France?", in Pierre Nora dir., *Les lieux de mémoire*, p. 2232.

④ Pierre Nora, "L'ère de la commémoration", in Pierre Nora dir., *Les lieux de mémoire*, p. 4712.

⑤ Richard C. Holbrook, "Pierre Nora (1931 –)", in Philip Daileader and Philip Whalen eds., *New Historical Writing in Twentieth-Century France: French Historians, 1900 – 2000*, Oxford: Wiley-Blackwell, pp. 444–445.

当下主义还意味着历史学家地位的转变。在第三共和国，历史学家既是科学家也是战士，他们负责以过去论证当下并展望美好的未来，他们是时间中的摆渡人。① 但是，如果当下不再处于一个明确的线性时间序列中，不再是过去通往未来的桥梁，历史学家的角色便与第三共和国时期有很大的不同，他们不再是过去与未来之间的二传手，不再是摩诺式的教长或米什莱式的先知，不再通过过去宣告未来。②

（三）新历史情境下的问题意识

《记忆之场》是法国这个曾经的经典民族国家走向衰落后，它的历史学家试图从过去对民族国家的历史记忆中、从往日曾引发各种冲突的主题中寻找自身的努力。诺拉的事业比拉维斯更具包容性，因为曾被建构性的民族史学排斥或掩盖的记忆也被他视为民族遗产的一部分。不过，这些记忆元素之所以能崭露头角，是因为拉维斯的民族史已经完成了它的历史使命，民族和共和国都已不再需要历史学家去论证和捍卫。从这个意义上说，拉维斯的《法国史》和《记忆之场》见证了民族及有关民族的历史书写的"时间化"，民族本身的演变使拉维斯式的民族史不可能继续，民族的新处境要求对其过去进行新的表述。

在谈到"记忆之场"的概念是否可以输出时，诺拉再次强调了法国在20世纪70年代之后发生的深刻变化的独特性，以及法国在史学传统上与其他国家的差别。③《记忆之场》涉及的很多方面可能是法国独有的，但也有一些问题带有普遍性，如对少数派群体和边缘性价值的肯定。当被民族国家历史叙事压抑的记忆、被忽视的身份开始自我表达时，前者就面临走向破裂的可能，这是一种普遍性的挑战。再就是革命意识形态及其"期待视域"在全球范围内的相对衰落，这在很大程度上削弱了进步主义和革命史叙事及其暗含的历史连续性的信念。如何理解和应对这些新状况？能否在克服传统的民族国家历史叙事的狭隘性的同时，在更具包容性的基础上重

① Pierre Nora, "Comment écrire l'histoire de France?", in Pierre Nora dir., *Les lieux de mémoire*, p. 2231.

② François Hartog, "Temps et histoire: Comment écrire l'histoire de France?", in Pierre Nora dir., *Les lieux de mémoire*, p. 1232.

③ Pierre Nora, "Les lieux de mémoire sont-ils explorable?", in *Présent, nation, mémoire*, pp. 373–384.

新表述民族的过去？这些是《记忆之场》带给我们的重要启迪。

就历史学科的内部效应而言，诺拉倡导的第二层次的历史和史学史转向，不啻对肇始于19世纪的民族主义史学的一次解构：它实际上是以科学为标榜，为服务于当下政治而利用过去，并且通过教育等工具确立为国民的历史记忆。因此《记忆之场》是一种批判性的历史研究。然而，批判性的历史研究与历史记忆是有张力的。记忆具有神圣性，而历史的真正使命是去神圣化，由此引发的危机具有普遍性。《犹太历史与犹太记忆》的作者就面临这样的危机。犹太人的身份认同是围绕记忆构建起来的，但现代历史研究对真相的追求使传统的记忆逐渐失去了神圣性。[1] 中华民国时期顾颉刚的教科书问题或可从这个角度进行思考。[2] 如果说传统的民族历史意在塑造一种政治认同，那么"信"是其应有之义，即历史应转化为国民的集体记忆；但如果历史学自命为科学，那么"疑"就是它的本质属性。从这个角度看，19世纪的民族史从源头上就埋下了危机的种子。

当下的危机还促使诺拉重新定位历史学和历史学家的角色。2002年，他在法兰西学院的就职演说中指出，当代历史学的处境变得更为复杂了，是历史在塑造历史学家，而不是相反。新的法国史书写需要适应记忆的现状而非政治需要。但他同时强调历史不能简化为记忆，并反对有关历史问题的立法，反对将历史问题交给权力机构去仲裁。这里可以清晰地看到诺拉提到的启蒙观念对他的影响。[3]

阿尔托格评论说，《记忆之场》是身处当下、面对当下、回应当下之危机的历史研究。[4] 无论诺拉的事业成绩如何，他的努力都是对"一切真历史都是当代史"这一著名命题的出色阐释。然而，从最近一段时期法国历史学家的言论来看，对民族史的关怀绝不只是体现在诺拉个人身上。朱晓罕

---

① Yosef Hayim Yerushalmi, *Zakhor. Jewish History and Jewish Memory*. 这位作者说，他从事这项研究时，并不知道诺拉也在关注集体记忆问题，直到1984年12月在巴黎的一次会议上才得知自己并非孤独的研究者。见 p. xxix。

② 《顾颉刚所编历史科教科书〈本国史〉被禁，谁之过？》，澎湃新闻网，2015年4月19日，http：//www. thepaper. cn/newsDetail_forward_1322479，最后访问日期：2016年11月27日。

③ Richard C. Holbrook, "Pierre Nora(1931–)", in Philip Daileader and Philip Whalen eds., *New Historical Writing in Twentieth-Century France: French Historians, 1900–2000*, pp. 444–460.

④ François Hartog, "Temps et histoire: Comment écrire l'histoire de France ?", in Pierre Nora dir., *Les lieux de mémoire*, p. 1232.

教授指出，西里奈利的 20 世纪史研究同样体现了对共和国、民族等根本价值的现实关怀。不过，与诺拉关注广义的民族意识不同，西里奈利认为，法国民族意识的核心在于对共和国的认同。它源于 18 世纪末，经历了 19 世纪末的剧烈变迁，正面临 20 世纪末的巨大变革。他试图以自己的研究维护法兰西民族的共和主义价值观。① 西里奈利在《法国文化史》的结论中说："不管怎样，共和国的理想使这个国家的文化免受了最严重的撕裂和威胁：是共和国道义上的前后一致性，使多少受践踏的价值得到了保护，或增加了免疫力，维护、扩大和使人们分享了多少文化财富，掀起了多少次民主的辩论，及时纠正了文化枯竭和衰落的倾向。"② 无论具体见解如何，诺拉和西里奈利这两位当代法国史学的巨擘，都明确地在研究中表达了对当下的关怀，从这个意义上说，他们都是拉维斯主义史学的伟大继承者和革新者；而这种对现实生活的热切关怀，尤其是对心目中那些崇高价值观的真诚捍卫，是史学生生不息的动力源泉。

我们最后回到看起来与现实相距遥远的中世纪史研究。千年之变及其在 20 世纪末掀起的辩论，与西里奈利和诺拉等人提到的第二次大革命、决定性的 20 年有关系吗？回答是肯定的。马泽尔在评论中说，从很多方面看，千年之变的模式是战后光辉的 30 年特殊环境的产物，这个时期也是法国历史学派的巅峰时刻。③ 至少可以指出该时期的如下特征，既包括学术上的也包括现实政治层面的：第一，宗教史与社会史分离，这与世俗共和国传统紧密相连；第二，马克思主义在社会史研究中影响很大；第三，这个时期也是国家崇拜的时期，是崇尚行政效率和中央集权的时期，如战后初期法国的各种经济计划所体现出来的。可以在杜比等变革派的解释中找到此类特征留下的痕迹。例如，在关于"上帝的和平"和千年之变以后社会秩序的重构中，杜比等人看来过于强调骑士与僧侣的对立。但是，正如新一代的中世纪史学者指出的，僧侣和世俗武士实际上出自同一个社会阶层，他

---

① 朱晓罕：《从新政治史到文化史——让-弗朗索瓦·西里奈利的法国 20 世纪史研究》，《史学理论研究》2017 年第 3 期。

② 让-皮埃尔·里乌、让-弗朗索瓦·西里内利主编《法国文化史》卷四《大众时代：二十世纪》，第 384 页。

③ Florian Mazel, "Un débat historique: la mutation de l'an mil", in *Histoire de France: Féodalités, 888-1180*, p. 647.

们经常有共享的价值观。① 换言之，世俗主义共和文化中的教俗对立传统可能影响了杜比等人对中世纪教俗关系的解读。同样，二战之后到20世纪70年代，社会史领域中马克思主义的影响，显然体现在博纳西的研究中，而当基·布瓦的《千年之变》于1989年问世时，书中僵硬的唯物主义解释，无疑随着马克思主义在20世纪70年代之后的迅速退潮而显得特别不合时宜。再次，巴特雷米等人对变革派关于加洛林"典范国家"设想的批评，与当时法国国家—社会关系的变化，即诺拉等人提到的威权国家的衰落，以及法国社会的自由化及新型的国家—社会关系的产生，不能说没有关系；新一代的研究者可能更容易接受对加洛林"典范国家"模式的否定，因为中央集权制的威权国家已经随戴高乐的退隐、共产主义意识形态的衰落而失去了它在法国社会长期的支配性影响。因此，千年之变这个看来与现实关联非常小的史学命题的兴衰，同样应放在"光辉的30年""决定性的20年""第二次大革命"等20世纪中后期——也就是它产生和衰落的时期——的现实背景下才能得到充分理解。从这个意义上说，特定时代的历史学，即使是最"中立"、最"学术化"的历史研究，也是对自己所处时代的折射。

---

① Florian Mazel, *Histoire de France: Féodalités, 888–1180*, p. 124.

第三章 1980~2010年的英国史学

从20世纪80年代到21世纪第一个十年，英国史学的发展并非按照单一的方向前进，在这个学科领域，多种方法和色彩的著作并存，研究在不同的方向上不断深化。

第一节 中世纪史研究

理查德·布里特内尔早年随剑桥大学著名经济史学家波斯坦（M. M. Postan）学习。1966年他到达勒姆大学经济史系任教。在他到来以前，该系的研究集中在土地、劳动和资本上。理查德的教学集中在中世纪的后期，他创造性地提出了当时无人涉及的"发明和商业活动的问题"。以后又发展为"资本形成和技术变革"的论题，最后，他提出了"欧洲的工业化"命题，开创性地推动了"工业英国的起源和发展的问题"。他在英国中世纪经济史研究中利用自己广泛的经济史知识和他对概念的把握能力，写出了划时代的经济史著作《1000~1500年英格兰社会的商业化》。他描述和解释了英格兰商业制度、实践和观念的发展，研究了1000~1300年、1300~1500年商业经济长时段的扩张。他强调了中世纪后期市场在社会生活中的极高的重要性。[①]

布里特内尔在《1000~1500年英格兰社会的商业化》中指出，英格兰商业在12世纪后期加速发展，部分是因为英格兰的羊毛、呢绒和锡向海外

---

① Bed Dodds and Christian D. Liddy eds., *Commercial Activity, Markets and Entrepreneurs in the Middle Ages: Essays in Honour of Richard Britnell*, Woodbridge: The Boydell Press, 2011, pp. xi-xii.

出口的增长，同时呼应了人口的增长、新的农业耕作在林区和沼泽地区发展起来，以及寻求工作的无地劳动者数量的增长。越来越多的家庭依靠市场经济为生，许多人寻求其他村庄的顾客为其服务。与此同时，需求的增长促使许多专门的职业发展起来。在温切斯特，1300～1390年有72种不同的手工工匠行业产生了。13世纪在达勒姆有53种商业和手工业行业出现了。在伍斯特郡小镇哈尔索出现了35种非农业职业，其中手工业和商业职业各占一半。①商业活动的制度框架在变化。地主鼓励新的市场和集市建立，在13世纪诺福克就颁发了62个新的许可证，国王也时常颁发新的市场特许状。直到1250年新的市场和集市不断建立。② 1180～1330年市场和集市的数量在不断增长。乡村集市主要功能是出售肉类和农产品。③一些充分发展的市场已具有国际意义，这类市场包括温切斯特、林肯郡的波士顿、林肯郡的斯坦福德、圣艾夫斯、北安普敦和贝里圣埃德蒙兹。这些国际性市场满足了英格兰富人对国外商人贩运来的奢侈品的需求。④

理查德·布里特内尔对中世纪经济的研究富于理论感，他比较了封建主义与资本主义经济关系，认为二者之间存在七点差别。第一，在封建社会中农业经济主导着城市经济的发展，在资本主义社会中城市经济统治着乡村经济的变化。第二，在封建社会中，生产的主要目的是满足生产者家庭或某些佃户的需要；在资本主义社会中生产占支配地位的目的是交换，而不是为生产者所需。第三，农业生产中占主导地位的是小单位生产。在资本主义生产中，土地集中在少数人手中，导致了农业生产通过大单位来进行。第四，在封建社会中，农业生产主要依靠租佃劳动者，尽管他们对地主承担一定的地租；在资本主义社会中，随着农民生产者和劳役地租被逐出，农业生产主要依靠工资劳动者。第五，封建社会中为生产服务的是低水平的发明和积累，而在资本主义社会中是高水平的发明和积累。第六，封建社会中经济依赖关系不是一种契约关系，资本主义社会中经济依赖关系是一种契约关系。第七，在封建社会中，工业活动中必要时使用日工和

① Richard H. Britnell, *The Commercialisation of English Society, 1000-1500*, Manchester: Manchester U. P. Second Edition, 1996. pp. 79-80.
② Richard H. Britnell, *The Commercialisation of English Society, 1000-1500*, pp. 81-82.
③ Richard H. Britnell, *The Commercialisation of English Society, 1000-1500*, pp. 88-89.
④ Richard H. Britnell, *The Commercialisation of English Society, 1000-1500*, pp. 79-80.

独立工匠，在资本主义社会中，工匠和其他工业工人都依附于靠他们协调不同的制造业运作的企业家阶级。[1] 1997 年理查德·布里特内尔被任命为达勒姆大学历史系主任。布里特内尔通过自己杰出的学术工作，改变了英国中世纪经济史研究的面貌。

密里·鲁宾是剑桥大学戈登学院的研究员。他在《中世纪剑桥的慈善和团体》[2] 一书中指出，把物品赠予社会是个人关系象征性表达的一部分，它在任何时候都是一种自我表达的行为，体现了一个人内在的价值。把慈善理解为一种利他主义行为是不能令人满意的，因为对赠予者来说赠品是很昂贵的。赠品在维持社会内聚力、和平和秩序上起了重要的作用。他们对于形成一种联盟是一个主要的工具。在绝大多数社会行为中，赠予享有互惠和交换的特质。他表达了个人层次上的认知。中世纪的妇女在慈善活动时用语流利，她们把灵魂得到救赎和实现社会和谐、受到社会欢迎的目的混为一谈。[3]

菲利普·肖菲尔德是威尔士大学中世纪史讲师。他的《中世纪英格兰农民和乡村团体，1200~1500》[4] 一书开创了对中世纪英国农民社团的研究。他强调乡村团体和它以外的世界相互影响的程度。把历史分析用于原始档案，不仅为这一问题提供了有价值的观点，而且也发展了对这一问题的研究。这本书叙述了农民日常生活的经历，包括领主和佃户的关系，以及其与土地持有制度和农民家庭，以及其与更广泛的中世纪社团、政治、立法、宗教世界和商业的联系。菲利普·肖菲尔德认为，中世纪农民的存在，在很大程度上依赖于一系列外部力量，但是农民的生活在构建世界中的作用是巨大的。

乡绅的形成在英国中世纪史中是一个重要的问题。历史学家对于中世纪英格兰社会结构中的乡绅非常关注，尼盖尔·萨尔写了《骑士和缙绅：14 世纪格洛斯特郡的乡绅》一书。他在书中根据该郡的档案，对该郡的社

[1] Richard H. Britnell, "Commerce and Capitalism in Later Medieval England: Problems of Description and Theory", *Journal of Historial Sociology*, Vol. 6, No. 4(1993) , pp. 360-361.

[2] Miri Rubin, *Charity and Community in Medieval Cambridge,* Cambridge: Cambridge U. P., 1987.

[3] Miri Rubin, *Charity and Community in Medieval Cambridge*, pp. 1, 2, 4.

[4] Philipp R. Schofield, *Peasant and Community in Medieval England, 1200-1500*, London: Palgrave, Macmillan, 2003.

会结构做了研究。他指出，格罗斯特郡的绝大多数乡绅集中居住在塞文河谷和科茨沃斯区西部侧翼，这里表层土地贫瘠。这些乡绅形成了一个与骑士相区别的等级。① 该书还附有 1298~1400 年 12 名骑士的军职履历、格洛斯特的骑士和缙绅 1316 年持有的庄园等资料。

研究中世纪英格兰贵族的著作有凯特·默提斯的《1250~1600 年英格兰的贵族家族》②。该书分章研究了贵族家庭的组成及其成员、贵族家族的经济状况、家族和政治、家族的宗教职能等内容。M. L. 布什写了《英格兰贵族，比较综合研究》③。该书对英格兰历史上有头衔的贵族、从男爵和乡绅做了不分时期的总体性研究。这本书关心的是这些等级的基本特点，它长期的发展和转变中的波动，而不是它们单个成员的行为。该书做了两种比较研究：一是将英国贵族在特权、财富、构成和精神世界方面与它在欧洲大陆的同类相比较，二是将不同时期的英国贵族作比较。对于英国贵族的历史，它集中于诺曼征服英国贵族的作用、中世纪后期贵族和乡绅的兴起、17~18 世纪贵族获得统治地位的研究以及贵族对王室和社会、对后期实行工业化和实行民主的态度的研究。该书还研究了农业资本主义和工业化的发展、民主代议制的发展对贵族的冲击。M. L. 布什还写过《欧洲贵族》一书，分作《贵族的特权》、《穷贵族、富贵族》和《贵族的权力》三卷出版。

中世纪至近代初期英国的宫廷文化是晚近英国史学研究的一个热点，出版了相当一批书籍。宫廷文化研究崛起并形成一个热点，应当说和长期生活在英国的著名的德裔文化社会学家诺伯特·埃利亚斯（Nobert Elias）的影响分不开。诺伯特·埃利亚斯在法西斯掌握德国政权之前流亡英国，其后长期在莱斯特大学任讲师。他在孤独的研究中把文明化研究与历史学和社会学研究结合在一起，发展起了自己的形态历史学理论体系，他的文化社会史研究晚年才为英国和欧洲的学者所了解，在世界上很有影响力。在欧洲社会学会中，成立了专门的埃利亚斯研究会，参与者甚众。该研究

---

① Nigal Saul, *Knights and Esquires: The Gloucestershire Gentry in the Fourteenth Century*, Oxford: Clarendon Press, 1981, p. 9.

② Kate Mertes, *The English Noble Household, 1250-1600, Good Governance and Politic Rule*, Oxford: Basic Blackwell, 1988.

③ M. L. Bush, *The English Aristocracy: A Comparative Sunthesis*, Manchester: Manchester U. P., 1984.

会定期出版《形态学》简报，报道各国学者运用形态学方法撰写的著作和纪念埃利亚斯的活动。

诺伯特·埃利亚斯的《文明的进程》德文版是在 1939 年出版的，而英译本直到 1982 年才出版。[①] 但英文版出版后便在英语世界产生了很大的影响。该书对国家形成史和中世纪封建权力结构做了深入的研究，探讨了欧洲的封建化过程对国家形成的历史性作用。书中指出，在中世纪的权力结构中，既有集中化的势力，也有反集中化的势力。欧洲庞大的查理曼帝国是军事征服者用武力建立起来的。武力征服是查理曼大帝的君权、声望和社会力量的基础。当国王无力监督和管理整个帝国时，他便派出他新来的朋友和臣仆去治理所辖的各个地区，代表他本人进行管理统治，但国王不付给薪俸，这样，这些封臣便以土地所有者的身份取得收益。久而久之，封臣的谋利方式导致了封臣和国王关系的紧张，这些地区领土的控制权便由国王之手转入封臣手中，一种反对帝国国王集权的势力发展起来。到 12 世纪初，先前属于国王的各个领地范围的政权已表现出独立性和世袭的特点。到了这个时期，王国开始建立最初的集中化的官僚机构，并在中央形成了政府机构。在封建化时期，网络状的社会基层组织开始形成。在国家分崩离析的封建状态下，社会出现了某种编织联系，把越来越多的小单位统合起来，通过小领主间的竞争，一个团体成为胜利者，并成为广阔领土的新的中心。这便是国家机构的垄断中心。而具有较为稳定的垄断能力的社会通常表现为有了庞大的王宫的宫廷，国家机构也得到了一定的发展。在这种社会中，国家职能得到了一定的发展，统治链条较长，并且它在功能上也更多地依靠人民。在这种社会转变中，社会结构和社会联系的纽带发生了变化，贵族和骑士向乡绅地主转变便是其中一个例子。他指出，我们所说的近代社会具有某些明确的特征。在西方，它实行了一定程度的独占，军事权力集中到中央当局手中。个人自由遭到否定，对财产和个人收入的征税权也集中到中央当局手中，由此，财政被中央控制。中央当局还掌控了军事力量，以此来保证对征税的控制。该书很好地从社会学和政治学角度考察了西欧国家的形成过程。

[①] Nobert Elias, *The Civilizing Process*, Vol. II, *State Formation and Civilization*, Oxford: Basil Blackwell, 1982.

1983 年诺伯特·埃利亚斯出版了以法国宫廷政治为研究对象的《宫廷社会》① 一书，该书富于概括力，开中世纪宫廷文化研究之先河。在《文明的进程》和《宫廷社会》中，埃利亚斯论述了法国大革命以前的欧洲产生了强大的来自下层的压力，它要求宫廷和贵族实现自我抑制。高度理性化在某种程度上对社会的文明化起了重要作用。随着历史的前进，社会下层对上层的压力和束缚增加了。到了 19 世纪，随着资产阶级在工商业领域逐渐取得优势，他们更加强烈地施加压力，要求取得最高的统治地位。在这种情况下，社会上层阶级为了保持较高的等级身份以继续出人头地，就更需要有一种出于深谋远虑的自我抑制。该书很好地揭示了西欧封建社会内部社会力量和权力精英之间相互制约的巧妙关系，对于理解欧洲封建主义很有启发性。

"宫廷文化"在《宫廷社会》一书出版以后成为史学写作的关键词，英国史学界竞相著述，关于英国从中世纪中期到近代早期各个阶段宫廷文化的著作纷纷出版。马尔科姆·凡尔 2001 年出版了《王公的宫廷，1270 ~ 1380 年中世纪西北欧的宫廷和文化》② 一书。该书是对西北欧各国宫廷文化的综合研究，英国宫廷文化在该书论述中占有重要的位置。该书分为中世纪宫廷生活的基础和宫廷文化两个部分。前一部分分为四章，包括宫廷和王室、组织和结构、消费和开支、旅行中的宫廷；后一部分分为宫廷生活和宫廷文化、宫廷中的艺术两章。该书指出，宫廷代表了统治权力，体现在宫廷的建筑上和宫廷的音乐中。该书对英格兰宫廷文化做了研究，对英格兰宫廷与其他国家宫廷的联系也做了研究。

中世纪英国史研究中，苏珊·雷纳兹的《采邑和附庸》③重新展开了对封建主义的讨论。作者强调在诺曼征服之后，产生了新的租佃制。

W. M. 奥姆罗德的《中世纪英格兰的政治生活，1300 ~ 1450》④ 一书，是关于从爱德华一世晚期到玫瑰战争爆发时期英格兰政治史的具有新意的

---

① Nobert Elias, *The Court Society*, Oxford: Basil Blackwell, 1983.

② Malcolm Vale, *Princely Court: Medieval Courts and Culture in Morth-West Europe, 1270 - 1380*, Oxford: Oxford U. P., 2001.

③ Susan Reynolds, *Fiefs and Vassals: The Medieval Evidence Reinterpreted*, Oxford: Oxford U. P. 1994.

④ W. M. Ormrod, *Political Life in Medieval England, 1300 - 1450*, Basingstoke: Macmillan Press, 1995.

研究著作。该书的特点是离开了宪政史的研究而转向社会史研究。该书认为，尽管在中世纪后期政府的活动是一种精英活动，政治却并非如此。1300~1450 年发生的百年战争和黑死病，表明这个时期存在大量持续性的冲突。该书不赞成常见的当时的下层政治具有地方性特点的观点，认为英格兰当时已是一个统一的国家，它的臣民接受了宫廷、国王和议会这些"上层政治"的影响，并对其产生兴趣。该书重新评价了爱德华三世、理查德三世和亨利六世被废的意义，并讨论了玫瑰战争的起因。作者得出结论，15 世纪国王权威的危机不应当简单地用亨利六世的愚蠢和疯狂的政策来解释，还应当归因于国王亨利五世没有能力将军事成果资本化，国家的法院和财政机构最终使这些收益不是归于王室，而是为他的代理人即贵族和乡绅所用。

在对中世纪英格兰农业的研究中，贝尔法斯特女王大学教授布鲁斯·坎贝尔写出了富于开拓性的厚重著作《1250~1450 年英格兰的领主制农业》[①]，全书共 500 余页。坎贝尔在写作该书时，注意到亡故人士地产遗嘱调查统计资料（IPM）这一大法官法庭的调查资料和庄园提供给城市的粮食账目统计资料（FTC）。由于系统地利用了这两种调查资料，同时还利用了地方各庄园法庭的案卷，全书资料极为翔实。全书共编制了 82 份表格，使用了计量方法来分析领主制下的土地关系。书中分别就领主制经济的规模和构成、畜牧业、农作物栽培、作物专门化和轮种制、谷物产量和人口等内容设专章加以论述。坎贝尔仔细研究了领主制的性质和在领主制下地产经营的结构和自营地出租的比例。他提出，有 25%~30% 的农业土地被领主以自营地的形式占有。[②] 领主制地产的生产中使用劳役生产的比例约为 8%。非领主部分农业生产的意义比领主部分农业生产的意义要大。[③] 领主制条件下的生产与非领主制下的生产除了许多不同之处，也有许多共同之处，如共同的环境和共同的商业机会。[④] 到 15 世纪中叶，在几乎所有的地产上，由领主直接管理领地的做法被放弃了。14~15 世纪，领主直接管理的土地

---

① Bruce M. S. Campbell, *English Seignorial Agriculture, 1250–1450*, New York: Cambridge U. P., 2000.

② Bruce M. S. Campbell, *English Seignorial Agriculture, 1250–1450*, p. 26.

③ Bruce M. S. Campbell, *English Seignorial Agriculture, 1250–1450*, p. 3.

④ Bruce M. S. Campbell, *English Seignorial Agriculture, 1250–1450*, p. 1.

面积在收缩，在诺里奇大教堂所属小修道院的地产中，为领主直接掌握的自营可耕地在 1330 年只有 1300 年时的 90%，1350 年只有 1300 年的 74%，1380 年只有 1300 年的 46%，1420 年为 1300 年时的 38%，1432 年领主的自营地全部租出，1440 年恢复到 1300 年时的 71%。① 书中对乡村交换和经济的货币化也做了探讨。布鲁斯·坎贝尔教授把计量的方法引入中世纪经济史研究，这就把英格兰中世纪土地制度和农业史的研究提高到一个新的层次。布里特内尔和坎贝尔还合写了《1086~约 1300 年英格兰的商业化经济》②。

在这个时期，对英国中世纪经济社会史的研究方法发生了方向性的转变。这种变化从伯明翰大学历史学院教授克里斯托弗·戴尔研究英国中世纪史的三部著作的研究角度的变化中可以看出来。克里斯托弗·戴尔在 1989 年出版了《中世纪后期的生活标准，1200~1520 年前后英格兰的社会变革》③ 一书。全书分章研究了贵族的收入、作为消费者的贵族、贵族的开支、农民的生活标准、作为消费者的农民、城市生活标准、挣工资者等问题。这说明该书使用的研究方法是一种传统史学的微观研究。1994 年他出版了《中世纪英格兰的日常生活》一书。该书使用的仍然是传统史学的微观研究方法，章目设置琐细。其中包括中世纪后期饮食的变化、收获时节工人的例子、中世纪英格兰的菜园和果园、索福克 1381 年起义的起源和参加者、中世纪后期的消费和市场、中世纪隐秘的市场、西米德兰兹的证据等章。全书都是对微观问题的专门研究，彼此之间没有形成逻辑的联系，似一散论，看不出作者对中世纪英格兰社会有任何成体系的认识。④

但是，2005 年克里斯托弗·戴尔出版的《转型的时代？中世纪后期英格兰的经济和社会》⑤ 一书则给人面貌一新的印象。该书反映了克里斯托

---

① Bruce M. S. Campbell, *English Seignorial Agriculture, 1250-1450*, pp. 59-60.

② Richard H. Britnell and B. M. S. Campbell eds., *A Commercializing Economy: England 1086 to c. 1300*, Manchester: Manchester U. P., 1995.

③ Christopher Dyer, *Standards of Living in the Later Middle Ages: Social Change in England, c. 1200-1520*, Cambridge: Cambridge U. P., 1989.

④ Christopher Dyer, *Everyday Life in Medieval England*, London: Humbledon Press, 1994.

⑤ Christopher Dyer, *The Age of Transition? Economy and Society in the Medieval England in the Later Middle Ages*, Oxford: Clarendon Press, 2005.

弗·戴尔对英格兰农业经济的研究方法从微观研究向宏观研究的转向。作者在书中对以往中世纪研究提出了重要的批评性意见。戴尔指出，过去人们在马克思主义影响下，认为在过渡中封建主义最终要被资本主义取代，而 1500 年被看作有意义的转折点。而他的书认为，在"长 15 世纪"（1350~1520 年）中，社会结构和生产关系得到重新建构。中世纪后期（15世纪后期）的一系列特点可以追溯到 1300 年甚至是 13 世纪，它使一些人成为乡绅等级，农民在一些时候被看作牺牲品。这个结论强调影响变革的是社会结构，而不是人口、价格、工资和地租。英格兰经济在 1150 年主要是农民经济，这个国家有大量的农民，商品交换非常有限，相对来说城镇数量极少、工业的家庭作坊以手工劳动为基础，贵族通过农民缴纳的地租和服役来获得和扩大自己的势力，高压在社会中发挥重要作用，教会享有大量的土地资源，控制了教育，并通过对教育的控制影响整个社会。所有这些特点到 1500 年已有相当的改变。贸易成了人们日常经验的一部分，城镇数量成倍地增长，英格兰成为欧洲工业化程度最高的国家之一。许多土地被持有者即租佃农经营，领主的影响已被削弱。市场产生了非常广泛的影响，与租佃制相联系的劳役制度在社会关系中的作用变得很小。私人法庭的作用下降了，许多习惯消失了，教会已由国家控制。必须承认市场和商业心态在 1300 年以前就兴起了，在 1300 年以后又有引人瞩目的发展。12~13 世纪的人口增长使商业经济得到发展，人口从 1100 年时的 250 万人增至 1300 年时的 500 万~600 万人。1315~1317 年人口开始下降。这个时期相对较高的个人收入广泛地影响经济。人们要求高质量的商品，如牛肉、纺织品、住房等。毛纺织业满足了国内需求，到 1500 年，英格兰已成为主要的呢绒出口国。在社会力量上，贵族有了很大的势力，教士和修道院的房产也有一部分属于贵族。作者认为，从 15 世纪到 16 世纪初，英格兰已经逐步转变为一个商业化社会。这些见解对于重新认识英格兰中世纪的经济生活有重要意义。

此外，约翰·戴著有《中世纪市场经济》[①]。阿德里·R. 安贝尔、克里斯·布洛克斯和保罗·R. 德赖伯格合著了《英格兰的羊毛市场，约 1230~

---

① John Day, *The Medieval Market Economy*, Oxford: Basil Blackwell, 1987.

1327 年》①。

关于近代早期英国国家的形成，有 2000 年出版的米切尔·布拉迪克特的《近代早期英格兰国家的形成，约 1550～1700 年》②一书。该书考察了英格兰国家在漫长的 17 世纪中的发展。它强调的是形成了使用政治权力的非个人力量，而不是个人或群体的果断行动。该书是对国家形成而不是对国家建构的研究。作者并不排除对国家发展模式的分析，他强调，这个时期国家的发展通过社会力量特别是阶级、性别和年龄等社会利益，表现出新的重要的形式。这个时期国家的形式和功能发生了有重大意义的转变，在某种意义上是现代化的转变。该书基于一种较为灵活的国家定义，描述了一种与 19 世纪和 20 世纪民族国家完全不同的政治形式。该书在叙述 17 世纪国家的发展时，寻求探讨长期存在的问题，如关于国家的相对自主权问题和长时段历史中特别重要的历史时期。许多英国革命的研究者关心革命的原因而不是革命的结果，内战在英国历史研究中始终不断被人关注，因为它涉及 17 世纪中叶英国国家发展的重要经验。英国史学中早期的"郡团体研究学派"没有很好地研究国家问题，国家问题没有成为他们讨论的中心。该书作者把国家定义为协调起来并在规定的领土框架内行使政治权力的代理机构。全书分为五个部分，即近代早期英格兰国家形成导论、家长制的国家、财政—军事国家、作为一种地方现实状况的国家、王朝国家。该书论述英国近代国家形成时，主要不是以政治制度为标准，而是从权力运作角度加以阐述。该书认为，从都铎绝对主义王权时期到 17 世纪英国革命结束，英国的国家制度发展不是非常清晰，没有建立一种机构完善、组织有序的法国式的国家机构。此外，1985 年菲利普·柯林根和德雷克·塞耶的《巨大的苍穹：作为文化革命的英国国家的形成》③一书出版了。该书认为，英国国家不同于欧洲大陆国家的历史原因在于，自 1066 年以来英格兰就是一个统一的国家。

① Adrian R. Bell, Chris Brooks and Paul R. Dryburgh, *The English Wool Market, c. 1230 – 1327*, Cambridge: Cambridge U. P., 2007.

② Michael Braddick, *State Formation in Early Modern England, c. 1550–1700*, Cambridge: Cambridge U. P., 2000.

③ Philip Corrigan and Derek Sayer, *The Great Arch: English State Formation as Cultural Revolution*, Oxford: Basil Blackwell, 1985.

第二节　早期近代史研究

　　20 世纪后期数十年间，英国一批学者致力于重新发现和解释 16 世纪后期至 17 世纪英国社会的结构。基斯·赖特森的《英国社会：1580～1680 年》[①] 就是潜心研究后写出的优秀著作。该书填补了近代早期英国社会结构研究的空白。该书第一部分研究了英国持续性的结构，论及了社会分层、社会流动、血族关系、邻里关系、保护和服从关系、求偶和家庭形成、夫妻关系、父母和子女关系。该书第二部分描绘了社会变革过程，讨论公共秩序问题、犯罪和社会控制、教育和宗教的发展，以及民众文学的成长和新教改革成果的巩固给民众文化带来的深刻变化。在书中，赖特森强调了不同社会集团和地方群体经验的广泛差别和变革过程的不均衡，构建了对这个时期连续性和变革的全方位的解释。

　　戴尔·霍克主编了文集《都铎政治文化》。[②] 菲尔·威辛顿著有《共和国的政治：近代早期英格兰的公民和自由》和《近代早期英格兰社会：某些重要的本土观念的起源》。[③] 库珀研究了都铎国家的宣传策略。[④]

　　晚近英国革命研究中，绝大多数史学家否认革命有长期的原因，而更关注 1642 年之前的短暂时期，从中寻找英国革命发生的原因。他们认为，在 17 世纪 40 年代之前，英国的政治共识超过了政治分歧。格林·伯基斯是这种"修正派"倾向在革命政治思想史研究中的代表。坎特伯雷大学历史学讲师格林·伯基斯的《古代宪政的政治学》一书对早期斯图亚特王朝的政治思想做了新研究。他在分析早期斯图亚特王朝思想倾向时认为，1625 年以前，英格兰还保持着观念形态的一致性，这并非当时人们彼此观点相同，而是因为当时还没有出现引发原则冲突的事件。该书具体研究了普通

---

①　Keith Wrightson, *English Society, 1580-1680*, London: Hutchinson, 1982.

②　Dale Hoak ed., *Tudor Political Culture*, Cambridge: Cambridge U. P., 1995.

③　Phil Withington, *Society in Early Modern England: The Vernacular Origins of Some Powerful Ideas*, Cambridge: Polity Press, 2010; Phil Withington, *The Politics of Commonwealth: Citizen and Freemen in Early Modern England*, Cambridge: Cambridge U. P., 2005.

④　J. P. D. Cooper, *Propaganda and the Tudor State: Political Culture in the Westcountry*, Oxford: Clarendon Press, 2003.

法律师的代表人物爱德华·柯克和约翰·塞尔登等人的古代宪政观念。该书认为，到了1625年以后，政治争端越来越影响到全国的稳定。①

戴维·L. 史密斯写了《约1640～1649年的宪政王党主义和解决的寻求》。他强调了主张宪政主义理论的人士的复杂性。在英国革命初期，不仅议会反对党汲取了古代宪政的观念，一批温和的王党分子也汲取了宪政主义。这批温和的王党分子是查理一世的谋士，为首的是爱德华·海德（Edward Hyde）、福克兰子爵（Lord Falkland）和约翰·科尔佩珀（John Culpeper）。他们提出了一种有限君主制的观念，希望统治基于法律进行，同时保留现存的英国国教会制度。在内战时期，这批人建立的联盟影响巨大，具有广泛的社会基础。这十余人在1660年复辟后被委以重任，均担任了高级公共官职。②

马克·基什兰斯基在《一种转变的君主制：1603～1714年的英国》③中对英国革命史学做了反思。他认为，过去20年对传统史学的挑战似是而非。现代历史学家可以再一次相信历史是一个故事，然而他们不再承认历史有其开端、中间和结束。他认为，英国革命不是由经济原因引起的，而是由短期的政治原因决定的。

凯瑟琳·霍尔、基斯·麦克利兰和简·伦德尔写了《维多利亚的民族概念的界定：阶级、种族、性别和英国1867年改革法》④一书。该书认为，对国家运作的研究不是要取代以前的解释，而是要将它放在广阔的条件下来考察，要说清楚维多利亚中期各类民众对民族的概念是怎样理解的，同时揭示其文化和社会内涵。第二次改革法是通过扩大选举权、新的男性和男性选民观念的发展和妇女选举权运动的发展而完成的。该书长达70页的导言集中讨论了在19世纪60年代的英国根据约翰·斯图亚特·密尔的理论提出的英国公民的概念。同时还讨论了国民归属的意义。

---

① Glenn Burgess, *The Politics of the Ancient Constitution: An Introduction to English Political Thought, 1603–1642*, Basingstoke: Macmillan, 1992.

② David Smith, *Constitutional Royalism and the Search for Settlement, c. 1640–1649*, Cambridge: Cambridge U. P., 1994, pp. 3–15.

③ Mark Kishlansky, *A Monarchy Transformed: Britain 1603–1714*, New York: Penguin Press, 1997.

④ Catherine Hall, Keith McClelland and Jane Rendall, *Defining the Victorian Nation: Class, Race, Gender and the British Reform Act of 1867*, Cambridge: Cambridge U. P., 2000.

凯瑟琳·霍尔还写了《文明化的主体》①。该书讨论了帝国观念在19世纪如何深入英国人以及分离的但尚未"文明化"的英国人，如澳大利亚的土著居民和牙买加的黑人的内心。霍尔举了两个英国人和英国妇女群体的例子，不仅在殖民地，而且在母国展开了英国人的自我构建。在牙买加，一批浸礼教派传教士帮助非裔牙买加人变成像他们自己那样的英国人。在伯明翰，19世纪30年代废奴主义者取得了统治地位，但到19世纪60年代出现了种族主义的言论，它反映了一种新帝国的非白种人的臣民概念。该书对于英国人的"种族性"的研究，对于研究帝国文化的历史学者是有价值的。

第三节 经济史研究

在20世纪70年代和80年代，伯明翰大学和剑桥大学始终是英国庄园档案研究的中心。在70年代以后，英国庄园和地方农业史研究在西方出现了两个重要的史学家群体，一个是在罗德尼·希尔顿影响下形成的伯明翰大学研究群体。1977年罗德尼·希尔顿获得了社会科学研究委员会的资助，展开了对庄园案卷的研究。对农奴制和地主权威的抵抗是这个群体研究的主要方向。属于这一派的成果有兹维·拉齐、克里斯托弗·戴尔、彼特·富兰克林的著作和在戴尔指导下海伦娜·格雷厄姆等人完成的博士学位论文。② 剑桥大学的研究群体将研究集中在英格兰东部各郡。巴巴拉·哈维教

---

① Catherine Hall, *Civiling Subjects*, Chicago: University of Chicago Press, 2002.

② Zvi Razi, "The Struggle Between the Abbots of Halesowen and Their Tenants in the Thirteenth and Fourteenth Centuries", in Ashton et al. eds., *Social Relations and Ideas*, Cambridge: Cambridge University Press, 1983, pp. 161 – 191; C. Dyre, "The Rising of 1381 in Suffolk: Its Origins and Participants", *Proceedings of the Suffolk Institute of Archaeology and History*, Vol. 36 (1988); P. Franklin, "Thornbury In the Age of the Black death: Peasant Society, Landholding and Agriculture in Gloucestershire, 1328 – 52", Ph. D. Thesis (Birmingham: University of Birmingham, 1982); Graham", A Social and Economic Study of the Late Medieval Peasantry: Alwrews, Staffordshire, in the Fourteenth Century", Ph. D. Thesis (Birmingham: University of Birmingham, 1994); D. W. Ko, "Society and Conflict in Barnet, Hertfordshire, 1337–1450", Ph. D. Thesis (Birmingham: University of Birmingham, 1994); J. Langdon, Horses, *Oxen and Technological Innovation: The Use of Draught Animals in English Farming from 1066–1500*, Cambridge: Cambridge U. P., 1986; R. Holt, *The Mills of Medieval England*, Oxford: Basil Blackwell, 1988.

授指导的两篇重要的博士学位论文都是以英格兰东部为研究对象的，即 C. 克拉克（C. Clark）的《1277～1325 年剑桥郡切斯特顿农民社会和土地转手》（剑桥大学，1983 年）。

研究英国庄园地方史的另一个群体是加拿大多伦多学派。这批学者以多伦多大学的教皇研究所为基地。该所的 J. A. 拉夫蒂斯在《保有权和流动：中世纪英格兰村庄的社会史研究》《沃博伊：一个英格兰中世纪村庄两百年的生活》《五个东密德兰村庄的社会结构》等论著的基础上，写出《英格兰庄园体制内部农民经济的发展》。① 兹维·拉齐开创性地进行了对伍斯特郡赫尔佐文庄园的人口统计学的重建，写出了《一个中世纪教区的婚姻和死亡：1270～1400 年赫尔佐文的社会和人口》。②

20 世纪 80 年代以来，英国根据对庄园案卷的研究写出的著作，有克里斯托弗·戴尔的《变化社会中的领主和农民》；有理查德·史密斯主编的文集《土地、血族和生活周期》，③ 它论及家族和土地的联系以及土地市场的特点；还有 C. 霍威尔的《转变中的土地、家族和继承：1280～1700 年的基布沃斯哈考特》。④ 哈维尔主编了论文集《中世纪英格兰农民的土地市场》，⑤ 汇集了 4 位学者对 13 世纪的诺福克、14～15 世纪的伯克郡、15 世纪的贝福德郡、14 世纪后期至 15 世纪的东南达勒姆郡的庄园制度、土地保有权制度和土地流动的研究。1996 年，牛津卡拉伦敦出版社出版了由兹维·

---

① J. A. Raftis, *Tenure and Mobility*, Toronto: Pontifical Institute of Mediaeval Studies, 1981; J. A. Raftis, "Social Structures in Five East Midland Villages: A Study in the Use of Court Roll Data ", *Economic History Review*, Vol. 18, No. 1(1965), pp. 84–99; J. A. Raftis, *War Boys: Two Hundred Years in the Life of an English Medieval Village*, Stroud, Gloucestershire: Sutton, 1996; A. DeWindt, "Peasant Power Structures in Fourteenth-Century King's Ripton", *Medieval Studies*, Vol. 38, No. 1 (1976), pp. 236– 267; A. DeWindt, *Land and People: Britton, Community of the Vill* (Toronto, 1973); J. A. Raftis, *Peasant Economic Development within the English Manorial System Sutton*, Montreal: McGill-Queen's University Press, 1996.

② Z. Lazi, *Life, Marriage and Death in a Medieval Parish: Economy, Society and Demography in Halesowen, 1270–1400*, Cambridge: Cambridge U. P., 1980.

③ Richard Smith ed., *Land, Kinship and Life-cycle*, Cambridge: Cambridge U. P., 1984.

④ C. Howell, *Land, Family and Inheritance in Transition: Kibworth Harcourt, 1280–1700*, Cambridge: Cambridge U. P., 1983.

⑤ P. D. A. Harvey ed., *The Peasant land Market in Medieval England*, Oxford: Clarendon Press, 1984.

拉齐和理查德·史密斯合编的论文集《中世纪社会和庄园法庭》。① 论文集收入了 15 篇文章，兹维·拉齐和理查德·史密斯合写了题为《庄园法庭案卷的历史编纂学》的导言。

在这个时期，近代初期英国农业中资本主义关系发展的程度和发展道路成为国际史学界争论的焦点。马克思在《资本论》中认为英国租地农场和租地农场主是资本主义性质，② 受这一论断的影响，一些马克思主义史学家形成了关于资本主义起源于农业的认识。这种看法集中地表现在从封建主义出现于资本主义过渡的第二次大讨论中。美国加州大学马克思主义史学者罗伯特·布伦纳在《经济史评论》上发表了题为《前工业欧洲农村的阶级结构和经济发展》的论文。罗伯特·布伦纳在文中提出，英国和法国农业阶级结构的不同决定了农业发展的不同结果。由于英国农民"未能确立在本质上对土地的自由所有权，地主便得以垄断、合并和圈占农民的土地，并把他们租给租地农场主"。"正是基于农业资本家阶级出现的一种农业革命，使得英国变成经历工业化的第一个国家。"③

罗伯特·布伦纳的文章发表后，英国的农业史研究者对罗伯特·布伦纳论文的观点提出了批评意见。霍伊尔在 1990 年撰文批评了布伦纳的文章，认为布伦纳对英国农业发展道路采取了单一化道路的解释方法。英国 "16 世纪的发展趋势完全不同于布伦纳的观察"。霍伊尔认为，布伦纳所确认的地主在 16 世纪将公簿持有农转变为自由佃农、驱逐佃户，以及通过占有土地在经济上获利的现象，在近代初期并未出现。在 16 世纪后期难以把公簿持有农转变为自由佃农，因为传统佃户已经了解了公簿持有农的有利性，并能够从衡平法院取得对他们的支持。霍伊尔批评了布伦纳从概念出发的史学研究方法，强调要对复杂的土地关系做进一步的研究。他强调地区性个案研究应当是土地关系研究的基本方法。④ 在英国农业史的地区研究中，

---

① Zvi Raziand and Richard Smith eds., *Medieval Society and the Manor Court*, Oxford: Clarendon Press, 1996.

② 马克思：《资本论》（纪念版）第 1 卷，人民出版社，2018，第 609 页。

③ T. H. Aston and C. H. E. Philpin eds., *The Brenner Debate. Agrarian Class Structure and Economic Development in Pre-industrial Europe*, Cambridge: Cambridge U. P., 1987.

④ R. W. Hoyle, "Tenure and the Land Market in Early Modern England or a Later Contribution to the Brenner Debate", *Economic History Review*, 2nd ser. SLIII, No. 1(1990) , pp. 8, 17.

埃克塞特大学简·惠特尔著有《农业资本主义的发展：1440～1580年诺福克的土地和劳动》① 一书。惠特尔关心罗伯特·布伦纳辩论和关于农业资本主义的讨论。她认为，土地持有规模有大小差异，中世纪整个西欧到处存在大农雇佣小农的现象，这似乎是谷物种植业对劳动力需求的结果，而不必将它视为农业资本主义发展的迹象，因为它并不必然导致当时的社会发生两极分化。作者认为，16世纪的农民可能雇佣仆役，而19世纪商业化农场则完全依赖家庭劳动。由此，我们可以证实马克思关于资本主义的概念，以及相应的关于农奴制的解散和把人口从土地上转移出来是资本主义存在的必要条件，这就否定了解散农奴制必然促进资本主义发展的观点。这给我们在研究15～16世纪农业的性质时留下了自由思考的空间。② 简·惠特尔批评布伦纳的观点，她指出，布伦纳的论文表明，在对长期发展的理论研究和对经验的历史探讨之间有相当大的距离。③

　　英国农业史学家晚近对近代圈地的结果和近代盛期农业经济组织的结构做了计量研究。罗伯特·阿兰在《圈地和约曼农：1450～1850年南密德兰地区农业的发展》一书中根据土地税征收资料和维多利亚郡史的资料对1790年前后南密德兰地区16131个土地单位做了分析，区别了其中的庄园农场和非庄园农场。在这个地区，庄园农场仍占相当的比例，共有322608个。非庄园农场占了多数，共有399008个。非庄园农场的总面积略高于庄园农场的总面积。④非庄园农场中大农场占整个地区农场总数的18.3%。阿兰的调查表明，到了1790年前后，庄园制度在南密德兰地区仍占相当大的比例。庄园主属下的农场与地主和自由农民经营的农场规模大致相当。这表明，18世纪末英格兰的农业经济实质上是一种二元结构，即庄园农场制和自由农场制并存。毫无疑问，庄园农场是一种具有束缚性的农业租佃制

---

① Jane Whittle, *The Development of Agrarian Capitalism: Land and Labour in Norfolk, 1440-1580*, Oxford: Clarendon Press, 2000.

② Jane Whittle, *The Development of Agrarian Capitalism. Land and Labour in Norfolk, 1440-1580*, pp. 15-16.

③ R. W. Hoyle, "Tenure and the Land Market in Early Modern England or a Later Contribution to the Brenner Debate", *Economic History Review*, 2nd ser. SLIII, No. 1(1990), pp. 6-7.

④ Robert C. Allan, *Enclosure and Yeoman: The Agrarian Development of the South Midland, 1450-1850*, New York: Clarendon Press, 1992, p. 94.

经营形式。这使农业并没有完全实现自由经营。保留了一定封建残余的庄园制仍然较广泛地存在，因此英国农业还谈不上完全的自由经营，也谈不上完全资本主义化。阿兰的这一研究也证明了诺贝尔经济学奖得主诺斯和托马斯在《西方世界的兴起》一书中关于英国的庄园制在近代初期就已消灭的结论是无法成立的。他的结论，对于拨正国内外一些马克思主义史学家对英国农业资本主义在近代初期的发展程度的过高估计很有意义。

20 世纪中期以后，英国的经济史学家和地理学家合作，开展了八卷本《英格兰和威尔士农业史》①的编纂工作。这样大规模的农业史的编写，在世界各国实属罕见。该书的总主编由莱斯特大学教授 H. R. P. 芬伯格（H. R. P. Feenberg）担任。芬伯格教授去世后，总主编由剑桥大学的琼·瑟尔斯克博士担任。《英格兰和威尔士农业史》的第一卷两个部分由斯图亚特·皮戈特（Stuart Piggott）和 H. R. P. 芬伯格分别任主编，该卷在 1981 年出版。第二卷由澳大利亚大学的 H. E. 哈勒姆（H. E. Hallam）教授主编，在 1988 年出版。第三卷由爱德华·米勒（Edward Niller）主编，在 1991 年出版。第四卷由琼·瑟尔斯克主编，在 1967 年出版。第五卷由琼·瑟尔斯克主编，分两分册分别于 1984 年和 1985 年出版。第六卷由 G. E. 明格主编，在 1989 年出版。第七卷由 E. J. T. 柯林斯（E. J. T. Collins）主编，分两分册在 2000 年出版。第八卷由伊迪兹·韦泰姆（Fdith H. Whetham）主编，于 1978 年出版。唯有第八卷为主编者一人撰写，与其他七卷学术水准有所差别。目前英国农业史学界正组织力量重写第八卷。

《英格兰和威尔士农业史》各卷在内容上将农业技术和土地耕作制度作为主要线索，偏重农业自然经济史，兼顾土地制度，逐一解释各地区之间农业的不同特点。从中世纪后期的内容起，各卷增设了乡村社会史方面的内容。各卷均设有农业耕作的区域研究、农耕技术、土地市场、地主地产（包括王室的、教会的、贵族的和乡绅的地产）、农业劳动者、乡村人口变化、农产品市场销售、农产品的产量和价格、农场的利润和地租、乡村民居和建筑、土地所有权和地产管理，以及政府的农业政策研究等章目。该书分别邀请了英国的和西方其他国家的研究英国农业和乡村史学者撰写。

---

① Joan Thirsk ed., *Agrarian History of England and Wale*, 8vols., Cambridge: Cambridge U. P., 1967.

参加撰稿的不仅有历史学家和经济史学家，而且有科学技术、历史地理和人文地理、商业研究等各方面的专家，体现了多学科的合作，保证了全书绝大多数卷都有较高的学术质量。

琼·瑟尔斯克博士本人除主编《英格兰和威尔士农业史》第四卷、第五卷和承担全书的总主编工作外，还在 1984 年出版了自己的文集《英格兰乡村经济》。文集收入 21 篇论文，其中有《1500 年以后英格兰农业史的内容和原始资料》《关于 1550~1760 年人口资料的来源》《地方档案中未研究过的资料》《论公地》《公地的起源》《都铎圈地》《王位中断时期王室土地的出售》《乡村工业》《家庭》《17 世纪的幼子》《1500~1700 年欧洲关于继承习惯的辩论》等。[1] 90 年代以后，瑟尔斯克出版了两本自己的专著。一本是《变化的农业，从黑死病到目前的历史》，[2] 在这本书中，瑟尔斯克认为英国历史上农业的突出变化集中在四个阶段：第一个阶段是从 14 世纪中期的黑死病即 14 世纪 50 年代到大约 1500 年；第二个阶段为近代早期，大致从 1650 年到 1750 年；第三个阶段为 19 世纪后期，从 1879 年到 1939 年；目前正处于从 1980 年开始的英国农业变革的第四个阶段。全书以这种阶段划分为四个部分。另一本是《早期近代英格兰的食品：阶段、流行趋势、时尚，1500~1760》。[3]

明格 1981 年主编了《维多利亚乡村》两卷本文集。该书对为期 64 年的维多利亚时代的乡村生活的方方面面做了描述和总结。全书共收入 64 篇专论，其中 F. M. L. 汤普森（F. M. L. Thompson）写了"自由贸易和土地""地主和乡村社会"；安妮·狄格比（Anne Digby）写了"乡村穷人"；霍德内斯（B. A. Holdness）写了"维多利亚经济中的农业合作社和工业化"；夏特尔（John Charters）写了"乡村商人"。明格为全书撰写了导论，题为"工业化时代的乡村英格兰"。[4]明格指出，19 世纪上半叶英国的农业种植面积持续增长，但是 1850 年以后，政府对农业发展做了根本性的调整，不再

---

[1] Joan Thirsk, *The Rural Economy in England*, London: The Hambledon Press, 1984.

[2] Joan Thirsk, *Alternative Agriculture. A History: From Black Death to the Present Day*, Oxford: Oxford U. P., 1997.

[3] Joan Thirsk, *Food in Early Modern England: Phases, Fads, Fashions, 1500 – 1760*, London: Hambleden Continuum, 2007.

[4] G. E. Mingay ed., *Victorian Countryside*, London: Koutledge & Kegan Paul, 1981.

扩大耕种面积，对荒地的圈占逐渐减缓并最终停止，1870 年以后，林木种植面积超过了林木采伐的面积，英国林木覆盖面积逐步扩大。1870 年林地面积为 1314000 英亩，1905 年增至 1683000 英亩。①

1986 年明格写了《1830～1939 年英国的转变》② 一书。该书对工业革命完成后百年间英国的社会生活史做了叙述。1989 年明格编写了《乡村田园风景》一书。该书汇集了由 M. 哈维登（M. Havinden）等学者撰写的 9 篇论文。这些文章分别论及维多利亚时代的乡村建筑、乡村设计、乡村市镇、地产、乡村居民、乡村遗迹的保护和乡村景观。明格在该书的序言中写道，在维多利亚统治时期开始时，英格兰的土地所有者无疑对农村拥有统治权。他们的乡村房舍和庭院的大小显示了他们的地位，是他们在农村的政治、经济和社会具有霸主权的象征。在若干平方英里的土地上矗立的巨大而孤立的房舍，标志着他们在领地上至高无上的显赫地位。其中有一些房舍是古旧的，而新来的土地所有者又建起了新的房舍，新建房舍的大小和风格都随时代的变化而变化。随着乡村生活成本变高，新建房舍的大小变得适中。到 19 世纪最后几十年，外部生产出的机器被引入乡村，商品增多，削弱了乡村手工工匠、乡村面粉厂、生产麦芽的作坊、地方小啤酒作坊的地位。传统的家庭手工工匠将他们的工具扔到一旁，自己进入了当地的工厂或选择了其他的职业。有的乡村成为铁路枢纽或建立了工厂，手工工匠聚居的村庄失去了原先的意义。1960 年以后，工业化改变了乡村的面貌，而 20 世纪后期，火车、汽车和计算机的大量使用更是改变了乡村的面貌。20 世纪末的英格兰乡村状况已经完全不同于 19 世纪之前。③

1989 年明格主编了《不平静的乡村》一书。该书收入了 J. H. 波特（J. H. Porter）的《1600～1800 年乡村的犯罪》，约翰·斯蒂芬森（John Stephenson）的《面包和血》，明格本人的《乡间的战争：斯文大尉时期的生活和时代》，F. M. L. 汤普森的《地主和乡村团体》，帕拉·梅霍恩的《劳工组织》，戴维·琼斯（David Jones）的《维多利亚时代乡村的犯罪和抗议》等

---

① G. E. Mingay ed., *Victorian Countryside*, Vol. 1, p. 26.
② G. E. Mingay ed., *The Transformation of Britain, 1830 – 1939*, Boston: Routledge & Kegan Paul, 1986.
③ G. E. Mingay ed., *The Rural Idylle*, Norwich: Steven Simpson Books, 1989, pp. 1–6.

八篇文章。明格在"导论"中指出，历史上农村社会关系的现实情况和诗人、小说家、艺术家的描述大相径庭。长期的交往使雇主和雇工之间存在人际纽带，这固然是一个事实。但这种联系时常被他们之间的社会差异削弱，或者说它从来就没有繁盛过。在18世纪初期或以前，农业仆役占到农业被雇佣劳动者的1/3或一半。不少人认为，在这种长期的农业雇佣关系中，在农舍内外日复一日的密切联系中，农业雇主和雇工之间会形成一种相互理解和同情的纽带。但是目前的研究告诉我们，地主雇佣的农业劳动力主要是10~25岁的年轻人，他们学习农业技艺，频繁地更换主人，从一个农场迁移到相邻的另一个农场去务工。在大农场中，农业雇主与雇工的关系在很大程度上不是个人关系。19世纪初，大量农业雇佣劳动者成为真正的农业无产阶级，农场主和雇佣农业劳动者之间的社会沟壑加宽了，阶级冲突加剧了。[①]

1994年明格出版了《1750~1850年英格兰的土地和社会》[②]一书，该书是约翰·斯蒂芬森主编的"泰晤士英国社会史丛书"的一种。该书对近代英国农村社会史的一系列重要问题做了阐述。它分为"18世纪土地社会""地主和村庄""土地政治学""教士及其教区""地主""在农场上""其他的村庄""农业的衰落""战争与和平""二战及以后"诸章。

1997年明格在《1750~1850年英格兰的议会圈地：原因、发生率和影响介绍》一书中对圈地运动的原因、过程和结果做了深入的阐述。[③]明格特别对1887年以来在英国盛行的"农民消失"的流行说法提出了不同意见。他指出，1887年的调查和以后的调查表明，英格兰仍然有16%~17%的可耕地被所有者占有。1885年对土地持有的调查表明，面积在5~50英亩的小农场超过了20万个，这些小农场在英格兰和威尔士的270万英亩土地面积中占14%。小农场尽管比以前要少，但它们并没有消失。[④]

柯林斯教授以研究19世纪农业史、食品史和经济史见长，退休前长期担任雷丁大学乡村史研究中心主任。他和哈文顿合编了论文集《工业国

---

①　G. E. Mingay ed., *The Unquiet Countryside*, London: Routledge, 1989, pp. 1-3.

②　G. E. Mingay, *Land and Society in England, 1750-1850*, London, New York: Longman, 1994.

③　G. E. Mingay, *Parliamentary Enclosure in England: An Introduction to Its Causes, Incidence and Impact, 1750-1850*, London; New York: Longman, 1997.

④　G. E. Mingay, *Parliamentary Enclosure in England: An Introduction to Its Causes, Incidence and Impact, 1750-1850*, pp. 1-2.

的农业》① 一书。

J. M. 尼森的《平民：1700~1820 年英格兰的共有权、圈地和社会变革》② 在 1993 年出版。J. M. 尼森原为沃里克大学社会史研究中心的研究生，该论题是 E. P. 汤普森向她建议的。J. M. 尼森的观点和 E. P. 汤普森对18 世纪英国农村社会的看法相近。尼森批评钱伯斯在英国农业史研究中不重视共有权问题，后者认为这是一个"没有什么内容的可怜的问题"，在共有权中"利益有限"。尼森提出，在 18 世纪，英格兰的平民是英格兰农民的残存者，而不是乡村劳工，这个观点非常重要。③ 只有较为间接的证据可证明这个时期农民经济残存，习惯法法院的土地命令表明了农民经济的残存和普通法对它们的保护。④ 直到 1820 年，在密德兰地区农民生产者和租佃农场主同时存在。18 世纪平民劳动者相对独立于工资劳动制和货币经济，18 世纪为劳动力市场提供劳动力的主要不是工资劳动者，而是这类农民。⑤平民不是劳工，他们的生活来源部分是自己劳作所获，部分是挣取的工资，他们拥有的土地和拥有的共有权使他们的生活方式不同于农业劳工，也不同于接工作回家做的工人和小土地持有者。⑥ 尼森认为 18 世纪的平民是一种特殊类型的农民，虽然在未圈地的教区绝大部分农业仍由农民经营，但她并不认为 18 世纪英格兰社会属于封建社会。⑦

米切尔·特纳、J. V. 贝克特和 B. 阿夫顿合著了《1690~1914 年英格兰农业地租》⑧ 一书。该书利用了各种地产档案、1894~1896 年王家农业委员

① M. A. Havinden and Ted J. T. Collins eds., *Agriculture in the Industrial State*, Reading: University of Reading, Rural History Centre, 1995.

② J. M. Neeson, *Commoners: Common Right, Enclosure and Social Change in England, 1700–1820*, Cambridge: Cambridge U. P., 1993.

③ J. M. Neeson, *Commoners: Common Right, Enclosure and Social Change in England, 1700–1820*, p. 10.

④ J. M. Neeson, *Commoners: Common Right, Enclosure and Social Change in England, 1700–1820*, p. 11.

⑤ J. M. Neeson, *Commoners: Common Right, Enclosure and Social Change in England, 1700–1820*, p. 13.

⑥ J. M. Neeson, *Commoners: Common Right, Enclosure and Social Change in England, 1700–1820*, p. 297.

⑦ J. M. Neeson, *Commoners: Common Right, Enclosure and Social Change in England, 1700–1820*, p. 298.

⑧ M. E. Turner, J. V. Beckett, and B. Afton, *Agricultural Rent in England, 1690–1914*, Cambridge: Cambridge U. P., 1997.

会的调查资料和出版的资料，制作了一份详尽的地租指数表，并制作了1690~1914年英格兰地租收入详表。[①] 这一研究使对英格兰农业地租的研究发展到对年地租的计量层次。米切尔·特纳和丹尼斯·米尔斯还著有《土地和财产：1692~1832年英国的土地税研究》[②]。

对农业地区个案的研究是英国农业史学的传统方向，这方面的成果仍在陆续发表。其中有苏珊娜·马丁斯的《运作中的大地产：19世纪霍克汉地产及其居民》、J. R. 沃迪的《18世纪地产的管理，莱文森-高尔地产的建设》、[③] 霍伊尔的《1558~1640年英国王室的地产》[④] 等。

戴维·格里格在《英国农业历史透视》[⑤] 一书中使用了大量的统计资料，对英格兰和威尔士的农业地理做了系统的长时段研究。同时，对目前英国农耕的模式是如何形成的做了历史的叙述。作者认为，从17世纪20年代到19世纪50年代，发生了两种缓慢的但却是决定性的变革，它们构成了农业革命。一是事实上完成了对敞地和公地的圈占；二是引入了芜菁和苜蓿这类新作物，在维多利亚中期实行的混合农耕中，把作物播种和家畜的饲养结合起来。阿伦·霍金斯写了《重新勾画乡村英国，1850~1925年》[⑥]。

马克辛·伯格在英国工业革命和制造业史方面写出了一系列著作。在她的代表作《制造业时代，1700~1820年：英国的产业创新与工作》[⑦] 中，她指出，工业缓慢成长与连续性，与地区发展、新技术的采用即妇女的劳动相联系。她强调的主要有以下三点。第一，工业是在整个18世纪成长起来的，而不是仅仅在18世纪最后25年。工业实质性的发展散布在整个传统

---

① M. E. Turner, J. V. Beckett, and B. Afton, *Agricultural Rent in England, 1690-1914*, pp. 303-323.

② Michael Turner and Dennis Mills eds., *Land and Proprety: The English Land Tax, 1692 - 1832*, Gloucester: Alan Sutton, 1986.

③ Susanna Wade Martins, *A Great Estate at Work. The Holkham Estate and Its Inhabitants in the Nineteenth Century*, Cambridge: Cambridge U. P., 1980; J. R. Wordie, *Estate Management in Eighteenth-Century England: The Building of the Leveson-Gower Fortune*, London: Royal Historical Society, 1982.

④ R. W. Hoyle, *The Estates of the English Crown, 1558-1640*, Cambridge: Cambridge U. P., 2002.

⑤ David Grigg, *English Agriculture: An Historical Perspective*, Oxford: Basil Blackwell, 1989.

⑥ Alum Howkins, *Reshaping Rural England: A Social History, 1850-1925*, London and New York: Routledge, 1992.

⑦ Maxine Berg, *Age of Manufactures, 1700-1820: Industry, Innovation and Work in Britain*, London and New York: Routledge, Second Edition, 1994.

工业各部门中，而棉纺织业和铁业是发展成果很突出的部门。第二，技术变革很早就开始了，而且广泛地分布在工业中。发明不是工业发展必需的机制，与工业发展相关的因素还有手工劳动和中间技术的发展，以及广泛使用廉价劳动力。这是旧的过程和新的过程的联结。第三，工业化产生了劳动组织，非集中化、工场的扩展和血汗工资制同样是生产组织新的出发点。它们不一定从一个发展到另一个，它们的任何结合都是可能的。它们的相对效率取决于经济环境。还有，各工业部门，如金属业和纺织业，在很早的阶段或前工业阶段就可以找到其不同的起源。从 18 世纪开始，呢绒业、编织业、精纺绒线业、丝织业、亚麻业和棉纺织业的生产安排上就存在差异。这些差别又植根于社会经济结构的差别中，如历史上形成的工业集中化和社会不平等的程度、法律和习惯的规定以及地区的文化传统。第四，该书表明了基于劳动分工、技术、雇佣、地区的工业和技术变革的作用。作者认为，还应该从两个方向展开研究。一是要抛开我们目前对于工业化的狭隘观念，事实上只有很少的工人与在棉织业和金属业中开展技术变革的发起者有联系，在矿业、建筑业、食品业、饮料业、皮革业和奢侈品制造业中存在的大量工人，我们还很少研究。我们需要转变过来，对 18 世纪更多工业部门的生产过程、组织和劳动力展开研究。二是要对生产力增长背后的社会现实展开研究，要研究地区、性别和劳动者的差别，要研究男性和女性劳动力市场的区分。18 世纪对机器生产的抗议之声来自乡间，特别是来自妇女。要研究女性劳动者在家庭和劳动组织中的行为，需要协调社会史和经济史研究。[1] 马克辛·伯格的著作还有《机器问题和政治经济学的形成，1815~1848 年》《工厂以前城乡的制造业》《早期工业欧洲的市场和制造业》《欧洲的技术革命的历史透视》《18 世纪英国的奢侈和愉悦》。[2]

[1]　Maxine Berg, *Age of Manufactures, 1700-1820: Industry, Innovation and Work in Britain*, pp. 282-283.

[2]　Maxine Berg, *The Machinery Question and the Making of Political Economy, 1815-1848*, Cambridge: Cambridge U. P., 1980; Maxine Berg, Pat Hudson and Michael Sonenscher eds., *Manufacture in Town and Country before Factory*, Cambridge: Cambridge U. P., 1983; Maxine Berg ed., *Markets and Manufacture in Early Industrial Europe*, London and New York: Routledge, 1991; Maxine Berg ed., *Technological Revolutions in Europe: Historical Perspectives*, Mass. : Edward Elgar, 1993; Maxine Berg, *Luxury and Pleasure in Eighteenth-Century Britain*, Oxford: Oxford U. P., 2005.

约瑟夫·伊尼科里写的《非洲和英国的工业革命，国际贸易和经济发展的研究》① 运用了详细的统计资料，揭示了英国与非洲的贸易对于本国工业革命的作用。

对于从封建主义向资本主义过渡时期英国的一般经济和社会史，C. G. S. 克雷教授写了《1500~1700 年英格兰社会扩张和经济变革》（两卷本）②，该书利用已出版的著作和论文的二手资料写成，它是一部详细介绍过渡时期英格兰社会和经济史的教科书式的著作。该书弥补了英国这类书籍的长期空白。克拉克森所著的《原工业化，工业化的第一阶段?》③ 是英国研究原工业化的代表性著作。

研究英国工业革命和工业制度的著作还有查普曼和沙萨涅合著的《18 世纪欧洲的纺织品印染业主，对皮尔和奥伯坎普夫的研究》④。马赛厄斯和戴维斯合编了文集《从 18 世纪迄今英国的国际贸易和经济成长》⑤，帕特里克·奥布莱恩主编了两卷本文集《欧洲的工业革命》⑥。用经济学方法写的英国经济通史有罗德里克·弗拉德和唐纳德·麦克洛斯基合著的两卷本《1700 年以后的英国经济史》⑦。关于资本主义观念的研究，有理查德·格拉斯比的《工业革命前的资本主义观念》⑧。约翰·威尔逊写了《1720~1994 年的英国商业史》⑨，分章叙述了 1870 年以前和以后的英国商业、在国外的大商业企业、商业公司的管理和理性化。该书是对英国商业史系统研

---

① Josephh E. Inikori, *Africans and the Industrial Revolution in England: A Study in International Trade and Economic Development,* Cambridge: Cambridge U. P., 2002.

② C. G. S. Clay, *Economic Expansion and Social Change: England, 1500 – 1700,* 2vols., Cambridge: Cambridge U. P., 1984.

③ L. A. Clarkson, *Proto-Industrialization: The First Phrase of Industrialization?* Londres: Macmillan, 1985.

④ S. D. Chapman and S. Chassage, *European Textile Printers in the Eighteenth Century: A Study of Peel and Oberkamph,* London: Heineman Educational Books, 1981.

⑤ Peter Mathias and John A. Davis eds., *International Trade and British Economic Growth from the Eighteenth Century to the Present Day,* Oxford: Blackwell, 1996.

⑥ P. K. O. Brien ed., *The Industrial Revolution in Europe,* 2 vols., Oxford: Blackwell, 1994.

⑦ Roderick Floud and Donald McClosky eds., *The Economic History of Britain since 1700,* 2 vols., Cambridge: Cambridge U. P., 1884.

⑧ Richard Grassby, *The Idea of Capitalism before the Industrial Revolution,* Lanham, MD: Rowman & Littlefield, 1999.

⑨ John F. Wilson, *British Business History, 1720–1994,* Manchester: Manchester U. P., 1995.

究的尝试。珍妮特·沃尔夫和约翰·锡德合编的《资本的文化：艺术、权力和 19 世纪的中等阶级》① 研究了 19 世纪中等阶级文化的社会表现和作用。

关于英国商人史，晚近有不少著作出版。珍妮·克莫德写了《中世纪后期约克：贝弗利和霍尔的商人》②。康沃尔写了《16 世纪初英格兰的财富和社会》③，对 16 世纪英格兰城乡一些地区的乡绅和商人等各社会等级的财富做了考察。罗伯特·布伦纳著有《商人和革命，1550~1653 年的商业变化、政治冲突和伦敦的海外贸易商人》④。该书研究了英国以伦敦为中心的外贸商人群体的活动，资料翔实。理查德·格拉斯比写出了《17 世纪英格兰的商人团体》⑤ 一书。该书对于 1590~1720 年英格兰团体的发展做了较全面的研究。该书利用了私人商号和机构未被使用过的档案，描述了前工业化经济中的商业结构，考察了商业的社会价值、统计学的资料、家庭、国家和宗教对于人才形成的作用，以及对商人的训练、如何诱导商人和商人的生活方式。作者从他的研究中得出了这样的结论：单个人的首创精神和流动的社会结构，在很大程度上决定了经济机会的差异。格拉斯比的著作分析了人们如何参加商业、如何工作和怎样去取得成就。该书对于前工业化社会发展的动力以及商业和社会之间的关系做出了解释。此外，克雷格·马尔德鲁著有《契约经济，近代早期英国信贷文化和社会关系》⑥。

关于 18~19 世纪的英国商人，朱利安·霍皮特写了《1700~1800 年英

---

① Janet Wolff and John Seed eds., *The Culture of Capital: Art, Power and the Nineteenth-Century Middle Class*, Manchester: Manchester U. P., 1988.

② Jenny Kermode, *Medieval Merchants: York, Beverley and Hull in the Later Middle Ages*, Cambridge: Cambridge U. P., 1998.

③ J. C. K. Cornwall, *Wealth and Society in Early Sixteenth Century England*, London: Routle & Kegan Paul, 1988.

④ Bobert Brenner, *Merchants and Revolution: Commercial Change, Political Conflict, and London's Overseas Trades, 1550-1653*, Cambridge: Cambridge U. P., 1993.

⑤ Richard Grassby, *The Business Community of Seventeenth Century*, Cambridge: Cambridge U. P., 1995.

⑥ Craig Muldrew, *The Economy of Obligation: The Culture of Credit and Social Relations in Early Modern England*, Basingstoke: Macmillan, 1998.

格兰实业家的冒险和失败》①，作者根据公共档案局和地方档案馆的资料，研究了在 18 世纪战争和金融危机期间破产的企业家和商人，并做了逐年计量考察。② 柯比和罗斯合编了论文集《从 18 世纪到 20 世纪现代英国的商人企业家》③，收入的文章中最有代表性的是斯坦利·查普曼的《从工业革命到第一次世界大战英国的商人企业家》④。该书对英国企业家中的这个专门群体做了研究。该书通过研究 1980 年开放的英格兰银行、伦敦市政厅的其他银行和商人团体的档案，以及稍早开放的格拉斯哥和利物浦的相关档案写成，资料翔实。作者指出，从 18 世纪到一战为止，英国所有第一流商馆的起源都有国外的因素，所以他们的文化和忠诚态度并非密切地与英国传统相联系。英国商人企业家在其成长过程中，遭到了奥斯曼帝国的、美国的和英帝国的企业的竞争，同时也遭到了苏格兰商人、北爱尔兰商人和英格兰非国教徒的竞争。英国人在商业活动中往往不是独自经营，他们吸引了世界企业精英中的相当一部分参加自己的企业。英国的贸易和工业的分水岭是 1793~1815 年对法国的战争，战争时期英国金融家开始集中化地控制英国的商业企业，这种趋势一直持续到 19 世纪 70~80 年代。第一次世界大战之后，英国的商人企业家开始衰落。此外，莫里斯·柯比和玛丽·罗斯著有《18~20 世纪近代英国的商业企业》⑤ 一书。

戴维·奥姆罗德写的《商业帝国的兴起：重商主义时期的英格兰和尼德兰，1650~1770 年》，是一部资料翔实的商业史的著作。他把英国经济的发展和工业革命的起源置于整个欧洲北部沿海经济的发展中来看待。他强调英国工业革命是长时期经济发展的继续，认为"贸易是驱动一切事务的

① Julian Hoppit, *Risk and Failure in English Business, 1700–1800*, Cambridge: Cambridge U. P., 1987.

② Julian Hoppit, *Risk and Failure in English Business, 1700–1800*, pp. 182–196, Appendix 1–4.

③ Maurice W. Kirby and Mary B. Rose eds., *Business Enterprise in Modern Britain: From the Eighteenth to the Twentieth Century*, London: Routledge, 1994.

④ Stanley Chapman, " Merchant Enterprise in Britain from the Industrial Revolution to World War I" (1992), in Maurice W. Kirby and Mary B. Rose eds., *Business Enterprise in Modern Britain: From the Eighteenth to the Twentieth Century*.

⑤ Maurice W. Kirby and Mary B. Rose eds., *Business Enterprise in Modern Britain: From the Eighteenth to the Twentieth Century*.

动力"。^① 他尤其强调了与荷兰的贸易对英国资本主义发展的作用。该书指出，1750 年以前英国经济的发展集中在英格兰的南部和东部，特别是伦敦及伦敦周围各郡，所有这些地区都依靠低地国家和它附近的欧洲国家作为英国主要的市场。英国缓慢地吸收了来自欧洲大陆北部主要是商人和技工构成的新教移民。鹿特丹和伦敦的英国人和荷兰人的团体处理着巨大的货物、货币和信息流通。荷兰实际上极大地拓宽了英国的市场。一个英国商人说："荷兰如此邻近我们，我们之间的贸易就像是我们国内一个城市与另一个城市间的贸易一样。"正是有赖于英格兰贸易的这种扩展，英格兰的人均国内生产总值迅速增长。奥姆罗德指出，如果说英格兰人均国内生产总值在 1550 年时大致与其余欧洲大陆国家相当的话，那么到 1820 年，英国的人均国内生产总值达到了欧洲大陆平均水平的 3 倍。^② 奥姆罗德的这些研究成果对人们全面认识英国近代商业史和商业资产阶级很有帮助。

英国 19 世纪后期的经济衰落是学者关心的问题。西德尼·波拉德所著的《英国的领先和英国的衰落：1870～1914 年的英国经济》^③，从工业场景的变化，资本输出，教育、科学和技术以及国家的作用四个方面分析了 19 世纪 70 年代到一战期间英国经济衰落的原因。马丁·威纳（Martin Wiener）著有《英国文化与工业精神的衰落：1850—1980》^④。该书对众所周知的英国衰落问题做了探讨。他认为，英国经济的相对衰落从 19 世纪末期就已开始，两次世界大战加速了这一过程。从 20 世纪 60 年代后期起，经济发展缓慢。英国企业家曾经在 19 世纪创造了世界第一流的物质文明，但是未能使工业资产阶级的价值观在英国社会中占据支配地位，反倒屈从于乡绅和土地贵族的价值观。工业进取精神被弱化，工业投资不足，技术更新迟缓，生产效率低下，第二次技术革命中兴起的新技术在英国的发展受到很大影

---

① David Ormrod, *The Rise of Commercial Empires: Englian and the Netherlands in the Age of Mercantilism, 1650-1770*, Cambridge: Cambridge U. P., 2003, p. 3.

② David Ormrod, *The Rise of Commercial Empires: Englian and the Netherlands in the Age of Mercantilism, 1650-1770*, pp. 334, 336.

③ Sidney Pollard, *Britain's Prime and Britain's Decline: The British Economy, 1870-1914*, New York: Edward Arnold, 1989.

④ 马丁·威纳：《英国文化与工业精神的衰落：1850—1980》，王章辉、吴必康译，北京大学出版社，2013。

响。英国教育受绅士文化影响，牛津、剑桥等名校从课程设置到指导思想都渗透了对工商业的藐视。学校忽视自然科学和工程技术，学生厌恶工商业，使英国缺乏工业技术和经营管理人才。文化保守主义在批判资本主义种种弊端时，回顾已逝去的前工业时代，希望回到老英格兰的田园生活中去。英国在经济一度领先的背景下没有对工业结构进行调整，技术开发资金投入不够。到19世纪90年代，企业的资本主要靠个人和家庭的财产以及利润的再投资，只是在有限的程度上依靠地方银行。该书反映了英国时下对经济衰落的一般见解。

还有关于帝国主义的研究。自第一次世界大战以来，英国社会主义者一致认为帝国主义是一种灾难，它造成了军国主义，使得经济停滞，在城市中反对民主，并且阻碍第三世界国家的经济发展。比尔·沃伦写了《帝国主义：资本主义的先锋》① 一书反对上述看法。作者认为，帝国主义理论作为马克思主义中非常有影响力的部分，不仅与事实矛盾，而且也曲解了马克思主义本身。作者认为，列宁的帝国主义理论的框架是不符合国际资本主义的实际发展的。该书否认帝国主义在第三世界是一种扭曲或阻碍经济发展的退步力量，认为直接的殖民主义在亚洲和非洲有力地推动了社会变革。作者认为，在战后第三世界的经济中，经验表明穷国和富国之间的经济沟壑实际上变窄了。

晚近英国对经济史研究的一个重要倾向是计量研究加强了。可举出两本书为例。一本书是1986年帕特·赫德森的《工业资本的起源：对1750~1850年西雷丁毛纺织业的研究》②。该书有图表8种，统计曲线表9种，统计表格39种。另一本书是查尔斯·费恩斯坦和西德尼·波拉德合编的《1750~1920年英国资本形成的研究》③。该书第一部分为部门研究，收录了9位学者对各经济部门的研究论文。第二部分为对英国全国经济的统计资料研究，由查尔斯·费恩斯坦教授一人完成。全书制作了170份统计表格，经济统计资料极为翔实。系统的统计资料的应用，使得经济史可以摆脱定性

①　Bill Warren, *Imperialism: Pioneer of Capitalism,* London: Yerso, 1980.

②　Pat Hudson, *The Genesis of Industrial Capital: A Study of the West Riding Wool Textile Industryc, 1750-1850,* Cambridge: Cambridge U. P., 1986.

③　Charles H. Feinstein and Sidney Pollard eds., *Studies in Capital Formation in the United Kingdom, 1750-1920,* Oxford: Clarendon Press, 1988.

研究中往往会存在的抽象和粗略的弊病，给人们提供关于经济发展的大趋势和阶段性变化的切实可靠的资料。计量史学需要从事经济史研究的工作者具有很高的数学基础，而旧式的历史学的培养方法已经无法造就所需要的合格人才。

第四节　社会史研究

在英国社会史领域，出现了以保罗·汤普森为代表的口述史学家派别。保罗·汤普森在埃塞克斯大学社会学系任教，1988 年提升为教授。他是口述史学的先锋和代表人物。他在 1971 年创立了"口述史学会"和《口述史杂志》。1970~1973 年他进行了以"1918 年以前的家庭生活和工作经验"为题的研究计划，在英国进行了第一次国际性的口述史访谈。在这个计划的实行过程中，保罗·汤普森出版了著作《爱德华时代英国社会的再形成》。1987 年他开创了"国民生存故事档案搜集计划"项目，这个项目后来改称"国民生活故事档案"。这批档案收藏在大英图书馆全国音像档案馆。建立这一档案的目的是"尽可能地对当代社会做广泛的跨部门的第一手经验的积累"。随后展开的口述史工作包括苏格兰渔民家庭史和社团史、考文垂和都灵汽车制造工人的家庭史和社团史口述资料搜集。晚近的资料搜集工作扩大到牙买加跨国界的生活故事的收集。保罗·汤普森的代表作为《过去的声音：口述史》[1]。

关于中世纪英格兰的封建等级制的研究著作有阿兰·福雷的《12~14世纪的军事等级》[2] 和安德鲁·艾顿的《骑士和战马，爱德华三世统治下的兵役》[3]。

英国史学家在对英国历史的阐释中一直使用"共同体"这一概念。雷蒙德·威廉斯对"共同体"这个词做过解释。他说，"共同体""是用以描述现存的关系的有着极大说服力的词语"。"和其他所有关于社会组织的词

---

① Paul Thompson, *The Voice of the Past: Oral History,* Oxford: Oxford U. P., 1978.

② Alan Forey, *The Military Order: From the Twelfth to the Early Fourteenth Century*, Basingstoke: Macmillan, 1992.

③ Andrew Ayton, *Knights and Warhorses: Military Service and the English Aristocracy under Edward III*, Woodbridge: The Boydell Press, 1994.

语（如国家、民族、社会等）不同，该词似乎从来没有在贬义上被使用过，并且从来没有被当作一个正式的并与其他词语相区别的词来看待。"① 但是长久以来很少有人对这个词从与历史联系的角度上做具体的阐释。2000 年菲尔·威辛顿和亚历山大·谢泼德主编的文集《近代早期英格兰的共同体：框架、地点和修辞》出版。它汇集了 1998 年 11 月在牛津大学圣约翰学院召开的一次讨论会的论文。文集的文章集中地研讨了共同体问题。主编者认为，许多在概念上具有重要意义的词，如"阶级"、"社会"、"文化"或"私人"，在当代具有重要意义，但它们与各自过去的内涵只有很少的关系。这些植根于当代理论和辩论的意义既很重要又容易引起争论。这些词构成了折射和理解历史的三棱镜。"在每个例子中，词的概念的转变都可以使人洞察到广阔的社会经济和文化变革的动力。"② 学者们认为，共同体这个词在修辞学上很温和，而且释义模糊，使它易为人接受。历史学者在使用这个词时有保守的方法，专门用它来指称一套有组织的、等级森严的、共识的社会关系，即修正派史学家所说的 17 世纪由乡绅统治的"郡共同体"，或者英国和德国的城市史学者认为的构成前宗教改革时期城镇的"宗教和政治整体"。而 E. P. 汤普森和安迪·伍德则认为，早期近代乡村和工业的共同体，以其潜在的自治组织和自我规范，显示出一种不同的、独特的、极为政治化的"平民文化"，它们预示着在 18 世纪后期出现的有充分的文献记载的社会政治运动。③《近代早期英格兰的共同体：框架、地点和修辞》一书收入的论文角度各不相同，其中有《复辟时期伦敦的社会网络组织》《一种地方意识？乡村教区的归属》《民族共同体的修辞构成：国王的英语在都铎中期写作中的作用》等。

20 世纪 80 年代出版了一套企鹅版英国社会史，其中已出版的有尤因斯的《16 世纪英格兰》、罗伊·波特的《18 世纪英格兰社会》、约翰·斯蒂芬

---

① Raymond Williams, *Keywords: A Vocabulary of Culture and Society*, London: Fontana, 1976, p. 23.

② Phil Withington and Alexandra Shepard, "Introduction: Communities in Early Modern England", in Alexandra Shepard and Phil Withington eds., *Communities in Early Modern England*, Manchester: Manchester U. P., 2000, p. 1.

③ E. P. Thompson, *Custom in Common*, London: Penguin, 1991, pp. 12 - 13. "Andy Wood, Custom, Identity and Resistance: English Free Miners and Their Law, c. 1550-1800", in Paul Griffiths, Adam Fox and Steve Hindle eds., *The Experience of Suthority in Early Modern England*, London: Macmillan, 1996.

森的《1914～1945 年的英国》、阿瑟·马威克的《1945 年以后的英国社会》。①

对于英国社会结构，出版了 L. 斯通和 J. C. F. 斯通合写的《精英是开放的吗？1540～1800 年的英格兰》②、彼特·厄尔的《英国中等阶级的形成：1660～1730 年伦敦的社会和家庭生活》③、爱德华·罗亚尔的《现代英国社会史，1750～1985 年》④、哈罗德·珀金的《职业社会的兴起：1880 年以后的英国》和《第三次革命：近代职业精英的形成》⑤、盖伊·劳斯的《1801～1981 年大不列颠的职业和薪酬》⑥、W. D. 鲁宾斯坦的《近代英国史上的精英和财富》⑦、马威克的《泛滥：英国社会和第一次世界大战》⑧。关于近代英国的贵族，戴维·坎南丁写了《英国贵族的兴衰》和《近代英国贵族，从堂皇到衰落》⑨。

这个时期对自由职业者的研究加强了。罗斯玛丽·奥戴写的《近代早期 1450～1800 年英格兰的自由职业者：共和国的仆役》⑩ 对英格兰的教士、律师和医生这几个知识阶层做了研究，对他们的职业权力做了探讨。亨特

①　Joyce Youings, *Sixteenth-Century England*, New York: Penguin Books, 1984; Roy Porter, *English Society in the Eighteenth Century*, New York: Penguin Books, 1982; John Stevenson, *British Society, 1941-1945*, London: Penguin Books Ltd., 1986; Arthur Marwick, *British Society since 1945*, New York: Penguin Books, 2003.

②　L. Stone and J. C. F. Stone, *An Open Elite? England, 1540-1880*, Oxford: Oxford U. P., 1986.

③　Peter Earle, *The Making of the English Middle Class: Business, Society and Family Life in London, 1660-1730*, London: Methuen, 1989.

④　Edward Royle, *Modern Britain: A Social History, 1750-1985*, London: Edward Arnold, 1987.

⑤　Harold Perkins, *The Rise of Profession Society: England since 1880*, New York: Routledge, 1989; Harold Perkin, *The Third Revolution: Professional Elite in the Modern World*, New York: Routledge, 1996.

⑥　Guy Routh, *Occupation and Pay in Great Britain, 1801-1981*, London: Macmillan, 1987.

⑦　W. D. Rubinstein, *Elite and the Wealth in Modern British History*, Brighton: Havester Press, 1987.

⑧　Arthur Marwick, *The Deluge: British Society and the First World War*, London: Palgrave Macmillan, 2011.

⑨　David Canndine, *The Decline and Fall of the British Aristocracy*, New Haven and London: Yale U. P., 1990; David Cannadine, *Aspects of Aristocracy: Grandeur and Decline in Modern Britain*, London: Yale University Press, 1994.

⑩　Rosemary O'Day, *The Professions in Early Modern England, 1450-1800: Servants of the Commonwea*, Harlow, England: Pearson Eduation Ltd., 2000.

写了《中产阶级：1680~1780年英格兰的商业、性别和家庭》①。

第五节　马克思主义史学

20世纪80年代后，二战结束后成长起来的一代英国马克思主义史学家已至晚年，这些学者出版了最后一批著作。E. P. 汤普森出版了研究18世纪英国社会史的文集《共有的习惯》②。这部文集未加改动地收入了过去发表在期刊上的旧作《时间、劳动纪律和工业资本主义》《18世纪英国群众的道德经济学》。文集中的《导论》和《贵族与平民》收入了已发表旧作的一些段落。该文集收入的另外4篇论文《习惯、法律与共有的权利》《道德经济学的再考察》《买卖妻子》《大声喧哗》是新作。葛兰西提出的"领导权"概念在20世纪马克思主义理论界很流行。葛兰西认为20世纪资产阶级在政治统治中采用了"强制+领导权"的方式，在意识形态领域拥有领导权。E. P. 汤普森对此提出不同看法。他指出，18世纪存在习惯文化，这种习惯文化在运作过程中并不属于统治阶级支配下的意识形态。乡绅的霸权受到一定的限制，这种文化霸权属于世俗文化霸权，而不是宗教和巫术的控制，它对平民只起很小的作用。当时平民文化处于自由活动和成长中，乡绅控制平民的主要工具不是文化而是法律。这个时期的平民文化具有一种反叛的特征。其反叛的目标，看起来是保护习惯，但实际上是以诉诸习惯的方式保护平民自己。这是因为当时平民不断受到剥削，或是被剥夺劳动的闲暇，或是被剥夺土地的习惯使用权。所以，平民通过捍卫自己的习惯进行斗争。汤普森考察了平民的习惯权利日益丧失的过程，指出法律是乡绅这个乡村统治阶级的工具和意识形态，是农业资本主义的工具。18世纪乡村民众以习惯权利为根据，与乡绅及其使用的法律作斗争，这是一场真正的阶级冲突。汤普森认为，18世纪民众反对统治阶级的斗争是经过深思熟虑的、有准备的、讲究策略的行动。这个时期的民众斗争有三个特点：一是采取了传统的匿名斗争形式；二是民众学会了制造公共舆论，努力造

---

① Margaret R. Hunt, *The Middling Sort: Commerce, Gender, and the Family in England, 1680-1780*, Berkeley: University of California Press, 1996.

② E. P. Thompson, *Custom in Common*, London: Merlin Press, 1991.

成一种反舞台效果；三是到了后期，群众已有能力采取直接行动，捣毁机器、威胁要破坏工厂，强迫雇主为他们提供生活必需品。E. P. 汤普森指出，在当时乡间和小城镇，地方当局和民众并不是按照斯密一类的经济学家的说教，而是按照习惯来进行经济活动。地方当局按照道德的观念来调节地方市场的经济活动，制止商人囤积、垄断、抬高物价的不法行为，防止因此出现社会矛盾激化，而民众一方的斗争目的也只是使对方让步，形成一种中庸的社会关系，而无意酿成真正的革命动乱。E. P. 汤普森的《共有的习惯》对于英国 18 世纪的经济观念和社会冲突做了一种新解释。

克里斯托弗·希尔（Christopher Hill）是研究 16~17 世纪英国史和英国资产阶级革命史的著名史学家。他毕业于牛津大学贝里奥学院，是英国共产党党员，他的著作有《教会的经济问题：从大主教怀特吉夫特到长期议会》《英国革命前的清教和社会》《英国革命的思想起源》《天翻地覆》《清教和革命》《革命世纪，1603~1774》《上帝宠爱的英国人：奥列弗·克伦威尔和英国革命》《17 世纪英国的反基督教派》《17 世纪英国的变革和继承》《密尔顿和英国革命》《昔日义举（资料集）》等。希尔大学毕业后在牛津大学万灵学院任教，1935~1936 年去苏联学习苏联学者对英国历史和英国革命史的研究。回国后把他们的著作介绍到英国。希尔在 1946~1956 年是英国共产党历史学家小组成员、《过去和现在》杂志编委会成员。苏共二十大后，在斯大林主义问题上国际共产主义运动内部发生分歧，英国共产党也因此发生分裂，希尔同 E. P. 汤普森、约翰·萨维尔等历史学家退出了英国共产党。

希尔致力研究的 17 世纪英国革命史是一个复杂的史学课题。因为革命爆发的方式，英国社会的阶级关系和阶级对立不像法国革命时期那样典型，英国的社会政治文化又具有继承性的特点，那个时代又带有浓郁的宗教色彩。因此，这场革命成为历史研究中持续的焦点。在希尔史学活动的初期，他接受了马克思主义经典作家和苏联学者的看法，对英国资产阶级革命的看法带有教条主义和简单化的特点。他在长篇论文《1640 年英国革命》中写道："1640~1660 年的英国革命是和 1789 年法国革命一样的伟大的社会运动，本质上是封建旧秩序的国家权力被暴力推翻，政权转入一个新阶级之手，使得资本主义有可能自由发展。"他强调："内战是一场阶级斗争，在这场战争中教会和保守的地主所代表的反动力量起来保卫查理一世的暴政，而获得工商业资产阶级、自耕农和乡绅的支持。"

希尔在这个时期发展了对17世纪英国革命的马克思主义解释。他在论文《是一次资产阶级革命吗?》中阐述说："把英国革命、法国革命和1905年俄国革命都划为资产阶级革命，并不意味着要强行把它们划为一种模式。"他阐述了对英国革命阵营构成的看法："长期议会和他的先驱一样都容纳了乡村土生土长的统治者的各个部分，如果能证明每个议员都是工厂主的话，那么资产阶级革命的概念便无须发展了。"他还指出："如果把资产阶级革命视为一场资产阶级要求的革命，那它就成了一个不幸的字眼……科学革命恐怕是极好的例子，在科学革命中做出贡献的人有很多是在革命中涌现出来而以科学标准来看简直算不上是科学家的人。"希尔具体分析了伦敦和地方对待这次革命的态度，以及革命造成的政治分野。在上层，"长期议会并没有发动这场革命。议员的冲突充其量不过是摧毁了旧的政府体系"。在地方上，"每个郡长期左右局势的乡绅之间一直存在一种相互角逐的关系，这意味着如果一个家族支持议会党一方，另一个家族就几乎会自动地支持国王，如果我们把目光集中于一个郡，那么就会产生这样的深刻印象：或者说内战在某种程度上是外来的，它迫使所谓中立派不情愿地选择一方，或者说这是一场地方上的角逐者关起门来进行的一场偶然冲突"，而"在内战时期，全国的分野不过是各郡力量的总和"。① 希尔在这里对英国革命领导集团的构成做出了新的分析。人们从希尔这些论述中自然会猜测他是否会把领导革命的乡绅看作一个并非全部由资产阶级构成的集团。然而希尔最终没有迈出这一步，他坚持认为"英国的乡绅是一个特殊类型的资产阶级"。劳伦斯·斯通则不同意希尔的意见，他1986年在《过去和现在》杂志上发表的文章认为，没有理由认为英国的乡绅就是农业资产阶级。

拉斐尔·萨缪尔是《新左派评论》最早的编辑部成员之一，他在离开《新左派评论》编辑部之后，开创了自己的"历史工场"史学事业。他推动口述史学的发展，发动普通工人来写自己的历史，创办了期刊《历史工场

---

① Christopher Hill, "A Bourgeois Revolution?", in J. A. Pocock ed., *Three British Revolution: 1641, 1688, 1776*, Princeton: Princeton U. P., 1980, pp. 109–139.

杂志》。20 世纪 80 年代以后，他出版了一批劳工史著作。例如，《东端的下层社会》，详细记述了阿瑟·哈丁的一生。阿瑟·哈丁是出生于伦敦贫民窟的工人之子，后来成为 1926 年罢工运动的领导者。书中描述了阿瑟·哈丁与犹太人邻居的关系和友谊，描述了哈丁的文化兴趣，哈丁被囚禁在狱中时还在热心地阅读狄更斯、吉本和雨果的著作。由拉斐尔·萨缪尔、巴巴拉·布罗姆菲尔德和盖伊·博纳斯合编的《内部的敌人：矿井村庄和 1984~1985 年的矿工罢工》[①] 一书，体现了"历史工场"派的史学特点。该书正文分作 12 部分，每部分由几帧史料组成，其中有罢工参加者给工会大会的报告、来信、日记、集中对罢工参加者的访问记录和回忆录。该书具有口述史的性质，史料未作加工，却粗犷、真实地记载了这次罢工的历史。

在文化史和文化学研究中，拉斐尔·萨缪尔撰写了厚重的著作《记忆的戏台》（两卷本）。他提出，历史观念是杂乱的，它不仅可以从真实的生活经验中延伸出来，而且可以从记忆和虚构中、从空想和欲望中产生；它不仅可以从对过去的年代记式的文献记录中产生，而且可以从超时限的"传统"中产生。《记忆的戏台》第一卷的副标题为"当代文化中的过去和现在"，采用一种以人为主体的中心构思。该卷讨论的中心是重写历史和对环境变化结果的再构想方法，在知识生产和传播方面有技术上的革新。拉斐尔·萨缪尔批评了 19 世纪以来历史学的专业化带来的封闭、狭隘、专制等缺点。拉斐尔·萨缪尔反对史学界对非专业史学工作者的歧视。他指出，这种歧视表现在传记作者被排斥在史学工作者之外，乡土史学家、口述史学家被视为史学界的劣等公民，评论员和通讯员更是处于史学金字塔的边缘。造成上述想象的是知识建构的森严的等级在作祟。拉斐尔·萨缪尔认为，历史并非史学家的专利。拉斐尔·萨缪尔拓宽了历史学的内容和历史写作者的范围。他认为，历史不仅包括真实的生活经历，也包括记忆、神话、幻想和欲望。历史会随着环境的变化、修复技术的创新以及知识的生产和传播的民主化不断得到重写。[②] 他认为，大众记忆是历史重要的组成部

① Raphael Samuel, Barbara Bloomfield and Guy Boanas, *The Enemy from within Pit Village and the Miners' Strike of 1984-1985*, London: Routledge & Kegan Paul Ltd., 1986.

② Raphael Samuel, *The Theatres of Memory*, Vol. 1, *Past and Present in Centemporary Culture*, London: Verso, 1994, p. x.

分。大众记忆的来源包括家族历史的自传、地方志、电视节目、人们对往事的回忆、纪念品、民谣，以及小说和诗歌等文学作品。他批评了史学界忽视图像的重要性。他认为图像是历史记忆重要的组成部分，图像研究在历史研究中具有重要地位。拉斐尔·萨缪尔认为，历史知识完美无缺的观念是站不住脚的。存在着书面记载空缺的、未被提及的内容，这些只能通过大胆的推测来填补。他认为，我们实际上是在不断按照现代观点来诠释过去，我们观察的视角和产生的共鸣都属于我们这个时代，我们无法摆脱历史的主观性。[①] 拉斐尔·萨缪尔的史学工作对于史学民主化做出了重要的贡献。反映了左派史学家的态度。

霍布斯鲍姆在 20 世纪 90 年代著有《极端的年代，1914~1991》。[②] 该书分为上、下两卷，对 20 世纪的历史做了回顾。霍布斯鲍姆认为："全球新社会主义得以挑战资本主义，事实上其最大的力量来源却只是积存于对手本身的弱点之中。若无 19 世纪资产阶级社会解体在先，势无十月革命。而那以社会主义为名，实行与前沙皇帝国横跨欧亚的广袤领土上的经济制度，也根本不可能自认为有资格取代资本主义；不管是它自己，或是局外人，也都不会把它当作一条全球性的可行之路。然而发生在 30 年代的大萧条，却给了它这个机会。"[③] 没有二战战胜德国法西斯的胜利，"苏联不可能在本世纪中稳操社会主义的龙头长达 15 年之久"。1947~1973 年资本主义的繁荣，"对世界人类生活造成的巨大改变，影响深远"。[④] "苏联社会主义的解体和长达数十年的全面或全球性的重大危机，其影响深远"。世界经济前途黯淡，世界政局动荡不安，各地弥散着社会道德危机。市民社会的理想不可追寻。在短促的 20 世纪中，世界再也不是以欧洲为中心，"世界已经逐渐演变为一个单一的运作单位"。[⑤] 该书不属于严谨的历史学著作，其文体更像一部政治历史随笔，作者对资本主义的评价过高，未正确认识到社会

---

① Raphael Samuel, *The Theatres of Memory*, Vol. 1, *Past and Present in Centemporary Culture*, pp. 430-431.

② Eric Hobsbawm, *Age of Extremist: The Short Twentieth Century, 1914-1991*, 2vols., London: , David Higham Associates Ltd., 1994.

③ 霍布斯鲍姆：《极端的年代，1914~1991》上册，郑明萱译，江苏人民出版社，1998，第 12 页。

④ 霍布斯鲍姆：《极端的年代，1914~1991》上册，第 13 页。

⑤ 霍布斯鲍姆：《极端的年代，1914~1991》上册，第 22 页。

主义的强大生命力。

研究中世纪史的马克思主义史学家罗德尼·希尔顿写了《阶级冲突和封建主义的危机》和《封建社会英国和法国的小城镇比较研究》。① 希尔顿把英国封建的衰落和向资本主义过渡的原因主要归结为阶级斗争。

马克思主义史学家加雷斯·斯特德曼·琼斯在 1983 年出版了《阶级的语言，对 1832～1982 年英国工人阶级历史的研究》，2004 年出版了《贫困结束了吗？一场历史的辩论》。他在接受了剑桥大学欧洲思想史讲座职位以后，翻译出版了查理·傅里叶研究妇女问题的著作《四种运动理论》。② 曾任《新左派评论》编辑的罗宾·布莱克本写了《新奴隶制：从巴洛克到近代新世界奴隶制的形成，1492～1800 年》③ 一书。该书长达 900 余页，详尽地研究了法国、荷兰、西班牙和英国在美洲实施的奴隶制，并用相当的篇幅研究了奴隶制和资本积累的关系。该书是为数不多的研究美洲奴隶制的有分量的著作。学者认为这本书对北美、加勒比地区和拉丁美洲的历史做出了深刻的综述，是埃里克·威廉斯（Eric Williams）1944 年出版的《资本主义和奴隶制》④ 之后最重要的研究奴隶制的著作。

第六节　政治史和政治制度史研究

杰拉尔德·埃尔默是研究英国资产阶级革命和 17 世纪政治制度史的著名学者，曾担任英国皇家历史学会主席。杰拉尔德·埃尔默的代表作是研究 17 世纪英国文官的三卷本系列专著。1961 年埃尔默出版了该系列著作的

---

① Rodney H. Hilton, *Class Conflict and the Crisis of Feudalism*, London: Verso, 1985; R Odney H. Hilton, *English and French Town in Feudal Society: A Compare Study*, Cambridge: Cambridge U. P., 1992.

② Gareth Stedman Jones, *Language of Class: Studies in English Working Class, 1832 - 1982*, Cambridge: Cambridge U. P., 1983; Gareth Stedman Jones, *An End of Poverty? A Historical Debate*, London: Profile, 2004; Gareth Stedman Jones and Ian Patterson eds., *The Theory of the Four Movement*, Cambridge: Cambridge U. P., 1996.

③ Robin Backburn, *The New Slavery. The Making of New World Slavery. From Baroque to the Modern, 1492-1800*, London: Verso, 1997.

④ Eric Williams, *Capitalism and Slavery*, Chapel Hill: The University of North Carolina Press, 1944.

第一部《国王的仆役：查理一世时期的文官，1625~1642年》①，1973年出版了该系列的第二部《国家的仆役：1649~1660年英吉利共和国的文官》②。2002年由牛津大学出版社出版了他对17世纪英国政府文官研究系列的第三部《国王的仆役：查理二世统治下的政府和文官，1660~1685年》。在此书的写作过程中，马克斯·韦伯、詹姆斯·伯恩海姆（James Bernheim）和米洛凡·吉拉斯（Milovan Djilas）关于官僚制的社会政治学理论对埃尔默有很大的影响。③ 埃尔默最初比较注重对纯粹政府机构的研究。以后埃尔默逐渐清晰地认识到，官僚制是一种循环发生的历史现象。他加强了对官僚制的研究和批评。他在《国王的仆役：查理二世统治下的政府和文官，1660~1685年》一书中指出，恩宠和人脉关系在官职任命和提升中仍然是最有影响力的因素。在他研究的三个时期中，官职的持有一般来说对于提高人的地位较之财富增殖起着更为积极的作用。④ 他分析说，查理二世的文官更多地出身于上层阶级，家族背景对他们的升迁发挥了非常重要的作用，而只有极少数官员靠自己的努力出人头地。对于查理二世时期的王权，埃尔默认为，当时英国君主的立法权和征税权受到议会的约束。⑤

在该卷中，埃尔默将查理二世时期的"王室绝对主义"与同时代的欧洲大陆绝对主义君主（如法国路易十四、勃兰登堡—普鲁士大选帝侯弗里德里克·威廉、瑞典的查理十一、丹麦的克里斯蒂安五世、奥地利的利奥波德一世）当政时的政治特征做了比较。他指出，法国科尔伯和其他官员

---

① G. E. Aylmer, *The King's Serment: The Civil Service of Charles I, 1625–1642*, London: Routledge & Kegan Paul, 1961.

② G. E. Aylmer, *The State's Serment: the Civil Service of the English Republic, 1649–1660*, London: Routledge & Kegan Paul, 1973.

③ 詹姆斯·伯恩海姆是美国哲学家和政治理论家，在20世纪30年代是激进的政治活动家和美国托洛茨基主义运动的领袖。晚年他离开左翼思潮而转向右翼，成为美国保守主义的知识分子。他著有《治理革命》。米洛凡·吉拉斯是政治学者，曾是南斯拉夫政治家、社会主义理论家和南斯拉夫社会主义运动和社会主义制度的批评者，著有《新阶级》、《没有正义的土地》、《道德的解剖》、《不完全的社会》和《革命回忆录》。埃尔默把他们的研究方法用于自己的著作中。当时他认为，在决定近代社会权力的分配时，对国家机构的控制和对生产资料的管理比对财产的实际所有权更为重要。

④ G. E. Aylmer, *The Crown's Servants: Government and Civil Service under Charles II, 1660–1685*, Oxford: Oxford U. P., 2002, p. 270.

⑤ G. E. Aylmer, *The Crown's Servant: Government and Civil Service under Charles II, 1660–1685*, pp. 270, 267.

建设法国海军的速度和效率令英国汗颜。路易十四为了战争，无节制地增加了法国社会的赋税和军事负担。法国对新教徒、胡格诺教徒以及 17 世纪 70~80 年代对少数派的打击在力度上和规模上都大大超过了英国政府对清教异端、贵格会教徒和天主教教徒的打击。他指出，丹麦国王克里斯蒂安五世、勃兰登堡—普鲁士大选帝侯时期君权成功地增强了，但在查理二世时期看不到这种现象。他还指出，法国把监督官派到各省，而在英国则没有采取这种措施。①

埃尔默上述关于英国官员研究的系列著作在英国史学史上有开拓性的意义。因为到埃尔默进行学术活动的时期，关于英国从中世纪到 20 世纪议会下院议员传记的研究已经展开，并取得丰硕的成果。但是，对于中世纪以后英格兰和英国政府机构和政府官员的研究却没有取得突出的成果。陶特是研究中世纪行政史的杰出学者，他写了研究 13~14 世纪英格兰行政史的重要著作《中世纪英格兰行政史的篇章》②。但陶特研究的只是中世纪英格兰的行政机构史，他对行政官员的情况缺少研究，因而无法很好地揭示当时行政和政治的关系。在陶特教授之后，也有零星的著作涉及 16 世纪的政府机构，埃尔顿教授就都铎早期亨利八世时期的政府机构变革写出了很有影响的专著。但对斯图亚特王朝的政府机构和官员的研究始终没有出现重要的成果。这在 17 世纪英国革命的研究中成为一个重大的缺陷。而杰拉尔德·埃尔默的三卷本系列研究专著的出版，填补了近代早期英国政治史研究中的空白，具有重要的史学价值。

在撰写英国政府文官三部曲的过程中，埃尔默对于官僚制的形成及其影响的问题给予了特别的关注。他为《新编剑桥近代史》第 13 卷即指南卷写了"官僚制"一章，对从绝对主义王权时期到 20 世纪西方各国的官僚政治做了比较研究。他指出，在这 500~700 年间，政府和行政机构发生了巨大的变化。残存的共和国数量不多，规模也较小，它们采取了非集中化的统治形式；而君主制和贵族制是居于主导地位的政治统治形式。事实上，

---

① G. E. Aylmer, *The Crown's Servants: Government and Civil Service under Charles Ⅱ, 1660-1685*, pp. 264-265.

② Thomas Frederick Tout, *Chapters in the Administrative History of Medieval England: The Wardrobe, The Chambers and the Small Seals*, Manchester: Manchester University Press, 1930.

一个没有文化的社会是很难设想官僚制度的。而没有城市社会和相当规模的中等阶级，官僚制也不可能出现。在欧洲历史上有一个时期，各国聘请外国人来充当行政机构的官员。就像在这个时期欧洲各国的军队的主要来源是雇佣兵一样。在18世纪末以前欧洲各国也没有充分职业化的文官。文官制度的发展又是和欧洲各国的税收制度的发展相联系的。① 埃尔默认为，19世纪至20世纪官僚队伍的急剧膨胀，是和工业化、城市化、高生活标准和生活迅速复杂化直接相联系的。② 埃尔默在文末附了一组各国总人口和该国官员人数的对比表，表中给出了各国在不同时期官员的人数和全国人口数量资料。③ 埃尔默对官僚制的研究具有开创性。

《中世纪英格兰议会案卷：1275~1504年的全国档案》已在2005年由博伊登出版社出版，同时出版了电子版。④ 《英国议会史：下院人名录》是20世纪中叶以来英国研究政治史的历史学家通力合作分段展开的一项巨大的多卷本工程。这项编纂工作由刘易斯·纳米尔（Lewis Namier）爵士发起，前后历时60余年，已出版多辑，但全书至今尚未最后完成。

英国传统史学中，政治史学中曾经出现过一批著名的学者。20世纪末，英国政治史研究出现了重大的成果。剑桥大学政府和行政史荣誉教授S. E.芬纳主编了三卷本《统治史》。第一分卷标题为"古代王权和帝国"，第二分卷标题为"中间时代，中世纪的帝国统治和代议制的兴起"，第三分卷标题为"早期现代政府和西方的突破"，研究时间的下限是19世纪70年代。⑤ 这是英国史编纂中第一次出版的以政府为中心的多卷本政治制度史。这是政治史中具有重大意义的成果。在此以前，剑桥大学出版社出版过美国加州大学洛杉矶分校社会学教授迈克尔·曼（Michael Mann）写的《社会权利的来源》，也是三卷本。这两部大著有异曲同工之处。

① G. E. Aylmer, "Bureaucracy", in Peter Burke ed., *The New Cambridge Modern History*, XIII , Cambridge: Cambridge U. P., 1980, Campanion Volume, p. 167.

② G. E. Aylmer, "Bureaucracy", in Peter Burke ed., *The New Cambridge Modern History*, XIII , p. 197.

③ G. E. Aylmer, "Bureaucracy", in Peter Burke ed., *The New Cambridge Modern History*, XIII , p. 197.

④ C. Given-Wilson et al. eds., *The Parliament Rolls of Medieval England, 1275–1504. The National Archives*, New York: The Boydell Press, 2005.

⑤ S. E. Finer, *The History of Government*, 3vols., Oxford: Oxford U. P., 1997, 1999. Vol. I. *Ancient Monarchies and Empires*; Vol. II. *The Intermediate Ages*; Vol. III. *Empires, Monarchies and the Modern States*.

制度史发展的势头同样表现在英国学者对欧洲政治史的研究中。莱斯特大学近代史教授理查德·波尼是研究法国绝对主义时代政治史的著名学者，也是《牛津法国史杂志》的创刊编辑。波尼 1981 年出版了《国王的债务：1589～1661 年法国的财政和政治》，1991 年出版了《1494～1660 年欧洲的王朝国家》。1995 年波尼主编了《经济制度和国家财政》①。该书是《13～18 世纪欧洲近代国家的起源》丛书之一。这是由欧洲科学基金资助的重大项目。该文集收入了 15 篇重要论文，分作三部分。第一部分"中世纪：发展和连续性"，收入了 5 篇文章；第二部分"1500 年以后国家制度的演变"，收入了 6 篇文章；第三部分"结构"，收入了 4 篇文章。1999 年理查德·波尼主编了题为《欧洲财政国家的兴起：约 1200～1815 年》的文集，由牛津出版社出版。②该书邀集了 15 位学者分别撰写这个时期英格兰、法国、卡斯蒂尔、神圣罗马帝国、低地国家、尼德兰联省共和国、瑞士联邦、教皇国、威尼斯、早期近代意大利国家、波兰—立陶宛和俄国不同阶段的财政制度。这些著作和多卷本《议会史：下院》的编纂，从根本上改变了整个 20 世纪英国史学中政治制度史研究薄弱的缺点，使英国政治制度史研究走向西方史学的前沿。

第七节 思想史和文化史研究

在思想史研究中，英国剑桥学派在近代初期的思想史研究中取得杰出成就。这一派以约翰·波考克、昆廷·斯金纳和约翰·邓恩为代表。

约翰·波考克是剑桥学派中最年长的史学家。约翰·波考克 1924 年生于伦敦，1952 年在剑桥大学获博士学位，博士学位论文导师为赫伯特·巴特菲尔德（Herbert Butterfield）教授。1946～1955 年他先后在坎特伯雷大学学院和新西兰奥塔哥大学任教，1959 年任坎特伯雷大学政治系主任，1966 年迁居美国，任圣路易斯华盛顿大学教授，1975 年去约翰斯·霍普金斯大学任教授，2011 年起为该校荣誉教授。

① Richard Bonney ed., *Economic Systems and State Finance*, Oxford: Clarendon Press, 1995.
② Richard Bonney ed., *The Rise of the Fiscal State in Europe, c. 1200 - 1815*, Oxford: Oxford U. P., 1999.

约翰·波考克以博士学位论文为基础的第一部著作《古代宪政和封建法：英国17世纪历史思想研究》由剑桥大学出版社在1957年出版。该书阐述了普通法的精神，揭示了英格兰法律思想家爱德华·柯克如何在对法律和政治的认识论的基础上，建立一种对英国革命历史的分析。该书开创性地运用了语言历史学方法，在当时产生了巨大影响。这部著作，是语言历史学方法的初显。而在半个世纪之后的文集《政治思想和历史》中，他的语言历史学理论得到系统的阐述。此外，他出版了论文集《政治学：语言和时代》。到了20世纪70年代，波考克转变了自己的研究中心，从研究法学家如何理解法律，转到研究哲学家和神学家如何理解学术。在《马基雅维利时代：佛罗伦萨的政治思想和大西洋的共和主义传统》中，他分析了佛罗伦萨的英国人和美国人在发生的危机中怎样摧毁他们的国家和工作秩序的。他还编著有《概念变化和宪法》[和特伦斯·保尔（Terence Ball）合编]、《德行、商业和历史：18世纪政治思想与历史论辑》、《英国政治思想的变化》（合著），主编了《詹姆士·哈林顿的著作》（并写有导论），编辑出版了埃德蒙·伯克的《法国革命论》（并作序）。在此之后，他撰写了《野蛮和宗教》（五卷本），研究了英国历史学家爱德华·吉本生活的文化背景，以及吉本如何通过古代道德和近代商业观念之间不可避免的冲突来解释罗马帝国必然的崩溃和衰落。他还出版了《岛国的发现：英国史论文集》《政治思想和历史：理论和方法论文集》等。据统计，到1992年为止，约翰·波考克教授的论著总数已达149种。[①] 波考克教授的专著与论文的理论性和哲学性非常强，也不乏政治批判的锋芒，思想深邃。

约翰·波考克高屋建瓴地对思想史写作中美国传统政治思想史家乔治·霍兰·萨拜因的方法提出了挑战。波考克在1971年的一篇文章中写道："今天，我发现自己已经强烈地接受了这样的看法，即萨拜因的书已经完全过时了。从这个意义上说，他的《政治学说史》[②] 现在看来根本不是一部历史书。我坚持认为，无论在写作中还是在教学中，不可能用年表式的方法

---

① 《J.G.A.波考克已出版的著述目录（截至1992年）》，见尼古拉斯·菲利普森、昆廷·斯金纳主编《近代英国政治话语》，潘兴明等译，华东师范大学出版社，2005，第391~401页。

② George H. Sabine, *A History of Political Theory*, Hillsdale, I. L.: Holt Saunders, Fourth Edition, 1973. 有中译本，见乔治·霍兰·萨拜因著，托马斯·兰敦·索尔森修订《政治学说史》上、下册，盛葵阳等译，南木校，商务印书馆，1986。

来撰写哲学体系，哪怕是政治思想史的片段也不能这样写。"①

波考克在扬弃了传统的政治思想史写法之后，致力于开辟一种政治思想写作的新方向。他要探究政治思想史的作者和他们所处的社会之间的真实关系，探究政治思想史家对他们所处的那个社会的社会和政治结构的反应。他认为政治思想家的话语是他们思想的表达形式，话语研究是探究政治思想家的思想或心灵的重要途径。他要探究政治思想史家话语和文本后面蕴藏的思想。

在历史学理论方法中，语言历史学研究方法值得注意。过去这方面的成果在西方史学史和史学理论的书中论及不多，国内则对它关注很少，鲜有人论及。在 20 世纪，语言学是人文社会科学中走在前沿的学科，而历史学是一门传统的学科。把语言学的方法运用于历史学研究中，是一个前沿课题。剑桥学派，② 尤其是 J. G. A. 波考克教授在这方面做出了重要贡献。如何理解剑桥学派？谁是剑桥学派的旗手？芬兰学者帕罗内提出了"斯金纳的革命论"，认为斯金纳是剑桥学派的旗手。而笔者认为，剑桥学派的杰出代表要数它最年长的学者约翰·波考克。1960 年约翰·波考克写道："在过去十年间，对政治思想感兴趣的学者经历了其学科的剧烈变化，而这种变化达到了变革的程度"。斯金纳评论说："从目前来看，20 世纪 60 年代确实见证了对于政治理论思考方式的革命性的开端。而更为确定的是，约翰·波考克就是最积极和最重要的革命者。"

在剑桥学派中，应当说，波考克展现了某种与斯金纳不同的研究路线。昆廷·斯金纳还是以旧的方式从源流上和术语上来解读思想史。波考克则使用了语言历史学方法来揭示思想家提出新思想的方式。这两位学者在研究方法上是有高低之分的。约翰·波考克在《政治、语言和时代》一书的导言中写道："在过去十年中，对政治思想感兴趣的学者经历了其学科的剧烈变化，而这种变化达到了变革的程度。"斯金纳则评价说："从目前来看，20 世纪 60 年代确实见证了对于政治理论思考方式的革命性的开端。而更为

---

① J. G. A. Pocock, "Working Ideas in Time", in L. P. Curtis Jr. ed., *The Historian's Workshop*, New York: Knof, 1971. Cites from J. G. A. Pocock ed., *Political Thought and History. Essays on the Theory and Method*, Cambridge: Cambridge U. P., 2009. p. 21.

② 英国剑桥学派包括约翰·波考克、昆廷·斯金纳、邓恩等人。剑桥学派的领军人物和大师则是约翰·波考克。

确定的是约翰·波考克本人就是最积极和最重要的革命者。"①

约翰·波考克在论文《政治思想史方法论的探讨》中,对政治思想研究基本的方法论问题做了阐述。波考克写道,"政治思想史是一个已经确定的、丰富多彩的学科。它赖以确立的和丰富多彩的条件看来是因袭的和传统的。从学术考察的层次来说,它时常有益于提供一种考察的传统,使它让位于它自身的理论叙述;这样一种思想传统就可能表现出某种含糊性和前后矛盾","当我设想如果对它的主体性的方法采用更加精确的理论方式,使这门学科得到某种改进时,我并不是建议采用任何别的公式来有效地改变这一学科唯一的基础。但是,一个政治科学家可能对政治活动、制度和社会传统之间的联系更有兴趣,以及对不时表述的政治合成物的术语及其使用更感兴趣并做出评论;简而言之,政治社会的这种功能可以被称为政治学的语言"。② "一个社会的政治思想在很大程度上用这种方式建立起来。采纳来自社会和文化传统不同方面的技术性词汇,以及通过发展特别的语言来解释和确保使用前者作为政治讨论的手段。我们可以称前者为传统语言,后者为理论语言。" "历史学家探讨一个社会的政治思想家可以通过观察来进行。第一,看他对于现存的政治行为的合法性是批评还是捍卫;第二,看他求助于哪种信条或原则,以及他们寻求达到他们目的的讨论形式和使用的语言是什么。"③ "人们应当研究一个社会选择用来达成有效社会行为的社会结构成分和文化传统,以及用于观察其意图的实现的语言和观念。在研究概念化的传统因素时,人们可能采取使用历史术语的做法,他们使用具有'从一种传统中抽象出来的'含义的词汇——消极地说,这只是为了重复后一种分析中那种抽象的形式,它一点也未胜过保守主义的论调。但是,思想史家的事业是研究社会使用的有组织的概念的出现和使用已经受到限制但无须被制止的知识的作用。"④

---

① 尼古拉斯·菲利普森、昆廷·斯金纳主编《近代英国政治话语》,第 3 页。
② J. G. A. Pocock, "The History of Political Thought: A Methodological Inquiry", in J. G. A. Pocock ed., *Political Thought and History. Essays on the Theory and Method*, p. 3.
③ J. G. A. Pocock, "The History of Political Thought: A Methodological Inquiry", in J. G. A. Pocock ed., *Political Thought and History. Essays on the Theory and Method*, p. 16.
④ J. G. A. Pocock, "The History of Political Thought: A Methodological Inquiry", in J. G. A. Pocock ed., *Political Thought and History. Essays on the Theory and Method*, pp. 16-17.

波考克在思想史个案研究的基础上，提出了关于语境和语言的借用的语言学理论问题。波考克指出，"作者的词语并不是他个人的。他用来使自己的意图生效的语言，可以被别人从他那儿取走，用来取得另一种效果。从一定程度上说，这是语言本身固有的性质。他采取的语言已经在使用之中；它过去被现在继续用来表达与它的意图不同的意图。在这一点上，作者本人既是借用者，他从别人那里拿来语言把它用于自己的意图；他也是发明者，他作用于语言，导致其用法的暂时或持久的变化。但是，就像他作用于别人及其语言一样，这也会影响到他和他的语言。他试图给他身处其中的语言习惯带来的变化，可能不会阻止语言继续以他试图改变的习惯方式使用，这也许足以使他的言语失效或受到歪曲"。"语言既表现出连续性，也表现出变化；即使当它们因为在特定语境下的使用而发生了变化，它们也比使它们发生变化的语境更长命，它们对以后语境下的行动者施加着限制。""一个作者'正在做的事情'包括引起别人的回应，它是作者不能控制或预见的，其中一些回应所出现的语境完全不同于他可能知道他正在做什么的语境。"①

波考克讨论了作为语言从属结构的习语、修辞和言说模式。他指出："习语和语言游戏的起源不同，因而内容和性质也不同。有一些是起源于相关社会的制度实践：如法学家、神学家、哲学家和商人等等使用的专门术语，由于某种原因它们逐渐被承认为政治实践的一部分，进入了政治话语。""但是也会看到另一种语言，它们有着修辞而非制度的性质；会看到它们作为辩论的方式起源于不间断的政治话语过程。""由此可以说，任何既定时间的通用的话语语言——虽然这一点在近代早期的欧洲和不列颠也许格外真实——都会有一个丰富而复杂的织体；会有多种多样的习语进入这一织体，它们可以在互动中产生复杂的历史。"②

波考克指出了政治话语的复杂性是由政治斗争的尖锐性导致的。"政治语言由其性质所定，有着混乱的定义；它是有关各种语言的同时运用构成的。这些语言有利于说出各种歧义的、相互对立的命题。""复杂的政治话语中的任何文本或较为简单的言语，由其性质所定，都有着多重价值；它

---

① 波考克：《德行、商业和历史：18 世纪政治思想与历史论辑》，冯克利译，生活·读书·新知三联书店，2012，第 11~12 页。
② 波考克：《德行、商业和历史：18 世纪政治思想与历史论辑》，第 12~13 页。

是由语言织体的运用构成的，这种织体能够言说不同的事，有利于言说事情的不同方式；这是由利用修辞和实践中的这种分歧，以及对它们的探索和在批评及理论中可能的解决方式构成的。"①

波考克提醒历史学家要注意对史学著作语言的解读。他写道："我们大多数史学家的实践，是学会解读和辨识他所研究的文化和时代中各种不同的习语：从任何文本语言织体中辨认它们，搞清楚它们通常会是哪个文本的作者的宣示或'说'什么。""历史学家所追求的第一个目标是，广泛阅读当时的文献，使得自己敏感于各种习语的存在。""但他不能仅仅消极地接受他所阅读的语言（或多种语言），他必须不时采用探测手段，使他能够建构并证实这样的假设：这里采用的是这种或那种语言，它们能够以这样或那样的方式加以运用。沿着这条路线，他难免要遇到诠释、意识形态偏见和释义循环这些问题。"②

波考克注意研究关于语境和语言的借用。他在《古代宪政和封建法：英格兰17世纪历史思想研究》中考察了17世纪的思想家提出资产阶级自由民主观念时的表述方式。他告诉人们，在17世纪初期英国思想界出现的封建主义文件"再发现"的浪潮中，一批会集在1614年的考古学会中的思想家用释义学和政治语言学的方法对中古的文件进行了研究。这批学者中有卡姆登（William Camden）、塞尔登（John Selden）、斯佩尔曼（Henry Spelman）等。③ 托马斯·克雷格爵士（Sir Thomas Craig）在1603年出版的《封建法》一书中把英国的封建法与法国及其他欧洲国家的法律做了比较研究。以后，约翰·考威尔（John Cowell）在1607年发表《对若干重要词汇的解释》一书，其中对"Ayde""Baron""Bayliffe""Fealite""Fee""Maner""Parlament"等一些和当时政治有关的词语进行了释义学的研究。④考威尔在对这些封建主义时代的词语下定义时加进了自由主义的内容。斯佩尔曼爵士在一部研究词汇的著作《考古学》中研究了他的同时代人的招数，他给自己规定的任务是要让人们看出"那些古代的实践如何满足当代

---

① 波考克：《德行、商业和历史：18世纪政治思想与历史论辑》，第14页。

② 波考克：《德行、商业和历史：18世纪政治思想与历史论辑》，第15页。

③ J. G. A. Pocock, *The Ancient Constitution and Feudal Law: A Studies of English Historical Thought*, Cambridge: Cambridge U. P., 1957, p. 92.

④ J. G. A. Pocock, *The Ancient Constitution and Feudal Law: A Studies of English Historical Thought*, pp. 103–112.

的法则"。① 他指出,一些"起源于外国的词语""作用不详","定义不明确"。② 有趣的是斯佩尔曼可谓一身二任,他在揭露这种政治语言学或释义方法本质的同时,自己也采取了这种技巧。他在《考古学》中写道:"这是确定无疑的:过去曾一再提到的在自己的法庭上主持审判并充当领导者却不得接近国王的大男爵(greater barons),在最近同国王坐在一起,并在他的议会中表决,(他们)便是从拉丁文的'议会男爵'(baronesparlamentarii)或英语的'议会贵族'(Lords of parliament)演变过来的。"③ 斯佩尔曼在解释《大宪章》时认为,第 14 条中"……应同加盖印信之诏书致送各大主教、主教、牧师、伯爵与显贵男爵,指明时间与地点召集会议(assembly),以期获得全国公意"一段话中提到的"会议"(assembly)便是指议会。他认为早在1215 年国王便使用其特权发布敕令,召集议会了。④ 波考克通过分析斯佩尔曼等人的著作告诉人们,英国近代初期反封建的活动家正是凭着政治语言学在近代初期和 400 余年前的封建时代政治文献之间搭起一座桥梁,在缺乏自己的成熟政治理论的情况下找到了表达自己政治要求的一种形式。波考克在这里揭示的便是语言历史学的方法。

波考克把对历史和历史著作语言的研究,作为了解历史和历史学家真实的思想和动机的一种重要手段。波考克指出,历史学者关心历史学著作的语言问题的目的,是想"揭示另一些作者在其中的作为"。"历史学家更关心的不是某个既定作者的'风格'或言语模式,而是一批作者为某些目的而可以利用的'语言'或言语模式,他认为这样或那样的'语言'作为历史中行动者的文化资源而存在",是为了解释某些作者为表示达到他们的目的而采用的语言手段。历史学家"关心的是他本人之外的行动者的行动"。波考克指出,历史学家解读一些语言的目的"始终是把暗示变为明

① J. G. A. Pocock, *The Ancient Constitution and Feudal Law: A Studies of English Historical Thought*, p. 103.
② J. G. A. Pocock, *The Ancient Constitution and Feudal Law: A Studies of English Historical Thought*, p. 95, Footnote 1.
③ J. G. A. Pocock, *The Ancient Constitution and Feudal Law: A Studies of English Historical Thought*, p. 109.
④ J. G. A. Pocock, *The Ancient Constitution and Feudal Law: A Studies of English Historical Thought*, p. 110.

示，把别人的语言所依赖的假设揭示出来，找出原文中可能一直没有明说的含义和暗示，并将其形诸文字，指出各种惯例和规则，它们规定了这种语言中能说什么和不能说什么，作为范式以何种方式鼓励、强迫或禁止它的使用者说什么和想什么"。①

波考克认为，再现语境或场景是历史学的一个重要任务。波考克认为，思想史研究的一个目的"是重返产生这些变化，创造这种新语言的政治场景"，② 也就是我们说的再现历史。波考克认为，在对文本的研究中，人们自然会发现当代概念在理解文本原来的概念中起的作用。他写道："我们越是将文本'置于语境中'——到背后寻找它所体现的'原始意图'——我们就越会发现，美国的建国者们生活在18世纪的语境中，他们用18世纪的术语来思考。同时我们也会明白，概念变化的过程以及随后的解释是通过使18世纪的语言获得20世纪的含义而发生的"。③

波考克举出的另一个例子是16世纪在公民法学中出现的巴尔多鲁学派。巴尔多鲁学派发展了把罗马法应用于中世纪晚期欧洲司法的复杂技巧，但反过来又遭到文艺复兴时期语法学家的挑战。他们宣称借助古典语言学的进步，可以恢复罗马法在罗马时期的原始含义。一开始，他们宣称这些原始含义具有权威性，可以提高当时欧洲法律的权威，但进一步检查后却发现，这些原始含义往往以遥远的、不复存在的历史背景，即帝国或共和国时期的罗马为先决条件。罗马法可能湮没在历史中，不再具有任何实践价值。这种危险是存在的。巴尔多鲁学派提出的解决方法是，在语言学重建完成后，可以重新将罗马法应用于现代环境，前提是更深刻地了解其必要的条件。法学家不会变成历史学家，但历史会让他们了解法律曾经具有决定意义的环境，了解这些环境与他自己的时代环境的不同，了解对法律的解释的变化；为了继续使用法律术语得出结论，他必须了解这些变化。④

波考克认为，古代史学和现代史学的一个差别就在于对再现历史的认识差异。他指出，史学家的技艺表现出下列的特征，这种特征从此以后便

---

① 波考克：《德行、商业和历史：18世纪政治思想与历史论辑》，第16~18页。
② 特伦斯·鲍尔、约翰·波考克主编《概念变迁与美国宪法》，谈丽译，华东师范大学出版社，2010，"绪论"，第1页。
③ 特伦斯·鲍尔、约翰·波考克主编《概念变迁与美国宪法》，"绪论"，第9页。
④ 特伦斯·鲍尔、约翰·波考克主编《概念变迁与美国宪法》，"绪论"，第9~10页。

一直把它和过去的史学区分开来：此即重构过去的社会的各项制度，把他们用作某种背景，在其中并以其为工具，来解释生活在那时的人们的行为、话语和思想。这是我们熟知的历史方法的核心，"这种方法将现代史学与古代史学区别开来"。古希腊和罗马史学家所撰写的历史，"不包括在下述假定的基础上展开对过去的研究，即过去是个特殊的历史领域，唯有通过发现它自己的规律并发展出某种合适的研究技术，它才可以被理解"。他们远没有达到提出下列命题的地步："在他们过去的文明中，存在某些时段，其中，人们的思想和行为的特征与今天大不相同，所以，唯有再现和详述形成那些思想和行为的整个世界，并用这个世界来解释这些思想和行为，这些思想和行为才是可以理解的。""探究重构过去的理念如何开始支配史家的心灵并与'史学就是叙事艺术'的古老主张展开竞争，对于史学史家而言就是极其重要的。"①

波考克批评中世纪文艺复兴史学家没有解决区分古代历史与他们所处的那个时代的史学方法论。他写道："中世纪和文艺复兴时代的人们同样追求根据古代来塑造自我，尽可能把古代的教诲和准则当作权威；但是，中世纪人们的综合化与形象化的心所采取的方法，整体上导致了古代生活与当下生活的想象性混同。""人文主义者的目标是复兴古代世界，以复制和模仿它。""看似很明显的是，他们不曾认为有必要区别并指出过去生活在哪些方面不同于现在的生活，不曾认为有必要建立一套这么做的系统科学。"② 而阅读思想史的人需要了解写思想史的作者的主观意图，这正是波考克教授的一个重要史学理论思想。

波考克提出，要把语言看作体现历史学家技巧的一种手段。1987 年波考克给安东尼·帕格丹主编的论文集《近代早期欧洲政治学理论的语言》写了长篇序言，题目为《语言的概念和历史学家的技艺：对于实践的某些考虑》。他在文中对于供历史学家使用的语言学方法做了专门的论述。他写道："语言的概念是变幻不定的，有时是可以细分的。我们可以使用'语言'一词来指谓人类话语中在指谓人种学上具有极大差异的结构"，"尽管研

---

① J. G. A. 波考克：《古代宪法与封建法：英格兰 17 世纪历史思想研究》，翟小波译，译林出版社，2014，第 3~4 页。
② J. G. A. 波考克：《古代宪法与封建法：英格兰 17 世纪历史思想研究》，第 5 页。

究政治话语的历史学家通常并不认为是那些'作为政治的语言'或者是他们政治言辞的表达创造了历史。可能我们比面对事实时更需要小心翼翼地看待它的原因；它的应用即近代早期欧洲的政治话语使用了多种语言。不难发现，一部政治学的论著部分使用了拉丁文，部分使用了希腊文，部分使用了希伯来文写成，而我们可以设问这些语言在政治上是否有差别"。①

波考克指出，"当我们说到语言时，在绝大多数场合我们是指从属性的专门用语——成语、华丽的文辞、谈论政治的说话方式，每个人可以运用他自己的一定的规则、前提条件、言外之意，玩弄独特的语言游戏。数量无限的这些类别的词语可以在一种既定的语言中发现，也有许多这样的专门词语可能只会在单一语言的文本中发现"。②

"我关心对处于'语言'和'话语'之间、讲演行动和语言场景之间的历史话语表述的讨论"。"我们这些致力于确认话语行为可以实施的语言场合的历史学家，无论如何一定能够研究出语言在社会场合以及在他们的社会话语行为中和传播中如何得到创造；但是，他也必须用手段装备自己，以表明语言行动的表现不仅仅是修改语言，用我们的术语来说它也导致了新语言的创造和传播。"③

波考克教授在这里提出了术语在不同语言中的含义是否有差别，人们在语言使用中是否有独特的内在规则，以及在语言行为中语言是否会被修改等问题。这些问题已经达到历史的语言哲学的层次。

波考克卓越之处是在语言历史学研究中对历史交往中语言的作用持有一种政治学视野，他认为语言是一种政治行为。波考克写道，"政治学从来龙去脉来说是一种语言体系，而语言本身又是一种政治制度"。"尽管我的政治学最初是从一种分享权力的古典结构中发展起来的，为了使它的权力存在于分享制中这个概念更加清晰，我将把词汇视作一种行动，特别是一

① J. G. A. Pocock, "The Concept of a Language and the métier d'historian: Some Considerations on Practice", in Anthony Pagdan ed., *Language of Political Theory in Early-Modern Europe*, Cambridge: Cambridge U. P., 1987, p. 20.

② J. G. A. Pocock, "The Concept of a Language and the métier d'historian: Some Considerations on Practice", in Anthony Pagdan ed., *Language of Political Theory in Early-Modern Europe*, p. 21.

③ J. G. A. Pocock, "The Concept of a Language and the métier d'historian: Some Considerations on Practice", in Anthony Pagdan ed., *Language of Political Theory in Early-Modern Europe*, p. 29.

种针对人的权力的行动。"①

波考克在这里提出了语言的运用或表达是一种权力运用。波考克写道："语言可以被视为能与被语言规则管制的言说行动互换的、讲演者对于听说者施加的权力行动，同时也有其他的方式可以把我们的表达规定为一种权力行动。在言谈中，我向他们施加一种其他人无法控制的说话的力量。'听'和'知晓'两个词能够被用作以命令的语气传达通知。""我命令其他人听取和知晓我对他所说的。但是，一旦其他人开始听取我的语言表达行为，'他'就开始去理解、解释、接受、否定、呼应；语言表达行为就会达到语言效果，而'他'就开始执行我不可能成功地加以控制的行动，并随时可能改变或达成语言效果，或者更精确地说，行动的执行者已经开始成为行动的言说者和听取者，以特别的说话方式相互之间认真达成结果。在这一点上，言说者和听取者处于一种相互间完全成为对手的关系，如同亚里士多德把任何城邦中的两个公民置于统治与被统治的地位，将言说作为他们的媒介，让他们相互之间行使权力。但是，每个行动者都具有改变其他行动者的能力。甚至可以这样说，每个人都可通过言说形成一种在他寻求统治别人时，别人也能够统治'他'的关系。因此，根据这一点，我们也可以考虑把言说本身视为政治；根据这一点，我们开始看到，言说也可以有其历史。我们分析的下一步，就是探讨'统治'和'被统治'发生的方式，以及它运行的'规则'。""这就是我沿着一条由古典的个人主义的假定为指导的道路探讨'语言政治学'。"②"无论如何，语言偏向于有利于统治集团，他们对发展和使用语言更有影响。为了理解他的发生，我们必须从言说行动的个人主义政治学转到语言体系的一般化和碎片化的政治学。"③

约翰·波考克从对史学家著作文本的字面和术语研究，发展到对文本蕴含的史学家真实思想的研究，并且从社会和政治功能上来研究语言。由

---

① J. G. A. Pocock, "Verbalizing a Political Act: Toward a Politics", In J. G. A. Pocock ed., *Political Thought and History. Essays on the Theory and Method*, p. 34.

② J. G. A. Pocock, "Verbalizing a Political Act: Toward a Politics", in J. G. A. Pocock ed., *Political Thought and History. Essays on the Theory and Method*, pp. 67-68, 69.

③ G. A. Pocock, "Verbalizing a Political Act: Toward a Politics", in J. G. A. Pocock ed., *Political Thought and History. Essays on the Theory and Method*, p. 69.

此，他就把语言学的研究发展到政治学和社会关系的研究，极大地拓展了对思想史和思想史编纂学的广度和深度。

昆廷·斯金纳毕业于剑桥大学，现为伦敦大学女王学院教授。他曾在1999年担任剑桥大学副校长。斯金纳的思想史研究集中于对近代早期的思想家的研究，如文艺复兴时期的共和主义作者，包括马基雅维利在内的中世纪后期的前人文主义者，以及晚至17世纪中叶的共和主义者。斯金纳在20世纪70~80年代的著作中相当大的一部分是论述近代国家观念史。晚近出版的著作更多是涉及"新罗马"概念和共和主义。斯金纳是剑桥学派的主要成员之一。剑桥学派的学者的著述光彩之处在于，它关注"政治思想的语言"和思想的前后关联，并将知识史和政治思想史加以混合研究。斯金纳的贡献在于他吸收了奥斯汀和维特根斯坦的语言学理论，提出了一种解释理论，致力于发现个人在撰写政治理论著作时的"语言行为"对特定语境的陈述。

斯金纳长期以来对"语言行动"非常关注，他在20世纪90年代转向对近代早期政治理论的修辞学的研究，写了《霍布斯哲学的理性和修辞学》①。以后，斯金纳转到他持续感兴趣的关于自由的历史。他正在撰写《莎士比亚和修辞学的发现》。斯金纳在1978年出版了《近代政治思想的基础》②（两卷本）后，又陆续出版了《近代英国的政治话语》③（与尼古拉斯·菲利普森合编）、《自由主义以前的自由》④、《政治学的视野》⑤（三卷本）、《国家和公民，历史、理论、展望》⑥（与波·斯塔斯合编）等。

约翰·邓恩毕业于剑桥大学国王学院。1987年起任该院教授。他的著作集中在将历史透视用于近代政治理论研究。他早期的成就是在彼特·拉斯莱

① Quentin Skinner, *Reason and Rhetoric in the Philosophy of Nobles*, Cambridge: Cambridge U. P., 1996.
② Quentin Skinner, *The Foundations of Modern Political Thought*, Cambridge: Cambridge U. P., 1978, Vol. 1, *The Renaisance*; Vol. 2, *The Age of Reformation*.
③ Nicolas Phillipson and Quentin Skinner eds., *Political Discovers in Early Modern Britain*, Cambridge: Cambridge U. P., 1993.
④ Quentin Skinner, *Liberty before Liberalism*, Cambridge: Cambridge U. P., 1998.
⑤ Quentin Skinner ed., *Visions of Politics*, 3vols., Cambridge: Cambridge U. P., 2002. Vol. 1, *Regarding Method*; Vol. 2, *Renaissance Virtues*; Vol. 3, *Hobbes and Civil Science*.
⑥ Quentin Skinner and Bo Strath eds., *States and Citizens: History, Theory, Prospects*, Cambridge: Cambridge U. P., 2003.

特编辑的《洛克关于政府的两篇论文》的基础上重构了洛克的政治思想。他在自己的思想导师波考克的影响下，在20世纪60年代后期提出了方法论的问题，努力纠正政治学对历史的无感觉。他以后的著作论及了政府理论的本质问题。他的历史感使他对政治最终应当服从理性的观念表示怀疑。他著有《诡诈的非理性：理解政治》①，该书讨论了人类知识和理性的局限性如何阻止民主共和主义诺言的实现。他的《使人民自由：民主的故事》② 反思了作为一种政治理想的民主的盛衰。后来他还写了《打破民主的符咒》③。

20世纪后期以来，对英国近代早期文化和知识史的研究非常活跃，大批著作出版，令人目不暇接。彼得·伯克的《欧洲近代早期的大众文化》④ 这部综合性的著作论及了英国近代早期民众文化的一些表现。

晚近出版了一系列对报刊史的研究著作。詹姆斯·拉文著有《英格兰阅读和实践的代表》和《书业：1450～1850年英格兰的书商和图书贸易》。詹姆斯·拉文2000年出版了主编的论文集《1700年以来的自由报纸和非商业出版物》⑤。乔德·雷蒙德主编了文集《制造新闻：1641～1660年革命的英格兰的新闻书选集》⑥，克里斯托弗·希尔为该书写了导言。乔德·雷蒙德还先后著有《近代早期英国的新闻：报纸和社会》和《17世纪英国和欧洲的新闻网络》⑦。伊莎贝尔·里夫斯著有《18世纪英格兰的书籍及其读者》⑧。阿里斯泰尔·福克斯和约翰·盖伊主编了《亨利八世时代再评价：1500～1550

---

① John Dunn, *The Cunning of Unreason: Making Sense of Politics*, New York: Basic Books, 2000.

② John Dunn, *Setting the People Free: The Story of Democracy*, London: Atlantic, 2005.

③ John Dunn, *Breaking Democracy's Spell*, New Haven: Yale University Press, 2014.

④ Peter Burke, *Popular Cultural in Early Modern Europe*, Aldershot: Ashgate Press, 1999；彼得·伯克：《欧洲近代早期的大众文化》，杨豫等译，杨豫校，上海人民出版社，2005。

⑤ James Raven, *The Practice and Representation of Reading in England*, Cambridge: Cambridge University Press, 1996; James Raven, *The Business of Books: Booksellers and the English Books Trade, 1450－1850*, New Haven: Yale U. P., 2007; James Raven ed., *Free Print and Non-Commercial Publishing since 1700*, Aldershot: Ashgate Press, 2000.

⑥ Joad Raymond ed., *Making the News. An Anthology of the News Books of Revolutionary England, 1641－1660*, Gloucestershire: Windrush Press, 1993.

⑦ Joad Raymond, *News, Newspaper and Society in Early Modern Britain*, F. Cass, 2002; Joad Raymond, *News, Networks in Seventeenth Century Britain and Europe*, London and New York: Routledge, 2016.

⑧ Isabel Rivers ed., *Books and Their Readers in Eighteenth-Century England*, Leicester: Leicester University Press; New York: St Martin Press, 1982.

年的人文主义、政治和改革》①。

仿佛在效仿法国年鉴学派新史学的范式，书籍史②晚近也在英国发展起来。剑桥大学出版社出版了由 D. F. 麦肯齐、戴维·麦基特里克和 I. R. 威廉森任总主编的多卷本《剑桥英国书籍史》③。第一卷在 2012 年出版，由理查德·盖姆森主编；第二卷由尼甘·摩根和罗德尼·汤姆森主编；第三卷在 1999 年出版，由洛提·赫林加和 J. D. 特拉普合编；第四卷在 2002 年出版，由约翰·班纳德和 D. F. 麦肯齐合编；第五卷由米切尔 F. 苏阿里兹和米切尔·L. 特纳合编；第六卷由戴维·麦基特里克主编。该书篇幅浩大，各卷内容详尽，例如第六卷便有 891 页。该书为英国文化和知识传播史的研究提供了重要的资料。此外，扎卡里·莱塞著有《文艺复兴时期的戏剧和出版的政治学：英格兰图书贸易研究》④，蒂莫西·克莱顿著有《1688~1802 年英国的出版业》⑤。

戴维·克雷西就都铎王朝和斯图亚特王朝的社会文化撰写了《都铎和斯图亚特时期的教育》⑥《出生、婚姻和死亡：都铎和斯图亚特英格兰的仪式、宗教和生命周期》⑦《都铎和斯图亚特英格兰的谐摹诗和违规：不调和的故事和冲突》⑧《阿格尼斯鲍克的猫：都铎和斯图亚特英格兰的谐摹诗》⑨《文学和社会等级：都铎和斯图亚特时期英格兰的阅读和写作》《近代早期英

---

① Alistair Fox and John Guy eds., *Reassessing the Henrician Age. Humanism, Politics and Reform, 1500-1550*, Oxford: Basil Blackwell, 1986.

② 书籍史是法国年鉴学派后期的一种研究范式。参见罗歇·夏蒂埃、达尼埃尔·罗什《书籍史》，载雅克·勒戈夫、皮埃尔·诺拉主编《史学研究的新问题 新方法 新对象——法国新史学发展的趋势》，郝名玮译，社会科学文献出版社，1988，第 311~333 页。

③ D. F. Mckenzie, David Mckitterick and I. R. Willison eds., *The Cambridge History of the Book in Britain*, 7vols., Cambridge: Cambridge U. P., 1999.

④ Zachary Lesser, *Renaissance Drama and the Politics of Publication: Readings in the English Book Trade*, Cambridge: Cambridge U. P., 2004.

⑤ Timothy Clayton, *The English Print, 1688-1802*, New Haven and London: Yale U. P., 1997.

⑥ David Cressy, *Education in Tudor and Stuart England*, New York: St Martin's Press, 1975.

⑦ David Cressy, *Birth, Marriage, and Death: Ritual, Religion, and Life Circle in Tudor and Stuart England*, Oxford: Oxford U. P., 1999.

⑧ David Cressy, *Travesties and Transgression in Tudor and Stuart England. Tales of Discord and Dissension*, Oxford: Oxford U. P., 2000.

⑨ David Cressy, *Agnes Bowker's Cat: Travesties and Transgression in Tudor and Stuart England*, Oxford: Oxford U. P., 2001.

格兰的宗教和社会：资料书》《近代早期英格兰的社会和文化》《篝火和钟声：伊丽莎白和斯图亚特时期英格兰的民族记忆和新教历书》① 等多种著作。

在对英国近代早期文化的研究中，对民众文化的研究加强了。和书籍相比，小册子则对文字要求低、廉价、发行迅速、接近时事、语言更口语化、更贴近社会问题，因此有更接近民众的优点。小册子在英国资产阶级革命时期曾发挥巨大的作用。晚近英国史学家对小册子的研究加强了。乔德·雷蒙德著有《近代早期英格兰的小册子和小册子鼓动》②。亚历山大·哈拉泽著有《出版物的市场：近代早期英格兰的小册子和公共领域》③。马库斯·内维特著有《妇女和革命的小册子文化，1640~1660》④。皮西著有《政治家和小册子作者：英国内战和王位中断时期的宣传》⑤。

在1550~1650年，英国出现了街头民谣歌本这种出版物。出现了一批专门写作街头民谣歌本的作者。这种出版物成为一种通俗的文学作品形式，以后在18~19世纪继续存在。研究这种文学和政治作品的史学著作出现了。娜塔莎·沃泽巴赫著有《英格兰街头民谣的兴起，1550~1650》⑥，亚当·福克斯和丹尼尔·沃尔夫著有《口头语言：1500~1800年英国的口头文化》⑦，玛格丽特·斯普福德著有《小书和令人愉悦的历史书：17世纪英国

---

① David Cressy, *Literacy and the Social Order. Reading and Writing in Tudor and Stuart England*, Cambridge: Cambridge University Press, 1980; David Cressy and Lori Anne Ferrell eds., *Religion and Society in Early Modern England: A Sourcebook*, New York: Routledge, 2005; David Cressy, *Society and Culture in Early Modern England*, Burlington, VT: Ashgate, 2003; David Cressy, *Bonifires and Bells: National Memory and the Protestant Calendar in Elizabethan and Stuart England*, Berkeley: California U. P., 1989.

② Joad Raymond, *Pamphlets and Pamphleteering in Early Modern Britain*, Cambridge: Cambridge U. P., 2003.

③ Alexandra Halasz, *The Marketplace of Print. Pamphlets and the Public Sphere in Early Modern England*, Cambridge: Cambridge U. P., 1997.

④ Marcus Nevitt, *Women and the Pamphlet Culture of Revolutionary England, 1640–1660*, Aldershot: Ashgate Press, 2006.

⑤ Jeason Peacey, *Politicians and Pamphleteers: Propaganda during the English Civil War and Interregnum*, Burlington, VT: Ashgate, 2004.

⑥ Natascha Wurzbach, *The Rise of the English Street Ballard, 1550–1650*, Cambridge: Cambridge U. P., 2011.

⑦ Adam Fox and Daniel Woolf eds., *The Spoken Word. Oral Culture in Britain, 1500–1800*, Manchester: Manvhester U. P., 2002.

大众小说及其读者》①。学者在从上层文化研究向下层文化研究转移中，不仅注意到书面文化，晚近还对口头文化加强了研究。亚当·福克斯连续出版了《1500~1700年英格兰口头和书面文化》和《言说的语言：1500~1850年英国的口头文化》②，对英国近代早期的口述文化和下层劳动群众的交流途径做了研究。

英国历史学者把文化研究扩大到对仪式和仪式的政治意识的研究。阿赫沙赫·杰波里著有《从赫伯特到弥尔顿的仪式和社团：17世纪英格兰的文学、宗教和文化冲突》③。戴维·马丁·琼斯著有《17世纪英格兰的忠诚意识：宣誓和约定的政治意义》④。

叙述当代文化的代表性研究著作有马威克的《60年代：英国、法国、意大利和美国的文化革命》⑤。该书概述了1958~1974年英国、法国、意大利和美国的新的文化潮流，包括学生反叛运动的文化活动，马威克把发生的这一切称为文化革命。该书资料翔实，文字生动，很好地反映了那个时期的文化生活的变动。

第八节　地方史和城市史研究

英国史学中有优良的地方史编纂传统。⑥维多利亚郡史是从19世纪开始编纂的一套大型英国地方史。各郡郡史通常都是多卷本，有的郡史甚至多达十几卷。它的编纂工作旷日持久。目前，一些郡的郡史早已完成，而另

---

① Margaret Spufford, *Small Books and Present Histories. Popular Fiction and Its Readership in Seventeenth-Century England*, Cambridge: Cambridge U. P., 1981.

② Adam Fox, *Oral and Literate Culture in England, 1500-1700*, Oxford Clarendon Press, 2000. Adam Fox, *The Spoken Word: Oral Culture in Britain, 1500-1850*, Manchester: Manchester U. P., 2002.

③ Achsah Guibbory, *Ceremony and Community from Herbert to Milton. Literature, Religion, and Cultural Conflict in Seventeenth-Century England*, Cambridge: Cambridge U. P., 1998.

④ David Martin Jones, *Conscience and Allegiance in Seventeenth Century England. The Political Significance of Oaths and Engagements*, Rochester: University of Rochester Press, 1999.

⑤ Arthur Marwick, *The Sixties, Cultural Revolution in Britain, France, Italy and the United States, c. 1958-c. 1974*, Oxford: Oxford U. P., 1998.

⑥ W. G. Hoskins, *Local History in England*, London: Longman, Third Edition, 1984; R. C Richardson ed., *The Changing Face of English Local History*, London: Ashgate, 2000; John Beckett, *Writing Local History*, Manchester: Manchester University Press, 2007.

一些郡的郡史还在继续编纂。一些郡史在正本出版后又出版了补编和索引。维多利亚郡史编纂工作的完成尚未有穷期。

目前已经编纂完成并出版郡史的有：白金汉郡、达勒姆郡、埃塞克斯郡、萨塞克斯郡、北安普敦郡、赫特福德郡、亨廷顿郡、库伯兰郡、赫尔福特郡、伯克郡、诺福克郡、萨里郡、肯特郡、拉特兰郡、沃里克郡、兰开斯特郡、诺丁汉郡、贝德福德郡、伍斯特郡、剑桥郡和伊利岛、林肯郡、伦敦、约克郡东雷丁、约克郡北雷丁、约克郡约克城、中塞克斯郡、萨默塞特郡、斯塔福德郡、柴郡、莱斯特郡。未完成的有：希罗普郡、怀特郡、格洛斯特郡、康沃尔郡、牛津郡。①

① *The Victoria History of the County of Birckinghan* by William Page et al.; *The Victoria History of the County of Suffolk*, 2vols., 1907－1911, by William Page; *The Victoria History of the County of Dulham*, 4vols., 1905－1928, by William Page; *The Victoria History of the County of Esses*, 10vols., 1903－2001, by H. Doubleday et al.; *The Victoria History of the County of Northampton*, 6vols., 1902－2007, by W. Ryland et al.; *The Victoria History of the County of Hertford*, 5vols., 1902－1972, by William Page et al.; *The Victoria History of the County of Huntingdon*, 3vols., 1926－1938, by S. Laddr et al.; *The Victoria History of the County of Cumberland*, 2vols., 1901, by James Wilson; *The Victoria History of the County of Herefordshire*, 1908, by William Page et al.; *The Victoria History of the County of Norfolk*, 2vols., 1901－1906, by H. Doubleday and William Page; *The Victoria History of the County of Berkshire*, 4vols., 1906, by William Page; *The Victoria History of the County of Kent*, 5vols., 1908－1932, by William Page; *The Victoria History of the County of Surry*, 4vols., 1902－1912, by H. E. Malden et al.; *The Victoria History of the County of Routland*, 2vols., 1908－1935, by William Page; *The Victoria History of the County of Warwick*, 8vols., 1904－1969, by H. Doubleday et al.; *The Victoria History of the County of Lancaster*, 8vols., 1966, by William Farrer et al.; *The Victoria History of the County of Nottingham*, 2vols., 1906－1910, by William Page; *The Victoria History of the County of Bedford*, 1904, by William Page; *The Victoria History of the County of Wocester*, 4vols., 1901－1971, by H. Doubleday et al.; *The Victoria History of the County of Cambridge and the Isle of Ely*, 10vols., 1938－2002, by L. F. Salzman; *The Victoria History of the County of Lincoln*, 1909, by William Pdge; *The Victoria History of the County of London*, 1909, by William Page. *The Victoria History of the County of York, East Riding*, 7vols, 1969－2008, by K. J. Allison et al.; *The Victoria History of the County of York, North Riding*, 3vols, 1914－1925, by Raymond Burton Provenance et al.; *The Victoria History of the County of York, the City of York*, 1961, by P. M. Tillott et al.; *The Victoria History of the County of Middlesex*, 13vols., 1911－2009, by James Swanston Cockburn et al.; *The Victoria History of the County of Somerset*, 1906－2010, *by William Page et al.; The Victoria History of the County of Staffordshire*, 20vols., 1908－2007, by William Page et al.; *The Victoria History of the County of Chester*, 5vols., 1980－2003, by B. E. Harris et al.; *The Victoria History of the County of Leicester*, 5vols., 1907－1964, by W. G. Hoskins et al.; *The Victoria History of the County of Sussex*, 10vols., 1905－2009, by William Page et al.; *The Victoria History of the County of Essex*, 1959, by W. K. Powell; *The Victoria History of the County of Essex*, Bibliography Supplemnet, 1987, by Frank Sainsbury.

伦敦大学王家霍洛维学院历史系教授卡洛琳·M. 巴伦通过长期研究，写作了《中世纪后期伦敦的政府与人民，1200~1500 年》。① 这是一部优秀的城市史。全书分为四个部分：第一部分是"城市和王室：王权的现实"；第二部分是"城市和边缘：财富的创造"；第三部分是"伦敦的政府"；第四部分是"市政府的实践"。书后附有两种附录，1190~1558 年伦敦的市长和郡长，约 1300 年到 1500 年文官官职的持有者。该书是英国史上第一次对伦敦政府从 12 世纪后期疾风暴风雨般的动荡年代到都铎王朝较平静的时期演变史的专门研究。卡洛琳·M. 巴伦叙述了在 300 年间，伦敦选举以来的统治者如何一方面要对付君主的要求，另一方面又要对付爱争吵的城市居民的要求。伦敦城残存的档案使得作者有可能去详细地研究 300 年间详细的伦敦市民政治和政府经验。伦敦是这个时期英格兰人口最多和最富有的城市，伦敦城管理的政治实践在全英格兰各地被广泛地借鉴和复制。罗伊·波特著有《伦敦的社会史》②。彼得·克拉克主编了《剑桥英国城市史》（三卷本）③，他还著有《英国啤酒馆的社会史》。R. 罗哲著有《1780~1914 年城市英国的住房：阶级、资本主义和建设》④。

第九节　史学史和史学理论研究

晚近国际史学史家通力合作写出了四卷本的《牛津全球史学史》⑤，由牛津大学出版社出版。总主编为加拿大女王大学校长丹尼尔·沃尔夫教授，英国学者在其中起了很大的作用。

该书的第三卷分为 23 章，分别为：明清中国官方史学、清王朝扩张史

---

① Caroline M. Baqron, *London in the Later Middle Ages, Government and People, 1200–1500*, Oxford: Oxford U. P., 2004.

② Roy Porter, *London: A Social History*, London: Penguin, 2000; Peter Clark, *The English Alehouse: A Social History*, London: Longman, 1983.

③ Peter Clark ed., *The Cambridge Urban History of Britain*, 3vols., Cambridge: Cambridge University Press, 2000.

④ R. Rodger, *Housing In Urban Britain, 1780–1914: Class, Capitalism and Construction*, London: Macmillan, 1989.

⑤ Daniel Woolf ed., *The Oxford History of Historical Writing*, 4 vols., Oxford: Oxford University Press, Vol. 1&Vol. 2, *600–1400*, 2011; Vol. 3, *1400–1800*, 2012.

学、中国封建王朝后期的私人史学、日本史学史中的社会史、前近代朝鲜史学、南亚史学、印度—波斯史学思想和著作、伊斯兰学者和对 1800 年以前西非历史的理解、哲学和历史、欧洲考古学的主要倾向、历史·神话和小说、俄罗斯和乌克兰的史学、奥地利·哈布斯堡和中欧史学、文艺复兴以来的德国史学、意大利文艺复兴历史叙述、1680~1800 年的意大利史学、从大意大利到路易十四逝世的法国史学、法国哲学家的历史思想、西班牙官方史学的写作、1474~1600 年的历史和政治、斯堪的纳维亚史学、英国史学从中世纪后期到启蒙运动、苏格兰启蒙运动史学、英格兰启蒙运动史学、欧洲东方学史学、"新世界"的新史学、巴西 1500~1800 年的史学、西属美洲殖民地史学、殖民地和革命时期美国的史学等。

第四卷①分作四编。第一编,欧洲传统的兴起、巩固和危机。其下分 7 章:欧洲浪漫主义对欧洲民族传统的发现;19 世纪科学史的知识基础:德国模式;19 世纪德国历史主义的当代变化;欧洲和美国历史学的学院化和职业化;现代化中的经验:1880~1940 年欧洲和美国的社会和经济史;1800~1914 年的世俗史,官方和非官方的代表;检查制度和历史,1914~1945 年为专制主义服务的历史编纂学。第二编,史学工作者和民族传统。其下按国别和地区分为 10 章,德国、法国、英国、意大利、西班牙和葡萄牙、斯堪的纳维亚、低地国家、俄国史学的黄金时代（19 世纪）、东中欧和巴尔干的史学各有一章。第三编,欧洲的后裔。其下分 6 章:1789~1945 年的美国史写作、加拿大和南非史、澳大利亚和新西兰、墨西哥、巴西、西属南美洲。第四编,非欧洲文化传统。其下分 6 章:中国和日本史学的转变、印度学术性史学的诞生、南亚史学、后期奥斯曼和早期土耳其共和国史学、阿拉伯世界的史学、南撒哈拉非洲史学。

第五卷②分作 32 章。分别为:历史和理论、历史和记忆、1945 年以后的检查制度和史学、后殖民主义批评和史学、世界史、全球经济史、妇女和性的历史、环境史学、科学和技术史学、西方史学和社会科学、德国历

---

① Stuart Macintyre et al. eds., *The Oxford History of Historical Writing 1800－1945*, Oxford: Oxford U. P., 2012.

② Axel Schneider and Daniel Woolf eds., *The Oxford History of Historical Writing*, Oxford: Oxford University Press, Vol. 5, *Since 1945*, 2011.

史写作、波兰捷克斯洛伐克和匈牙利史学、法国史学、英国史学、斯堪的纳维亚史学、意大利史学、巴尔干史学、苏维埃俄国史学、非洲史学、阿根廷史学、巴西史学、墨西哥史学、美国史学、阿拉伯史学、1947年以后的印度史学、泰国史学、越南史学、印度尼西亚史学、新西兰和澳大利亚史学、1949年以后的中国史学、日本史学、近代朝鲜史学。最后是尾声：历史写作的现在和未来。

晚近社会历史理论方面最有影响的著作当数剑桥大学三一学院兼职研究员 W. G. 朗西曼从1983年到1997年写出的三卷本《论社会理论》①。该书是以历史学理论为基础构建社会理论体系的重大尝试。该书第一卷以"社会理论的方法论"为副标题，以社会理论的功能为研究对象。它认为社会理论有报道、解释、描述和评价四种功能。报道和描述功能是社会理论客观性的特征，而解释和评价功能是社会理论主观性的特征。朗西曼认为这四种功能之间具有递进的关系。报道是对研究对象的第一次理解，解释是在报道的基础上进行的，它通过选择假说和适当的理论对对象进行解释，加之对原因、目标和功能演进的研究，形成对客体的第二次理解。通过对客体真实性的辨析、类推和概念化的叙述，使描述逐渐发展到与评论相邻近的层次，使描述逐渐达到较为完美的地步。这是社会理论的第三个层次。社会理论最后一个层次的功能是对客体做出评价，作者认为没有纯客观主义的社会理论。

朗西曼把研究者的主观活动置于社会理论结构中一个极其重要的地位，把人的活动作为社会理论构成过程中一个重要的再制作过程。要求人们在履行社会理论功能的四个层次上都注意避免谬误。朗西曼对理论功能的分类对人们具有吸引力。他提出的社会理论具有评价功能的观点，是一种大胆的表述。近代以来，哲学家在研究社会时，常常把注意力集中在社会是否具有可认识性，思维和存在是否具有同一性等问题上。人们比较关心的是理论研究中人的认识是否真正地反映了客观世界的真实情况。其基本倾

---

① W. G. Runciman, *A Treatise on Social Theory*, 3vols., Cambridge: Cambridge U.P., 1983, 1989, 1997. W. G. 朗西曼原职业为家族船运公司总经理，似一业余学者，兼任剑桥大学三一学院研究员，著有多种社会理论专著。因其学术成就被封为勋爵，任英国国家图书馆总监。——笔者按

向是把社会理论作为客观对象的反映来看待。而郎西曼的方法论则指出，不仅需要研究某种社会理论是否真正反映了客观世界，还要把这种社会理论作为人的主观认识活动来看待，将它视为特定社会条件下观念生产者的产品。朗西曼认为，合理性是社会理论履行解释功能的要求。社会理论需要反映他所研究的对象的真实情况，这是社会理论的基本功能，朗西曼称之为应用于社会理论的报道功能。社会理论的报道功能的基本要求是求真。这种功能通过对使用的专门术语的选择来进行。因此，社会理论报道功能的实现直接与术语学方法的运用有关。朗西曼在书中研究了描述对象术语选择，以及术语的界定和分类问题。朗西曼认为术语的内涵是词典对某个术语的定义以及把这个术语运用于特定场合，是对它特定的内涵的综合。因此，他指出，在使用术语对指谓的对象进行界定和分类时，需要引入"场合"这一概念。因为在第一次使用一个词语来指称某个社会事件、过程或事物的状态时，这个词语在其倾向等方面的内涵应当为它所指谓的对象所接受。所以，在词典对于该词的定义不发生变化的条件下，我们需要认真对待的是如何"报道"这个问题本身。

朗西曼特别强调要注意不同时期社会术语的差别，不能用某一术语的现代含义解释这个术语在古代的含义。但他同时又指出，不能因为在古代没有某个方面的术语就判断说在古代没有相应的社会经济活动。运用现代术语把过去的场景"现代化"，是历史学和其他社会科学的大忌。朗西曼在讨论社会理论的评价功能时指出，对于社会科学工作者来说，合理性是令人满意地说明人类行为的中心问题。对人类行为的研究在多大程度上是成功的，多大程度上是失败的，均取决于此。

朗西曼指出，不应当回避社会理论的评价功能。事实上对社会科学家工作性质的所有讨论本身到处可见明显的评价性用语。在社会科学中对价值做出界定是无法摒弃的。但这在社会科学中并不与中性的原则相悖。社会理论在实施其评价功能时会遇到科学的、道德的、政治的和艺术的等多重价值标准。如何确定或摆平这些不同的价值标准是一个大问题。社会学家的解释总是和社会学家的价值观相联系，他们在描写时也有评价的成分。但需要把描述和评价区分开。朗西曼强调说：如果一个学者的评价过于浪漫化或过于简单化，读者就会离开他；如果他的描述工作做得好，那么甚至那些持不同意见的读者也会不加选择地接受他。作者提出了应当使用中性的评述词汇，认为这是社会理论的基本要求。

《论社会理论》的第二卷以"实体的社会理论"为副标题，阐述了对社会方方面面的看法。在以往的历史学、政治学和社会学研究中，研究结构、过程和功能的流派在研究事业和方法上各执一端，对社会的解释难以相互容纳。而事实上各个迥异的流派各自都有其片面性和局限性。成熟的社会理论体系事实上面对着一个不容回避的任务，这就是吸收各派有价值的研究取向和结论，并将其加以综合。该书把社会理论的研究对象分为社会关系、社会结构和社会演进三个范畴。表现了作者把动态研究和静态研究相结合的全方位的研究方法和作者逻辑严密的思维。

在该书第二卷对社会结构的划分研究中，朗西曼基本是沿着政治学的思路即从对权力的考察来确定社会结构的尺度。他指出，实际上对社会结构的讨论不仅是对于社会成员所属的等级层次的真正性质的讨论，而且是对附属于他们的统治权力的产生、保持和变更的文化内涵的讨论。社会中人们对于权力的控制可以分解为对生产手段、说服手段和强迫手段的控制。因此权力也可以分解为经济权力、意识形态权力以及包括政治和军事权力在内的镇压权力。这种对于权力或者说对于社会结构划分的三因素论的提出，其动机显然是回避马克思主义按照人的生产方式进行社会分类的方法。朗西曼倡导的是一种多元的社会结构分类法，在这种分类法中，首要的是经济标准，然后才是政治尺度和意识形态的尺度。

在该卷中，朗西曼根据对国家权力的研究，把社会分为14种模式。第一种模式是渔猎和采集社会，在这样的社会中几乎还没有权力结构。第二种模式是权力放荡的社会，在那里有权力的人有资格分配财产。第三种模式是共享权力的社会。第四种模式是在发展过程中遇到阻碍的半国家。第五种模式是世袭制的原国家，他们中有雅典的派西斯特勒斯特家族统治时期的国家、墨洛温王朝和加洛林、东非的因特拉库斯廷王国。第六种模式是公民国家，如古典希腊和罗马共和国。第七种模式是军事统治国家，如马穆鲁克、蒙古人和条顿骑士团的统治。第八种模式是封建模式的国家，如卡佩时期的法国、16世纪的波兰、15世纪的日本、19世纪的墨西哥。第九种模式是绝对主义王权，如英格兰征服者威廉统治时期、近代早期欧洲的君主国、奥斯曼帝国、奥古斯都时期。第十种模式是资产阶级国家，如汉诺威时期的英国、荷兰共和国和威尼斯共和国。第十一种模式是混合型的国家，如盎格鲁-撒克逊时期的英国、巴比伦。第十二种模式是资产阶级自由民主制国家。第十三种模式是社会主义制度。第十四种模式是独裁主义统治。

第二卷最后一部分对社会演变做了阐述。朗西曼认为，社会变革的原因、从一种社会模式转变为另一种社会模式运动的原因是"实践中的竞争选择"，某些实践在夺取"权力"中对其他实践取得了胜利。这种变革并不是有意识的行为，甚至可能恰恰是实施者不愿意做的行为。但这种新的实践比那些适应于先前社会条件的实践似乎可以更有力地推动社会变革。朗西曼的社会演进理论主要来自达尔文的进化论和相近的林奈的思想，在这方面他没有提出任何独立的新思想方法，因此该理论显得较为陈旧和贫困。

《论社会理论》的第三卷以"社会理论的应用"为副标题。朗西曼在这一卷中将社会理论的四种功能即报道、解释、描述和评价功能的分析用于20 世纪英国社会史的研究。从全书的结构体系上来看，第三卷的设置打破了全书严谨的理论逻辑结构，它成为一个附加物，与前两卷的内容不相匹配。这是本书结构上的缺点。

总的来说，朗西曼在构建一种社会理论的宏大体系上做了尝试，尤其是在研究方法中做了富有创造性的工作。他对研究的基本方法的描述和概括，以及对研究社会的角度选择对我们都有启发性。

《论社会理论》一书出版后得到英国历史学家和社会学家的高度评价。埃里克·霍布斯鲍姆评论说，"这是令人震惊的气势磅礴的成果"，"我还没有看到过其他比较史学研究著作像这本书那样给我留下如此深刻的印象"。社会学家盖尔纳评论说："这是一部极其重要的非凡的著作，它以空前的抱负提出了一种可以称为一般的人类社会理论，并使这种理论与历史资料相结合。"

与此类似的从整体上构建史学理论体系的尝试，还有帕尼罗珀·科菲尔德的《时间和历史的成形》①。帕尼罗珀·科菲尔德是伦敦大学皇家霍罗

---

① Penelope J. Corfield, *Time and the Shape of History*, London: Yale U. P., 2007.

韦学院教授，曾任皇家历史学会副主席（2001~2004年）。帕尼罗珀·科菲尔德也是一位曾经受到马克思主义史学思想影响的历史学者。帕尼罗珀·科菲尔德的史学研究领域广阔，她的著作还有《1700~1800年英国城镇的影响》、《语言，历史和阶级》以及《1700~1850年英国的权力和自由职业者》。《时间和历史的成形》，对于历史发展做了一种新阐释的尝试。该书分章节论述，内容分别为：在时间上的历史；深刻的连续性；微观变化；激进的非连续性；无常的现代性；变化的阶段；历史的过去和未来。这是一部很有胆识的史学理论著作。它揭示了时间和历史的联系，说明了长时段的时间帮助完成了对过去的领悟。对历史学家来说，时间不是一个被赋予的不成问题的事物，正像对于哲学家和物理学家那样，时间是理解地球上生命演变模式的手段，这本书提供了一种对各种社会形成驾驭时间的方式的跨度广泛的分析，提出了由连续性、渐进演变和革命构成的三维变革方式的理论，认为是它们共同构成了"编织成带状"的历史。和解释的章节相联系，该书还有对时间旅行、时间周期、时间线条、时间片段的扼要的揭示章节。作者展示了人类历史按时间坐落的不同方式。该书涉及了全球范围内的内容，这种全球性探讨表明了它向"大历史"研究的新转变。在这种研究中，传统的历史分期遭到挑战，以便对世界从开始到终结的整个过程做新的回顾。本书探讨的是历史发展的主旋律。它对世界历史的回顾表明，结果是复杂的，在它们这样的运动发生之前，未必能够预言。

理查·J. 伊文斯是剑桥大学近代史教授，《汉堡的死亡》是他标志性的研究成果。该书获得了沃尔夫森历史学著作的文学奖和美国医学史学会的威廉H. Welch金奖。理查·J. 伊文斯是英国学术院院士。理查·J. 伊文斯还写了《重新阅读德国史》。伊文斯的《捍卫历史》[①] 一书，是继卡尔的《什么是历史？》和埃尔顿的《历史学的实践》之后，第一次严肃地对史学理论的基本问题展开讨论。该书分为史学史、历史，科学和道德，资料和叙述，历史的原因，社会和个人，知识和权力，客观性和它的局限以及编后记，共八章。

诺伯特·埃利亚斯在20世纪80年代末提出了"形态社会学"的概念。

---

① Richard J. Evans, *In Defend of History*, London: Granta Books, 1997.

埃利亚斯使用的"形态学"（figuration）概念，不同于 20 世纪初斯宾格勒在《西方的没落》中使用的"形态学"（morphology）概念。埃利亚斯使用的"形态学"概念是一个动态的概念，注重事物"有既定形式的行动和过程"，它更富于动态性和过程。埃利亚斯系统地提出了过程社会学的理论。这一理论有四个基本出发点：第一，这里涉及的是复数的人，他们在各方面互相依赖，他们的生活介入了并形成了他们共同构成的社会形态；第二，这些形态持续不断地发生着各种变化，一些变化迅速短暂，另一些变化则较为缓慢，时间要长些；第三，在人类形态中发生的长时间的发展在很大程度上是非计划的和不可预见的；第四，人类知识的发展发生在人类的形态中，并且是其全部发展的一个重要方面。埃利亚斯在《宫廷社会》中举出了一个例子来说明"经验"在知识构成中的重要性。他说，假设一个人沿着一架精神的扶梯从一座塔的下部向塔顶攀登，当他到达更高的一层，那么不仅他对于四周风景的视野不同于他在较低一层时，而且他能够用他自己的眼睛俯视他早一些时候刚刚爬上来的位于较低一层上的自己。而每当他攀上较高的一层，他对风景的视野就变化一次，他同时也把过去看得越来越低。

戴维·卡纳丁主编了一本《今日历史学如何了?》[1]，它汇集了英国一批著名史学家提交 2001 年在伦敦大学历史研究所召开的对现今史学发展的研讨会的文章。理查德·伊文斯为此书写了序言。该书包括下列内容：保罗·卡特里奇论当今社会史；苏珊·派德森论当今的政治史；奥尔文·霍夫顿论当今的宗教史；密里·鲁宾论当今的文化史；爱丽丝·凯斯勒-哈里斯论当今的性别史；阿纳贝尔·布里特论当今的知识史；林达·柯里论当今的帝国史；菲利普·费南德斯-阿默斯托为全书写的跋。戴维·卡纳丁还著有《历史学正确的方法：20 世纪英国的历史教学》[2]。

哈维·凯伊写的《英国马克思主义史学家》[3] 是对英国马克思主义史学家群体的研究著作。该书分章评述了莫里斯·多布、罗德尼·希尔顿、克里

---

[1]　David Canndine ed., *What is History Now?* London: Palgrave Macmillan, 2002.

[2]　David Canndine, *The Right Kind of History, Teaching the Past in Twentieth-Century England*, London: Palgrave Macmillan, 2011.

[3]　Harvey J. Kaye, *The British Marxist Historians*, New York: Polity Press, 1984.

斯托弗·希尔、E.P.汤普森、埃里克·霍布斯鲍姆以及拉斐尔·萨缪尔的史学著作和思想，对英国马克思主义史学家群体出现的历史背景也做了阐述。

2005年，彼得·伯克出版了《历史和社会理论》①一书。该书出版后得到学者的好评。加拿大麦吉尔大学艺术学院院长约翰·霍尔教授评论说，这本书告诉人们，社会学家应当更多地从史学上进行思考，而历史学家需要更多地从理论上去思考。彼得·伯克对这两个群体都起了很好的指导作用。都柏林大学学院的社会学家和文化学家斯蒂芬·曼奈尔教授评论说，这是人们始终期待的。《历史和社会理论》一书分作六章。第一章标题为"理论家和历史学家"，其下分为聋人间的对话、历史学和理论的差别、消除过去、社会史的兴起、理论和史学视野的汇聚五节。第二章标题为"模式和方法"，其下分作比较、模式和式样、计量方法、社会显微镜四节。第三章标题为"中心概念"，他列举了19组相近的概念并做了比较研究。他认为，史学家可以不断从其他学科借用一些词汇，丰富自己的历史分析的词汇量，但这不意味着历史学家激烈地改变自己的学科属性和知识倾向。②在第四章中，作者把注意力集中在四组对立的概念和方法论问题上：第一组是文化观念中的现实主义和相对主义的对立；第二组是一致和冲突的对立；第三组是事实和虚构的对立；第四组是结构和代理人的对立，其中包括功能主义和结构主义方法的对立。第五章的标题是"社会理论和社会变革"。其中介绍了斯宾塞的模型、马克思的模型和其他社会学流派的模型。第六章集中讨论了后现代性和后现代主义的问题。指出现今世界不稳定和无中心。彼得·伯克在书中考察了历史学家对社会科学模式研究的方法和概念的吸收，同时分析了结构和人类之间的对立，这是引起历史学和社会理论之间紧张关系的核心问题。他认为解决问题的办法是要创造一种有效的社会理论。

约翰·凯尼恩是一个研究斯图亚特王朝政治史的学者。他写了《历史学家：文艺复兴以来英格兰的历史学职业》③，对他选择的主题做了内容广

---

① Peter Burke, *History and Social Theory*, Cambridge: Polity Press, 2005.

② Peter Burke, *History and Social Theory*, p. 116.

③ John Kenyon, *The Historian Men: The Historical Profession in England since the Renaissance*, , London: Weidenfeld and Nicoson, 1983.

泛的概览,非常详细。但该书对众多的本国研究英国史的专家的观点持保守主义态度。约翰·坎农写了《历史学家的工作》[1],评述了近代以来英国和欧洲的若干重要的史学家。

克里斯托弗·帕克的《1850 年以后英国史学传统》[2] 则没有采取凯尼恩那种偏狭态度。

米切尔·斯坦福的《历史知识的本质》[3] 对历史学家如何进行体系化的描述做了尝试。他的另一本书《历史研究的伴侣》[4],坚持采取启发式的态度,同时对主要的理论问题做了阐述。

后现代史学兴起后,一批英国学者试图将后现代主义的历史观大众化。他们中有:贝弗利·索斯盖特的《历史学,什么是和为什么:古代、近代和后现代的透视》[5]、基斯·詹金斯的《重新思考历史》[6]。批评后现代主义的著作最主要的有 C. 贝汉·麦卡拉的《真实的历史》[7] 和基斯·温德舒特的《谋杀历史:一门学科是如何被文学批评家和社会理论谋杀的》[8]。拉斐尔·萨缪尔在《历史工场杂志》1992 年第 22 期和第 23 期上发表了题为《阅读征兆》的文章,对后现代主义历史观进行了批评。[9]

2001 年阿瑟·马威克出版了《历史的本质新论:知识、证据、语言》[10]一书,作为对 1970 年的《历史的本质》[11] 的改写。在后一部书中,马威克的史学理论的结构和表述都有很大的变化和发展。该书第一章为"导论:围绕基本假定之战";第二章为"历史:关于过去的基本知识";第三章为

---

① John Cannon, *Historian at Work*, London: George Allen & Unwin, 1980.

② Christopher Parker, *The English Historical Tradition since 1850*, Edinburgh: John Donald, 1990.

③ Michael Stanford, *The Nature of Historical Knowledge*, Oxford: Blackwell, 1986.

④ Stangord, *Companion to the Study of History*, Oxford: Blackwell, 1994.

⑤ Beverley Southgate, *History: What and Why? Ancient, Modern and Postmodern Perspectives*, London: Routledge, 1996; Alun Munslow, *Deconstructing History*, London: Routledge, 1997.

⑥ Keith Jenkins, *Re-Thinking History*, London: Routledge, 1991.

⑦ C. Behan McCullagh, *The Truth of History*, London: Routledge, 1998.

⑧ Keith Windschuttle, *The Killing of History: How a Discipline Is Being Murdered by Literary Critics and Social Theories*, New South Wales: Paddington, 1994.

⑨ Richard J. Evans, *In Defend of History*.

⑩ Arthur Marwick, *The New Nature of History. Knowledge, Evidence, Language*, London: Palgrave, 2001.

⑪ Arthur Marwick, *The Nature of History*, London: Macmillan, 1970.

"历史学科如何发展：从修昔底德到朗格诺斯和塞诺博斯"；第四章为"历史学科如何发展：从20世纪到21世纪"；第五章为"历史学家在工作：忘掉'事实'，最引人注目的资料"；第六章为"历史学家在工作：历史知识交流"；第七章为"理论、科学、人文主义"；第八章为"危机，什么危机?"。该书强调了研究历史对社会的重要性，同时讨论了什么是历史学和怎样研究历史。马威克面临着新史料的涌现和历史学家对后现代主义者批评的反驳，他向学生解答了严格的历史学家如何分析和解释原始史料，以及如何写作自己的论文和著作的问题。在《历史的本质新论：知识、证据、语言》中，阿瑟·马威克对人们熟知的"历史事实"的概念做了新解释，关于能否把"事实"简化为像化学元素或原子之类的基本单位，他持否定态度。他认为，既存在简单的公共事实，也存在复杂的私人事实。但是，历史学家都不再回到基本的事实上去做过多的探究，因为许多"事实"已经众所周知，也就是说它们可以从众多的二手资料中轻易地获得。现在需要的是辨析"知识"和"证据"二者的关系，"知识"必须最终以"证据"为基础。① 关于历史学交流的方式问题，马威克认为历史学应当从历史学者的论著中走出来，走向博物馆、电影和电视。

---

① Arthur Marwick, *The New Nature of History. Knowledge, Evidence, Language*, p. 153.

第四章　当代德国史学的几个重要面向

作为现代历史学的发源地，德国在历史书写的理论与方法上多有贡献，特别是历史主义的观念、历史社会科学的研究方法、日常生活史的视角等，都引起过国际学术界的关注。本章并不打算对这些人们已经耳熟能详的德国史学流派再做一番介绍，而是希望首先通过两种不太常见的经验性（而非感性）的统计方法，即历史学家大会的分场论题趋向和《德国历史》（*German History*）这一期刊所发表论文的归类研究，来发现当前德国史研究的热点问题，进而挑选三个重要面向，即当代史研究、概念史研究和公众史学，来做详细分析。

第一节　21世纪以来德国历史学研究趋向
——以历史学家大会为核心的分析

从国际范围内的历史学发展来看，在过去的100年间，德国史学的地位呈现不断下降的趋势。虽然在史学学科化以及相关理论与方法的论争中，德国史学曾独占鳌头，但伴随20世纪德国历史的跌宕起伏和全球化进程中英语文化占有的强大份额，它的影响力已今非昔比。不过，即便如此，德国史学在理论思维上的优势仍然不容小觑，不少德裔历史学家在国际史学界中继续扮演重要角色。[①]

---

① 如于尔根·科卡曾担任国际历史科学委员会（International Committee of Historical Science，ICHS）的主席（2000~2005年）。

就德国史学的内在趋向而言，20世纪60~70年代是重要的研究范式转型期，完成了从普鲁士学派热衷的政治史向批判性社会（结构）史的转变。①从80年代起，在国际性的"语言转向"的影响下，德国也出现了诸如日常生活史或文化史的繁荣场景，同时开始走出宫廷/高层政治领域，城市、环境、概念、精神、交往等内容成为热点话题。到20世纪末，德国史学界基本上呈现三派力量之间的纠葛：传统但有所革新的历史主义学派；社会（结构）学派；新史学（包括日常生活史、文化史在内）。它们在理论框架与研究方法上的诸多差异以及彼此长短，业已通过各有特色的选题和各种形式的争鸣显露无遗。②

现在，21世纪已经过去20多年。2000年以来德国史学界的发展究竟体现出延续性的特征，还是出现了新气象？上述不同派别之间的竞争是愈演愈烈，抑或存在相互融合的尝试？本节以德国两年一度的历史学家大会（Historikertag）作为考察对象，通过2000~2012年讨论分场话题的设置与变化，尝试对上述问题做出初步回答。

（一）历史学家大会：德国历史学研究的风向标③

历史学家大会是德国学界重要的学术聚会之一，至今已有130多年的历史。1893年，一批南德历史学家为了抵制普鲁士学派发起的历史教学大纲改革行动，在慕尼黑召开了第一届历史学家大会。两年后，在法兰克福举

① 关于20世纪60~70年代的范式转型，可参见孙立新《于尔根·科卡：德国的批判史学与社会史研究》，《史学理论研究》1992年第3期；徐健《评德国史学界有关"特有道路"问题的争论》，《国外社会科学》2001年第2期；孟钟捷《在战争罪责与民族自豪之间的"正常化"之路——六十年德国"第三帝国史"研究回眸》，《甘肃社会科学》2005年第6期；孟钟捷《"独特道路"：德国现代历史研究的范式转变与反思》，《历史教学问题》2009年第4期。

② 关于这一方面的研究，可参见景德祥的系列论文：《二战后德国史学的发展脉络与特点》，《史学理论研究》2007年第3期；《20世纪末联邦德国史学流派争议》，《世界历史》2005年第1期；《联邦德国社会史学派与文化史学派的争议——20世纪末联邦德国史学流派争议》，《史学理论研究》2005年第3期；《"柏林共和国的历史学家"云客乐》，《史学理论研究》2012年第4期。

③ 这一部分主要参考 Julia Radtke, "Der Historikertag: Ein Akademisches Ritual", in *Zeitgeschichte Online*, http://www.zeitgeschichte-online.de/kommentar/der-historikertag-ein-akademisches-ritual, accessed on 2013-06-09。

行的第三届历史学家大会上，与会代表决定联合成立"德意志历史学家联合会"（Verband deutscher Historiker）。自此，历史学家大会与历史学家联合会成为德国历史学界的两个相互独立但彼此支持的学术机构。

在20世纪上半叶，历史学家大会的发展趋势完全脱离了最初倡议者的设想，非但未能成为抵制普鲁士学派的业界阵地，反而演变为后者施加影响力的舞台。政治史成为主要的讨论话题，尤其是在一战后，围绕《凡尔赛和约》有关德国单独承担战争罪责条款的争议，一直是20世纪20年代历届历史学家大会的焦点。这种趋势在纳粹时期也没有出现逆转。虽然不少历史学家支持纳粹政权，但纳粹统治并未对德国历史学的主要趋向产生影响。[1] 1937年召开的爱尔福特大会是纳粹时期唯一一次历史学家大会，其主持者就是臭名昭著的纳粹历史学家瓦尔特·弗兰克（Walter Frank）。即便如此，在会议进程中，普鲁士学派的历史学家仍然占据主导地位。

二战后，德意志历史学家联合会改组为"德国历史学家联合会"（Verband der Historiker und Historikerinnen Deutschlands，VHD）。它和德国历史教师联合会（Verband der Geschichtslehrer Deutschlands）一起，继续担任历史学家大会的主办方。历史学家大会也逐渐确立了在时间上每两年一届的机制。

如果说20世纪50年代历史学家大会最终演变为1958年特里尔大会禁止民主德国历史学家发言，1962年杜伊斯堡大会不再邀请民主德国代表团，体现出浓厚的冷战色彩与外部的政治影响力，那么，60年代历史学家大会则标志着学界内部的重大范式转向。1964年柏林大会拉开了普鲁士学派走向没落的大幕。弗里茨·费舍尔（Fritz Fischer）因揭示德国在一战爆发中的责任，而在会上遭到了老一代学者的围攻。但他不仅得到了国外学者和大众的支持，而且还成为年青一代历史学家的楷模。会后，以批判德国"独特道路"、分析社会结构见长的"比勒菲尔德学派"逐渐壮大。社会（结构）史取代了政治史，成为60年代中期至70年代历史学家大会上频繁出现的选题。

80年代以来，历史学家大会多次出现不同学派之间的理论与方法之争，

---

①　另可参见景德祥《纳粹时期的德国史学》，《山东社会科学》2008年第8期。

选题也日益多元化。与此同时，由于参加人数不断增多（最多时超过3000人），大会的各项机制也日益丰富起来。这体现在以下几个方面：第一，除1988年班贝格大会外，所有大会都会提出一个跨时代、跨地域的主题来统摄全局，开幕与闭幕演说均围绕该主题而展开，大会讨论也与此相关；第二，分场（sektion）话题设置逐渐细化，一开始只是按照日程安排来归类，随后演变为以时间为序的学科分类，同时每次大会都会增加特别板块，例如经济史、历史教育等；第三，尤其从90年代起，青年研究者的重要性得以凸显，每次都会设立专场讨论；第四，增添学术讨论之外的活动，例如考察、展览、书市等。

总而言之，历史学家大会作为德国学界的重要活动，越来越成为研究的方向标。它既反映了研究现状，也成为制造灵感的场所，同时为各种学术争议提供舞台。从这一点而言，历史学家大会上的分场话题设置既绘制了本届会议的基本学术版图，也在一定程度上反映了学界发展的大致趋向。

（二）分场话题的量化分析

历史学家大会的分场话题一般根据主题，由各专业委员会来确定，随后还会根据投稿进行一定调整。每个分场的报告数量不一，有时只有一场，有时会超过五场。下文将对2000～2012年的七场大会的分场话题进行量化分析。① 分析的变量是时间、空间和视角三个元素。在分析中，除客观划分标准外，笔者的主观判断也是不可避免的影响因子。

若按历史时间的划分标准来看，每次历史学家大会一般可分为跨时代、古代史、中世纪史、近代早期史、近现代／当代史（有时又称"19～20世纪

---

① 七场大会的资料来源分别是：（1）2000年亚琛大会，http：//hsozkult. geschichte. hu-berlin. de/TERMINE/2000/histtag. htm，最后访问日期：2013年6月3日；（2）2002年哈勒大会，http：//www. historikertag2002. uni-halle. de/programm. shtml，最后访问日期：2013年6月3日；（3）2004年基尔大会，http：//www. historikertag. uni-kiel. de/，最后访问日期：2013年6月4日；（4）2006年康斯坦茨大会，http：//hsozkult. geschichte. hu-berlin. de/index. asppn=texte&id=818，最后访问日期：2013年6月4日；（5）2008年德累斯顿大会，http：//www. historikertag. de/Dresden2008/，最后访问日期：2013年6月4日；（6）2010年柏林大会，http：//www. historikertag. de/Berlin2010/，最后访问日期：2013年6月5日；（7）2012年美因茨大会，http：//www. historikertag. de/Mainz2012/de/startseite. html，最后访问日期：2013年6月8日。

史")五大类。

与 20 世纪 90 年代的情况相比，21 世纪的分场话题明显体现出两大特征：古代史、中世纪史、近代早期史三大类的所占比重受到压缩；跨时代与近现代/当代史的选题数量占据七成以上。从内部来看，跨时代选题在 2008 年德累斯顿大会上达到顶峰，占总数的 42.4%，随后有所滑落，不过七届大会的平均比例也占两成，这表明通史性的话题比较受到关注；近现代/当代史的话题数量呈现弧形发展，2000 年亚琛大会上曾高达 62.3%，随后下滑，但到 2012 年美因茨大会再次上扬到六成，就这一点而言，近现代/当代是德国历史研究中当之无愧的热点时段（见表 4-1）。

表 4-1 德国历史学家大会（2000~2012 年）分场话题的时段统计

单位：场；%

	2000 年		2002 年		2004 年		2006 年		2008 年		2010 年		2012 年	
	数量	比例	数量	比例	数量	比例	数量	比例	数量	比例	数量	比例	数量	比例
跨时代	9	17.0	11	20.8	16	26.7	12	28.6	25	42.4	23	31.1	9	15
古代史	2	3.8	6	11.3	4	6.7	2	4.8	2	3.4	3	4.1	3	5
中世纪史	5	9.4	6	11.3	8	13.3	3	7.1	5	8.5	8	10.8	6	10
近代早期史	4	7.5	2	3.8	6	10.0	2	4.8	4	6.8	2	2.7	6	10
近现代/当代史	33	62.3	28	52.8	26	43.3	23	54.8	23	39.0	38	51.4	36	60
总计	53	100	53	100	60	100	42	100	59	100	74	100	60	100

以空间而论，每次历史学家大会的分场话题除"跨洲/全球"外，基本上可按照五大洲归类。进一步而言，根据实际情况，我们把"欧洲"类别细分为"德国"、"其他欧洲国家"和"欧洲内部的跨国"；同理，"美洲"类别也可被分为"美国"、"其他美洲国家"和"美洲内部的跨国"。

从统计结果来看，"跨洲/全球"性的选题增速明显，2000 年亚琛大会只占 28.3%，到 2010 年柏林大会达到历史最高峰 58.1%，翻了一番以上，2012 年美因茨大会虽然有所下降，但比重仍然接近一半。这一点突出地反映了 21 世纪以来德国史学向全球史转向的信号。与此相应，在德国史选题比重上，除 2000 年亚琛大会还保持着 20 世纪 90 年代的研究趋向外，随后六届比重连续下降，直至 2012 年美因茨大会上不到一成；欧洲内部的跨国研究在 2010 年柏林大会上跌到谷底（18.9%），但随后又重新上扬，到2012年美因茨大会接近四成。民族史的比重下降，欧洲内部的跨国史比重上升，从一个侧面反映了德国历史研究正缓慢转向"欧洲中的德国"这一目标。此外，很明显，德国历史学家对单独研究其他大洲的兴趣不大，除美国和非洲偶尔成为分场话题外，美洲的其他国家、亚洲和大洋洲都未能入选（见表4-2）。

表4-2　德国历史学家大会（2000~2012年）分场话题的空间统计

单位：场；%

		2000年		2002年		2004年		2006年		2008年		2010年		2012年	
		数量	比例	数量	比例	数量	比例	数量	比例	数量	比例	数量	比例	数量	比例
1		15	28.3	17	32.1	22	36.7	20	47.6	28	47.5	43	58.1	29	48.3
2	2.1	17	32.1	9	17.0	10	16.7	6	14.3	11	18.6	11	14.9	5	8.3
	2.2	2	3.8	—	—	2	3.3	4	9.5	4	6.8	4	5.4	1	1.7
	2.3	18	34.0	26	49.1	25	41.7	12	28.6	16	27.1	14	18.9	23	38.3
3	3.1	1	1.9	1	1.9	—	—	—	—	—	—	—	—	1	1.7
	3.2	—	—	—	—	—	—	—	—	—	—	—	—	—	—
	3.3	—	—	—	—	—	—	—	—	—	—	—	—	—	—
4		—	—	—	—	—	—	—	—	—	—	—	—	—	—
5		—	—	—	—	1	1.7	—	—	—	—	1	1.4	1	1.7
6		—	—	—	—	—	—	—	—	—	—	—	—	—	—
7		53	100	53	100	60	100	42	100	59	100	74	100	60	100

注：1 跨洲/全球
2 欧洲；2.1 德国；2.2 其他欧洲国家；2.3 欧洲内的跨国
3 美洲；3.1 美国；3.2 其他美洲国家；3.3 美洲内的跨国
4 亚洲
5 非洲
6 大洋洲
7 总计

　　相对于时间和空间而言，视角分析更为棘手，因为它既涉及基本的研究领域分类，如史学史与史学理论、历史教育、政治史、经济史、社会（结构）史与文化史，又同一些具体研究对象形成联系，本节挑选了环境史、性别史、城市史和全球史这四类目前在其他国家比较兴盛的领域作为划分类别。鉴于大部分选题都拥有跨专业性的特点，故而本节在统计中针对每一个选题,可最多添上三个视角标签。

在基本的研究领域中,毫无疑问,文化史已经成为每年历史学家大会的重头戏,它已经渗透到政治史、经济史、社会(结构)史等方向中,因而累加效应达到三成。其他视角虽然有所起伏,但基本上各占一成。纯粹的社会(结构)史研究者看起来是最大的失败者,到2012年美因茨大会上,只拥有相关的三个讨论专场。就目前比较兴盛的研究领域来看,德国史学界对性别史和城市史并没有投入太大精力,但对环境史的兴趣在2012年美因茨大会上明显得到增强,有九个分场话题有所涉及。尽管对选题的时间和空间分析都表明,德国历史学界对通史性与跨洲/全球性的话题越来越感兴趣,但真正归属于全球史的分场似乎仍然不多,这一点至少反映了德国的全球史研究力量仍然不足以同德国史或欧洲史的教席数量相媲美(见表4-3)。正如2006年的一项调查结果所显示的那样,在德国总计460位历史学家中,390人(84.8%)是西欧史学家,其中大部分致力于德国史,其他47位历史学家(10.2%)主要研究东欧史,这就意味着95%的历史学家都是研究欧洲历史的,5%的人则是欧洲之外地区的专家。在后一群体中,2.4%的人研究北美。换言之,只有12位学者(2.6%)研究范围涵盖拉美、非洲、中东、南亚和东亚。[①]

表4-3 德国历史学家大会(2000~2012年)分场话题的视角统计

单位:场;%

	2000年		2002年		2004年		2006年		2008年		2010年		2012年	
	数量	比例	数量	比例	数量	比例	数量	比例	数量	比例	数量	比例	数量	比例
史学史与史学理论	22	18.5	16	12.7	10	7.9	12	12.6	17	11.8	25	15.0	15	11.4
政治史	22	18.5	25	19.8	30	23.6	24	25.3	30	20.8	29	17.4	24	18.2
经济史	4	3.4	7	5.6	16	12.6	6	6.3	14	9.7	12	7.2	18	13.6
社会(结构)史	8	6.7	17	13.5	12	9.4	5	5.3	19	13.2	8	4.8	3	2.3
文化史	41	34.5	36	28.6	43	33.9	33	34.7	40	27.8	42	25.1	37	28.0
环境史	—	—	2	1.6	—	—	—	—	2	1.4	3	1.8	9	6.8

---

① Domnic Sachsenmaier, *Global Perspectives on Global History. Theories and Approaches in a Connected World, Cambridge*, New York: Cambridge University Press, 2011, pp. 122-123.

续表

	2000 年		2002 年		2004 年		2006 年		2008 年		2010 年		2012 年	
	数量	比例	数量	比例	数量	比例	数量	比例	数量	比例	数量	比例	数量	比例
性别史	1	0.8	2	1.6	—	—	1	1.1	2	1.4	1	0.6	—	—
城市史	1	0.8	3	2.4	5	3.9	1	1.1	3	2.1	2	1.2	—	—
全球史	9	7.6	11	8.7	6	4.7	8	8.4	11	7.6	32	19.2	16	12.1
历史教育	11	9.2	7	5.6	5	3.9	5	5.3	6	4.2	13	7.8	10	7.6
总计	119	100	126	100	127	100	95	100	144	100	167	100	132	100

（三）分场主题的初步定性描述

根据对历史学家大会分场主题的定量分析，基本上可以勾勒出 21 世纪以来德国历史学界在时间、空间与视角选择上的某些偏好。自然，定量分析不可能离开定性描述。然而，对于分场主题的定性描述，必须考虑到若干影响因子：例如分场话题的选择权很大程度上掌握在专业委员会的高层手中，后者的群体特征当然应该是值得关注的变量之一；又如各分场所包含的报告数量并不对等，以至于各分场的重要性存在差异；进一步而言，分场报告的倾向有可能无法决定或涵盖每场报告所体现出来的研究偏好。鉴于此，本节以下对分场主题的定性描述只能是一次初步探讨。

第一，身份认同的建构与解释继续成为德国历史研究中的重大问题意识。在德国历史上，史学与身份认同之间的关系始终密切。尤其是对于近现代/当代史而言，颂扬和批判"德意志独特道路"一度成为学界占据统治地位的研究导向。不过，从 21 世纪以来的历史学家大会分场选题来看，伴随着联邦德国身份的多重化，回答这一重大问题的切入点也变得丰富起来。

（1）从否定纳粹历史出发，坚定自己的"西方"身份，如"'第三帝国'中的福音教会历史学家"（2000 年）、"全球化的敌人，纳粹经济的分割倾向及其在国际与时段比较中的作用"（2002 年）、"赔偿的边界与空间：纳粹在西欧与东欧对受害者的赔偿"（2004 年）、"在德国与以色列作为社会体验的赔偿"（2006 年）、"德累斯顿与不知名的逝者"（2008 年）、"二战回忆的边界"（2010 年）、"在 20 世纪极权体制中作为资源的劳动力，以苏联和纳粹德国为例"和"纳粹主义中的战争动员和原料冲突，1936～

1945"（2012 年）。

（2）从反思联邦德国历史出发，强调社会建构的渐进性，如"西德1945~1965：延续性因素与社会自由化"和"争取更多民主，维利·勃兰特与政治的形塑力量"（2000 年）、"在改革性实用主义和新保守主义的转折点之间：20 世纪 60~80 年代的西德保守主义"（2002 年）、"'第二次建国'，联邦共和国历史中的'1968 年'和漫长的 60 年代"（2004 年）、"德国大众消费社会 1950~2000：一种经济史的观点修正"（2006 年）、"1973~1989 年的工人社会之危机"（2008 年）、"告别工业，20 世纪 70 年代经济结构转型中的联邦共和国"（2010 年）、"20 世纪 70 年代以来联邦共和国的政治与经济关系之无形遗产是信任"（2012 年）。

（3）从批判民主德国的历史出发，寻找各种消解 1949~1989 年双重民族史的可能性，如"在分裂德国中'民族宏大叙事'的危机与繁荣"和"冷战中的文化与政治：一个分裂世界中的德国史"（2000 年），"双重的德国战后历史成为学术与学科教学问题"（2004 年），"1989/1990 年东德转型进程中的不公"及"和平革命与 1989/1990 年的德国统一"（2008 年），"德国内部边界作为回忆文化的现实、叙述与元素""克服边界：民主德国反对派与抵抗力量的突破体制之动力""边界空间：柏林墙的维度，1961~2010"（2010 年）。

（4）从欧洲化或全球化的历史出发，探寻"欧洲/全球中的德国"这一新定位，如"在特殊道路的终点：民族传统与全球挑战之间的德国企业"（2000 年）、"'欧洲观'：19~20 世纪初波兰和德国的欧洲讨论"（2002年）、"在德捷共同生活问题中的新捷克解释"（2006 年）、"多瑙河：环境史与超越边界"和"人们如何撰写跨国性时代中的德国史"（2010 年）、"从'死敌'到'挚友'，德法接近与和解历史的新研究"（2012 年）。

第二，文化史的转向是德国历史研究中理论与方法革新上的主要成果，不过还谈不上范式转型。诚如前文所言，文化史是 2000 年以来历史学家大会分场话题中所占比例最大的研究领域，它体现在以下几点。

（1）纯文化史的选题不断深入，如"文化的不可消除的多样性，重视欧洲的解构与建构"和"斯大林主义的文化史"（2000 年）、"希腊—罗马传统与基督教视野：罗马帝国时代的性别关系"（2002 年）、"古典晚期时代的罗马人与日耳曼人：文化的冲突"和"'穿越文化'：18~19世纪非洲史中的跨文化交往空间"（2004年）、"拥有许多'故事'的一个皇帝：时代转变中的康斯坦茨大帝之图像"和"节庆与回忆：在古典时代节庆中的历史图像"（2006年）、"欧洲中世纪中的文化融入和梳理"和"新的漫无边际：近代早期世界的服装和文化接触"（2008年）、"在伊斯兰烹饪文化中的疆界与正在被跨越的疆界"和"忍受的文化史"（2010年）、"被禁止的证词：跨文化比较中宗教转移与转化进程的缄默、阻止和破坏之策略"（2012年）。

（2）文化史的理论与方法介入政治史、经济史与社会（结构）史，形成了政治文化史，如"最著名的欧洲王宫：15世纪勃艮第邦国的权力中心"（2000年）、"权力的包装：跨文化比较中的权力空间：古代、中世纪、近代早期"（2004年）、"关于图像的战争：1941~2005年，苏联'伟大卫国战争'的媒体呈现"和"'左翼的'图像：20世纪60~70年代政治的跨国文化史举例"（2006年）、"古代与近代世界的洗礼：在古典晚期和近代早期之间圣礼对于个人权利的意义"（2012年）等；或经济文化史，如"货币体验、稳定性文化与中央银行体系：在经济领域中历史体验的制度化"（2006年）、"食品供应的技术化与'自然'的边界：19~21世纪食品供应的技术史"（2010年）、"歌德与1800年左右现代经济的诞生"（2012年）；或社会文化史，如"在生命的糟糕边缘，古代的老年场景"和"'甲级队的儿童'：德国足球的文化史和社会史视角，1900~1980"（2000年）、"从中世纪向近代早期转折时期的贵族文化之表现形式"和"希腊—罗马古典时期的文化与社会：传统、创新与视野"（2002年）等。

（3）对于文化史进行的理论探讨主要集中在2010年柏林大会上，如"超越边界：20世纪60~70年代的历史解释学""有真实意义的文化：一种都市现代性的边界现象""关于学科界限与学科边界的当代史研究"。它们从跨学科的角度来提出文化研究的一些新思考，但并没有进一步形成有深度的理论建构。

第三，尽管民族史或欧洲史的选题比重不小，但21世纪以来的历史学家大会仍然显著表现出向全球视角进行转化的趋势。事实上，早在1988年班贝格大会上，"欧洲之外的历史"（Außereuropäische Geschichte）便首度被设置为单独板块。但这种趋势在 20 世纪 90 年代却因为世界格局的变化而发生逆转，德国史学界如其他欧美学者那样，一度醉心于讨论"历史的终结"，以至于 2000 年亚琛大会的主题就是"一个世界——一个历史?"（Eine Welt, eine Geschichte?）。不过，随后几届的大会主题则更偏重全球史观，如 2004 年基尔大会的"交往与空间"（Kommunikation und Raum）、2010 年柏林大会的"超越边界"（Über Grenzen）和 2012 年美因茨大会的"资源—冲突"（Ressourcen-Konflikte）。进一步来看，在这七届大会上，分场话题中有关"全球化"的内容大致可分为以下两大部分。

（1）有关全球史的理论反思与史学编纂，如"世界史/历史世界：近代早期的普世史"（2000 年）、"国际史中的标准、网络与文明"（2004 年）、"从'参与性的观察'到'发展政策'：人类学、社会科学和殖民主义（1800~1960）"（2006 年）、"在全球史写作中的边界理解（1500~1900）"和"在帝国边缘地区的超越边界之举：通往跨文化交流的传记"（2010 年）、"国际性的学术—民族性的经历结构，在历史学中的博士后"（2012 年）。

（2）有关全球史研究的各种实践，如"前工业世界技术中的东方和西方"（2000 年）、"结构、网络与传统：印度洋，1750~1950"（2002 年）、"在中世纪与近代早期作为交往空间的海洋：印度洋—亚得里亚海—爱琴海—波罗的海—加勒比海"和"被阻滞的交往：东方与西方的概念传输"（2004 年）、"全球化时代中的货品图像及其历史"（2006 年）、"不公还是公正，跨文化比较"和"作为 20 世纪全球问题的经济不公"（2008 年）、"冲突中的文化，东西方遭遇"和"暴力的边界：古代文化中一种普遍现象的界定、呈现和包围"（2010 年）、"宗教资源：全球观念中的行动者与网络"和"20 世纪的社会冲突与国际主义：通往一种跨国社会运动史"（2012 年）。

第四，历史教育的话题长盛不衰。虽然这是历史学家大会举办机制造成的结果，因为历史教师联合会是两大主办方之一；但它同样反映了德国历史学界对"历史传授"和"史学的公众化"所抱有的态度。除纯粹关于历史教学的技能性讨论外，值得关注的历史教育话题，事实上都同历史认识论（文化史）与宏观视角（全球史）相关。前者如"历史教育与历史文化"（2000 年）、"历史课程中作为材料的图片"和"历史的意义建构"（2002 年）、"历史图像与行动导向"（2006 年）、"反思性的历史意识作为目的？历史的媒介传授"（2008 年）。后者如"今天历史课程的挑战与机遇"（2000 年）、"虚拟空间中的历史"（2002 年）、"突破中的历史文化：新标准与以全球为导向的历史意识"（2004 年）、"因特网时代的历史回忆，作为方法论问题的不公正性"（2008 年）、"欧洲的历史教科书、电子化的学习平台还是双元国家历史教科书项目，在欧洲教科书呈现中的跨文化视角"（2012 年）。此外，"公众史学"也开始得到重视，如"电视中的历史之公众化：对于历史学的后果是什么"和"重新思考：历史图像在公共历史意识与学校教育需求中的转变"（2006 年）、"青年人及其父母所使用的不公正的公民权利对历史课程所造成的影响"（2008 年）、"公众史学—公共舆论中的历史，1989 年的 20 年欢庆"（2010 年）、"中介性的历史课程：创新代替保留：公权媒介与历史"（2012 年）。

综上所述，2000 年作为 21 世纪的开端，虽然还不足以成为德国历史编纂学上具有历史意义的时间点，但从历史学家大会分场话题设置的量化分析和初步定性描述来看：在问题意识上，对于身份认同的追问仍然体现出延续性的特征，不过在结构方面却已显现出多元化的特质；在理论与方法上，自 20 世纪 80 年代以来从社会（结构）史向文化史的转向仍在持续，但跨学科的交融态势已经日趋明显；在研究视角上，伴随全球化浪潮而来的，是全球史的再度复兴和各类实践；在历史传授方面，德国历史教育学紧跟整个历史学的前进步伐，而且还郑重提出了"史学公众化"的命题，这一点是 21 世纪以来值得关注的新方向。

第二节　当前德国史研究的热点与反思
——以 2015～2017 年的《德国历史》期刊为例

众所周知，《德国历史》是国际范围内德国史研究最重要的刊物之一。作为涵盖了德国历史的所有时期及所有讲德语地区的英语历史期刊，它包含了对德国史各方面研究的评论性文章、书评和论坛。

本节选择这样一个重要的期刊作为研究对象，有内容上的代表性意义。同时，选择 2015～2017 年这一时间段，则是为了更好地反映其前沿性。最近三年发表在重要刊物上的研究，可以代表该领域中最新的、最能被认可的成果，能表现出当前德国史的研究趋势和特点。

笔者首先使用计算机算法技术，整理刊物这三年内的文章题目词频，提出目前的研究热点。之后深入文本，具体从问题意识、材料和研究方法这两个角度入手，讨论德国史的研究现状，并对比 2017 年在北京大学召开的德国史博士论坛，根据中国目前的德国史研究动态进行反思。

笔者在通过计算机算法整理，去掉无用词汇后，梳理出在 2015～2017 年，《德国历史》期刊 12 期杂志的文章题目中，出现 6 次以上的高频词汇。其中"帝国"出现 29 次，"1945"出现 28 次，"纳粹"出现 23 次，"文化"出现 18 次，"欧洲"出现 16 次，"政治"出现 15 次，"现代"出现 13 次，"联邦共和国"出现 11 次，"世界"出现 10 次，"大屠杀"、"记忆"、"世界大战"和"魏玛"出现 9 次，"改革"和"革命"出现 8 次，"柏林"和"基督教"出现 7 次，"希特勒的"、"战争"和"科学"出现 6 次。

从中，我们可以推断，目前的德国史研究的流行趋势有三个特点：第一，研究时间着重于近现代时期；第二，学者对于第二次世界大战的相关研究内容十分重视；第三，文化研究和政治研究一样，都具有重要地位。

但是，对题目的数据分析只能提供一个总体的趋势特点，总结这一时期的研究特点，仍然需要我们深入到文本中去。

首先，问题意识是历史学研究的开端。什么是值得研究的问题？什么样的研究能使我们更好地理解研究对象的历史？研究者在开始研究前，总是要问自己这样的问题。不同的时代，不同的个体，根据自己的生活经验和知识结构的不同，会产生不同的问题意识。综观 2015～2017 年研究问题的内容，笔者发现有以下三个特点。

第一，其问题意识更加集中于全球史视野下的德意志及地方个案研究，即不同文明的碰撞和特殊小群体的研究。这种思路跳出了传统的国家和民族宏大叙事。在传统的细分领域，如大屠杀史、殖民地史、城市史、教育史、性别史、思想文化史等领域，①具有全球视野的或地方性的个案问题研

---

① 参见 Caitlin E. Murdock, "Selling Scientific Authority: Radium Spas, Advertising and Popular Understandings of Radioactivity in Germany, 1900–1937"; Troy Paddock, "Populäre Geschichte im Kaiserreich: Familienzeitschriften als Akteure der deutschen Geschichtskultur 1890–1913"; Jochen Hung, "The Modernized Gretchen: Transformations of the 'New Woman' in the Late Weimar Republic"等文章，载 German History, Vol. 33, No. 1(2015)。

究往往能够另辟蹊径。如关于德国天主教的传教与非洲移民，研究者认为，受过天主教教育的非洲青年，通过参与公共宗教仪式、募捐活动和传媒报道，影响了德国本土民众对非洲人的看法，向他们证明非洲人可以接受传教士的教育，并接受德国的文化规范。① 一方面，一部分研究者有意识地将细分领域相互结合，创造出新的问题；另一方面，也有一部分研究者将细分领域进一步细化，找出值得研究的新问题。如一项人口史研究中，研究者认为20世纪20年代的人口研究体现出了鲜明的社会达尔文主义思维，进入德国的移民被认为是"种族地位低下的"，而移民出德国的人则被贬为"失去德国血统"。② 战前和战后，支持不同观点的人口学家在学术界中地位也发生了变化。

第二，一些选题运用了心理学、机械学、医学、公共管理学等学科的思考方式，有些文章熟练地运用了现代哲学、伦理学的概念。这使原本局限于政治、经济、文化等问题的大而化之的历史研究，可以通过其他视角来加以观察，从而支撑、扩充，甚至部分推翻之前的结论。一些研究者敢于直接将科技、情感、记忆等内容作为研究对象。如殖民地中卫生令的推广③、魏玛共和国的男性与摩托车④、西德民防与情感史⑤、柏林动物园的变迁及其体现的政府与民众的关系⑥等话题，都是开辟了新的视角，结合当时社会的背景，对社会现象进行了深入挖掘。

第三，在传统的政治、经济领域，一部分研究者提出了新的问题和质疑。如第二次世界大战期间有关宗教在德国社会中作用的史学辩论。许多

① Robbie Aitken, "Selling the Mission: The German Catholic Elite and the Educational Migration of African Youngsters to Europe", *German History*, Vol. 33, No. 1(2015) , pp. 30–51.
② Michael Fahlbusch, " Historische Bevölkerungsforschungen: Deutschland und Österreich im 20. Jahrhundert Historische Bevölkerungsforschungen: Deutschland und Österreich im 20", *German History*, Vol. 33, No. 1(2015) , pp. 147–149.
③ Daniel J. Walther, "Race, Space and Toilets: ' Civilization' and ' Dirt' in the German Colonial Order, 1890s–1914", *German History*, Vol. 35, No. 4(2017) , pp. 551–567.
④ Nadine Rossol, "The Devil's Wheels: Men and Motorcycling in the Weimar Republic", *German History*, Vol. 35, No. 4(2017) , pp. 657–658.
⑤ Frank Biess, "' Everybody Has a Chance': Nuclear Angst, Civil Defence, and the History of Emotions in Postwar West Germany", *German History*, Vol. 27, No. 2(2009) , pp. 215–243.
⑥ Mieke Roscher, "Through the Lion Gate: A History of the Berlin Zoo", *German History*, Vol. 35, No. 4 (2017) , p. 127.

前人的成果认为，在战争的后期阶段，人们见证了宗教信仰的普遍回归。但作者通过天主教会的公共和私人材料，揭示了在最后的几年中，宗教活动由于平民撤离问题而受到各种各样的干扰。莱茵和威斯特伐利亚的大批撤离者由于长时间没有受到神职人员的监督，经常对宗教事务表现出漠不关心的态度。①

其次，研究者对于材料的掌握和运用体现了极大的发散性。材料和问题意识相辅相成，有时问题是由材料产生的；有时则是先形成问题意识，后查询材料。但总体而言，笔者认为有下列三个特点。

一是书面材料的多元化。研究者大量采用普通人的日记、书信等等，并不仅仅局限于名人和重要的政治、经济的档案和资料，即一些在各大档案馆中保留的具有"重要意义"的传统文献。很多研究人员在利用不出名的档案馆中的材料和私人收藏进行研究。在小档案馆中找到的印刷档案、私人信件、日记、明信片、回忆录、宣传物、报纸和其他有关的纸质材料的组合，共同构建了书面材料的多元化现状。

二是对非书面材料的应用和研究。新颖的材料不仅仅局限于稀有的方志、杂志和年鉴等书面材料，图片、建筑（如胜利纪念碑、战争纪念馆、坟墓、大教堂、朝圣殿）、节日和其他具有纪念文化意义的仪式等，都已经被许多研究者使用。学者认识到了书面记忆作为证据的单薄，并且一部分学者认为在前现代，权力分散的农业世界中，仪式纪念具有明显的权威和地位证明。另外，这些有名或无名的非书面材料，如果反观制定它们的政治和社会集团，通过这些集团的其他相关材料来研究这些非书面材料是如何被制造的，则又是十分有意义的研究。另外，研究者认为史学研究不能割裂地看材料，当时的不同群体如何理解和看待这些材料，也是值得考虑的问题。②

三是研究者材料选取中对二手材料的形成过程的观察。在一个事件的研究中，如果寻找不到直接材料，研究者会试图查找涉及此事件的大小人

---

① Thomas Brodie, "The German Catholic Diaspora in the Second World War", *German History*, Vol. 33, No. 1(2015), pp. 80-99.

② Forum, "Memory before Modernity: Cultures and Practices in Early Modern Germany", *German History*, Vol. 33, No. 1(2015), pp. 100-122.

物的公开和私人材料，试图从中获取有价值的信息。甚至是找寻某一个时段内，生活在事件发生和产生影响的地区的个体或群体的材料。此外，对于距今并不久远的历史事件，对经历事件的人进行采访和口述的内容也是重要的参考资料。①

在研究方法和理论方面，研究者根据不同的材料和问题，采用了不同的研究方法。但总体来说，又没有生搬硬套或局限于其理论之中。很少有整段讲解他人的理论框架，而多是在行文之中，引用其他学科的经典理论和一些其他领域学者的观点。总体而言，大多数研究仍停留在历史学研究的范式当中。但即使是传统的研究领域，如政治、经济史，也采用了社会学、人类学、政治学、心理学、传播学、哲学的概念和方法。② 尤其是用于历史记忆、权力分配等研究中多种材料的对比和选择上。

最后，针对中国国内的研究，笔者引用了最能体现新一代中国研究者的研究路径——青年博士的研究。笔者认为其研究和国际学术期刊不同的地方，是值得注意和讨论的。

在问题意识方面，中国青年博士已经意识到传统经济政治史研究的不足之处，其问题意识明显地从传统叙事中抽离，大量地进行对社会史、观念史、历史反思等话题的探讨，开始使用计量的技术手段研究历史。在材料的选择上，也越来越多地使用原始文档，进行细节化、客观化、社会科学化的处理。同时十分注重对理论的使用。③ 但是比较而言，从问题意识的新颖性、材料的饱满度、方法和研究的契合度等方面来看，仍然存在一些不足。

在材料方面，中国学者常常拘泥于收集一些"重要的"传统文献，在各大档案馆中来回穿梭，而国际学者则大量采用普通人的日记、书信等等，并不仅仅局限于名人和重要的政治、经济类档案和资料。当然，材料使用的差异，同中国学者大量时间身处国内，语言能力、查找材料的能力不足有关。材料的查找和获取是一个繁琐的、具有偶然成分的过程，但是一旦

① Dolores L. Augustine, "Ausreise per Antrag: Der lange Weg nach drüben. Eine Studie über Herrschaft und Alltag in der DDR-Provinz", *German History*, Vol. 33, No. 1(2015) , pp. 169–171.

② Forum, "The Contours of the Political", *German History*, Vol. 33, No. 2(2015) , pp. 255–273.

③ 胡晓琛：《稳步推进国内德国史研究》，《中国社会科学报》2017 年 7 月 31 日，第 5 版。

获得可对照的、值得分析的材料，进一步的研究是必要的。

总的来说，以《德国历史》为代表的国际学术期刊，在 2015～2017 年这一研究时段当中，以近现代研究、二战的相关研究和文化研究、政治研究为主要热点。其问题意识更加集中于全球史视野下的德意志及地方个案研究。跨学科的思考方式尤为突出，在传统的研究领域，新的问题和质疑不断提出。材料方面，书面材料的多元性、对非书面材料的应用和研究、材料选取中对二手材料形成过程的观察这三点都得到了研究者的重视。在研究方法和理论方面，针对不同的材料和问题，不同的研究方法被灵活地应用。相对而言，和国际学术界的主流相比，国内青年博士的研究路径，由于主观和客观的原因，在新问题的提出、新材料的发现和方法的应用方面，还有一些不足。

第三节　二战后联邦德国当代史研究之兴起与发展

今天，没有人可以否认，当代史是历史学科中最受欢迎的分支学科之一。在德国的史学书籍市场上，当代史的著作数量要远胜于其他时期。[①] 1945 年后，从费舍尔争论、德意志特殊道路争论、历史学家之争到戈德哈根争论和武装部队罪行展览之争，几乎所有的大型史学争论都是围绕当代史的主题展开的。[②] 从事中世纪史、古代史和近代史研究的其他历史学家，都认可了当代史的专业地位，并且试图参与其中的讨论。甚至可以毫不夸张地说，联邦德国历史学的公众形象主要就是通过当代史来展现的。[③] 时至今日，倘若没有当代史这一分支，历史学很有可能像其他人文科学一样被

① 关于德国"当代史"的简短介绍，参见斯特凡·约尔丹主编《历史科学基本概念辞典》，孟钟捷译，北京大学出版社，2012，第 299～301 页。

② Konrad H. Jarausch/Martin Sabrow(Hg.), *Verletztes Gedächtnis. Erinnerungskultur und Zeitgeschichte im Konflikt*, Frankfurt/New York: Campus Verlag, 2002; Martin Sabrow u. a. (Hg.), *Zeitgeschichte als Streitgeschichte. Grosse Kontroversen seit 1945*, München: C. H. Beck, 2003; Klaus Große Kracht, *Die zankende Zunft. Historische Kontroversen in Deutschland nach 1945*, Göttingen: Vandenhoeck & Ruprecht, 2005.

③ Thomas Sandkühler, "Zeitgeschichte in Deutschland am Ende des 20. Jahrhunderts", in Christoph Chrnelißen(Hg.), *Geschichtswissenschaften. Eine Einführung*, Frankfurt a. M. : Fischer Taschenbuch, 2000, S. 114-129.

视为一种高高在上的奢侈专业，并且遭遇合法性危机。但是，当代史研究的这种特殊地位和繁荣景象并非一蹴而就的。从20世纪50年代初开始，联邦德国的当代史研究经历了几十年的艰难发展，才最终在专业世界中站稳脚跟并且经营出良好的公共声誉。本节试图对二战后联邦德国当代史研究的兴起和发展做一回顾，并且就其区别于其他欧美国家史学的独特之处做一说明。

（一）当代史的概念和理论质疑

当代史书写的存在史与历史编纂一样久远。古典时代的历史编纂本质上就是当代史书写。被19世纪史家视为史学始祖的修昔底德创作的《伯罗奔尼撒战争史》就是当代史的典范之作。从恺撒的《高卢战记》到弗里德里希大王（一译腓特烈大帝）的《我时代的历史》，再到丘吉尔的《第二次世界大战回忆录》，当代史编撰的链条从来未曾断裂。然而，从这条发展道路中，我们也可以发现，当代史书写首先吸引的是非专业人士的兴趣。因此人们怀疑，越是晚近的历史，越无法得到真正科学的对待。正如美国史家巴巴拉·塔奇曼在1964年时提出的质疑："当历史还在冒烟时，它应该——或者能够——被书写吗？"①

事实上，兰克和德罗伊森（John Droysen）等19世纪德国史学专业化的创建者和推动者，并不排斥当代史的主题。尤其是在他们的大学讲坛上，当代政治史是一门重要的科目。但是，为了证明历史研究具有与自然科学相媲美的严谨科学性，为了使自己的作品更具有学术说服力，在专业出版上，专业史家更偏爱早期的时代，而不轻易触碰这一更容易引发争议的领域。一战的失败和俾斯麦帝国的崩溃深刻地改变了德国的历史文化，同时也导致了专业史学对当代史书写的重新定位。1919年后，出于为一战辩护的目的，德国的专业史学界积极参与了当代史的官方编撰活动，其中最重要的代表就是外交部策划的40卷本丛书计划《1871~1914年欧洲各内阁的重大政策》（*Die große Politik der europäischen Kabinette，1871-1914*）。

二战后，联邦德国当代史研究经历了前所未有的概念化、机构化和专

---

① Barbara Tuchman, "Can History Be Served Up Hot", *New York Times Book Review*, March 8, 1964.

业化。其理念和方法首先应该在其形成和表达的社会政治语境中被解读。在这个迫切需要对刚刚过去之历史做出解释的国度里，当代史不是一个以尽可能接近真相为目标的中立学科。它是历史科学面对政治挑战给出的回答，具体而言，是历史学家在 20 世纪 50 年代针对如何阐释纳粹历史做出的应对。当代史概念化最初的原动力在于，汉斯·罗特费尔斯将当代史确定为一个个人代群经验和事实主题共同作用的研究领域。他指出，当代史是"共同生活者的时代及其学术论述"。① 在此，生活时间和研究时间重合，个人的"小历史"与社会的"大历史"联系在一起。这种相对化的定义有一个关键的界限划分问题，即如何确定哪些是共同生活者的历史，而哪些则不是。罗特费尔斯将当代史的开端定在 1917～1918 年，因为从那时起，民主主义、法西斯主义和共产主义在世界舞台上形成了三足鼎立之势。这一观点曾得到众多历史学家的认可。1953～1959 年担任慕尼黑当代史研究所所长的保罗·克卢克就赞成从 1917 年开始定义当代史，因为自此以后，没有民族可以孤立存在，全球化时代和真正全新的世界纪元开始。② 在这种时间区间内，当代史的研究对象以魏玛共和国和纳粹德国为中心，其本质上仍然是德意志帝国框架下的近现代史的组成部分。

与之相比，联邦德国当代史研究的领军人物之一马丁·布洛查特则指出，对于严格意义上的当代史专业而言，1945 年应被暂时确定为"其职责范围的天然边界"。③ 1959 年 9 月，战后史被正式纳入当代史研究所的工作计划。1973 年，蒂洛·福格尔桑首次明确提出，1945 年后的时代是"'更新的'当代史"的时代。④ 到了 20 世纪 70 年代中期，随着代际更替，1945 年作为当代史新的起始年份得到了广泛认可。20 世纪 80 年代中期，卡尔·迪特里希·布拉赫引入了"双重当代史"的概念。他将当代史分为从一战

---

① Hans Rothfels, "Zeitgeschichte als Aufgabe", *Vierteljahrshefte für Zeitgeschichte*, Vol. 1, H. 1(1953), S. 1–8, hier S. 2.

② Paul Kluke, "Aufgaben und Methoden zeitgeschichtlicher Forschung ", *Europa-Archiv*, Vol. 10 (1955), S. 7429–7438, hier S. 7430.

③ Martin Broszat, " Aufgaben und Probleme zeitgeschichtlichen Unterrichts. Am Beispiel der nationalsozialistischen Zeit", *Geschichte in Wissenschaft und Unterricht*, Vol. 8, H. 3(1957), S. 529–550, hier S. 529.

④ Thilo Vogelsang, "Einführung in die Probelmatik", *Vierteljahrshefte für Zeitgeschichte*, Vol. 21, H. 1 (1973), S. 166–170, hier S. 166.

至1945年的"旧当代史"和1945年以来的"新当代史"。这两段当代史"彼此碰撞、共同斗争、互相叠加",对它的评价由于不同的代群定位而相去甚远。[1] 例如,年长的代群倾向于将联邦德国史视为"旧当代史"的危机和灾祸过后德国人谱写的一部成功史;而年轻的代群则试图寻找从纳粹时期到联邦德国的连续性要素,从而将"新当代史"置于批判和怀疑之下。这一界定与民主德国的当代史概念相吻合,并且通过两德统一得到了强化。而两德统一后,当代史的层面增加到了三个。如今,在大多数德国人看来,当代史涉及的是东德和西德这两个以特殊形式既互相对立又互相咬合的经验时段。双重甚至是三重当代史的出现表明,当代史并非一个毫无争议的、可清晰界定的概念。相反,它是一个围绕分期问题争论不断的领域,是一个对时代精神权衡考量的领域,也是一个就历史理解之协调机制确定标准的领域。

在这样一个研究对象边界模糊的领域,对其专业正当性的质疑主要来自两方面。首先,指责来自史料方面。大部分当代史研究都建立在政府档案的基础上。无论是研究非纳粹化、战争赔偿、新东方政策、民主德国国安部等主题的政治史家,还是研究联邦德国地方精英、社会保障、反犹主义等主题的社会文化史家,都要做好准备面对大量已经或者尚未解禁的档案资料。由于30年的档案保密期,当代史的很多主题从20世纪70年代起才开始逐渐具备深入研究的条件。虽然历史学家们可以利用例外许可或者其他平行档案来削弱政府档案保密期的束缚,但是很多研究仍然受到诸如税收保密条例等特殊数据保护法的限制。[2] 尽管如此,当代史史料之浩瀚仍是其他时代的史学研究无法企及的,尤其是新媒体资料和经验型社会研究的调查数据,要求研究者运用新的工作方法,以便从为数众多的史料中过滤出有效信息。历史学在纸质媒体时代建立起来的传统史料批判方法如何在视听媒体时代自我革新,成为当代史研究者必须面对的挑战。与此同时,

① Karl Dietrich Bracher, "Doppelte Zeitgeschichte im Spannungsfeld politischer Generationen-Einheit trotz Vielfalt historisch-politischer Erfahrungen", in Bernd Hey/Peter Steinbach(Hg.), *Zeitgeschichte und politisches Bewußtsein*, Köln: Verlag Wissenschaft und Politik, 1986, S. 53–71, hier S. 57.

② Martin Broszat, "Datenschutz und zeitgeschichtliche Forschung. Bericht des Direktors des Instituts für Zeitgeschichte an den Wissenschaftsrat", *Vierteljahrshefte für Zeitgeschichte*, Vol. 37, H. 3(1989), S. 545–561.

调查问卷和回忆采访也成为当代史研究不可或缺的资料来源。这种史料如何与其他史料相互作用，从而克服其主观性和碎片化，如何将"经历"转化为"认知"，也是当代史研究在方法论上需要克服的困难。

其次，对当代史的质疑针对其与研究对象的紧密相贴。换言之，问题指向当代史研究中客观性和党派性的关系、经历者和观察者的关系、学术和政治的关系。越到晚近，历史学家们越是认识到，史料本身无法建构任何有效的历史知识。绝对的客观性并不存在，没有"研究者的建构功能"（Konstitutionsleistung des Forschers）[1] 无法形成历史知识。研究者的建构功能中，重要的一点是处理学术和政治的关系。就此而言，当代史史家与其研究对象之间在时间上的近距离，并不必然导致其比古代史、中世纪史或者近代史更加"非科学化"。虽然当代史研究与时政之间有更多的碰撞，但是确保史学研究之有效性的并非时间上的长距离，而是研究问题之可讨论性、论证之逻辑严密性和史料之可掌控性，换言之，是学术自治和学术方法的广度与深度，是研究者内心与研究对象的距离。当代史在时间维度上一个利弊兼有的特点是其研究对象的非孤立和非封闭。一方面，当代史家通常无法从长时段和广角度对研究对象进行审视，他们不是站在漫长历史的高大肩膀上，而是站在"同时代人低矮的齐眉高度"[2] 上；另一方面，史料阅读永远无法完全取代对时代氛围的亲身体验。

虽然当代史作为专业史学分支的有效性曾受到强烈质疑，但是，当急遽变化的时代一再对过去和当下的关系提出疑问，并且试图从中找到未来的方向时，为了不将阐释权对政治学和社会学拱手相让，历史学不得不进行认识论和方法论上的自我革新，从而将当代史纳入麾下。

（二）当代史研究之机构化和现实困境

1945 年后，当代史作为一个独立的、固定的分支学科在联邦德国历史学中创建起来，其建立的巨大推力就是德意志浩劫中德国社会的全面崩溃。

---

[1]　Wolfgang Hardtwig, "Geschichtsreligion-Wissenschaft als Arbeit-Objektivität. Der Historismus in neuer Sicht", *Historische Zeitschrift*, Bd. 252, H. 1(1991) , S. 1–32, hier S. 23.

[2]　Arnold Esch, "Geschichte im Entstehen. Der Historiker und die Erfahrung der Gegenwart", in Udo Wengst (Hg.) , *Historiker betrachten Deutschland. Beiträge zum Vereinigungsprozess und zur Hauptstadtdiskussion*, Bonn / Berlin: Bouvier, 1992, S. 17–29, hier S. 23.

在很长一段时间内，联邦德国的当代史研究就是对纳粹主义及其魏玛时期前史的研究。因为在学术和政治讨论中，对纳粹历史的研究被理解为联邦德国民主社会自我理解之基本前提。早在 1945 年，就有人提出要建立一个专门保存晚近历史资料的研究所，以便一方面作为对纳粹历史进行学术研究的基础，另一方面作为政治教育的工具。1947 年 2 月，美占区管制委员会提出了以特殊方式促进纳粹历史研究的建议："出于政治和文化的原因，对希特勒时期的仔细审查……是新民主的紧迫任务。国家政策对人民的再教育，必须以对我们时代历史之透彻认知为基础。在此，对希特勒时期之描述尤其具有特殊意义。"[1]

但是当时，包括彼得·拉索和卡尔·迪特里希·埃德曼在内的不少历史学家对于将晚近历史的研究即刻提上日程持拒绝态度，他们主张历史事件与历史研究之间至少需要隔着 50 年的时间。[2] 弗里茨·瓦格纳强调当代史的"无距离性"不仅是一种力量源泉，更是一种弱点，其无法通过历史研究的严谨性而被轻易克服。[3] 甚至弗里德里希·梅尼克（Friedrich Meinecke），这位在 1946 年创作了《德国的浩劫》来对纳粹历史进行反思的伟大史家，都警惕对纳粹历史的仓促分析，认为只有伴随距离才能理解和领会历史全景。[4] 历史学家尚无法超越自我情绪和个人经验构建一个能够对晚近历史进行客观阐释的"阿基米德支点"，这是反对者们的主要论据。

与上述历史学家相反，格哈德·黎特呼吁建立一个学术性的研究所或者档案馆对纳粹历史展开研究，从而把德国"从其最晚近历史的梦魇中解救出来"。他指出："以往的时代在披露当代史史料之前，曾为此等待了数十年。它们想要避免草率行事，想要首先让日常斗争的愤怒消退从而使心

---

① 引文摘自 Hellmuth Auerbach, "Die Gründung des Instituts für Zeitgeschichte", *Vierteljahrshefte für Zeitgeschichte*, Vol. 18, H. 4(1970), S. 529-554, hier S. 530。

② Peter Rassow, "Schlieffen und Holstein", *Historische Zeitschrift*, Bd. 173, H. 2(1952), S. 297-313, hier S. 297; Karl Dietrich Erdmann, "Die Geschichte der Weimarer Republik als Problem der Wissenschaft", *Vierteljahrshefte für Zeitgeschichte*, Vol. 3, H. 1(1955), S. 1-19, hier S. 1.

③ Fritz Wagner, "Geschichte und Zeitgeschichte. Pearl Harbor im Kreuzfeuer der Forschung", *Historische Zeitschrift*, Bd. 183, H. 2, (1957), S. 303-326, hier S. 322.

④ Hans Georg Fernis, "Die neueste Zeit im Geschichtsunterricht (1918 - 1945)", *Geschichte in Wissenschaft und Unterricht*, Vol. 2(1951), S. 590-601, hier S. 596.

平气和的判断变得简单一些。对我们而言，出于政治原因，不容许这样一种等待。倘若专业学界打算缄默不语，那么擅权之人就会夸夸其谈。"①

在长达三年的时间里，政治家和历史学家围绕研究所之性质、任务和管理，尤其是围绕究竟由哪方主导研究所的工作，展开了长久的痛苦争论。② 在研究所创立之准备工作中出力甚多的基社盟政治家、研究所的首任所长格哈德·克罗尔（Gerhard Kroll）设想建立一个由政治家掌控的、通过出版大量通俗读物来启迪民智的、政治性或者说时政性的机构，他们认为当时距离纳粹时期还太近，历史学家尚无力对其展开学术性的研究。而专业史家则强调这样一个研究机构必须由专业人士主掌领导权，否则专业史学完全有可能像纳粹史学那样再次陷入与政治过从甚密的危险境地。与此同时，他们都认识到，对纳粹历史的研究权绝对不能移交给其他国家，这是"一项德国人的任务"。③ 因为只有德国人才能将经验、回忆和历史研究结合在一起。"谁在专制政权下生活过，他才知道反抗意味着什么。谁从来未曾在专制政权下生活过，他将很难理解这一点。"④

直至 1949 年，联邦政府和各个联邦州之间终于达成共识，在慕尼黑建立一个研究纳粹历史的机构，这就是"德国纳粹时期历史研究所"（Deutsches Institut für die Geschichte der nationalsozialistischen Zeit），1952 年改名为"当代史研究所"（Institut für Zeitgeschichte）。这一研究所的创建，是德国当代史研究专业化的重要标志。⑤ 它的工作从整理纽伦堡审判的史料

---

① Gerhard Ritter, "Gegenwärtige Lage und Zukunftsaufgaben deutscher Geschichtswissenschaft", *Historische Zeitschrift*, Vol. 170, H. 1(1950), S. 1-22, hier S. 19.

② 关于当代史研究所创建的争论，参见 Winfried Schulze, *Deutsche Geschichtswissenschaft nach 1945*, München: Oldenbourg, 1989, S. 229-241。

③ Institut für Zeitgeschichte(Hg.), *25 Jahre Institut für Zeitgeschichte. Statt einer Festschrift*, München: Deutsche Verlags-Anstalt, 1975, S. 27.

④ Fritz Ernst, "Blick auf Deutschland. Ausländische Stimmen zur neuesten deutschen Geschichte", *Die Welt als Geschichte. Eine Zeitschrift für universalgeschichtliche Forschung*, Vol. 10(1950), S. 192-212, hier S. 211.

⑤ Hellmuth Auerbach, "Die Gründung des Instituts für Zeitgeschichte", *Vierteljahrshefte für Zeitgeschichte*, Vol. 18, H. 4(1970), S. 529-554; Winfried Schulze, *Deutsche Geschichtswissenschaft nach 1945*, München: Oldenbourg, S. 229-242; Horst Möller, "Das Institut für Zeitgeschichte und die Entwicklung der Zeitgeschichtsschreibung in Deutschland", in ders./Udo Wengst(Hg.), *50 Jahre Institut für Zeitgeschichte. Eine Bilanz*, München: Oldenbourg, 1999, S. 1-68.

开始。可以说，如果没有来自盟国管制委员会和以巴伐利亚为首的地方联邦州政府的压力，联邦德国的当代史研究绝对无法如此早地组织化和机构化。

除此之外，当代史作为一个相对而言较为年轻的专业成员，能够在联邦德国的历史学科内部站稳脚跟并且获得机构保障，还得益于汉斯·罗特费尔斯的推动。这位流亡美国的犹太裔历史学家于 1950 年接受了图宾根大学的聘任，1952 年回到了联邦德国，成为一百多位流亡史家中唯一回国之人。1953 年，他和政治学家提奥多·埃申堡（Theodor Eschenburg）共同主编的《当代史季刊》（Vielteljahrshefte für Zeitgeschichte）问世。从那时起直至 1976 年去世，他对联邦德国当代史研究的理念和方法产生了决定性的影响。虽然在 20 世纪末爆发的关于联邦德国第一代历史学家纳粹经历的争论中，罗特费尔斯因其曾经对纳粹政权的支持而成为备受争议的人物，[①] 但是他作为当代史领域奠基人之一的地位并未因此受到动摇。

慕尼黑当代史研究所作为一个在外部政治力量援助下建立起来的研究机构，其最初的工作宗旨是将纳粹历史从德国历史的连续整体中分割开来，将其视为德国历史中自成一体的独特现象。这直接导致在很长一段时期内，针对纳粹主义产生之长期结构性原因的追问，在研究所的工作中不见踪影。当代史研究所的建立是一种将当代史书写"孤岛化"的行为。当联邦德国高校的专业史学被 19 世纪史占据大片江山时，德国人将不得不从事的纳粹史研究授权给一所高校外的研究机构，从而觉得可以心安理得地不再做其他努力。但是，比起为了研究所周年庆而写的赞词，研究所的档案资料更多地证明了其自身工作的界限。1951～1952 年担任所长的赫尔曼·马奥（Hermann Mau）清醒地认识到，在没有德国史学界和德国高校更为积极、更为广泛的参与下，研究所无法长久地完成其研究任务，人们必须避免产

---

① 参见景德祥《关于联邦德国第一代史学家的争论》，载《史学理论研究》2004 年第 1 期，第 111～116 页；Ingo Haar, *Historiker im Nationalsozialismus. Deutsche Geschichtswissenschaft und der "Volkstumkampf" im Osten*, Göttingen: Vandenhoeck&Ruprecht, 2000, insb. Kapitel Ⅱ. "Revisionistische" Historiker und Jugendbewegung. Hans Rothfels und seine Schüler; Johannes Hürter/Hans Woller(Hrsg.), *Hans Rothfels und die deutsche Zeitgeschichte*, München: Oldenbourg, 2005; Jan Eckel, *Hans Rothfels. Eine intellektuelle Biographie im 20, Jahrhundert*, Göttingen: Wallstein, 2005, S. 300-307, 322-324。

生研究所能够"独力完成对纳粹主义过去的精神上的克服并且可以说代表着德国学术界"的误解。[1]

无论这种将当代史编纂的管理职责移交给一个高校外研究机构的做法有多少弊端，都无法抹杀其在当代史研究专业化过程中发挥的巨大作用。1953 年，罗特费尔斯还需要为当代史作为一个专业史学分支存在的权利而辩护。[2] 而 25 年后，当卡尔·迪特里希·布拉赫尔和汉斯－彼得·施瓦茨接过《当代史季刊》的主编一职时，他们已经可以肯定地说："当代史在历史学中完全建立起来了。"[3]

当然，当代史研究所的设立并不意味着高校内的专业史学完全放弃了对一战以来历史的研究。虽然当代史要到 20 世纪 60 年代才开始在联邦德国的高校中获得稳定位置，但是早在 1954 年，第一个当代史教席就已经设立。[4] 1957 年夏学期，在 16 所联邦德国大学中，一共有 39 门课程以当代史为主题，其中有 9 门课程涉及第三帝国史。这种情况也反映了当代史研究中的一个明显特点：20 世纪史并非教学中的稀有主题，但纳粹史是。这种现象表明了专业史家对纳粹历史的无所适从。伴随着战败与投降，德国的许多历史学家感受到了一种深深的沮丧，一种"历史之败北"，一种"过去之断送"。[5] 正如格哈德·黎特在 1946 年时所言："我们仍然昏昏沉沉地站在废墟之前，内心拒绝承认在过去 12 年中发生的所有恐怖之事是真的，拒绝承认它们给我们和这个世界带来的残酷结果无法挽回。"[6] 在这样的心态下，大多数历史学家试图将第三帝国从德意志历史之连续脉络中排挤出去，将其解释为一个偶然事件，一个强加给德意志民族的专制政权导致的结果，并将其归罪于希特勒恶魔般迷惑人心的技艺和对大众的成功操控。其中也包括弗

---

① Nicolas Berg, *Der Holocaust und die westdeutschen Historiker. Erforschung und Erinnerung*, Göttingen: Wallstein, 2003, S. 271.

② Hans Rothfels, "Zeitgeschichte als Aufgabe", *Vierteljahrshefte für Zeitgeschichte*, Vol. 1, H. 1(1953), S. 1-8.

③ Karl Dietrich Bracher/Hans-Peter Schwarz, "Zur Einführung", *Vierteljahrshefte für Zeitgeschichte*, Vol. 26, H. 1(1978), S. 1-8.

④ Peter Weingart u. a., *Die sogenannten Geisteswissenschaften: Außenansichten. Die Entwicklung der Geisteswissenschaften in der BRD 1954-1987*, Frankfurt a. M. : Suhrkamp, 1991, S. 231.

⑤ Gerhard Ritter, *Geschichte als Bildungsmacht*, Stuttgart: DVA, 1946, S. 7.

⑥ Gerhard Ritter, *Geschichte als Bildungsmacht*, S. 7.

里德里希·梅尼克的《德国的浩劫》。当然，梅尼克在书中至少对军国主义进行了强烈的谴责并且试图给德国人竖起一面自我反思的镜子。

在如海德堡、波恩等传统史学占据上风的大部分联邦德国大学中，当代史并非历史系的宠儿。在这一领域耗费心力最多的是柏林和图宾根的历史学家。20世纪50年代，在柏林自由大学，保罗·克卢克、汉斯·赫尔茨菲尔德（Hans Herzfeld）、瓦尔特·霍费尔（Walther Hofer）、汉斯·罗森贝格（Hans Rosenberg）和弗里茨·斯特恩（Fritz Stern）等历史学家开设了大量关于魏玛共和国和纳粹德国历史的课程。在图宾根大学，在汉斯·罗特费尔斯的努力下，有1/4的历史系课程以当代史为主题。除这两地外，在哥廷根的国际法研究所中，汉斯-君特·塞拉菲姆（Hans-Günther Seraphim）领导的当代史部门也对战后史研究做出了不小的贡献。

虽然当代史在大学课堂上并未遭受绝对的冷落，但是在专业研究中，当代史却并未获得足够的认可。从1949~1960年，在德国最权威的史学专业期刊《历史研究》中，只有三篇论文涉及纳粹主义，其中两篇还是针对格哈德·黎特和弗里德里希·梅尼克的书评。长期在当代史研究所任职的汉斯·布赫海姆就明确支持当代史研究的非高校化，他指出："在我看来，对于学习历史的高年级大学生而言，当代史作为一种方法论的变体是有趣且重要的。但是作为博士学位论文的对象它其实并不合适。因为一篇博士学位论文的意义在于，其作者证明他已经学到了自己的手艺并且掌握了方法。但是，（在当代史中）这只是有条件地有所可能……这就是说，一篇当代史的博士学位论文只能在极少的情况下被学院式地完成，并且因此并不十分有意义。"[①]

从20世纪70年代开始，无论是在研究的广度深度上，还是在高校内外的组织机构化上，当代史都经历了独特的迅猛发展。从1953年到1989年，在《当代史季刊》杂志社主编的《当代史书目》中，一共有约6万个条目。这是当代史研究在专业化和职业化过程中获得巨大成功的最佳证明。

---

① Hans Buchheim, "Die nationalsozialistische Zeit im Geschichtsbewußtsein der Gegenwart", in Karl Forster (Hg.), *Gibt es ein deutsches Geschichtsbild?* Würzburg: Echter-Verlag, 1961, S. 37–63, hier S. 62.

（三） 变动的对象、主题和模式

如前文所述，联邦德国的当代史研究以 1945 年为界，可以分为两个时间段。当代史的书写在 20 世纪 60 年代出现了一个新的模式。20 世纪 60 年代初，围绕德意志帝国一战前后的政治策略及其一战罪责展开的费舍尔争论爆发了。作为联邦德国战后第一场大规模的史学争论，费舍尔争论极大地促进了当代史研究的模式转变。一方面，费舍尔一方重视政治行为的内政和社会条件；另一方面，他们将 1933 年置于德国历史长期的历史连续性中加以系统化的审视。这两者都对当代史研究的视角造成了猛烈冲击。自此以后，当代史研究不再以解释 1945 年纳粹政权之崩溃为目的，而是以解释 1933 年魏玛民主之失败为指向。这为当代史从纳粹主义的描述性研究转向对其理论的阐释奠定了基础。

除少数先行者外，1945 年后的历史直到 1970 年前后才成为当代史研究的对象，并经历了迅速的膨胀。[1] 当代史不但在高校外的研究机构，而且在高校内占据了牢固的位置。德国大学中的当代史教席数量要远胜于其他欧美国家。[2] 这主要是由于联邦德国当代史的专业化是与克服纳粹历史的时代需求紧密相连的。从 20 世纪 80 年代起，当代史的研究图谱不仅经历了量的扩展，而且经历了质的提升。其中最重要的成果之一就是出版了第一套六卷本的联邦德国史专著。[3]

在 20 世纪 60～70 年代，当代史的研究对象主要集中在传统政治史领域。虽然联邦德国的历史学在 20 世纪 70 年代就经历了社会史转向，但是，在这一时期的当代史领域，政治史的理念仍然占据主导地位。虽然更为年轻的研究者逐渐成为研究主力，但是他们关心的首先仍然是国家的外交政策和安全策略、再统一问题、党派历史和著名政治家的人物传记等。国内的经济发展、国际性的经济交往、社会的福利政策和文化教育等问题，几

---

[1] Anselm Doering-Manteuffel, "Entwicklung und Problemlagen der historischen Forschung zur Nachkriegszeit", *Vierteljahrshefte für Zeitgeschichte*, Vol. 41, H. 1(1993) , S. 1-29.

[2] Hans Günter Hockerts, "Zeitgeschichte in Deutschland. Begriff, Methoden, Themenfelder", *Historisches Jahrbuch*, Vol. 113(1993) , S. 98-127, hier S. 118.

[3] Theodor Eschburg u. a., *Geschichte der Bundesrepublik Deutschland*, 5 Bde, Stuttgart/Mannheim, 1983-1987.

乎没有人关注。从 20 世纪 80 年代开始，当代史才将注意力放在了经济、社会和文化政策上，并逐渐向纯粹的社会文化史倾斜。与此同时，地方史、口述史、心态史和日常生活史等分支学科的要素也加入了当代史研究。东西方对峙和两德分裂的终结为当代史研究注入了新的活力。当代史研究之对象、时段和作用都得到重新思考。① 苏占区和民主德国的历史不但被置于德国史的整体语境中被解读，而且被置于德国史的长时段视角和国际关系的广阔背景下被审视。

与上述研究主题之变化相对应的是，在从事当代史研究的历史学家中，先后出现了三代人，他们分别是以 1945 年以前的魏玛共和国史和纳粹德国史为主题的第一代史家、以 1945 以来的联邦德国史为主题的第二代史家和 1990 年以来聚焦民主德国史的第三代史家。在这一划分中，有一个关键问题是：东欧剧变和两德统一是否预告着当代史书写中一个全新时代的到来？② 当代史研究在"代群的节奏"③ 中向前推进，随之而来的是，纳粹历史在"向同时代人告别"④ 的趋势下不可避免地丧失了在当代史领域的核心地位，魏玛共和国和纳粹时期的历史从当代史变成了当代的"前史"。但是，在当代史的发展过程中，旧当代史仍在持续渗透到新当代史中。对一战以来德国史中重大问题的探寻，仍是当下各种形式的争论中暗含的主题。

联邦德国当代史研究之创立是否与其他欧美国家迥然不同？在当代史领域，是否存在一条德意志的"特殊道路"？当人们对这个国度围绕当代史

---

① Ludolf Herbst u. a., "Erklärung zu Aufgaben und Perspektiven der Zeitgeschichtsforschung nach der politischen Umwälzung in Osteuropa und in der DDR", *Vierteljahrshefte für Zeitgeschichte*, Vol. 38, H. 3(1990), S. 509 – 514; Wolfgang Schuller, "' Wir waren blind, ungläubig und langsam'. Die westdeutsche Zeitgeschichtsforschung hat von der DDR weggeguckt", *Frankfurter Allgemeine Zeitung*, Vol. 18, H. 3(1991), S. 12.

② Hans-Peter Schwarz, "Die neueste Zeitgeschichte", *Vierteljahrshefte für Zeitgeschichte*, Vol. 51, H. 1 (2003), S. 5–28; Christoph Kleßmann/Martin Sabrow, "Zeitgeschichte in Deutschland nach 1989", *Aus Politik und Geschichte*, B. 39(1996), S. 3–14.

③ Karl Dietrich Bracher, "Doppelte Zeitgeschichte im Spannungsfeld politischer Generationen-Einheit trotz Vielfalt historisch-politischer Erfahrungen", in Bernd Hey/Peter Steinbach(Hg.), *Zeitgeschichte und politisches Bewußtsein*, Köln: Verlag Wissenschaft und Politik, 1986, S. 53–71, hier S. 67.

④ Norbert Frei, "Abschied von der Zeitgenossenschaft. Der Nationalsozialismus und seine Erforschung auf dem Weg in die Geschichte", in Norbert Frei, *1945 und wir. Das Dritte Reich im Bewußtsein der Deutschen*, München: Deutscher Taschenbuch Verlag, 2005, S. 56–77, Erstdruck in *Werkstatt Geschichte*, Vol. 7, Nr. 20(1998), S. 69–83.

研究方法和自我认知展开的讨论加以审视时，答案是肯定的。与英语学界的当代史（contemporary history）相比，德国当代史研究的特殊之处在于，这一分支学科建立在纳粹阴影之下，以围绕纳粹历史展开的讨论为基础。正如对纳粹历史的审视深刻地影响了联邦德国的政治文化那样，它也决定性地左右了历史研究的兴趣。就此而言，德国的当代史远不仅仅是针对当代的历史。从 20 世纪 70 年代至今，在当代史研究日益繁盛的时期，它的目标不仅在于利用各种个体和集体的记忆将最近的过去历史化，而且在于凭此赢得一个崭新的未来。换言之，它试图建构一种通过有意识地面对过去来指向未来的历史书写。虽然这种取向有很多更早的样板，但是，从知识表述、价值判断和历史分期等角度来看，当代史研究创造了一种与传统历史编纂相异的方式方法。

虽然联邦德国的当代史研究经历了巨大的膨胀和前所未有的成功，但是，就当代史的时间界限、主题轮廓和方法论基础等问题，研究者们尚未达成普遍一致。汉斯·罗特费尔斯在 20 世纪 50 年代初提出的当代史研究中的争议点，至今几乎无法被超越。无论是全新研究对象的不断出现，[1] 还是历史学家作为时代见证者和书写者的双重身份带来的紧张关系，抑或他们在史学、政治和公共领域等众多交互领域的艰难定位，都在不断给当代史研究带去挑战和机遇，同时又促使其始终保持活力，快步向前。

第四节　莱因哈特·科泽勒克的概念史研究

近年来，中国学界对德国历史学家莱因哈特·科泽勒克的概念史研究已有所关注和介绍，并在尝试将他的一些研究路径引入中国学界的研究。[2]本节拟从科泽勒克的部分研究和学术履历出发，简述他的概念史研究与德国

---

[1]　Anselm Doering-Manteuffel/Lutz Raphael, *Nach dem Boom. Perspektiven auf die Zeitgeschichte seit 1970*, Göttingen: Vandenhoeck&Ruprecht, 2012.

[2]　如李宏图教授做的引介和评论工作：《欧洲思想史研究范式转换的学术路径》，《世界历史》2015 年第 2 期；《概念史与历史的选择》，《史学理论研究》2012 年第 1 期。另可参阅孙云龙《德语地区社会史研究的语言学转向：概念史研究刍议》，《学海》2011 年第 5 期。方维规教授着重分析了科泽勒克的"鞍型期"（Sattelzeit）理论，并探讨其主要观念在东亚语境中的运用，参见《"鞍型期"与概念史——兼论东亚转型期概念研究》，《东亚观念史集刊》（台北）第 1 期，2011 年 12 月。

学术传统的关联，并就他的某些独创之处，尤其是概念的"时间化"问题，作一些简单的尝试性说明，以作为进一步研究的起点。

莱因哈特·科泽勒克出生于今日德波边境戈尔里茨城一个非常典型的"文化市民"（Bildungsbürgertum）家庭。其父是位历史教师，母亲在法语和历史方面也有很好的修养。青少年时代的科泽勒克曾随父母辗转于五座城市，在八所学校就读过。1941 年，科泽勒克应征入伍，在苏德前线服役，次年因负伤转往德国和法国，大战结束前夕被苏军俘虏。根据苏军的命令，科泽勒克跟随战俘队伍从奥德河边一直徒步走到奥斯威辛集中营，目睹了大屠杀的骇人景象。随后科泽勒克被关押在苏联中亚地区卡拉干达附近的战俘营。在经历 15 个月的饥饿和困苦之后，科泽勒克因病被释放，返回已陷入迷惘的德国。1946 年秋，科泽勒克在下萨克森接受去纳粹化教育时，遇上了年轻的霍布斯鲍姆。后者回忆说，科泽勒克非常博学而且思路宽广，但战争和作为俘虏的经历让他备感幻灭。1947 年夏，科泽勒克进入海德堡大学，直到 1953 年底提交博士学位论文《批判与危机》。①

（一）《批判与危机》

科泽勒克选择这个题目绝非偶然。他的整个青少年时代都是在危机和冲突中度过的。在海德堡时，美苏之间的激烈对抗及核大战的恐惧促使他思考这种"世界性内战"（Weltbürgerkrieg）的历史根源，《批判与危机》就是这种努力的体现之一。②科泽勒克试图从启蒙时代的道德批判和乌托邦理念中寻找冷战的根源；这在某种程度上可以解释，何以科泽勒克长期被法学家卡尔·施米特（Carl Schmitt）深深吸引并与其保持数十年的通信联系，而后者关于政治概念的思考便首先基于危机和冲突。

《批判与危机》英译本的副标题是"启蒙和现代社会的病原学"，全书包括 11 篇论文。科泽勒克的论述是从两对概念的分离出发的：即政治与道德的分离，国家与社会的分离，尤其关注前者。科泽勒克试图考察从 16～17

---

① 关于科泽勒克的生平和学术履历，英文世界已有专著，参见 Niklas Olsen, *History in the Plural: An Introduction to the Work of Reinhart Koselleck*, New York: Berghahn Books, 2012。

② 论文于 1959 年出版，1988 年被译成英文：Reinhart Koselleck, *Critique and Crisis. Enlightenment and the Pathogenesis of Modern Society*, Cambridge: The MIT Press, 1988。

世纪宗教战争到法国大革命这段时期，政治与道德、国家与社会或公民之间关系的演变，以此来探讨作为现代性危机的冷战的历史根源。他在该著前言中说，从历史角度看，当前美苏两国之间的"世界性内战"，是欧洲向全球扩张的后果。由于这是资产阶级社会的世界性扩张，当前的危机就与现代人的历史哲学观念有关联，而这种观念很大程度上是一种乌托邦信念。无论是当前的政治危机还是应对危机的历史哲学，其历史根源都在 18 世纪。①

在科泽勒克看来，美国和苏联"世界性内战"的根源在于，共产主义和自由主义都拒绝承认政治的支配地位，因为政治始终是权力和利益斗争的场域。然而，美苏两国的政治都受乌托邦性质的、道德化的意识形态左右，致力于追求未来的美好世界，② 但没有给对手留下空间，因而注定要走上相互摧毁的道路。③

《批判与危机》的分析模式看来严格按照辩证分析模式展开。第一步，科泽勒克论述了绝对主义国家的兴起，认为这是回应宗教战争导致的危机的政治方案；第二步，他将启蒙思想家的道德批判描绘成对绝对主义国家的一种回应；第三步，他阐述了这种批判如何导致政治危机并为新的内战铺平道路。新的内战以法国大革命的形式展开，历史哲学是论证其合理性的依据，其影响持续到今天。

科泽勒克认为，建立绝对主义国家是宗教战争的解决方案，国家的功能是垄断外在暴力，维持相互冲突的各派别之间的和平。他尤其集中于对霍布斯的分析。霍布斯将政治限定为国家的领域，将道德限定为臣民的私人领域，臣民以外在的服从换取国家的保护。这个过程也是政治世俗化的进程，政治摆脱了神学及其附带的道德考量。④

当道德被驱逐到私人领域后，个人会根据道德准则去评判政治，当这种私人自由被日益充分地运用时，公共领域就开始形成，这是一个新阶段，即

---

① Reinhart Koselleck, *Critique and Crisis. Enlightenment and the Pathogenesis of Modern Society*, pp. 5-6.

② 中国学者也已注意到冷战历史中关于未来的意识形态之争。参见张杨《"未来潮流"之争：中美意识形态对抗与 20 世纪 60 年代美国的东南亚政策》，《世界历史》2017 年第 2 期。

③ Niklas Olsen, *History in the Plural: An Introduction to the Work of Reinhart Koselleck*, pp. 46-47.

④ Reinhart Koselleck, "Hobbesian Rationality and the Origins of Enlightenment", in Reinhart Koselleck, *Critique and Crisis. Enlightenment and the Pathogenesis of Modern Society*, pp. 23-40.

资产阶级或市民阶层的兴起。根据科泽勒克的看法，市民不仅认为道德不同于政治，而且认为它高于政治，于是绝对主义国家开始遭受激烈的道德批判。洛克是第一个系统地对政治中的好坏和善恶进行表述和评判的启蒙哲人。由此，绝对主义国家和新的市民社会出现分裂，后者开始质疑前者的合法性。[1]

紧接着，新社会在新的历史哲学中找到了批判旧国家的依据。公正、理性、道德等话语，都在这种以未来为赌注的历史哲学中被合理化，因为这些道德价值的实现都是"历史的必然"。科泽勒克认为，这种未来主义的乌托邦历史哲学会让人逃避实际的政治责任，因为人们可以轻松地说，采取某种行动是历史的内在进程所需。他在全书最后总结说，资产阶级的乌托邦天然是绝对主义主权论的孩子。由于绝对主义国家的自我理解就是国家和道德的两分，它在道德方面是缺席的，将良心的自由留给了臣民，所以当道德批判外溢并发展成公共舆论时，它显得束手无策。[2]

《批判与危机》是二战期间到战后初期一种思想浪潮的片段，而这个浪潮就是从启蒙反思极权主义的源头。科泽勒克自己曾多次提到，这部作品与阿多诺（Jheodor Adorno）和霍克海默（Max Horkheimer）的《启蒙辩证法》明显很相似。[3] 但是，与法兰克福学派不同的是，科泽勒克在战后德国被视为新保守主义的思想家，他对政治的理解明显受卡尔·施米特的影响。《批判与危机》显然持这样的观点，即启蒙思想家们是谈论政治的道德论者，而非从事政治的国务活动家，这与施米特对自由主义的批判和强调政治的自主性是一致的。[4] 不过，最近有学者强调，这种以决断主义为特征的政治学说是基于冲突和危机的现实而产生的，它把国家理解为一个中立的主权实体，而这是 19 世纪德国观念的延续。尽管在 20 世纪前半期的危机年代，施米特的政治学说很有诱惑力，但随后它与德国相对和平的整体形势不相匹配，并在

① Reinhart Koselleck, "Locke's Law of Private Censure and Its Significance for the Emergence of the Bourgeoisie", in Reinhart Koselleck, *Critique and Crisis. Enlightenment and the Pathogenesis of Modern Society*, pp. 53-61.

② Reinhart Koselleck, "Crisis, Consciousness and Historical Construction(Rousseau, Diderot, Raynal, Paine)", in Reinhart Koselleck, *Critique and Crisis. Enlightenment and the Pathogenesis of Modern Society*, pp. 158-186.

③ Niklas Olsen, *History in the Plural: An Introduction to the Work of Reinhart Koselleck*, p. 43.

④ 参见卡尔·施米特《政治的概念》，刘宗坤等译，上海人民出版社，2015。

与鲁道夫·斯门德（Rudolf Smend）学派的竞争中逐渐失势。[①]　因此今天，当我们在回顾科泽勒克对于"批判与危机"的评判时，必须注意到其保守主义的意识形态背景。他的观点与哈贝马斯（Jürgen Habermas）对启蒙时代公共领域的评价形成鲜明的对比。哈贝马斯强调公共领域带来的开放、进步和解放效应；而科泽勒克更关注其对政治的摧毁作用。[②]

科泽勒克的保守立场还体现在其他方面。他在大学教师资格论文《改革与革命之间的普鲁士》中对普鲁士官僚制的看法非常接近于传统认识，即它是一个中立的、超阶级的、积极推动现代化的机构。这与流亡美国的德裔犹太历史学家汉斯·罗森贝格的经典著作的批判性立场形成鲜明对比。[③]　虽然他曾在比勒费尔德大学工作多年，但他并不赞同比勒费尔德学派的代表人物汉斯-乌尔里希·韦勒等人对德意志"独特道路"（Sonderweg）问题的解析。[④]　关于科泽勒克的政治立场对其学术研究的影响，应该作进一步的探讨。

除了卡尔·施米特，在海德堡的求学岁月中，还有四个人影响了科泽勒克：历史学家屈恩，哲学家海德格尔、卡尔·洛维特和伽达默尔。屈恩是科泽勒克的博士学位论文指导者，其著作《宽容与启示》采取概念史的视角，考察了宗教改革到启蒙运动之间新教各派的各种宽容与不宽容，科泽勒克称他是概念史的"创始者"之一。[⑤]　在《改革与革命之间的普鲁士》重印时，科泽勒克在卷首写下了纪念屈恩的献词。[⑥]　卡尔·洛维特对科泽勒克的影响主要在于其《历史的意义》一书中的重要见解：现代历史哲学是一种"世俗化的末世论"，人取代上帝之后开始自行创造和引领历史，并规划出历史终极目标。[⑦]　该观点鲜明地体现在科泽勒克对于"历史"（Geschichte）

[①]　Niklas Olsen, *History in the Plural: An Introduction to the Work of Reinhart Koselleck*, pp. 133-135.

[②]　Niklas Olsen, *History in the Plural: An Introduction to the Work of Reinhart Koselleck*, pp. 80-87.

[③]　Hans Rosenberg, *Bureaucracy, Aristocracy and Autocracy: The Prussian Experience*, 1660-1815, Cambridge: Beacon Press, Second Edition, 1967; Niklas Olsen, *History in the Plural: An Introduction to the Work of Reinhart Koselleck*, pp. 144-149.

[④]　Niklas Olsen, *History in the Plural: An Introduction to the Work of Reinhart Koselleck*, pp. 246-250.

[⑤]　Niklas Olsen, *History in the Plural: An Introduction to the Work of Reinhart Koselleck*, p. 20.

[⑥]　Reinhart Koselleck, *Preußen zwischen Reform und Revolution*, Stuttgart: Klett-Cotta, 1975.

[⑦]　卡尔·洛维特的这部著作有中译本《世界历史与救赎历史》（李秋零、田薇译，商务印书馆，2016）。

概念的解读中，而且他也像洛维特一样，对这种进步主义的历史观念抱有深刻的怀疑之心。《存在与时间》是对科泽勒克启发最大的著作之一，有人甚至认为，他把海德格尔关于个体存在的时间维度的分析移植到了社会的时间性（temporality）上。不过，科泽勒克使用的一些重要概念，特别是"经验空间"和"期待视域"，也深受伽达默尔诠释学的启发。①

在《批判与危机》中，我们可以看到这些导师的影响。如第八章关于"批判"（critique）的分析，就已是一种相当明确的概念史研究。该词于1600年前后从拉丁语进入英语、法语等现代语言，17世纪已经是个常用的概念，但经常被用于对文学艺术的评估。在人文主义者那里，批判概念非常接近于对《圣经》等经典文本的语文学考订，如1678年理查德·西蒙的著作《旧约的批判史》。而且，非常重要的一点是，17世纪的文本批判是为信仰和国家服务的。但皮埃尔·培尔标志着一个转折，因为他特别强调批判是"理性"的批判，这样，批判就越出了语言、美学和历史的领域，到启蒙时代和康德那里，宗教和国家法律也需要接受批判。②

科泽勒克对启蒙时代的历史哲学和乌托邦观念的分析，则鲜明地打上了洛维特的烙印。他认为，资产阶级启蒙人士对政治现状的道德评判、对进步的坚定信念、对历史终极目的的末世论观念结合在一起，就产生了将眼光投向未来乌托邦的想法。他们认为这种乌托邦哲学将在未来的历史进程中得以实现。③"未来"这一时间维度也已经出现在科泽勒克的研究视野中，并在他的重要文集《过去的未来》中得到进一步的阐释。④

（二）布鲁纳、孔策与概念史

在今天的国际学术界，科泽勒克最知名的工作大概要算他主编了《历

① Niklas Olsen, *History in the Plural: An Introduction to the Work of Reinhart Koselleck*, pp. 220-224.
② Niklas Olsen, "The Process of Criticism (Schiller, Simon, Bayle, Voltaire, Diderot and the 'Encyclopédie', Kant)", in Niklas Olsen, *History in the Plural: An Introduction to the Work of Reinhart Koselleck*, pp. 98-123.
③ Reinhart Koselleck, "Crisis, Consciousness and Historical Construction(Rousseau, Diderot, Raynal, Paine)", in Reinhart Koselleck, *Critique and Crisis. Enlightenment and the Pathogenesis of Modern Society*, p. 182.
④ Reinhart Koselleck, "Vergangene Zukunft der frühen Neuzeit", in Reinhart Koselleck, *Vergangene Zukunft. Zur Semantik geschichtlicher Zeiten*, Frankfurt am Main: Suhrkamp Verlag, 1995, S. 17-37.

史基本概念》一书了，该著的副标题是"德国政治—社会话语历史词典"。①
该书共七卷，出版时间延续了 20 年（1972～1992 年）。全书共收论文 119
篇，由来自不同学科的 109 位作者共同撰写。很多词条，如"民主""历
史"等，其内容的时间跨度长达两千年，一般由多位作者协同完成。有些
作者特别被倚重，如古典学家克里斯蒂安·迈尔撰写了古希腊罗马部分的
很多词条。

　关于这部著作的缘起及其与德国的学术史（尤其是哲学史）的关系，
已有学者做过介绍。②本节想谈一下概念史研究与这部巨著的另两位主编的
关系。《历史基本概念》虽然经常与科泽勒克的名字联系在一起，但它的主
编有三位，排在科泽勒克前面的是奥托·布鲁纳和维尔纳·孔策。

　布鲁纳在三人之中年纪最长，他在这项工作中的参与度并不是很高，
只写了很短的一个词条"封建主义"。③ 布鲁纳原籍奥地利，是位中世纪史
专家，他于 1939 年发表的《乡村共同体与领主制》被视为 20 世纪德语史
学界最重要，可能也是争议最大的作品之一。④ 该著以奥地利以及一些巴伐
利亚的史料为基础，试图对中世纪晚期的制度史进行概念上的重塑。布鲁
纳有一个非常重要的见解：19 世纪造成的断裂不仅是经济和政治方面的，
还有认知方面的，而概念史研究是弥合认知断裂的桥梁。《乡村共同体与领
主制》中的两章就是为了拆解 19 世纪的认知模式。⑤ 用今天的话来说，这
个模式就是要从中古晚期的历史出发，"建构"现代民族国家及其资产阶级

---

① Otto Brunner, Werner Conze, Reinhart Koselleck(Hrsg.), *Geschichtliche Grundbegriffe: Historisches Lexikon zur politischen-sozialen Sprache in Deutschland*, 7 vols., Stuttgart: Ernst Klett, 1972–1992.

② Niklas Olsen, *History in the Plural: An Introduction to the Work of Reinhart Koselleck*, pp. 167–169.

③ 笔者曾不揣愚陋编译此文，参见奥托·布鲁纳《"封建主义"概念史》，侯建新主编《经济—社会史评论》第 5 辑，生活·读书·新知三联书店，2010。

④ 关于这部著作的学术地位及其在概念史上的影响，可参见该著的英译者撰写的长篇译序：Otto Brunner, *Land and Lordship: Structures of Governance in Medieval Austria*, Transl. and with an Introduction by Howard Kaminsky and James Van Horn Melton, Philadelphia: University of Pennsylvania Press, 1992, pp. xiii–lxi; James Van Horn Melton, "Otto Brunner and the Ideological Origins of *Begriffsgeschichte*", in Hartmut Lehmann and Melvin Richter eds., *The Meaning of Historical Terms and Concepts: New Study on Begriffsgeschichte*, German Historical Institute, Washington D. C., Occasional Paper No. 15, 1996。

⑤ Otto Brunner, *Land und Herrschaft*, Darmstadt: Wissenschaftliche Buchgesellschaft, 1984, S. 111–133.

自由主义的社会秩序的"起源"。资产阶级自由主义的社会秩序的对立面，是12~18世纪盛行的团体化、等级制的秩序。民族国家的形成则是新秩序诞生的基础。民族国家被理解为一种现代事实，一种独立的官僚体制，与之对应的领域是"社会"，它是追求私利和个人欲望的行动领域。现代国家的功能是保护社会秩序及个人的生命和财产，因而垄断了立法、战争、司法、税收等公共权力，独占了公共领域。

布鲁纳将这种制度史路径称为"分离性思维"（Trennungsdenken）。19世纪的秩序之所以是"自由"的，是因为公民社会摆脱了国家的干涉，国家被限定在法律和秩序保护的领域。由此便产生了一系列对立概念：国家与社会、公共与私人、强力与正义、合法与非法，等等。但这种思维方式本质上是一种现代产物。无论是古希腊的"koinonia politike"，还是古罗马的"societas civilis"，都意味着整个城邦的秩序，即"polity"，它高于个人事务，即高于公民追求自身经济和家庭利益的"oikos"。相比之下，19世纪的公民社会失去了其政治维度而专注于私人领域。而当历史学家们试图阐释19世纪"现代"秩序的中世纪源头时，就必然将现代范畴强加给中世纪的史实。

《乡村共同体和领主制》的第一部分专门探讨了中世纪的"Fehde"概念。[1]"Fehde"在英语或法语中可以理解为"feud"（私战）。在现代人的眼里，封建时代领主之间的私战是无政府主义行为，是政治和法律秩序崩溃的突出象征。但布鲁纳认为，私战的确意味着暴力，但它背后有一种关于"Recht"（法律或正义）的秩序理念，有如拉丁语中的"ius"。但它是内含于领主制或领主统治（Herrschaft）的"Recht"。领主统治既意味着领主享有战斗的权利，也意味着其对臣属和自身权益的保护。在法庭正义不能奏效或根本不存在时，私战就成为以战斗来审判的法律形式，胜利就意味着神圣和正义。但是，私战中的战斗是有规则的，敌对行动并非没有约束。在此案例中，布鲁纳的主要用意是要拆解分离性思维创造出的概念体系。在中世纪晚期，领主制中的贵族、教会团体、城市等机构都在行使司法权，都有权行使防御职能、征收税款、管理附属的农民。因此，公共与私人这

---

[1] Otto Brunner, *Land und Herrschaft*, S. 1-110.

些分离性思维无法解释中世纪的制度结构，19 世纪构建起来的概念二分法
不适用于中世纪。

笔者暂时不能判定布鲁纳对科泽勒克的直接影响。但上文已经指出，
《批判与危机》的论证，正是围绕国家—社会的二分概念展开的。对国家的
道德批判和乌托邦想象，在科泽勒克看来也是资产阶级市民社会的产物。
不过，在《历史基本概念》的导言中，布鲁纳的影响更为明显和确定。因
为科泽勒克对于鞍型期的一种基本理解是，现代的概念体系是在 1750~1850
年形成的，这个由旧入新的变革是为了适应和解释现代世界。①有理由认为，
布鲁纳所称的资产阶级自由主义的分离思维，是催生一系列的现代政治社
会概念的本源之一，它应该被理解为鞍型期概念变迁的一个方面。当代学
者也认为，二战前布鲁纳的理论阐发对鞍型期这一核心概念的贡献是显而
易见的。②

孔策是科泽勒克的大学教师资格论文指导者，是概念史的先行者之一，
并且撰写了《历史基本概念》中的很多词条。③孔策于 1954 年发表的论文
《从 Pöbel 到 Proletariat》是概念史研究的典范。④这篇论文探讨的是 18 世纪
末至 19 世纪前期贫困在德国引发的社会问题及其概念表述。孔策认为，直
到 19 世纪初，"Pöbel"一词并没有"暴民"的贬义意味，它指的是等级制
社会结构中处于底层的劳动者，如庄园的雇工或行会师傅的帮手。在这种社
会经济结构中，"Pöbel"是一个数量相对稳定的阶层。但从 18 世纪末开始，
由于社会经济政策的自由化和工业革命的启动，"Pöbel"的人数激增，贫困
化加剧并诞生了一个相应的新名词"Pauperismus"（贫困化），为了称呼这种
激增的贫困阶层，在法语"无产阶级"概念的启发下，从 19 世纪 30 年代开

① Reinhart Koselleck, "Einleitung", in Otto Brunner et al. eds., *Geschichtliche Grundbegriffe, Historisches Lexikon zur politisch-sozialen Sprache in Deutschland*, Stuttgart: Ernst Klett Verlag, Band 1, 1972, S. XIV.

② Van Horn Melton, "Otto Brunner and the Ideological Origins of *Begriffsgeschichte*", in Hartmut Lehmann and Melvin Richter eds., *The Meaning of Historical Terms and Concepts: New Study on Begriffsgeschichte*, p. 32.

③ 科泽勒克曾撰文介绍孔策的贡献，可参见 Reinhart Koselleck, "Werner Conze: Tradition und Innovation", *Historische Zeitschrift*, Bd. 245, H. 3(1987), S. 529-543。

④ Werner Conze, "Vom Pöbel zum Proletariat: Sozialgeschichtliche Voraussetzungen für den Sozialismus in Deutschland", *Historische Zeitschrift*, Bd. 41, H. 4(1954), S. 333-364.

始，人们日益频繁地采用旧词"Proletariat"，但它指的是一个新的贫困阶层。

这篇论文已经提示了后来科泽勒克关于鞍型期的一些重要见解。孔策在这里讨论的概念变迁，发生在等级制社会解体的背景下，这一点同样是科泽勒克理论阐发的基本出发点。在《"历史是生活的导师"：论一句格言在现代运动历史视域中的消解》这一重要论文中，科泽勒克明确提到概念变革与等级制社会解体之间的紧密关系。正是在这场社会和政治革命中，发生了政治话语史上的单一化和简单化现象：复数的"自由"中产生单数的"自由"，复数的"正义"中产生单数的"正义"，复数的"革命"中产生单数的大写的"革命"（la Révolution）。[1] 如果脱离社会变革背景，这些论断将很难理解。例如，在等级制社会，自由概念并不具有普遍性，它与个别性的权益，即特权是同义语，因而它是具体的，也是多样的、复数的；而在等级制瓦解后，自由具有了普遍性。科泽勒克这样表述这两种自由概念的区分："对于作为特权的自由，其援引者只能是特权的持有者，而对于自由本身（Freiheit überhaupt），每个人都可以引用。"[2] 但"自由本身"是一种抽象的，因而是单数的概念。《历史基本概念》中"自由"词条（孔策是撰写者之一）同样明确提到了自由概念的单数化，并认为现代自由概念是一种哲学上抽象的结果，它强调的是人的自律，而非在历史中形成的具体权益。[3]

还有一点。孔策在论文中提到，"Pöbel"是内嵌于等级制度的概念，它与"贵族"一样，指的是相对固定（Beharren）的阶层，而无产阶级则和资产阶级一样，是运动性的概念。[4] 这一点后来被科泽勒克进一步发挥，运动性被视为鞍型期之后一系列政治—社会概念的本质特征。而这一特征本质

① Reinhart Koselleck, "Historia Magistra Vitae. Über die Auflösung des Topos im Horizont neuzeitlich bewegter Geschichte", in Reinhart Koselleck, *Vergangene Zukunft. Zur Semantik geschichtlicher Zeiten*, Frankfurt am Main: Suhrkamp Verlag, 1995, S. 38–66.

② Reinhart Koselleck, "'Neuzeit'. Zur Semantik moderne Bewegungsbegriffe", in Reinhart Koselleck, *Vergangene Zukunft. Zur Semantik geschichtlicher Zeiten*, S. 346.

③ Werner Conze et al., "Freiheit", in Otto Brunner et al. eds., *Geschichtliche Grundbegriffe, Historisches Lexikon zur politisch-sozialen Sprache in Deutschland*, Band 2, Stuttgart: Ernst Klett Verlag, 1975, S. 482–493.

④ Werner Conze, "Vom Pöbel zum Proletariat: Sozialgeschichtliche Voraussetzungen für den Sozialismus in Deutschland", *Historische Zeitschrift*, Bd. 41(1954), S. 348.

而言又是概念"时间化"的效应。

(三)　概念的时间化

科泽勒克是《历史基本概念》编写工作的倡议者，并为全书撰写了导言，堪称这套巨著的关键人物。他在该著的"导言"中指出，这项研究的主要目标是在概念史框架中探讨旧世界的解体和新世界的兴起；主要研究的地域范围为德语地区，但以整个欧洲为背景；研究对象包括已发生转变的概念和创新的概念。转变和创新的关键时期就是科泽勒克所称的"鞍型期"（约 1750~1850 年）。在这一时期，随着政治—社会领域的深层变革，这些领域的基本概念也发生了深刻变化。这个时期的概念具有雅努斯的两副面孔，一副朝向过去，一副朝向未来。对于今天的人们，朝向过去的那一面如果不经批判性思考便难以理解，但朝向未来的那一面则无须转译便能为我们理解。[1]

因此，科泽勒克把概念史看作理解现代性诞生的一条路径。他的理论前提是：历史凝结在特定的概念中，历史之所以成为历史，首先在于其各种概念化的方式。但他所称的概念，并不是含义清晰确定的术语，恰恰相反，他考察的概念"集中了多重意义"，只有富含社会和政治情境的词语才能成为概念，它与历史实在存在持续的互动关系，唯此概念史才能成为历史变迁的因子和指示器。有三类材料可以反映概念变迁：（1）哲学家等文化阶层的经典论述；（2）报纸、通信等日常文献资料；（3）当时的辞书。[2]

科泽勒克总结说，"鞍型期"的概念有四个主要特征：[3]（1）民主化，即概念从精英阶层传播到了所有社会阶层；（2）意识形态特性，即概念服务于不同的群体和社会运动的利益诉求；（3）政治化，即概念开始成为政治动员的口号和标签；（4）概念的时间化（Verzeitlichung des Begriffe），这

①　Reinhart Koselleck, "Einleitung", in Otto Brunner et al. eds., *Geschichtliche Grundbegriffe, Historisches Lexikon zur politisch-sozialen Sprache in Deutschland*, Band 1, S. XIV-XV.

②　Reinhart Koselleck, "Einleitung", in Otto Brunner et al. eds., *Geschichtliche Grundbegriffe, Historisches Lexikon zur politisch-sozialen Sprache in Deutschland*, Band 1, S. XIX-XXV.

③　Reinhart Koselleck, "Einleitung", in Otto Brunner et al. eds., *Geschichtliche Grundbegriffe, Historisches Lexikon zur politisch-sozialen Sprache in Deutschland*, Band 1, S. XV-XVIII.

也是科泽勒克一篇论文的标题。[①]

在这四个特征中，前三个相对容易理解。时间化不是很好理解，但学界认为，科泽勒克在这方面的见解，堪称他最具特色的创见，不过这一创见深受海德格尔和伽达默尔的启迪。他的论文集《过去的未来》（*Vergangene Zukunft*）和《时间分层》（*Zeitschichten*）是其相关思考的主要成果。[②]

在《历史基本概念》的"导言"中，科泽勒克在论述概念的时间化时只是提到，传统的话语因为时间化而获得了此前没有的"期待特征"（Erwartungsmoment），随后他以"共和"（Republik）为例，对时间化问题做了简述。[③]"共和"是科泽勒克经常提到的一个典型概念。在他写的《过去的未来》中，科泽勒克再次以"共和"为例，对概念的时间化问题做了较为详细的说明：

> 亚里士多德划分的统治形式——君主制、贵族制、民主制——及其各自的纯粹型、混合型和衰落型，一直足以概括政治经验，但在1800年左右，这种分类从历史哲学的角度被改造了。三种制度类型被一种必然做出的选择打破了，即'要么专制要么共和'的选择。这对选择性概念包含某种时间性信号。因为历史的征程是要从过去的专制走向未来的共和。过去的共和（res publica）是一个上位概念（Oberbegriff），可以总览此前的一切统治形式，但这时它获得了一种更为狭义、与未来绑定的专一属性……一个在历史或理论上屡屡被运用且总是饱含经验的概念，现在变成了一个期待型概念。这种视角上的更换在康德那里同样具有典范意义。对于他，共和（Republik）是一个可以从实践理性中导出的、对人类而言始终存在的目标设定。对于通往共和的征途，康德使用了一种新的表述：共和主义（Republikanismus）。共和主义指的是历史运动的准则，推进这场运动是政治行动的一个道德指令。

---

① Reinhart Koselleck, "Die Verzeitlichung der Begriffe", in R. Koselleck, *Begriffsgeschichten. Studien zur Semantik und Pragmatik der politischen und sozialen Sprache*, Frankfurt am Main: Suhrkamp Verlag, 2006, S. 77-85.

② Niklas Olsen, *History in the Plural: An Introduction to the Work of Reinhart Koselleck*, pp. 220-242.

③ Reinhart Koselleck, "Einleitung", in Otto Brunner et al. eds., *Geschichtliche Grundbegriffe, Historisches Lexikon zur politisch-sozialen Sprache in Deutschland*, Band 1, S. XVI-XVII.

今天通行的是什么制度无关紧要，从长远来看，关键是要推动以法治来取代人对人的统治，也就是实现共和。①

　　简言之，在鞍型期之前的政治话语中，共和是个静态的、作为各种政治经验总结的概念，但在康德那里，它是未来唯一的方向，是个尚待实现因而意味着一场有目标的运动的概念。科泽勒克进一步论述说，1800 年之后德语地区出现的一系列带有 "-ismus"（中文一般译作 "主义"）的概念，都带有类似的意味：它们都是带有方向性和排他色彩的运动概念，如自由主义、社会主义、共产主义。②

　　概念的时间化提供了一个独到的观察和分析视角。我们可以举法国政治思想史上的两部经典《论法的精神》和《论美国的民主》关于 "民主" 的阐述为例。在孟德斯鸠的论著中，各种政体是平行的，适用于不同的地形和气候等状况，但它们之间并无时间上的先后顺序；而且，在论述如何培养民主制的美德、维护民主原则、民主制的腐化等问题时，孟德斯鸠引述了大量古希腊和古罗马的例证。③ 对于他，民主是一个在历史中已经充分实现的、有着完整经验的概念。但在《论美国的民主》的绪论中，托克维尔笔下的民主虽然也有它的历史，但就本质而言，民主是一场远未完成、正在发生的运动；这场绝不会止步的运动将要走向何处，"谁也回答不了"，民主的前景是无法预见的。④ 借用科泽勒克的话，托克维尔的民主是一个尚在进行、其结果和经验远未充分展现出来的 "期待概念"。另外，在托克维尔的表述中，民主的对立面是贵族制，但在这种关系中，民主也像康德的 "共和" 概念一样，是未来的必然的方向。换言之，托克维尔的民主不再像孟德斯鸠的民主那样，与其他政体构成平行关系，它必然要将后者抛弃在时间的征途中。

---

① Reinhart Koselleck, "Erfahrungsraum und Erwartungshorizont: zwei historische Kategorien", in Reinhart Koselleck, *Vergangene Zukunft. Zur Semantik geschichtlicher Zeiten*, Frankfurt am Main: Suhrkamp Verlag, 1995, S. 349–375.
② Reinhart Koselleck, "Erfahrungsraum und Erwartungshorizont: zwei historische Kategorien", in Reinhart Koselleck, *Vergangene Zukunft. Zur Semantik geschichtlicher Zeiten*, S. 373.
③ 孟德斯鸠：《论法的精神》上册，张雁深译，商务印书馆，1997，第 41~50、112~115 页。
④ 托克维尔：《论美国的民主》上卷，董果良译，商务印书馆，1997，第 4~18 页。

在科泽勒克的概念史阐释中，时间化是一系列重要观念的基础。可以继续以《论美国的民主》进行说明。当民主成为一场通往未来的进程之后，历史就好比"一条大江的急流"，它在每个阶段的风景都有其独特性，就像托克维尔所说的，每过50年，法国的贵族和平民的地位都会接近一步。[①]在这种不断运动变化的历史中，过去的经验对于当下和未来的价值十分有限——如果不是完全没有意义的话。实际上，托克维尔否认古代的雅典存在现代意义上的民主制度，[②]他并不打算从古代民主中寻找灵感，认为"一个全新的社会，要有一门新的政治科学"。[③]正因为如此，他不再像孟德斯鸠那样，反复从古代的经验出发探讨民主。位于鞍型期末端的托克维尔很好地阐释了科泽勒克在《过去的未来》的头两篇重要论文中的主要观点：[④]从过去的经验已经难以预见未来，"历史是生活的老师"这句格言在启蒙和革命时代之后逐渐失效了。

概念的时间化还意味着一种新的历史观的形成，这就是科泽勒克在《历史基本概念》的"历史"词条中提到的"现代历史概念的创出"（Die Herausbildung des modernen Geschichtsbegriffs）。[⑤]在这篇论文及很多其他论著中，科泽勒克反复提到过一些奇特的说法，如"Geschichte überhaupt"（总体而言的历史）、"Geschichte selbst"（历史本身）、"Geschichte an und für sich"（自在自为的历史）。在笔者看来，这类说法都应放在作为"集体性单数"（Kollektivsingular）的"历史"概念中去理解。集体单数的历史，本质上也是历史成为一场从过去通往未来的运动之后（时间化之后）才产生的。

例如，在托克维尔关于民主的理解中，历史是一场不断走向身份平等的运动，每50年的状况都不一样，因此时间进程中各个阶段都有其独特性，

---

① 托克维尔：《论美国的民主》上卷，第7~8页。

② 托克维尔：《论美国的民主》下卷，第583页。

③ 托克维尔：《论美国的民主》上卷，第8页。

④ Reinhart Koselleck, "Vergangene Zukunft der frühen Neuzeit" "Historia Magistra Vitae. Über die Auflösung des Topos im Horizont neuzeitlich bewegter Geschichte", in Reinhart Koselleck, *Vergangene Zukunft. Zur Semantik geschichtlicher Zeiten.*

⑤ Reinhart Koselleck et al., "Geschichte/Historie", in Otto Brunner et al. eds., *Geschichtliche Grundbegriffe, Historisches Lexikon zur politisch-sozialen Sprache in Deutschland*, Band 2, Stuttgart: Ernst Klett Verlag, 1975, S. 647–691.

但所有的这些阶段汇聚成一个整体，即被总称为民主运动或民主化的历史，这就是托克维尔表述的作为集体单数的历史。在《共产党宣言》中，"至今一切社会的历史都是阶级斗争的历史"[①] 这一著名论断中的历史概念（die Geschichte），同样是一种典型的集体单数。进一步说，无论对于托克维尔还是对于马克思，现代历史概念还意味着历史有一条贯穿过去、现在和未来的强有力的逻辑线索：对于前者是民主和平，对于后者是阶级斗争形态的演变；而在菲德尔·卡斯特罗的自辩词"历史将宣判我无罪"中，历史概念以最鲜明的形态展露出其面向未来的"期待特征"。

在马克思等革命者的期待中，未来绝不可能是对过去的重复，它是人类历史中从未经历过的美好阶段。这就是科泽勒克在《过去的未来》这部文集中多次提到的，过去的经验空间（Erfahrungsraum）与期待视域（Erwartungshorizont）之间拉开了距离。[②] 应该指出的是，科泽勒克还试图通过这两对概念来理解现代性等问题，例如他在《现代如何是新的？》和《Neuzeit：现代运动概念的语义学》等论文中一再强调，[③]现代历史意识与近代早期欧洲人对不断加速的历史运动的感知息息相关，运动超出了过去的经验空间，并催生新的期待，而这正是现代社会的典型意识。

奥托·布鲁纳和维尔纳·孔策都是研究社会史出身的，科泽勒克本人也有很深厚的社会史背景，并且曾与战后德国社会史名家汉斯-乌尔里希·韦勒等人共事过。的确，如果脱离鞍型期的社会和政治变革，科泽勒克的很多表述是很难理解的，如概念的单数化、经验空间与期待视域距离的拉大等。尽管他强调概念本身是变革中的一个因子，但这个因子是内嵌于整个社会政治环境的。

不过，科泽勒克的概念史研究既没有赢得韦勒的赞许，也不为英语世界的政治思想史代表人物昆廷·斯金纳欣赏。他们都认为科泽勒克的方法

---

① 马克思、恩格斯：《共产党宣言》，人民出版社，2018，第27页。

② 另参见黄艳红《欧洲历史中的过去和未来——简析科泽勒克和阿尔托格的历史时间研究》，《史学理论研究》2014年第4期。

③ Reinhart Koselleck, "Wie neu ist die Neuzeit", *Historische Zeitschrift*, Bd. 251, H. 3(1990), S. 539-553; "'Neuzeit'. Zur Semantik moderne Bewegungsbegriffe", in Reinhart Koselleck, *Vergangene Zukunft. Zur Semantik geschichtlicher Zeiten*. 按：从字面上看，德语中的 Neuzeit（现代）有"新时代"的意思。

是老套的、保守的。韦勒还认为，科泽勒克的观点和方法是在延续早已过时的保守主义历史观。[①] 科泽勒克也不讳言他与韦勒和比勒菲尔德学派的分歧，他认为自己并不是这个学派的同道者，海德堡才是自己真正的思想家园。比勒菲尔德学派更看重战后新兴的社会科学方法，而海德堡是哲学和诗学的家园。[②] 我们已经提到海德堡的几位导师对科泽勒克的深远影响。而且，科泽勒克的一些重要概念也与传统的哲学和诗学有很深的渊源。如"不同时代的同时代性"是对弗里德里希·施莱格尔的重新表述，经验空间和期待视域这两个概念则源自诺瓦利斯的诗句。[③]

也有一些人颇为赞赏科泽勒克的研究。海登·怀特曾称赞说，科泽勒克对于西方文化中"历史"内涵的概念化理解做出了划时代的贡献，并为科泽勒克的多部著作的英译本写了序言。不过，科泽勒克却不完全认同怀特的一些基本观点，认为他的理论没有给社会实际留下空间。[④]

上述问题都有待进一步探究。这里简单谈一点初步的想法。科泽勒克的概念史研究几乎完全专注于西欧。不过，对于欧洲之外的历史认知，他的视角和概念范畴或许也有借鉴意义。李鸿章说近代中国面临三千年未有之大变局，我们有理由认为这是中国传统的经验空间的断裂，这种断裂意识应被视为新的期待和举措的前提。当 20 世纪初汉语中出现带有"化"字词缀的概念（如"工业化"）时，[⑤] 可能也将"变化"、"运动"和"进程"等观念引入了概念和话语系统，正如 19 世纪初德语中一系列带有"-ismus"（主义）的新概念一样。如果现代性是一种全球性现象，类似的概念和语言现象应不仅限于欧洲。

无论是近代早期的时间经验转型，还是鞍型期的概念变革，都发生在全球化进程开始启动、欧洲人对外部世界了解日益深入的大背景下。科泽勒克并没有忽视这一点，不过他着墨较少。相比之下，当代法国学者阿尔

---

① Niklas Olsen, *History in the Plural: An Introduction to the Work of Reinhart Koselleck*, pp. 195, 245-256.

② Niklas Olsen, *History in the Plural: An Introduction to the Work of Reinhart Koselleck*, pp. 245, 250.

③ Reinhart Koselleck, "Erfahrungsraum und Erwartungshorizont: zwei historische Kategorien", in Reinhart Koselleck, *Vergangene Zukunft. Zur Semantik geschichtlicher Zeiten*, S. 352-353, 363.

④ Niklas Olsen, *History in the Plural: An Introduction to the Work of Reinhart Koselleck*, p. 241.

⑤ 参见路璐《现代汉语"X 化"词研究》，硕士学位论文，山东大学，2013，第 16~18 页。

托格在对夏多布里昂的研究中，就充分关注到了美洲的"不同时代性"对欧洲人的历史观念的时间化产生的决定性影响。[①] 在当下的全球史热潮中，如何借鉴科泽勒克的观点和方法，考察全球化进程中不同文明和地区之间在时间观念和经验上的冲突及相互影响，正是尚待深入探究的课题。

第五节　德国的公众史学

在现代历史学专业化的发源地——德国，同样上演着历史的通俗化与大众化的一幕戏剧。在这里，职业历史学家也经历了从抵制到参与再到积极投入的转变历程。我们关心的问题是：这种转变是为何以及如何出现的？德国公众史学的学术关怀又在何处？

（一）兴起背景

在西方，历史学家"职业"与"业余"之间的界限直到 19 世纪末 20 世纪初才出现。[②] 而且即便在兰克学派的鼎盛时期，德国学界依旧出现了蒙森（Theodor Mommsen）这样一位获得诺贝尔文学奖的"低劣的科学主义史学家"、"叙述派"大师。[③]从这一点而言，德国职业历史学家并不是一开始便把公众拒之于千里之外的。

与此同时，德国公众对史学的敬畏虽然与日俱增，但对历史的热情却未曾消退。一本历史小说《争夺罗马》（*Ein Kampf um Rom*）在 40 多年间（1876~1918 年）居然印刷了 110 版；一位日耳曼学研究者的种族主义小册子《德意志民族的种族学》（*Rassenkunde des deutschen Volkes*）在书市上也大受欢迎，销售量逼近 30 万册。[④] 20 世纪 20 年代，历史传记大行其道，路德维希（Emil Ludwig）的作品销售量更高达 130 万册。[⑤]

---

① François Hartog, *Régimes d'historicité, Présentisme et expériences du temps*, pp. 97-139.

② Stefan Berger, "Professional and Popular Historians. 1800-1900-2000", in Barbara Korte, Sylvia Paletschek eds., *Popular History. Now and Then. International Perspectives*, Bielefeld: transcript Verlag, 2012, pp. 13-29, 此处是 p. 13.

③ 安托万·基扬：《近代德国及其历史学家》，黄艳红译，北京大学出版社，2010，第 163 页。

④ Wolfgang Hardtwig, "Die Krise des Geschichtsbewußtseins in Kaiserreich und Weimarer Republik und der Aufstieg des Nationalsozialismus", in *Jahrbuch des Historischen Kollegs*(2011), S. 48-49.

⑤ Niels Hansen, *Der Fall Emil Ludwig*, Oldenburg: Gerhard Stalling, 1930, S. 9.

然而，学界重视读者的潜在意识却随着"古典历史主义"的强化而消融在一种所谓"精雕细琢的学院派文风"之中。德国历史学家越来越有别于法国、英国或美国的同行，不再愿意"为广大的读者而写作"。[①]不仅如此，自觉捍卫历史研究的职业特性，拒斥"跨界逾越者"，成为接下去几乎整整一个世纪内的学界共识。正因如此，职业历史学家或者对公共历史的发展视而不见，或者自觉自愿地充当批判者，指摘那些"业余爱好与毫无功底的、无考证特性的五彩斑斓的混合物"，[②]抵制"非历史学家"的那些"缺乏新意的"、"毫无一手资料的""三级好莱坞电影"。[③]

由此，职业历史学家事实上放弃了自己在历史通俗化与大众化中的使命，把公共历史领域让给了他们眼中的"业余历史学家们"。进一步而言，他们虽然不断留意到各时代中出现的"历史热"，但仅仅纠结于历史研究"合法性"的固定思维，或只是含蓄地承认业余历史学家们"在德语表达上的能力"，[④]却忽视了"古典历史主义"自身存在的学科危机，而且还对大众社会的出现、后现代史学潮流不断涌现以及传播媒体的更新换代缺乏清醒的认识。对于前者，尼采早已颇具讽刺性地指出："客观这个名词，就是给它一个最高的解释时，恐怕也不免潜伏着一个幻觉罢？"[⑤]而后面三个因素则真正刺激了公共历史如脱缰野马般的迅猛发展。

当公众的发言权从政治领域迅速延伸到学术领域，当学界在大众时代不得不一再丧失边界时，职业历史学家突然发现，公共历史的作品已经占领了书市，甚至更大程度上影响着公众的历史意识。在1964年柏林历史学家大会上，揭露德国一战罪责的费舍尔被正统史学家视作叛逆，却获得了在场1000

---

① 伊格尔斯：《二十世纪的历史学——从科学的客观性到后现代的挑战》，何兆武译，辽宁教育出版社，2003，第29页。

② 这是20世纪20年代批判"历史小说"的话，引自 Schriftleitung der Historischen Zeitschrift (Hrsg.), *Historische Belletristik. Ein kritischer Literaturbericht,* Muenchen und Berlin: Oldenbourg, 1928, S. 7。

③ 这是20世纪90年代批判美国政治学家戈德哈根（Daniel Jonah Goldhagen）所写《希特勒的志愿行刑者：普通德国人与大屠杀》（*Hitler's Willing Executioners. Ordinary Germans and the Holocaust,* New York: Knopf, 1996）一书的话，分别引自 *Der Spiegel*, 1996年4月15日、1996年4月13日版。

④ 参见 Wilhelm Mommsen, *"Legitime" und "Illegitime" Geschichtsschreibung. Eine Auseinandersetzung mit Emil Ludwig,* Muenchen, Berlin: Verlag von R. Oldenbourg, 1930。

⑤ 尼采：《历史对于人生的利弊》，姚可昆译，商务印书馆，1998，第38页。

多名观众的支持，"在某种意义上，这本著作连同观众的出场，都证明了（这次辩论）同旧观念和旧信条的割裂"。①

当"人人都是他自己的历史学家"（卡尔·贝克尔语）这一信条伴随语言学转向日益被学界接受时，"业余历史学家们"的自信心同样大增。19世纪末，一位历史小说家还小心谨慎地遵循史学研究的"科学性原则"，特别强调自己的描述拥有过硬的"科学性凭据"②；到20世纪20年代，他们已经在思考着创建"新学派"的可能性。如路德维希便直言不讳地谈论自己的历史传记是一种拥有"精神"的历史研究新方式；③这种自立门户的趋势几乎延续到20世纪末，特别是自媒体时代到来之后。

当历史知识的传播从文本媒介转向视觉载体（电影、电视剧、纪录片），有更易体验的渠道（参观博物馆、历史遗址），乃至借助网络和新媒体（维基百科、电脑游戏）时，公共历史的影响面显著扩大。1991年的一次访谈表明，在喜欢历史的德国人中，67%通过电视接触，38%通过电影感受。2008年，德国电视二台播放的《德意志人》（*Die Deutschen*）赢得了多达500万观众的追捧。④

公共历史的发展与兴盛现状，终于引发了职业历史学家的关注。以应对公共历史发展为己任的新学科——公众史学，便是在这样的背景中开启了学科化之路。

（二）学科化的两种路径

如美国公众史学的发展那样，德国公众史学的学科化起点同样出现在20世纪70年代末80年代初，也同样受到社会急剧转型、历史编纂学的后现代转向以及历史学毕业生就业形势紧张的促动。不过，德国的特殊性在于，其公众史学不是另起炉灶，而是在一门颇有历史传统的学科内部发展起来，即"历史教育学"（Geschichtsdidaktik）。就这一点而言，德国公众史

---

① Fritz Stern, *The Failure of Illiberalism. Essays on the Political Culture of Modern Germany*, New York: Columbia University Press Morningside, 1992, p. 149.

② 参见 Martin Nissen, *Populaere Geschicchtsschreibung: Historiker, Verleger und die deutsche Oeffentlichkeit (1848-1900)*, Köln: Boehlau, 2009, S. 269-316。

③ Emil Ludwig, "Historie und Dichtung", in *Die Neue Rundschau*, Jahrgang 40, Band 1(1929) , S. 379.

④ Barbara Korte, Sylvia Paletschke, "Geschichte in populaeren Medien und Genres, Vom Historischen Roman zum Computerspiel", in Barbara Korte, Sylvia Paletschek (Hg.) , *History Goes Pop. Zur Repraesentation von Geschichte in populaeren Medien und Genres*, Bielfeld: Tramscript, 2009, S. 9, 36.

学的学科化发展与历史教育学的改革实践密不可分。笔者已从历时性的角度介绍过不同阶段中的两者联动关系，此处不再赘述。① 以下，笔者从类型学的角度，着重讨论把公众史学学科化的两种做法。

第一种做法以特定职业为导向，把公众史学框定在应用学科的层面上。夸恩特（Siegfried Quandt）提倡跨学科合作，以便"在社会中以及在社会各团体之间，分析和组织历史信息、交往与经验建构"。为此，他组建了一个名为"历史学与大众媒体"（Geschichtswissenschaft und Massenmedien）的工作团队。该团队由25名来自历史学和媒体的代表组成，目的是通过历史学家和记者的系统合作，来改善各类媒介中的历史呈现状况。② 吉森大学历史系从1984年开始招生的"历史专业记者学"（Fachjournalistik Geschichte）正是上述合作的重要成果。该项目旨在"传授不同的媒体形式、它们的文化受限性及其历史发展"，使学生们"得以用批判性的眼光审视文本、照片、档案和电影，认识采访行动在媒体历史与文化上的受限性，拥有以学术研究的成果进行反思性争辩的能力，获得记者职业所需要的特殊知识"。③

若从解决毕业生就业问题的角度来看，这种类型的公众史学显然目的明确、成效斐然，否则绝不会存在长达30年。不过，若从历史学的专业性而论，它的学术内涵较低，而且主要偏向于传媒学。换言之，它重视的是传授技巧，而非内容本身。

第二种做法以各种项目为导向，把公众史学建立在研究和实践的二元基础上。奥格斯堡大学人文历史系与外语系及艺术系合作，创设"专业教育传授学"（Fachdidaktische Vermittlungswissenschaften）硕士培养项目。④该项目结合理论教学，把学生实践活动整合到项目设计中。在2012~2013年冬季学期中，学生在完成历史教育学、艺术史和巴伐利亚史的学习后，便被安排去参加一个主题为"狩猎：欧洲史视野下的地区历史"的博物馆布

---

① 参见孟钟捷《公众史学学科建设的可行路径——从德国历史教育学改革模式谈起》，《天津社会科学》2013年第3期。

② Simone Rauthe, *Public History in den USA und der Bundesrepublik Deutschland*, Essen: Klartext Verlag, 2001, S. 186-187.

③ http://www.uni-giessen.de/cms/kultur/universum/universitaet1/fachjournalistik/Studienschwerpunkt, accessed on 2014-01-19.

④ http://www.philhist.uni-augsburg.de/lehrstuehle/geschichte/didaktik/ma_fachdidaktik_vermittlung/, accessed on 2014-01-18.

展活动。这项活动源于专业教师所承担的欧盟课题"博物馆的欧洲视野研究"。此后，教师又安排同一批学生介入另一课题"欧洲公众历史学杂志研究"。① 21 世纪以来，柏林自由大学、海德堡大学和曼海姆大学相继设立的公众史学硕士培养项目也大抵属于这种类型。② 柏林自由大学便开宗明义地强调："本项目从专业学术问题出发，但比以往更为强烈地关注到（学术界）同历史争辩的美学、政治与商业维度……旨在传授如呈现技巧、组织规划和项目管理一类的实践能力。"

同第一种做法相比，这种类型的公众史学更体现出历史学的特性，尤其表现了历史教育学的革新成果和新文化史发展的趋向。正因如此，它是目前德国公众史学学科建设浪潮中的主流。但是，它的问题在于，以项目为导向的教学活动往往受限于不稳定的教师队伍。柏林自由大学公众史学硕士培养项目负责人吕克（Martin Lücke）教授在接受笔者的访谈时，也坦率地承认了这一点。③ 每一次项目更新都会带来不同的教师组合，导致培养方案不得不经常变动，进而有可能影响到理论教学板块的设计。对此，连力主推动德国公众史学学科化的波茨坦当代史研究中心教授伊姆加尔德·楚道夫也十分遗憾地写道："总体而言，在德语区，还没有出现独立的制度化的公众史学，而是更多受到公众史学影响的，却在完全不同的方案中实施的一些实践活动。"④

（三）柏林自由大学的公众史学项目

如上文所言，公众史学的学科化模式主要有两种：一是以特定职业为导向，如吉森大学的"历史专业记者学"；二是结合学术和实践两个层面，如柏林自由大学弗里德里希-梅尼克研究所（Friedrich-Meinecke-Institute，简称 FMI）和海德堡大学历史系所建立的公众史学硕士培养项目。

---

① http://www.european-crossroads.de/, accessed on 2014-01-17; http://www.museums-exhibiting-europe.de/ 2014-01-19.

② http://www.geschkult.fu-berlin.de/e/phm/studium/gegenstand/index.html, accessed on 2014-01-15. http://www.uni-heidelberg.de/fakultaeten/philosophie/zegk/histsem/forschung/HPH _ Profil. html, accessed on 2014-01-03. http://www.geschichte.uni-mannheim.de/studium/studiengaenge/invisible/master_geschichte_wissenschaft_und_oeffentlichkeit/index.html, accessed on 2013-12-18.

③ 访谈时间：2012 年 11 月 18 日；地点：柏林自由大学梅尼克研究所。

④ Irmgard Zuendorf, "Zeitgeschichte und Publilc History", in *Docupedia-Zeitgeschichte*, 2010-02-11, URL: https://docupedia.de/zg/Public_ History?oldid=75534, accessed on 2012-09-12.

第二种模式颇能体现德国式公众史学的三个特点：第一，虽然以"应用"为导向，但坚持学术特性，有关历史文化的理论课程并不少见；第二，高校与相关机构建立紧密合作关系，邀请公共历史传播媒体中的专业人士来授课；第三，历史教育学作为德国历史学研究的传统学科，成为公众史学的重要支柱之一。

不过，即便在第二种模式内部，德国不同高校之间也存在差别。FMI 公众史学硕士培养项目的特点在于以下几个方面。

首先，它已构建起模块式而非讲座式的教学方案。与海德堡大学项目至今仍然以讲座形式来组织教学不同，FMI 项目从一开始就构思了七大模块（见表4-4）。

表 4-4　FMI 项目的教学模块

模块	出现过或正在讲授的题目
1. 现代史的主题范畴和争议	20 世纪的解释
	1900 年和 2000 年：世纪之交的比较
	纳粹不公正的赔偿问题
	作为纪念之地的柏林
	对和平革命及其记忆政策结果的解释原则
	研究与记忆中的民主德国
	在历史与记忆中的二战和大屠杀
	联邦德国记忆史的观点
	当代史的争议
2. 历史学习与历史文化	历史学习的理论反思
	历史学习的理论视角
	历史学习与历史文化
	历史教育学的学术基础
3. 计算机支持下的历史研究与历史传授	因特网中的历史
	数据化历史学
	工作室 1 网页 2.0 的运用
	历史学家的电子档案
	历史学家的因特网

续表

模块	出现过或正在讲授的题目
4. 历史视角中的媒体、交往与公域	电影与电视中的当代史
	照片与历史：20~21 世纪图片的产生、操纵与推进
	"受到严密保护的证人"：媒介呈现中的证人
	系列历史
	1949~1990 年两德的媒体史
	公共领域和 19 世纪末以来的媒介化进程
	电影图片的力量：当代电影中的历史传授
	Irmgard Zuedorf，历史的媒介分析：媒介中的历史
	Bernd Soesemann，20 世纪公共交往历史的史料、理论与方法
5. 历史的实践领域	实践项目
6. 历史呈现的理论与形式	历史的呈现：1945 年后欧洲的记忆文化
	"柏林戏院及其转折"展览会的构思和实现
	场景化的过去：在媒体、艺术和学术中的再扮演
	关于历史的呈现
	一场展览如何出现？以实践为导向的讨论会，以"Papestrasse 纪念地点"为例
	活生生的历史
	记忆的冲突，1945 年后欧洲的二战叙事及其传授
	历史的呈现："政治"工作室
7. 公共领域的工作和文化管理	工作室 1　历史学家的文化管理
	工作室 2　市场化与资助的基础
	历史学家的文化管理
	历史学家的公共领域中的工作

资料来源：Freie Universität Berlin，http://www.geschkult.fu-berlin.de/e/phm。

　　若进一步观察，这七大模块涉及公众史学的理论和实践两块内容。在理论方面，它涵盖了德国历史教育学、历史文化学、文化管理学等学科；在实践方面，它也联系到计算机运用和媒体报道两种途径。该培养方案的"研究对象"说明是这样强调的："（公众史学）更为关注人们同历史交往的美学、政治与商业维度。对于这种复杂的研究领域，一方面学习者必须具有理论上的能力，特别是有关历史文化与历史学系方面的功能原则，另一方面则旨在培训实践传播能力、呈现技巧、组织规划和项目管理。"

其次，它以当代史为重点。FMI项目在"研究对象"的说明中，便直截了当地强调，公众史学"特别关注现代史（重点在20世纪史）的问题"。从2008年以来的课程内容来看，纳粹史和民主德国史是最为重要的两大组成部分。这是同该校历史学研究的重心相契合的。与此相反，海德堡大学的公众史学项目则把重心置于地方史（巴登和符腾堡）和文化史（1600年前后的德国宗教冲突）上，其师资力量也大多是这两方面的专家。

再次，它的教学合作对象相对固定。FMI与波茨坦当代史研究中心建立了稳定的合作关系，因而来自后者的教师较多，而且课程已经呈现稳定性，例如波茨坦当代史研究中心的伊姆加尔德·楚道夫博士完全承担了"历史的实践领域"这一模块的教学任务。与此相反，在大部分德国高校的类似培养方案中，讲座人的名单总是处于变动之中。

最后，它对入学条件的要求相对比较明确：（1）本科毕业于历史学或拥有同等价值的历史知识的应用学术领域中，而且其成绩高于平均水平——这一点强调了历史学专业知识对公众史学的重要性；（2）在公共传播领域中已经有过实践经历，但并不要求必须以工作经历为前提，同时也为这些拥有工作经历者保留15%的席位——这一点保证了实践经验的必要性，但也为不同情况者提供深造机会。换言之，申请入学者必须同时具备有关历史学的知识理论与传播技巧两项能力。

（四）德国公众史学的独特性

除培养机制的探索外，学科化还应体现在问题意识的提炼中。倘若公众史学成为一门以公共历史为研究对象的学科，它主要研究哪些问题？在德国这个向来以历史思辨享誉学界的国度中，这一点显然是题中应有之义，而且事实上成为德国公众史学有别于其他国家的特性之一。

简言之，德国公众史学的主要研究问题首先集中在"历史文化"（Geschichtskultur）这一概念中。20世纪80年代，历史哲学家约恩·吕森曾讨论过历史学习的四种策略（传统、举例、批判和溯源），以此总结各类历史学习者掌握历史意识的必要过程。[①] 到 90 年代，他进一步提出，"历史文化"作为"历史意识在社会生命中具有实践作用的表达"，体现出审美、政治和认知三种维度的不同组合形式。[②] 公共历史正是其中的一种组合。公众史学旨在"研究不同文化、商业模式的国家和社会机构（如大学、中学、博物馆、管理部门、历史协会）以及媒体如何解释历史，如何让训导、消遣、证明、批判、引导、启蒙和其他记忆模式在无所不包的历史记忆统一体中相互影响"。[③] 它关注的是主体间的互动关系，特别是交流和争议。在这一方面，公众史学争议成为颇受欢迎的选题。[④]

　　与"历史文化"概念息息相关的是 90 年代末出现的有关"文化记忆"的跨学科研究。自从法国学者哈布瓦赫提出"集体记忆"的构想后，记忆话题在德国学界长盛不衰。阿斯曼夫妇（Jan Assmann，Aleida Assmann）在文化学和历史人类学的框架下展开了"文化记忆"（kulturelles Gedächtnis）研究，"致力于发现过去联系与同一性之间的关系"。[⑤] 换言之，它更关注各种文化符号（图片、塑像、仪式等）如何在权力的运作下达到巩固共同体的目的。例如德国社会对犹太大屠杀的记忆便是在历次公众史学争议中被扭转、加深和固化的；相反，把德国人视作二战受害者的那些叙述（如德累斯顿大轰炸、二战后的东部被驱逐者等）则受到压制，被排挤出主流历史意

---

① Joern Ruesen, "Historisches Lernen", in Klaus Bergmann et al. ed., *Handbuch der Geschichtsdidaktik*, Duesseldorf: Schwann, 1985, pp. 224 – 229; ders, "Die vier Typen des historischen Erzaehlen", in Reinhart Koselleck et al. eds., *Formen der Geschichtsschreibung. Traditionen der Geschichtsschreibung und ihrer Reflexion. Fallstudien, systematische Rekonstruktionen, Diskussion und Kritik*, Muenchen: Deutschland Taschenbuch, 1982, S. 514–605.

② Joern Ruesen, "Geschichtskultur", *Geschichte in Wissenschaft und Unterricht*, Vol. 46 (1995), pp. 513 – 521; ders, "Geschichtskultur als Forschungsproblem", in Klaus Froehlich et al. eds., *Geschichtskultur*, Pfaffenweiler: Centaurus, 1992, S. 39–50.

③ Barbara Korte, Sylvia Paletschke, "Geschichte in populären Medien und Genres, Vom Historischen Roman zum Computerspiel", in Barbara Korte, Sylvia Paletschek (Hg.), *History Goes Pop. Zur Repraesentation von Geschichte in populaeren Medien und Genres*, S. 11.

④ 例如，Klaus Große Kracht, *Die zankende Zunft. Historische Kontroversen in Deutschland nach 1945*, Goettingen: Vandenhoeck & Ruprecht, 2005; Frank Boesch & Constantin Goschler (Hg.), *Public History, Oeffentliche Darstellungen des Nationalsozialismus jenseits der Geschichtswissenschaft*, Frankfurt / New York: Campus Verlag, 2009。

⑤ 扬·阿斯曼："记忆"词条，载斯特凡·约尔丹主编《历史科学基本概念辞典》，孟钟捷译，北京大学出版社，2012，第 77 页。

识之外。①在这一方面，德国历史学家们继续紧随法国同行之后，致力于讨论公众历史意识中的"回忆场所"（Erinnerungsorte），如作为革命场所的"圣保罗大教堂"，作为自由象征的"瓦特尔堡"，或作为身份认同符号的"浮士德"等。②

全球视野下的公众史学比较研究早已成为德国学界的一种方向。2001年，劳特在杜塞尔多夫大学完成了《美国和联邦德国的公众史学》③，开了公众史学领域中国际比较研究的先河。在劳特看来，美国的公众史学缺少理论维度，而德国的公众史学是以专业历史学为导向的，拥有历史文化研究的理论追求。2010年，楚道夫撰写了长文《当代史与公众史学》④，针对当代史专题讨论了不同国家公众史学发展的情况。两人不约而同地看到了公众史学在全球范围内兴起的共同趋势，都承认公众史学尽快实现学科化的必要性。

2009年，德国出现了第一本公众史学教科书《历史与公域：场所·媒介·机构》⑤。该书主编在导言中指出，其目的在于"让学习者不仅在内容上获悉（公众史学）最大程度上的各种表现，而且获得激励去反思和讨论它"。据此，该书内容事实上反映了21世纪德国公众史学所关注的主要对象。全书分为三部分，共19章。第一部分"回忆的缘由和形式"，包括历史争议、纪念日和周年庆、神话与传说和再现/生活史等4章；第二部分"地点与机构"，包括纪念像、街道命名、博物馆、纪念馆、历史代理处（Geschichtsagenturen）、历史旅游和历史工作室等7章；第三部分"媒介"，包括历史娱乐片、电视纪录片、公众杂志、报纸、历史专业著作、历史小说、历史青少年文学和电脑游戏等8章。

2012年9月，第49届德国历史学家大会专设一个分会场，由"应用史学工作组"（Arbeitsgruppe für angewandte Geschichte）组织论坛，涵盖吉森大学的"历史专业记者学"、海德堡大学公众史学硕士培养项目、关于应用史学的利弊之争、国际一战历史资源项目和"处在市民社会与学术之间的

① Aleida Assmann, *Der lange Schatten der Vergangenheit. Erinnerungskultur und Geschichtspolitik*, Bonn: bpd, 2007, S. 183–249.

② Etienne François / Hagen Schulze(Hrsg.) , *Deutsche Erinnerungsorte*, München: C. H. Beck, 2001.

③ Simone Rauthe, *Public History in den USA und der Bundesrepublik Deutschland*.

④ Irmgard Zündorf, "Zeitgeschichte und Publilc History", in *Docupedia-Zeitgeschichte*, 2010-02-11, URL: https://docupedia. de/zg/Public_ History?oldid = 75534, accessed on 2012-09-12.

⑤ Sabine Horn/Michael Sauer (Hg.) , *Geschichte und Öffentlichkeit. Orte-Medien-Institutionen*, Goettingen: Vandenhoeck & Ruprecht, 2009.

应用史学"等 5 场演讲，讨论主题为"变化中的历史职业领域"。① 这是历史学家大会这一德国最重要的学术机构首次举办的公众史学专题讨论会。在某种程度上，这或许是德国职业历史学家终于转变立场的信号。

在德国，公共历史已经不是新鲜事，公众史学也踏上了学科化的道路。不过，即便如此，德国学界仍然未能找到一个合适的概念来称呼这一学术新秀。劳特曾在结语中写道："'公众史学'这一概念是多样性的，它既指一种学习过程，也指对于历史学的公众交往。因此，它缺少精确性，欧洲并没有接受这样的概念。"② 来自美国的"公众史学"（public history）或"应用史学"（angewandte Geschichte）虽有市场，但"通俗历史"（Populäre Geschichte）也不乏支持者，如 2012 年 6 月德国研究协会（DFG）所资助的一场会议便取名为"在进步乐观主义和文化悲观主义之间的通俗历史和媒介变迁"。③ 再者，"历史的传授"（Vermittlung der Geschichte）或"中学之外的历史学"（außerschulische Geschichte）是"公众史学"的另一个德国名字，特别是在历史教育学比较鼎盛的学府，如奥格斯堡大学。就这一点而言，德国的公众史学仍然处在学科化的初级阶段。

（五）公共历史文化中的"克服历史"之争

关于"public history"④ 从现象到学科的思考与讨论，国内外都已进行了一段时间，达成了一些共识，也出现了普遍关注的问题指向。⑤ 公共历史

---

① http://www. historikertag. de/Mainz2012/en/programme/special-events/thursday-september-27th. html, accessed on 2014-01-19.

② Simone Rauthe, *Public History in den USA und der Bundesrepublik Deutschland*, S. 247.

③ http://hsozkult. geschichte. hu-berlin. de/tagungsberichte/id=4344, accessed on 2014-01-17.

④ "public history"在中文语境下存在各种理解。笔者把作为现象的"public history"译为"公共历史"，把作为学科的"public history"译为"公众史学"。

⑤ 中国的研究主要有：陈新《"公众史学"的理论基础与学科框架》，《学术月刊》2012 年第 3 期；孟钟捷《公众史学学科建设的可行路径——从德国历史教育学改革模式谈起》，《天津社会科学》2013 年第 3 期；钱茂伟《公众史学的定义及学科框架》，《浙江学刊》2014 年第 1 期；李娜《美国模式之公众史学在中国是否可行——中国公众史学的学科建构》，《江海学刊》2014 年第 2 期；李娜《连接学生与历史实践——公众史学在中国的教育体系建构》，《学术研究》2014 年第 8 期。各大媒体对此也予以了关注，如《中国社会科学报》2014 年 6 月 20 日刊发题为《构建中国公众史学学科体系》的报道，《社会科学报》2014 年 1 月 2 日刊发题为《公众史学的中国式境遇》的报道等。

争议就是其中的一个热点。它指的是公共领域中围绕某个历史问题而出现的争议性事件。它一般基于公众所关注的重大历史话题，通过公共媒体平台（从传统的辩论会到报刊、电台、电视台，直至网络上的新媒体）加以传播和渲染，形成一场全民参与的公共讨论活动，并最终对公众的历史意识产生影响。在这一进程中，职业历史学家不仅加入公共讨论，成为公共历史争议的参与者，而且越来越意识到自己作为书写这段历史之人的使命感。由此，公共历史争议的缘起、特征及其影响便成为公众史学的重要研究对象。

在德国，"克服历史"（Vergangenheitsbewältigung，又译"历史清算"）是指人们与纳粹历史所进行的交往。它牵涉到当代德国人认识纳粹历史、评价纳粹罪行、反省民族责任的立场、途径与限度，涉及的是战后德国社会不得不面对的重大历史问题。20世纪80年代以来，"克服历史"愈加频繁地成为德国公共历史争议的主角。德国历史学家敏锐地抓住了这一话题，在公众史学研究领域中开拓出一系列值得我们重视的新方向。在下文中，笔者首先说明"克服历史"之争引起德国史学界关注的前提条件，随后呈现德国历史学家在20世纪80年代以来研究"克服历史"之争的进展，最后讨论德国在公共历史争议研究中的范式特征及其对中国公众史学的学科化之路所带来的启示。[①]

1. 争论兴起的条件

"克服历史"的概念最早产生于20世纪50年代中叶。[②] 不过，围绕

---

① 就笔者目前阅读所知，德国史学界在这一方面的研究成果也不多见。唯一的一项比较史学研究是 Simone Rauthe, *Publikc History in den USA und der Bundesrepublik Deutschland*, Essen: Klartext Verlag, 2001。最近的一篇重要论文是 Klaus Große Kracht, "Kontroverse Zeitgeschichte. Historiker im öffentlichen Meinungsstreit", in Sabine Horn / Michael Sauer(Hg.), *Geschichte und Öffentlichkeit. Orte-Medien-Institutionen*, Göttingen: Vandenhoeck & Ruprecht, 2009, S. 15–23。笔者曾对此有所梳理，参见孟钟捷《从德国范式看公众史学争议的起因、进程与影响》，《江海学刊》2014 年第 2 期。

② 该词最早出现在 1955 年 7 月 15～18 日柏林福音派学院（Evangelische Akademie Berlin）有关"1944 年 7 月 20 日刺杀希特勒事件"研讨会的邀请函中。该函这样写道："我们希望……今年这次有关 7 月 20 日事件的会议将在一个具有约束力的历史图景问题下召开。在 1945 年崩溃之后，是否存在一幅具有普遍约束力的、有关我们历史的画面？究竟什么可以作为具有约束力的因素，来适用于我们业已产生的历史画面呢？1944 年 7 月 20 日的失败是否表明这种业已产生的历史画面过于狭隘，缺乏作用，而无法有效应对未来？与此同时，到今天为止，它是否显示出一种尚未被克服的过去（unbewältige Vergangenheit）之阴影将更为强大并继续存在？"此后，更为清晰地使用该词的是哥廷根大学中世纪史学家赫尔曼·海佩尔（Hermann Heimpel）。他在 1956 年初强调："只有清晰的、并非依靠辩解而提出的对于个人以及民族生活和历史的观点，才能治愈我们时代的疾病，才能克服未能克服的过去。"参见 Michael Kohlstruck, *Zwischen Erinnerung und Geschichte. Der Nationalsozialismus und die jungen Deutschen*, Berlin：Metropol, 1997, S. 13–14。

"克服历史"的立场、途径与限度的争议，直到 80 年代后才成为职业历史学家的研究对象，并自 90 年代以来演化成为公众史学研究领域的热点问题。这种变化同纳粹研究的持续推进、史学视野的扩大创新、代际更迭带来的开放心态、大众媒体的兴盛与积极参与心态、新时代的德意志民族身份建构需求等因素有所关联。

职业历史学家的研究进展，既为公共历史争议提供了学术支撑，又反过来推动这些争议本身成为学界的热议话题。在纳粹研究中，人们首先从希特勒个人转移到统治集团，由此形成了所谓"个人独裁"与"多头治理"之间的观点交锋；随后，学者又把研究重点从纳粹党的各类下属团体延伸到武装部队、大学、教会等其他社会组织，以此追问纳粹党之外社会精英所应承担的历史责任。80 年代后，这种研究继续推进到普通人的角色问题，从中产生了纳粹罪行是否应该由德国社会集体承担的争议性话题。[1] 这些极具学术性的研究活动在学界内部制造出争辩舞台的同时，也影响到学界外部的社会舆论。通常受到人们热议的话题（例如武装部队的罪责、普通德国人的角色等）[2] 会促使一些职业历史学家进行反思：为什么专业学术研究的某些结论无法被一部分公众接受？[3]

史学研究的当代史转向与社会文化史的蓬勃发展，为职业历史学家重视"克服历史"之争奠定了学理基础。"当代史"（Zeitgeschichte）是目前德国历史学科中最受欢迎的分支学科。"克服历史"之争作为 1945 年后德国社会认识纳粹历史的复杂表现之一，自然受到学界的重视，这一点在最

---

[1] 关于纳粹研究的学术回顾，可参见 Dieter Pohl, "Die Holocaust-Forschung und Goldhagens Thesen", *Vierteljahrshefte für Zeitgeschichte*, Vol. 45, H. 1(1997), S. 1 – 48；沃尔夫冈·席德尔《德国史学界关于民族社会主义研究的回顾》，孟钟捷、唐晓婷摘译，《德国研究》2002 年第 4 期。

[2] 笔者在这两个案例上做过相关研究。参见孟钟捷《统一后德国的身份认同与大屠杀历史争议——1996 年的"戈德哈根之争"》，《世界历史》2015 年第 1 期；《公共历史教育和德国的战争罪责观——以 1990 年代末"武装部队罪行展览之争"为中心的考察》，《历史教学问题》2015 年第 2 期。

[3] 如在戈德哈根之争中，职业历史学家在事后便直言不讳地提出了这样的问题："为什么德国历史学家不为人所知?"参见 Johannes Heil und Rainer Erb(Hrsg.), *Geschichtswissenschaft und Öffentlichkeit. Der Streit um Daniel J. Goldhagen*, Franffurt a. M.: Fischer, 1998, S. 131。

近十年德国历史学家大会的分场话题设置中表现得十分明显。①与此同时，随着社会文化史的影响面持续扩大，职业历史学家对公共历史争议现象及其文化内涵的兴趣，远比传统观念下关注真假问题更为浓厚。②

职业历史学家中的代际更迭，孕育了一批更为客观看待"克服历史"之争的青年学者。二战后的第一代历史学家（19世纪与20世纪之交时出生）大都经历过从帝国到纳粹的统治，他们以"无距离性"（弗里茨·瓦格纳语③）来抵制把纳粹历史纳入克里奥神殿的当代史研究。第二代历史学家（20世纪20~30年代出生）在流亡学者（如汉斯·罗森贝格）和第一代中少数派（如维尔纳·孔策、提奥多·席德）的鼓励下，开创了"批判学派"，即"比勒菲尔德学派"，其中干将包括韦乐（Hans-Ulrich Wehler）、文克乐（Heinrich August Winkler）和科卡（Jürgen Kocka），他们在60~70年代冲锋在前，检讨德国通往纳粹之路的文化根源。④在一定意义上，上述两代学者其实都是"克服历史"之争的主要参与者：一方希望以消极的回避态度绕开这段"难堪的历史"；另一方则以积极的批判态度来集中反思这个"沉重的负担"。也正因如此，所谓"不识庐山真面目，只缘身在此山中"，他们很少发现争议本身也能够"历史化"，成为客观研究的对象。相反，70

---

① 关于当代史在联邦德国史学研究中的发展，可参见本章第三节；德国历史学家大会分场话题设置的研究，参见本章第一节。

② 在20世纪20年代轰动一时的"历史通俗文学之争"中，职业历史学家曾轻而易举地以"历史主义"之名挤压历史传记作家如路德维希·埃米尔（Ludwig Emil）等所引发的公共话题（如"谁是一战的罪魁祸首？"），认为这些话题根本不值得讨论，但在20世纪90年代的公共历史争议发生后，却出现了以此观察联邦德国"文化权力争夺"的论文。前一事件见 Eckart Kehr, "Der neue Plutarch. Die ' historische Belletristik', die Universität und die Demokratie"(1930), in ders, *Der Primat der Innenpolitik. Gesammelte Aufsätze zur preußisch-deutschen Sozialgeschichte im 19. und 20. Jahrhundert*, Herausgegeben und eingeleitet von Hans-Ulrich Wehler, Berlin: Walter de Gruyter, 1970, S. 269-278; Michael Kienzle, "Biographie als Ritual. Am Fall Emil Ludwig", in Rucktäschel, Zimmermann(Hg.), *Trivialliteratur*, München: Fink, 1976, S. 230-248; Christian Gradmann, *Historische Belletristik. Populäre historische Biographien in der Weimarer Republik*, Frankfurt a. M. : Fischer, 1993. 笔者曾以此为主题，做过一次演讲，主题内容刊登在《文汇报》2014年3月31日上。后一说法来自 Wolfgang Wippermann, *Wessen Schuld? Vom Historikerstreit zur Goldhagen-Kontroverse*, Berlin: Elefanten, 1997。

③ Fritz Wagner, " Geschichte und Zeitgeschichte. Pearl Harbor im Kreuzfeuer der Forschung", *Historische Zeitschrift*, Vol. 183, H. 2 (1957), S. 303-326, here 322.

④ 孟钟捷：《"独特道路"：德国现代历史研究的范式转变与反思》，《历史教学问题》2009年第4期。

年代下半叶成长起来的第三代（40~50年代）、第四代（60~70年代）历史学家便拥有更宽阔的行动空间。尽管他们中的一些人继续延续着上面两代人的各自立场，竞相成为新一轮"克服历史"之争的参与者，但其他青年学者却逐步超越了研究禁忌。

日益昌盛的大众媒体在制造"克服历史"之争的同时，也为相关研究提供了舞台。它们一方面邀请职业历史学家参与主持有关争议的"中期回顾"或"争论总结"等栏目，《明镜》周刊（Spiegel）、《法兰克福汇报》（Frankfurter Allgemeine Zeitung）等便是如此；另一方面，它们又主动汇编相关争议材料，为相继兴起的研究做好准备，如《时代报》编辑了戈德哈根之争的史料。

最后值得一提的是职业历史学家积极回应80年代以来建构德意志民族新身份认同需求的努力。在二战结束40年后，德国迎来了一系列重大变革，其中包括经济地位跃升为欧洲领袖、政治上恢复统一过程中在欧洲的强国地位等。在此情况下，"克服历史"之争实际上关系到德意志民族是否能够以及如何才能改变"有罪身份"的问题。这是德国内外十分关注的新身份认同建构进程。对此，德国历史学家对相关争议的梳理和解释，便成为国民自我体验的指南与针对世界难题的回答。

2. "克服历史"的争议进程及其特征

"克服历史"的努力从战后伊始便已出现，但其"历史化"的起点是1983年赫尔曼·吕贝的论文《德国战后意识中的纳粹主义》。[①]作者敏锐发现了德国社会围绕在"克服历史"中的矛盾心态："一方面，新的德意志共和国必须反对纳粹主义，彻底瓦解它的意识形态；另一方面，它又不能违背大多数民众的感情。为了赢得民众对民主的支持，也必须赢得民众对政府的支持，其中便涉及'克服过去'的问题。在很长时间内，纳粹主义都成为一种禁忌话题"。颇有意思的是，吕贝早年参加过纳粹党，战后左转成为社民党成员。对于吕贝个人而言，身为纳粹党员的身份似乎也是一种禁

---

① Hermann Lübbe, "Der Nationalsozialismus im deutschen Nachkriegsgebewusstsein", *Historische Zeitschrift*, No. 236(1983) , S. 579–599.

忌话题。直到 2007 年，他的这种身份才被人发现，进而受到媒体热议。①这种反差至少表明在"克服历史"的问题上，一方面，历史学家作为一个普通人，同样不得不经历十分艰难的心理转型（即从回避到坦承）；另一方面，历史学家比普通人更为敏感，有能力——尽管需要一定时间差——发现围绕"克服历史"所产生的争议本身，足以反映战后德国社会的多种面向。

在此之后，德国学界的讨论大致表现为以下几个方面。

第一，从政治史角度来讨论联邦德国早期历史政策中的回避倾向及其原因。克莱门斯·福尔哈斯在《在排挤与启蒙之间：联邦德国初期围绕大屠杀的争论》一文中，把吕贝所指出的那种矛盾心态具象化，特别集中于大屠杀问题在"克服历史"之争中的重要地位。②这一研究思路后来也反映在维尔纳·贝格曼的论文《1945~1989 年西德对大屠杀的反应》中。值得一提的是，该文还提到了历史教科书编撰与"克服历史"之争的关系，因为历史教科书多少反映了国家意志。③除了大屠杀问题，前纳粹高官的命运也是历史学家关心的问题。诺贝特·雅各布斯在其博士学位论文《1949~1973 年联邦德国公共讨论中围绕汉斯·格洛布克的争议，有关德国政治文化》中，直接把这种类型的"克服历史"之争与德国政治文化重塑进程联系起来。他通过对大量公共媒体的调查研究，认为格罗布克这位阿登纳时代的总理办公厅主任之所以会成为当时舆论的焦点人物，不仅是同其作为前纳粹高官和"7·20 刺杀希特勒事件"参与者的双重身份相关，而且还反映了50~60 年代联邦德国政治文化在摆脱纳粹历史与记忆纳粹罪行之间摇摆不定的问题。④尽管约尔格·弗里德里希不是一位职业历史学家，但他的专著

① 与此类似，文学家君特·格拉斯（Günter Grass）也是在多年批判纳粹历史后，到 2006 年才承认自己曾经为纳粹服务。

② Clemens Vollnhals, "Zwischen Verdrängung und Aufklärung. Die Auseinandersetzung mit dem Holocaust in der frühen Bundesrepublik", in Ursula Büttner (Hrsg.), *Die Deutschen und Judenverfolgung im Dritten Reich*, Hamburg: Christian, 1992, S. 357–392.

③ Werner Bergmann, "Die Reaktion auf den Holocaust in Westdeutschland von 1945 bis 1989", *Geschichte in Wissenschaft und Unterricht*, H. 43(1992) , S. 327–350.

④ Norbert Jacobs, *Der Streit um Dr. Hans Globke in der öffentlichen Meinung der Bundesrepublik Deutschland 1949–1973. Ein Beitrag zur politischen Kultur in Deutschland*, Doktorarbeit, Institut für Philosophie, Universität Bonn （波恩大学哲学系博士学位论文）, 1992。

《冷酷的大赦：联邦共和国中的纳粹罪犯》却是对该主题更为翔实的梳理，
影响颇大。①乌尔里希·布洛赫哈根在《纽伦堡之后：阿登纳时代的克服历
史及其向西方融入》一书中开宗明义地谈到了两种有关"德国历史是否被
克服"的态度——"太多了"还是"太少了"——而在作者看来，与纳粹
历史的交往，不仅要回答"是否"与"多少"的问题，而且必须回答"如
何"的问题，亦即把这种交往作为"历史现象"来加以研究。正因如此，
在评价阿登纳政府的历史政策中，他试图去"理解"而非"批判"阿登纳，
特别将其历史政策与外交旨向结合在一起进行思考。②这种思路后来也体现
在诺贝特·弗赖的专著《历史政策：联邦德国初期和纳粹历史》中。作者
用"历史政策"来代替"克服历史"这一术语，主要关注政府层面的历史
认知形成过程及其引发的社会争议。③

　　第二，从社会史角度来考察不同时代"克服历史"之争所出现的特征
及其原因。米夏埃尔·科尔斯特鲁克在《在回忆和历史之间：纳粹主义与
年轻的德国人》一书中讨论了代际更迭与公共历史争议之间的关联。在他
看来，"克服历史的社会实践，根据群体、代际和政治体制各有差异，新一
代德国青年人完全不同于前面两代人"，因为他们既没有第一代人真实的
"个人罪责"，也无须拥有第二代人不得不面对的"集体罪责"。不过，第三
代人虽然不用在罪责灯光下讨论纳粹历史，但越来越深厚的民族归属感同
样让这种讨论充满紧张感。④贝恩德·福伦巴赫在《同纳粹时代及其回忆的
范式转变》一文中，从历时性角度勾勒出公共意识与学术界在回忆纳粹历
史方面的交往模式变迁。⑤

　　第三，以当代史的参与者身份来书写刚刚过去的"克服历史"之争。

---

① Jörg Friedrich, *Die kalte Amnestie. NS-Täter in der Bundesrepublik*, München, Zürich: Piper, 1994.

② Ulrich Brochhagen, *Nach Nürnberg. Vergangenheitsbewältigung und Westintegration in der Ära Adenauer*, Hamburg: Junius, 1994.

③ Norbert Frei, *Vergangenheitspolitik. Die Anfänge der Bundesrepublik und die NS-Vergangenheit*, München: C. H. Beck, 1996.

④ Michael Kohlstruck, *Zwischen Erinnerung und Geschichte. Der Nationalsozialismus und die jungen Deutschen*.

⑤ Bernd Faulenbach, "Paradigmenwechsel im Umgang mit der NS-Zeit und des Erinnerns", in Karl Giebeler, Abraham Peter Kustermann(Hrgs.), *Erinnern und Gedenken-Paradigmenwechsel 60 Jahre nach Ende der NS-Diktatur?* Berlin: Frank & Timme, 2007, S. 37–52.

正当德国史学界开始重视"克服历史"之争的史学价值时，即 20 世纪 80～90 年代，此类争议形成了新浪潮。由此，不少历史学家在参与争议的同时，也成为最早的一批研究者。例如在 80 年代中叶，"历史学家之争"发生后不久，唐·迪纳就出版了《民族社会主义是历史吗？论历史化与历史主义》一书；① 在 1996 年"戈德哈根之争"结束的次年，米夏埃尔·施耐德便发表了题为"'戈德哈根之争'：媒体社会的一场历史学家之争"的演说，并结集出版；② 在 1995～1999 年的"武装部队罪行展览之争"谢幕之时，传媒学者瓦尔特·霍姆贝格等发表了《观念斗争中的武装部队罪行展览》一文。③

第四，综合性与比较性的研究逐渐增多。沃尔夫冈·维普曼首先发现了从"历史学家之争"到"戈德哈根之争"所蕴含的"罪责问题"。④ 两位"70 后"文化学者托尔本·费歇尔与马蒂亚斯·N. 劳伦茨主编了《德国"克服历史"辞典：1945 年后纳粹主义的争辩与讨论史》一书，系统整理了1945 年后联邦德国在这一领域中的变迁过程。⑤ 曼弗雷德·基特尔出版了《纽伦堡和东京审判之后——1945～1968 年日本与西德的"克服历史"》一书。这是德国学者首次对德日两国战后反省历史的进程加以比较的学术专著。⑥

3. 德国公众史学争议的几点提示

在有关"克服历史"之争的研究中，德国职业历史学家为我们呈现了应对公共历史争议的一种积极态度以及可在公众史学研究中继续思考的一些问题。

---

① Dan Diner, *Ist der Nationalsozialismus Geschichte? Zu Historisierung und Historikerstreit,* Frankfurt a. M. : Fischer, 1988.

② Michael Schneider, *Die "Goldhagen-Debatte". Ein Historikerstreit in der Mediengesellschaft,* Bonn: Forschungsinstitut der Friedrich-Ebert-Stiftung, Historisches Forschungszentrum, 1997.

③ Walter Hoemberg / Christiane Reiter, "Die Wehrmachtsausstellung im Meinungskampf", in Juergen Wilke(Hrsg.), *Massenmedien und Zeitgeschichte,* Konstanz: UVK Medien, 1999, S. 234－246.

④ Wolfgang Wippermann, *Wessen Schuld? Vom Historikerstreit zur Goldhagen-Kontroverse,* Berlin: Elefanten, 1997.

⑤ Torben Fischer, Matthias N. Lorenz(Hg.), *Lexikon der "Vergangenheitsbewältigung" in Deutschland. Debatten-und Diskursgeschichte des Nationalsozialismus nach 1945,* Bielefeld: transcript, 2007.

⑥ Manfred Kittel, *Nach Nürnberg und Tokio. "Vergangenheitsbewältigung" in Jpan und Westdeutschland 1945 bis 1968,* München: Oldenbourg, 2004. 2014 年，该书由上海交通大学出版社推出中文版，其中"克服历史"被译为"历史清算"。

尽管公共历史争议发生的形式各种各样——它包括职业历史学家之间的公共化学术争议（例如"历史学家之争"）、职业历史学家与公共历史学家之间的争议（例如"戈德哈根之争"）、公共历史学家之间的争议（例如"欧洲被害犹太人纪念碑之争"）等三种——但学界的态度已经从漠视、轻视转变为努力纠偏、尝试理解。历史学家没有轻易放过这种理解当下社会心态、反思学界各种问题的机会。在一系列"克服历史"之争发生后，不少历史学家展现出主动参与研究的自觉性：有的人有意识地把相关史料结集成册，如恩斯特·莱茵哈德·皮佩尔主编了有关"历史学家之争"的史料集，[①] 尤里乌斯·汉斯·肖普斯主持编辑了有关"戈德哈根"的史料集，[②] 汉斯-京特·梯勒推出了有关"武装部队罪行展览之争"的史料集[③]等。有的人很快把这些争议作为当代史的研究对象，如毕生致力于纳粹历史研究的沃尔夫冈·本茨在为《历史科学与公共舆论：围绕丹尼尔·J. 戈德哈根的争议》一书写的前言中，开宗明义地指出这些争议一方面传播了学术研究的最新成果，另一方面也推动了研究者对其公共教育使命的反思，"假如当代史现象成为反思的对象，那么有待调查的是学术界与社会之间的裂痕"。[④]

在释读争议所产生的根源、发展进程的阶段性特征及其影响中，职业历史学家陆续提出了一些值得不断反思的问题。

第一，如何平衡历史真实与政治正确之间的关系？当后现代观念不断冲击 19 世纪以来形成的所谓"史学科学化"思想时，历史研究的求真使命已经在某种程度上受到了质疑，而其政治意义越来越受到关注。在"克服历史"的问题上，争议双方往往是在不同维度上进行"鸡鸭对话"的。正因如此，斯坦凡·贝尔格才提出，伴随公共历史争议发生频率不断增强，职业历史学家"不应像以往那样，带着同样傲慢的自信心，来认为他们作为职业历史学家（比大众历史学家）知道得更为全面"，而应该"拥有更平

① Ernst Reinhard Piper (Hrsg.), *"Historikerstreit"*. *Die Dokumentation der Kontroverse um die Einzigartigkeit der nationalsozialistischen Judenvernichtung*, München: Piper Verlag, 1987.

② Julius H. Schoeps(Hg.), *Ein Volk von Mördern? Die Dokumentation zur Goldhagen-Kontroverse um die Rolle der Deutschen im Holocaust*, Hamburg: Hoffmann und Campe, 1996.

③ Hans-Guenther Thiele (Hrsg.), *Die Wehrmachtsausstellung. Dokumentation einer Kontroverse*, Bremen: Edition Temmen, 1997.

④ Johannes Heil und Rainer Erb(Hrsg.), *Geschichtswissenschaft und Öffentlichkeit. Der Streit um Daniel J. Goldhagen*, Frankfurt a. M. : Fischer, 1998, S. 9–15, here 9.

和的心态"，因为"历史学最终既只是政治"，又不仅仅是政治。①

第二，如何把历史专业平台与公共交流渠道结合在一起？公共历史争议往往展现了大众媒体的影响力，如当代史学者克劳斯·熊豪文在1997年的学术会议上，便通过梳理"戈德哈根之争"的前因后果，反思"历史研究对于当下德国记忆文化和历史政策产生的社会影响"。在他看来，这种"克服历史"之争属于"媒体事件，或者说是媒体制造的事件"，反衬出"媒体传播与学术辩论之间的巨大差异性"。②马丁·克特在其博士学位论文中专门研究了德国媒体在"戈德哈根之争"中表现出来的情绪性和防御性姿态，以此讨论当代历史知识的传播特点。③

第三，如何以可视化的方式来弥补历史叙述中的不足？当学术化且略显枯燥的历史叙述以可视化的方式（影像等）加以呈现时，必定会增强吸引力。但在"克服历史"之争中，历史知识的"可视化"限度也成为诱发因素之一。例如在"武装部队罪行展览之争"中，当事人、公共历史学家汉内斯·黑尔强调这次展览旨在突破德国历史学界在大屠杀问题上所遵循的"图片禁忌"，以便对观众"产生冲击"，强化"可读性"。在他看来，"可视化"不仅仅是"美学问题"，而是对"把照片作为史料的评价"发生了重要变化。④但是，这场争议的焦点之一正是在于如何证明照片的真实性：因为拍摄者的信息已经消失，照片又不足以证实历史叙述的内容。正因如此，一些批评者认为，展览照片并没有引发布展方所希望的历史想象，观

---

① 斯坦凡·贝格尔：《职业历史学家与大众历史学家，1800—1900—2000》，孟钟捷译，陈恒、耿相新主编《新史学》第11辑，大象出版社，2013，第95页。

② Klaus Schönhoven, "Die Goldhagen-Rezeption in Deutschland. Über die öffentliche Resonanz der Holocaust-Forschung", in Hans-Jochen Vogel und Michael Ruck (Hrsg.), *Klaus Schönhoven. Arbeiterbewegung und soziale Demokratie in Deutschland. Ausgewählte Beiträge*, Bonn: Dietz, 2002, S. 460–470, here 460, 463.

③ Martin Kött, *Goldhagen in der Qualitätspresse. Eine Debatte über, Kollektivschuld" und, Nationalcharakter" der Deutschen*, Konstanz: UVK Medien, 1999.

④ Hannes Heer, "Das Haupt der Medusa. Die Auseinandersetzungen um die Ausstellung ' Vernichtungskrieg. Verbrechen der Wehrmacht 1941 bis 1944' ", in Hannes Heer, Walter Manoschek, Alexander Pollak, Ruth Wodak(Hrsg.), *Wie Geschichte gemacht wird. Zur Konstruktion von Erinnerungen an Wehrmacht und Zweiten Weltkrieg*, Wien: Czerning Verlag, 2003, S. 245–268, here 262–263.

众很难就此形成判断。[①]简言之，人们可以继续讨论的问题是：在传递历史认识中，图片史料是否以及如何确保其在场性与叙事目标的统一性？

"克服历史"之争已经成为德国公共历史文化中的重要组成部分。对于"克服历史"之争的研究，正是职业历史学家试图理解和阐释德国公共历史文化的一种努力。公众史学的学科化恰恰需要这样一种努力，来证明"public history"的理论内涵与现实意义。该方向契合了方兴未艾的社会文化史研究热潮，也产生了一系列值得关注的成果和有待继续思考的问题。该研究的基本观念与方法或许可为中国公众史学的学科建设指明一种方向。

本章对 20 世纪 80 年代以来德国历史学研究的概览性总结，不过是管中窥豹，触及几个重要发展面向，并未覆盖所有研究领域。但即便如此，无论定量统计，还是定性分析，我们都能看到德国历史学发展的一些显性特点。

第一，重视当代。作为历史研究对象的"当代"，在时间上总是存在不断移动的特点，而且必定受制于档案解密的年限规定，通常并不是德国历史学的研究重点。但 1945 年后，伴随"历史清算"而来的一连串重新定位，日益凸显了当代史在学术和社会双重价值上的重要性。教席增加、期刊创办、研究机构成立、选题不断革新且占据研究主流舞台，这些都是当代史在德国史学界的影响所致。

第二，引领学界。在 19 世纪，德国史学界贡献了如兰克这样的"史学之父"，提出了"科学史学"的研究理念，率先推行了"研究班"的专业训练模式。20 世纪 90 年代以来，从科泽勒克的"概念史"到阿斯曼夫妇的"文化记忆"，再到吕森的"学科矩阵"，都体现了德国历史学家的新一轮引领作用。这些概念帮助我们重新认识历史演进的路径，从人们使用的语言入手，到习以为常的符号标志，直至历史学科的自我理解。

第三，公众转向。长期以来，有关历史学学科属性的讨论大多在"科学还是艺术"的二选一中打转，忽视了历史学在研究之外，还存在传播的

---

① Markus Krischer / Robert Vernier, "Nur zur Illustration. Wie das Reemtsma-Institut nach dem Fälschungsvorwurf Bilddokumente entwertet", *Focus*, 21. 04. 1997. Thorsten Schmitz, "Der unfreiwillige Zeuge", *SZ*, 15. 03. 1997.

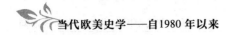

责任。随着自媒体时代的到来，公共历史传播中的问题及其纠正机制，日益受到各国历史学界的关注。在这一方面，德国历史学研究者同样给出了一种解答，就是历史教育学的快速发展。德国历史教育学当然也受到了美国公众史学的影响，但它本身并不忽视中学课堂之内的历史教学，并从中进一步思考公共历史文化建设的方法和途径。

第五章　20世纪80年代以来美国的历史学

20世纪80年代以来，美国的历史学发生了很大变化，这些变化是此前美国史学发展的必然结果。当然，其与欧洲史学的发展也有一些关联。概括说来，全球史、大历史以及观念史的发展，就是这些发展变化中的一些突出表现。下面我们将对这些发展变化做简要陈述。

第一节　全球史及其超越

（一）全球史在美国的兴起

作为世界史编纂方式之一的全球史，因其对人类过往所持的全球视角，以及对世界不同国家和地区彼此联系与交往互动的重视，极大丰富和深化了当今的世界史研究，使之更能满足全球化时代人们对一种新的全球叙事的需要。①然而，在人类历史进程日趋一体化的背后，却是各种地方主义诉求的此起彼伏，民族国家边界的打破虽然带来了商品和人口的自由流动，

---

① 对于多数学者来说，当前的世界史和全球史无论是在研究方法还是在研究对象上，都存在高度的一致性，因此并无本质上的区别。但在如布鲁斯·马兹利什等部分历史学家看来，全球史似乎更强调全球化的历史，或强调对历史上全球化因素的追溯。关于全球史与世界史的不同之处，参见 Bruce Mazlish, "Comparing Global History to World History", *Journal of Interdisciplinary History*, Vol. 28, No. 3 (1998), pp. 389–390。马兹利什在2006年甚至提出了"新全球史"的概念，指出新全球史的研究重点是二战以来的全球化历史，参见 Bruce Mazlish, *The New Global History*, New York and London: Routledge, 2006, p. 12。

但也造成了持续不断的族裔摩擦和种族纷争。即使在同一文明内部，现代化发展程度不同的各个社会阶层之间的价值冲突，似乎比处于同一发展阶段的不同文明之间的冲突还要剧烈。①全球化在带来文化、制度乃至景观趋同的同时，却无法否认日益纷繁的多样化和基于差异的认同政治。

"全球叙事黄金时代"让历史学家看到了全球史的可能性和必然性。②但是，迄今为止，全球史在表现人类历史的多样性和差异性上做得并不成功，甚至有一种以单一叙事来取代多元叙事的危险。而漠视人类历史的多样性和不同地区之间的差异，只能让这种全球叙事成为带有某种种族中心主义倾向的主导叙事，不但拒斥其他来自地方经验的叙事，而且无助于认识和理解人们生活于其中的这个世界。近年来，对全球史的反思和批判已经引起了学者的足够关注，③ 不过那种为之贴上西方意识形态或新殖民主义标签的做法却显得过于草率和情绪化。只有深入其内在机理并追溯其发生、发展的学术渊源，并将之置于当前世界史编纂的整体脉络之中，通过比较来审视它的局限，我们才能较为客观地揭示全球史的种种不足，进而予以补充和完善。

尽管全球史研究已经成为一种全球现象，但从其根源来看，全球史首先出现在美国，与世界史学科的兴起密不可分。美国世界史学科的产生与二战后国际形势的剧变有关。二战的结束及随后发生的亚非拉民族解放运动，使美国开始重新审视与第三世界国家之间的关系，也使其逐步认识到后者在塑造当代世界中所起的重要作用。与此同时，出于同苏联争夺第三世界的需要，美国调整了其外交政策，加紧了与第三世界的合作，学术界也随之加强了对第三世界历史与现状的研究。及至美国参加朝鲜战争和越南战争，普通民众也有了了解域外文化的需要。这就促使一些历史学家开始运用全球眼光来看待整个世界。

---

① Dieter Senghaas, *The Clash within Civilisations: Coming to Terms with Cultural Conflicts*, London and New York: Routledge, 2002, p. 6.

② Kerwin Lee Klein, "In Search of Narrative Mastery: Postmodernism and the People Without History", *History and Theory*, Vol. 34, No. 4(1995), p. 298.

③ 比如，多米尼克·萨克森迈尔指出："全球史的真正潜能在于运用多种视角的文化上的'普遍'取向。任何具有明显全球视角的研究还必须找到平衡普遍性和特殊性的方法。它必须对全球结构的内在差异和地方力量的全球维度保持同样的敏感度。"参见 Dominic Sachsenmaier, "Global History and Critiques of Western Perspectives", *Comparative Education*, Vol. 42, No. 3 (2006), p. 455。中国学者对于全球史的批评与质疑，参见刘新成《全球史观在中国》，《历史研究》2011年第6期。

早在 1963 年，威廉·麦克尼尔出版了《西方的兴起：人类共同体史》一书，该书打破了传统世界史以民族国家为中心的局限，将重点放在了不同社会与文化传统之间的交往与接触上，尤其是技术与工艺的传播上。[①]《西方的兴起》被认为是第一部具有全球视野的世界史著作，给后来的世界史学者提供了大量灵感。同时，在教学领域，一些历史学家认识到，必须调整美国中学，甚至是大学的课程设置，用世界史来代替旧有的西方文明史教学。斯塔夫里阿诺斯对此做出过这样的评论："这个时候，我感到需要以一种全球视野来开设另外一门课程。这种感觉在朝鲜战争期间加强了，当时我们许多学生离开校园前往远东，但对他们将要面对的国家，却缺乏足够的知识和了解。"[②]从 20 世纪 50 年代开始，经过路易斯·戈特沙尔克（Louis Gottschalk）、斯塔夫里阿诺斯、威廉·麦克尼尔等几代学者的不懈努力，直到 1982 年美国世界史协会（World History Association，WHA）的成立，世界史的教学与研究工作在大学里得到极大推动。[③]针对这一变化，时任美国历史学会（American Historical Association，AHA）主席的卡尔·戴格勒（Carl H. Degler）在 1985 年说道："即使是最保守的院系，包括那些教职员工人数有限的院系，都表现出一种不断增长的超越欧美视野的意识。"同年，在国会参加了大学历史入门课、讲授西方文明史还是世界史辩论的理查德·苏利文（Richard E. Sullivan）教授也认为："我预测，传递给全国高校的一个基本信息是，有必要，或许是非常有必要考虑用世界史课程来取代西方文明史课程。"[④]

推动美国世界史教学发展的另一个重要事件是中小学世界史教学标准的颁布。1994 年秋天，美国中小学历史教学中心（National Center for History in the Schools，NCHS）在国家人文基金会（National Endowment for the Humanities，NEH）和教育部的资助下，制订了《全国世界史教学标准》（*National Standards*

①　William H. McNeill, *The Rise of the West: A History of the Human Community*, Chicago: University of Chicago Press, 1963.

②　参见 Gilbert Allardyce, "Toward World History: American History and the Coming of the World History Course", *Journal of World History*, Vol. 1, No. 1(1990) , p. 43。

③　这一过程的具体细节，参见 Gilbert Allardyce, "Toward World History: American History and the Coming of the World History Course", *Journal of World History*, Vol. 1, No. 1(1990) , pp. 31-76。

④　Gilbert Allardyce, "Toward World History: American History and the Coming of the World History Course", *Journal of World History*, Vol. 1, No. 1(1990) , p. 74.

for World History）。①依据这一标准，世界史被分为八个时期，每个时期又配有若干标准，总计 39 条，内容分别涉及社会、政治、科技、经济、文化等领域。以第六时期"第一个全球时代的出现（1450～1770 年）"为例，其中共有 6 条标准，分别是：（1）1450～1600 年世界主要地区的越洋联系如何导致全球之转型；（2）1450～1750 年在全球互通时代里欧洲社会如何在政治、经济与文化上转型；（3）16～18 世纪间疆域辽阔的帝国如何统治欧亚大陆大部分地区；（4）1500～1750 年非洲、欧洲、美洲人民在经济、政治与文化上的密切关系；（5）欧洲扩张时代亚洲社会的转型；（6）1450～1770 年全球的主要趋势。② 世界史教学标准的颁布，不仅为从小学五年级到高中阶段的世界史教学提供了基本依据和目标，也体现了美国政府对世界史教学的高度重视，对美国世界史研究的深入发展起到了良好的促进作用。

世界史教学对西方文明史教学的取代，进一步推动了学术界对于世界史的研究。除了由美国世界史协会创办于 1990 年的《世界史杂志》（*Journal of World History*），美国一些重要的学术刊物，如《美国历史评论》（*The American Historical Review*）、《历史与理论》（*History and Theory*）、《跨学科史杂志》（*Journal of Interdisciplinary History*）等也纷纷发表论文和专题讨论，对世界史研究的方法与理论进行了细致而全面的探讨。大量相关专著也在这一时期涌现出来，其视角之独特和视野之广阔无不给人以耳目一新的感觉。

在美国历史学界颇有分量的世界史协会图书奖，一直是世界史研究的风向标，并有广泛的国际影响。自该奖项 1999 年设立，至 2018 年共有 24 部图书获奖（2006 年空缺）。它们分别是 1999 年的《白银资本重视经济全球化中的东方》、2000 年的《世界史上的科学与技术》、2001 年的《太阳底下的新鲜事：21 世纪的世界环境史》和《大分流：欧洲、中国及现代世界经济的发展》、2002 年的《维多利亚时代末期的大屠杀：圣婴饥荒与第三世界的形成》、2003 年的《法律与殖民文化：世界历史的法律体系（1400～1900）》、2004 年的《形异神似：全球背景下的东南亚，约 800～1830 年》、2005 年的《时间地图：大历史导论》、

---

① National Center for History in the Schools, *National Standards for World History: Exploring Paths to the Present, Grades 5–12*, Los Angeles: National Center for History in the Schools, 1994.

② 世界史教学标准的具体内容可以在美国中小学历史教学中心的网站上看到，网址为 http：//nchs. ucla. edu/standards/world-standards5–12. html。

2007 年的《探路者：世界探险史》、2008 年的《控制太平洋：从澳大利亚到阿
拉斯加的土地、殖民者以及原住民》、2009 年的《忧郁的秩序：亚洲移民与边界
的全球化，1834~1929 年》和《自然与权力：全球环境史》、2010 年的《超越民
族：北大西洋世界中的家园，1400~2000 年》、2011 年的《世界史中的帝国：权
力与差异政治》、2012 年的《为什么欧洲富有而亚洲贫穷：1600~1850 年的全球
经济大分流》、2013 年的《种族隔离：分裂城市的全球史》和《大西洋世界的
文化史，1250~1820 年》、2014 年的《棉花：造就现代世界的织物》、2015 年的
《争夺欧亚大陆边疆：从现代早期帝国的崛起到第一次世界大战的结束》、2016
年的《物质化的大西洋：大西洋世界的服装、商业与殖民，1650~1800 年》、
2017 年的《贩卖帝国：不列颠和美国形成过程中的印度，1600~1830 年》和
《新政：一部全球史》、2018 年的《债务之海：西印度洋的法律与经济生活，
1780~1950 年》和《成为自由的法国人：法兰西大西洋帝国中的公民权》。①从这

---

① 参见 Andre Gunder-Frank, *Re-Orient: Global Economy in the Asian Age*, Berkeley: University of California Press, 1998; James McClellan III and Harold Dorn, *Science and Technology in World History: An Introduction*, Baltimore: Johns Hopkins University Press, 1999; John McNeill, *Something New under the Sun: An Environmental History of The Twentieth Century World*, New York: W. W. Norton, 2001; Kenneth Pomeranz, *The Great Divergence: China, Europe, and the Making of the Modern World Economy*, Princeton: Princeton University Press, 2001; Mike Davis, *Late Victorian Holocausts: El Niño Famines and the Making of the Third World*, London: Verso, 2002; Lauren Benton, *Law and Colonial Cultures: Legal Regimes in World History, 1400 – 1900*, Cambridge: Cambridge University Press, 2002; Victor Lieberman, *Strange Parallels: Southeast Asia in Global Context, c. 800—1830*, Vol. I: Integration on the Mainland, Cambridge: Cambridge University Press, 2003; David Christian, *Maps of Time: An Introduction to Big History*, Berkeley: University of California Press, 2005; Felipe Fernández-Armesto, *Pathfinders: A Global History of Exploration*, Oxford: Oxford University Press, 2006; Stuart Banner, *Possessing the Pacific: Land, Settlers, and Indigenous People from Australia to Alaska*, Cambridge: Harvard University Press, 2007; Adam McKeown, *Melancholy Order: Asian Migration and the Globalization of Borders, 1834 – 1929*, New York: Columbia University Press, 2008; Joachim Radkau, *Nature and Power: A Global History of the Environment*, Cambridge: Cambridge University Press, 2008; John R. Chavez, *Beyond Nations: Evolving Homelands in the North Atlantic World, 1400 – 2000*, Cambridge: Cambridge University Press, 2009; Jane Burbank and Frederick Cooper, *Empires in World History: Power and the Politics of Difference*, Princeton: Princeton University Press, 2010; Prasannan Parthasarathi, *Why Europe Grew Rich and Asia Did Not: Global Economic Divergence, 1600 – 1850*, Cambridge: Cambridge University Press, 2011; Carl H. Nightingale, *Segregation: A Global History of Divided Cities*, Chicago: University of Chicago Press, 2012; John K. Thornton, *A Cultural History of the Atlantic World, 1250 – 1820*, Cambridge: Cambridge University Press, 2012; Giorgio Riello, *Cotton: The Fabric That Made the Modern World*, Cambridge: Cambridge University Press, 2013; Alfred J. Rieber, *Struggle for The Eurasian Borderlands: From the Rise of Early Modern Empires to the End of the First World War*, Cambridge: Cambridge University Press, 2014; Robert DuPlessis, *Material Atlantic: Clothing, Commerce and Colonization in the Atlantic World, 1650 – 1800*, Cambridge: Cambridge University Press, 2015; Jonathan Eacott, *Selling Empire: India in the Making of Britain and America, 1600 – 1830*, Chapel Hill: University of North Carolina Press, 2016; Kiran Klaus Patel, *The New Deal: A Global History*, Princeton: Princeton University Press, 2016; Fahad Ahmad Bishara, *A Sea of Debt: Law and Economic Life in the Western Indian Ocean, 1780 – 1950*, Cambridge: Cambridge University Press, 2017; Lorelle Semley, *To Be Free and French: Citizenship in France's Atlantic Empire*, Cambridge: Cambridge University Press, 2017。

24 部著作的标题上我们能看到，它们基本上都遵循着同样的研究路径，即围绕跨文化交流与传播、大范围的经济与社会史、大范围的环境与生态史、自然史与人类史的互动、海洋史等主题来展开各自的论述。

鉴于美国世界史研究在 21 世纪以来产生的广泛影响，一些重要的国际学术会议也纷纷将世界史与全球史作为讨论的主要议题。较早明确将全球史作为会议主题，进而产生了广泛影响的国际会议，是 2000 年在挪威奥斯陆召开的第 19 届国际历史科学大会，会后出版的纪念文集就定名为《理解全球史》（*Make Sense of Global History*）。文集的编者高度评价了全球史的现实意义，认为它给当前的历史研究带来了不容忽视的机遇和挑战："全球史正越来越成为我们的共识。本书讨论了全球史或普遍史的概念。这一研究领域仍处于初级阶段，实践者也相对较少。传统的历史学家总是将注意力集中于民族成就之上，并在大量档案中爬梳剔抉，为他们的研究结果提供证据。拥有全部史料和一切方法论上的敏锐，历史学家技艺的这一标志性特点在面对普遍史时，将处于危险的境地。"[1]

在美国之外，欧洲各国的世界史研究也取得了很大进展。一方面，它们受到美国世界史研究的影响；另一方面，这些研究也与各自国家的学术传统紧密结合，体现着与美国不同的特点与方法。比如，在英国，世界史编纂在沿着韦尔斯（H. G. Wells）、汤因比和巴勒克拉夫开创的道路前进时，也出现了明显的变化与更新。迈克尔·本特利将之归纳为以下几点：在文化上为一种包罗万象的全球性元叙事提供支持；对历史解释的空间向度予以接受；为全球性的研究领域提供一种有效的认识论和方法；建立使某些历史问题形成一种全球性概念的学术基础等。[2]在法国，世界史研究继承了年鉴学派聚焦长时段、长于经济社会分析、统合历史学与地理学等特点，将结构分析和以地理、移民、文化联系为研究重点的空间分析结合起来，使世界史朝着一种"综合史"（synthèse historique）的方向发展。[3]而在德国，世界史研究则体现出跨民族史的特色，既研究德意志民族与其他民族

[1]　Solvi Sogner ed., *Make Sense of Global History*, Oslo: Universitetsforlaget, 2001, p. 11.

[2]　Michael J. Bentley, "The Singularities of British *Weltgeschichte*", in Benedikt Stuchtey and Eckhardt Fuchs eds., *Writing World History: 1800-2000*, Oxford: Oxford University Press, 2003, pp. 185-186.

[3]　Lutz Raphael, "The Idea and Practice of World Historiography in France: the *Annales* Legacy", in Benedikt Stuchtey and Eckhardt Fuchs eds., *Writing World History: 1800-2000*, p. 171.

交往互动的历史，也研究世界史编纂体例的改变和超出民族国家建构之外的各种关系及其变化。具体说来，跨民族史主张把全球性意识和局部性问题联系在一起，着眼于民族史范式主导下被忽视的跨地区、跨民族和跨文化进程，将传统问题置于全球背景下重新加以理解和认识。①

（二）全球史及其不足

任何一种试图对人类、地球或者宇宙进行总体描述的历史，比如世界史、全球史以及最近流行的大历史（big history），都可以归结为普遍史（universal history）。而普遍史从本质上来说都是一种历史哲学，其目的并不在于对过去进行详细的再现与描述，而是对未来提供一种"预言"或"预测"。②柯林伍德在论及18~19世纪的普遍史体系时，曾这样评价："关于这些体系，真实情况乃是它们是些预言，并且大体上是相当准确的预言，预言的是到往后几代人从事历史研究所要遵循的路线。"③早期的普遍史，特别是古罗马和基督教时代的普遍史，通常蕴含着两大主题，即罗马人的征服和基督教的胜利。对过去的所有解释都可以看作对实现上述两个主题的回溯式预言，过去因而成为未来的铺垫和准备。④在普遍史的最新形式——大历史中，预言的作用同样十分明显。大卫·克里斯蒂安指出："大历史必然要关注大趋势……以一种大视野去审视过去必然会提出有关未来的问题，而对于不远的未来和遥远的未来来说，至少有一些答案是现成的。"另一位大历史学者弗莱德·斯皮尔也强调，大历史能够让人们更好地理解"人类在不远的未来所面对的重大挑战"。⑤

---

① 何涛：《跨民族史：全球史在德国史学界的回应》，《首都师范大学学报》（社会科学版）2008年第6期。

② Ewa Domanska, "Universal History and Postmodernism", *Storia della Storiographia*, No. 35(1999), p. 130.

③ 柯林伍德：《历史哲学纲要》，《历史的观念》（增补版），何兆武等译，北京大学出版社，2010，第440页。

④ 比如波利比阿的《历史》和优西比乌的《教会史》。波利比阿的《历史》被认为是第一部普遍史，优西比乌的《教会史》则被看作第一部基督教化的普遍史。

⑤ David Christian, *Maps of Time: An Introduction to Big History*, Berkeley: University of California Press, 2004, p. 7; Fred Spier, *Big History and the Future of Humanity*, Malden: Wiley-Blackwell, 2010, p. ix.

与早期普遍史对未来所做的政治隐喻和神学隐喻以及大历史基于现代创世神话的完整性而展望人类未来一样，全球史的预言性也表现在它强烈的目的论色彩和对历史必然性的追求中。大多数全球史在对人类历史的整体叙述中，都暗含了一种指向未来的价值判断，即分散在世界各地的人类最终会走向统一，且自始至终都在顺应着这一趋势。为了使这种价值判断成为可能，全球史学家需要赋予人类历史的空间或横向整合以一种时间或纵向上的连贯性，全球化或全球历史的形成因此被推向了遥远的过去。[1]与之相应，全球史编纂的源头也常常被追溯到希罗多德或司马迁那里，以此说明全球意识也并非现代的产物，它在那些具有广阔视野的古代历史学家的著作中业已成形。[2]尽管这种服务于未来的逆向策略，能够让全球史学家成功地连缀起一个完整的和没有中断的全球史谱系，却也使全球史的叙事成为一个问题。

海登·怀特在论及谱系学式的历史叙事时指出："历史的叙事化过程将每一种现在一方面转化成一种'过去的将来'，另一方面转化成一种'将来的过去'。由于现在被视为过去和将来之间的一种过渡，因而，它既是过去人类行动者所实施方案的一种实现，同时又是对将来活的人类行动者即将实现的可能方案领域的一种确定。"[3]立足于现在而讲述全球叙事的全球史学家，其任务也就是将人类过去的全球性与人类的全球性未来联系成一个有机的整体。为此，全球史学家有意选择那些代表了人类历史整体性和一致

---

① 1492 年或 1500 年通常被认为是全球化的起点，但也有学者提出全球化其实在人类文明的早期就已开始。参见 William A. Green, "Periodizing World History", *History and Theory*, Vol. 34, No. 2, Theme Issue 34(May, 1995), pp. 99 – 111; Justin Jennings, *Globalizations and the Ancient World*, Cambridge: Cambridge University Press, 2011。一些经济史学者对全球史学家将全球化的起源大幅度提前表示质疑，他们认为，并没有证据表明全球化始于 5000 年之前或 500 年之前，它只发端于 19 世纪早期，完全是一个现代现象。参见 Kevin H. O'Rourke and Jeffrey G. Williamson, "When Did Globalisation Begin?", *European Review of Economic History*, Vol. 6, No. 1 (April 2002), pp. 23–50。

② 对全球史编纂传统的回顾，参见 Jerry H. Bentley, *Shapes of World History in Twentieth-Century Scholarship*, Washington, D. C.: American Historical Association, 1996; Patrick O'Brien, "Historiographical Traditions and Modern Imperatives for the Restoration of Global History", *Journal of Global History*, Vol. 1, No. 1(March 2006), pp 3–39。

③ 海登·怀特：《形式的内容：叙事话语与历史再现》，董立河译，文津出版社，2005，第 202 页。

性的事件，对过去进行重组和编排，而大量体现多样性和差异的历史现象却被忽略了。或者，尽管有时全球史学家也承认人类历史的破碎性，但他们认为这种破碎最终会归于统一。在这样的全球史叙事中，全球史学家呈现的只能是一种一体化，那些潜藏在一体化之下起离心作用的反体制力量都被排除在全球史的叙述之外。

在构建全球叙事时，全球史学家诉之于一种全球视野，而全球视野正是全球史得以告别以种族主义为中心的旧有的世界史的标志。不过，无论这种全球视野有多大，它必须借助一种单一的主导叙事才能将它目力所及的所有地区整合在一起。而单一的主导叙事又往往是种族中心主义的，因为它需要从自我的文化和经验中汲取重构过去的知识与灵感。因此，当前的全球史在打破欧洲中心主义的宰制后，有可能会走向另外一种中心主义。正如阿里夫·德里克指出的："承认欧洲中心主义是一个历史现象，就必须将之放在其他的统治事例中加以考察，在这些统治事例中，欧洲中心主义既不是第一个，也不可能是最后一个。"①对全球史来说，这真是一个悖论。

如果说注重整体性的全球史叙事必然会忽视地方因素且可能滋生出一种种族中心主义倾向，那么跨文化互动（cross-cultural integration）这一全球史的核心概念似乎是对上述缺陷的弥补。在全球史家的理解中，跨文化互动不仅对所有卷入其中的人们在社会、政治、经济和文化上都产生了重大的影响，而且以此为全球史分期的标准，会摆脱种族中心主义偏见。②从字面上看，"互动"意味着不同主体之间双向的交流，但纵观人类历史，不同民族、不同地区和不同文化之间的交往并不总是双向的，它有时更多地表现为单向的、不对称的甚至强制性的。杰里·本特利列出了世界历史上跨文化互动的三种进程：大规模移民、帝国扩张战争和远程贸易。③除远程贸易具备双向交流的特点外，大规模移民和帝国扩张战争显然是单向的，并具有明显的强制性，其本质是强势文明和一体化力量在全球的扩散，而不

①　Arif Dirlik, "Is There History after Eurocentrism? Globalism, Postcolonialism, and the Disavowal of History", *Cultural Critique*, No. 42(1999) , p. 12.

②　Jerry H. Bentley, "Cross-Cultural Interaction and Periodization in World History", *The American Historical Review*, Vol. 101, No. 3(1996) , p. 750.

③　Jerry H. Bentley, "Cross-Cultural Interaction and Periodization in World History", *The American Historical Review*, Vol. 101, No. 3(1996) , p. 752.

是各种地方传统和经验的相互塑造。此外，"互动"还暗示了对等和自愿的原则。但在人类全球化的历史进程中，特别是公元1500年以后，互动主要表现为西方对非西方的霸权与压制以及一系列大规模的暴力行为，非西方在这一过程中始终处于被动、防守甚至反抗的境地。因此，在理解全球史中的互动问题时，殖民主义和帝国主义必须被考虑在内，必须看到其中包含冲突与斗争、统治与反抗。近年来在研究不同地区的交往问题时，历史学家更愿意使用"遭遇"（encounter）一词，因为它比"互动"更能体现全球进程的复杂性和多样性。①

关于"互动"的另外一个问题是：它背后的动力是什么？全球史学家对此并没有给出具体的分析和明确的回答。在他们看来，互动显然来自人类交往的需要，这种需要无论从心理上还是行动上都是自觉的。或者，可将之归结为生产力发展到一定阶段的必然结果。这一论断与19世纪启蒙思想家的"进步"观念十分类似，它们都秉承了人类历史不断朝着更高和更完善等级发展的理念，其背后透露的是西方启蒙运动以来的理性主义历史观。比如，康德在《世界公民观点之下的普遍历史观念》中认为，"普遍的世界历史"（allegemeine Weltgeschichte）观念指的是"世界的进程可以用某种合理性的目的来加以衡量"。②黑格尔在《世界历史哲学讲演录》中也指出，"世界历史是一个理性的过程"，"世界历史展现了精神的自由意识的发展"。③这种理性主义的世界历史观念在当代，尤其是美国史学界有三个变体：一是体现了新保守主义意识形态的福山的"历史终结论"和亨廷顿的

① 相关研究，参见 J. J. Clarke, *Oriental Enlightenment: The Encounter Between Asian and Western Thought*, London and New York: Routledge, 1997; John Rennie Short, *Cartographic Encounters: Indigenous Peoples and the Exploration of the New World*, London: Reaktion Books, 2009; Susan Castillo, *Colonial Encounters in New World Writing, 1500–1786*, London and New York: Routledge, 2006; Brian Sandberg, "Beyond Encounters: Religion, Ethnicity, and Violence in the Early Modern Atlantic World, 1492–1700", *Journal of World History*, Vol. 17, No. 1 (2006), pp. 1–25; Karina Attar, "Muslim-Christian Encounters in Masuccio Salerntitano's *Novellino*", *Medieval Encounters*, Vol. 11, No. 1–2(2005), pp. 71–100。

② Immanuel Kant, "Idea for a Universal History with a Cosmopolitan Aim", in Amélie Oksenberg Rorty and James Schimidt eds., *Kant's Idea for a Universal History with a Cosmopolitan Aim: A Critical Guide*, Cambridge: Cambridge University Press, 2009, p. 21.

③ G. W. F. Hegel, *Lectures on the Philosophy of World History*, Vol. 1, Oxford: Oxford University Press, 2011, pp. 79, 118.

"文明冲突论"; 二是继承了马克思主义传统的沃勒斯坦的世界体系论及其追随者; 三是当前的全球史研究, 被认为体现了新自由主义精神。[①]其中, 全球史因其较为中允的价值立场而成为世界史研究的主流。然而, 不论采用何种分析方法, 理性主义的世界历史观都具有鲜明的排他性, 都倾向于把复杂的社会现象还原为某一终极目的。对于全球史学家来说, 互动就是人类历史演进的终极目的。但在实际上, 互动并不是展现全球历史的唯一途径。娜塔莉·戴维斯在2011年的一篇论文中, 向我们展示了两个彼此分离、毫无关联的地方故事呈现同一全球历史面貌的可能性, 并对"在一个全球化的世界中'全球史'就是描述过去的唯一适合的方式"这一论断提出了质疑。[②]

(三) 后殖民视角下的世界史研究

将后殖民主义视角引入历史研究领域, 主要是以印度历史学家为主的"庶民研究"学派不断努力的结果。[③]"庶民研究"作为一项研究计划虽已结束, 但影响力至今犹存, 由其所衍生出的"后殖民史学"早已成为一种公认的史学形态。[④]后殖民史学的一个重要特征是对西方历史知识体系的合理性提出挑战, 这种挑战主要表现在以下三个方面: 第一, 对启蒙运动时期形成的历史主义进行批判, 反对理性的和进步的历史观; 第二, 对历史发展的总体性做出否认, 强调历史差异和多样化的历史表现方式; 第三, 对西方历史话语中的权力关系提出拷问, 质疑其客观性与合理性。当前, 后殖民史学的实践者已经不再仅限于有第三世界背景的知识分子, 许多欧美学者也纷纷将之作为历史分析的一个重要工具。

---

① 参见 Trevor R. Getz, "Towards an Historical Sociology of World History", *History Compass*, Vol. 10, No. 6(2012), pp. 483-495。

② Natalie Zemon Davis, "Decentering History: Local Stories and Cultural Crossings in a Global World", *History and Theory*, Vol. 50, No. 2(2011), p. 192.

③ 关于后殖民主义在历史学中的应用, 参见张旭鹏《后殖民主义与历史研究》,《世界历史》2006年第4期; 关于庶民研究, 参见张旭鹏《"庶民研究"与后殖民史学》,《史学理论研究》2006年第4期。

④ 2002年出版的《西方史学思想指南》一书就将后殖民史学列为专章介绍。参见 Prasenjit Duara, "Postcolonial History", in Lloyd Kramer and Sarah Maza eds., *A Companion to Western Historical Thought*, Malden: Blackwell Publishers 2002, pp. 417-431。

　　具体到世界史研究中来，后殖民史学的一个重要任务就是将殖民主义重新置于世界史的框架中加以审视和考察。与以往的研究侧重殖民主义对殖民地的政治、经济影响不同，后殖民史学探究的是殖民地知识如何影响和决定了宗主国（西方）对殖民地（非西方）的认知和想象，以及这一过程体现出的西方权力运作。伯纳德·科恩的《殖民主义及其知识形式》可谓这一领域的开创性著作。作者通过分析英国殖民者对印度各种知识的发现、收集、整理和分类，细致而独到地展示了英国文化霸权和政治控制在印度的逐步确立。① 21世纪以来的一些著作同样体现了这一趋势。

　　比如，尼娜·布雷的《海市蜃楼：拿破仑的科学家与揭开埃及的面纱》剖析了追随拿破仑远征埃及的法国科学家的科学考察行为。此次科学考察可以看作现代时期欧洲与伊斯兰世界的第一次大规模接触，它带来了双重结果。对欧洲而言，埃及大量的天文学、数学、博物学、化学、生物学以及艺术方面的知识，不仅在欧洲促成了一股经久不息的埃及文化热，也极大地影响了欧洲人的历史思维和科学意识。对埃及来说，穆罕默德·阿里的政府开始派遣医生、士兵、工程师和教育家前往欧洲学习先进的科学技术知识，埃及现代化的序幕由此揭开。但在另一方面，此次科学考察之后，欧洲便开始对埃及进行肆无忌惮的文化掠夺，埃及则在现代性文化上更加依赖于欧洲。欧洲与埃及彼此勾连的知识生产，显然是在一种权力不对称的情况下完成的。作者进而提出了更具世界史意义的思考：欧洲与埃及的跨文化互动，究竟是加深还是减缓了延续至今的伊斯兰世界与西方之间的不信任？这究竟是在两种文化之间搭建起一座联系的桥梁，还是将一种文化的统治强加于另一种文化之上？②

　　布赖恩·理查森的《经度与帝国：库克船长的航行如何改变了世界》有相似的主题。该书叙述了詹姆斯·库克船长在南太平洋上的三次航行及其对塑造世界的意义。库克在其航行中，为地球上不少尚未被西方所知的地带绘制了大量地图，其精确度和规模都超过了以往。经他绘制的岛屿和

---

① Bernard S. Cohn, *Colonialism and Its Forms of Knowledge: The British in India*, Princeton: Princeton University Press, 1996.
② Nina Burleigh, *Mirage: Napoleon's Scientists and the Unveiling of Egypt*, New York: HarperCollins, 2007, pp. 247-248.

海岸线地图，也首次出现在西方的地图集和航海图集内。库克在绘图学上的贡献是完全改变了此前西方人绘制地图时的片段性和模糊性，被认为创造了真正的关于世界的知识。受库克绘图学范式的影响，西方人开始以更为精确的方式去绘制世界地图，世界各国的位置得以明确化，与各个地方相关的民族、动物、植物也得到收集、辨认、理解和命名。库克的三次航行及其在此过程中所积累的关于世界的知识，既塑造了一个统一而明确的全球知识体系；也为创建一个以欧洲为中心的世界秩序奠定了知识基础。作者最后指出，西方对非西方知识和信息的收集与整理，不仅体现了知识与权力的交织，更因其高度的精确性和科学性而改变了知识与权力的组织形式。①

对历史上殖民帝国的考察，是后殖民史学重构世界史的另一个重要尝试，并在一定程度上推动了"新帝国史"（new imperial history）的兴起。②帝国作为多元民族和多元文化的聚合体，以及它在政权上的普遍性要求，向来是理解全球联系无法回避的主题。近年来的帝国研究，已经摆脱了欧洲中心或单一民族的视角，力求探寻帝国内部的多样性与帝国全球秩序之间的关系。③与之有所不同的是，后殖民史学更关注殖民帝国是如何通过其庞大的机构行使权力，以及殖民地又是如何以不同的方式抵制这种权力。殖民帝国权力的行使以及对这一权力的反抗，构成了世界史中交换与互动的"另类"模式，因为它代表着创伤的体验和痛苦的回忆。用穆芮纳丽尼·辛哈的话说就是："帝国总是一项肮脏的事业。它所推动的交换总是强制性的和不平等的。暴力从不会远离帝国。"④所以，世界历史中的权力问题要比跨文化交流和大规模贸易更为复杂和深刻，舍此我们难以理解过去的世界和当今的世界。

① Brian W. Richardson, *Longitude and Empire: How Captain Cook's Voyages Changed the World*, Vancouver, B. C. : University of British Columbia Press, 2006.

② Stephen Howe, "Introduction: New Imperial Histories", in Stephen Howe ed., *The New Imperial History Reader*, London and New York: Routledge, 2010, p. 2.

③ 相关的代表性著作，参见 Jane Burbank and Frederick Cooper, *Empires in World History: Power and the Politics of Difference*, Princeton: Princeton University Press, 2010。该书曾获 2011 年世界历史学会图书奖。

④ Mrinalini Sinha, "Projecting Power: Empires, Colonies, and World History", in Douglas Northrop ed., *A Companion to World History*, Malden and Oxford: Wiley-Blackwell, 2012, p. 270.

从帝国的视角研究世界史还能让我们看到一个更加"纠结"（entangled）的世界图景或世界网络。与那种单向或双向的联系不同，帝国的网络异常繁杂，不仅包含宗主国与殖民地之间的垂直联系，还有帝国内部各个殖民地之间的多向联系，以及相互竞争的帝国之间的平行联系。[①]在这一网络中，存在各种各样的合作、协商、妥协和抵抗。帝国网络中的每一个主体，不论是宗主国还是殖民地，都处在相互构造和彼此依赖的瓜葛之中。宗主国固然对殖民地产生了重要的影响，但殖民地对宗主国的影响同样不可忽视。一些学者注意到"殖民主义的回流"给宗主国造成的各种变化。比如，大量殖民地居民向宗主国的移民，在改变宗主国人口构成的同时，也带来了一种包括饮食、着装、语言和艺术形式在内的文化混杂状态，不仅重塑了帝国中心人民的日常生活习惯，也改变着他们的思想观念。[②]与那种单一的全球叙事相比，这种多层次的纠结的历史更利于揭示现代世界的复杂性。

（四）跨民族史与区域史

与全球史的全球视野不同，跨民族史（transnational history）将研究的基本单位重新放在了民族或民族国家之上，但这并不意味着民族史（national history）的回归，而是强调了民族国家之间的交流与相互作用。从空间上来看，跨民族史的对象既可以是相邻的两个或多个民族，也可以是不相邻的两个或多个民族。民族之间的界限不仅指传统意义上的政治边界，也包括抽象的文化边界。但不管怎样，我们可以将跨民族史理解为一种在兼顾民族国家历史的背景下，对跨越民族国家边界的互动与联系进行研究的世界史新范式。丹尼尔·罗杰斯的《大西洋的跨越：进步时代的社会政治》堪称一部典型之作。该书描述了大西洋两岸的西欧和北美在社会政策方面的相互联系、交流与竞争，反映出在那个特定的历史时期，人们如何努力弥补过度放任的资本主义带来的破坏。该书的视野不仅跨越了大西洋，而且

---

① 对帝国网络的深刻分析，参见 Alan Lester, *Imperial Networks: Creating Identities in Nineteenth-Century South Africa and Britain*, London and New York: Routledge, 2001。

② Michael H. Fisher, *Counter Flows to Colonialism: Indian Travellers and Settlers in Britain, 1600 – 1857*, New Delhi: Permanent Black, 2004.

远及澳大利亚和新西兰，但始终把握着民族国家间交流互动的脉络。[1]

2009 年出版的《帕尔格雷夫跨民族史辞典》，对跨民族史研究的主旨进行了更为详尽的概括。编者指出，现代世界史不仅要被理解为民族史的总和或国家间事务的编年史，而且要被理解为并不总是局限在世界上任何特定国家或地区，也不仅限于某些国家和政府的人员、商品、观念和技能的联系和流动的历史。只有理解各种跨越边界的流动、联系和挪用，我们才能完全把握历史的本质。在这种跨民族联系和互动而不是国家或国际事务的框架内，即便是税收、冷战这样众所周知的事项，也会呈现出全新的意义。[2]

从研究内容上来看，跨民族史与全球史有着诸多相似和重叠之处，但跨民族史的研究尺度并不是全球性的，而是局部的或者聚焦于某个地理范围之内。这种研究视角更有利于研究者去突出地方经验，从而将微观研究与宏大叙事结合起来。入江昭在对跨民族史和全球史进行区分时指出："正如全球史在概念上将自身与世界史区分开来一样，跨民族史或许同样可以与全球史区分开来，因为它涉及的内容可能并不必然是全球性的，但依然是跨越民族的力量和主题，比如地区共同体、地区间的移民、疾病和环境问题。像人权和恐怖主义这样的主题当然可以放在全球史的概念框架中加以理解，但跨民族史会赋予这些主题特定的时间段，因为跨民族的联系和现象可以说是与 17 世纪以来的民族史共同发展而来的。"[3]

对于入江昭将跨民族史的上限定在民族或民族国家的形成时期，一些学者提出了不同的意见，他们建议从更宽泛的意义上去理解"nation"一词，将之视作一个"想象的共同体"，而不是现代意义上的"民族"。[4] 这样，跨民族史的研究方法便可以应用到民族国家形成之前的历史时期。从这个角度来看，娜塔莉·戴维斯的《骗子游历记：一位 16 世纪穆斯林的双

① Daniel T. Rodgers, *Atlantic Crossings: Social Politics in a Progressive Age*, Cambridge and London: Belknap Press of Harvard University, 1998.

② Akira Iriye, Pierre-Yves Saunier eds., *The Palgrave Dictionary of Transnational History: From the Mid-19th Century to the Present Day*, London: Palgrave McMillan, 2009.

③ Akira Iriye, "The Transnational Turn", *Diplomatic History*, Vol. 31, No. 3(2007), p. 375.

④ Bartolomé Yun Casalilla, "'Localism', Global History and Transnational History: A Reflection from the Historian of Early Modern Europe", *Historisk Tidskrift*, Vol. 127, No. 4(2007), p. 667.

重世界》也可以被视作一部跨民族史著作。书中的主人公是一个被称作"非洲人利奥"（Leo Africanus）的摩洛哥穆斯林外交官，他被海盗掳往欧洲后，接受教皇利奥十世的洗礼，成为一名基督徒。利奥在意大利生活期间，根据其在非洲的游历写下了《非洲志》（*Description of Africa*）一书，并因此在欧洲获得了受人尊敬的学者地位。九年后，利奥重返非洲，再次成为"哈桑·瓦赞"（Al-Hasan al-Wazzan）。戴维斯通过这一个案研究，生动地描述了利奥在两个文化世界之间跨越，但又纠结于两种文化认同之间的故事。①

一个与跨民族史的研究旨趣比较接近，但略有不同的世界史编纂方式是区域史（regional history）。梅吉尔指出，存在两种区域史：一种是一个民族国家内部的某个区域的历史；一种是超越民族国家边界的区域的历史。前者介于民族史与地方史（local history）之间，后者介于民族史与全球史或世界史之间。②保罗·克莱默则认为，不论是第一种区域史还是第二种区域史，都可以通过某些政治经济或地缘政治通道与世界史或全球史发生联系。③需要指出的是，区域历史的研究早已有之，比如布罗代尔的《地中海与菲利普二世时代的地中海世界》。不过，布罗代尔是从总体史的角度来理解地中海的，而当前的区域史突出的是地中海世界的多样性而非统一性。④

当下西方区域史研究的一个热点是大西洋史（Atlantic history）。美国历史学会自 1998 年起开始设立大西洋史学奖（The James A. Rawley Prize in Atlantic History），从其中一些获奖图书的研究主题中不难看出，大西洋史研究的重点是现代早期美洲、欧洲和非洲，或者英国、法国及其在美洲和非

---

① Natalie Zemon Davis, *Trickster Travels: A Sixteenth-Century Muslim Between Worlds*, New York: Hill and Wang, 2006. 中译本题为《行者诡道：一个 16 世纪文人的双重世界》（周兵译，北京大学出版社，2018）。

② 艾伦·梅吉尔：《区域历史与历史撰写的未来》，肖超译，张骏校，《学术研究》2009 年第 8 期。

③ Paul A. Kramer, "Region in Global History", in Douglas Northrop ed., *A Companion to World History*, pp. 203–204.

④ David Abulafia, "Mediterranean History as Global History", *History and Theory*, Vol. 50, No. 2 (2011), p. 221.

洲的殖民地所构成的经济和文化区域之间的联系。①对于大西洋史在世界史编纂中的意义，迈克尔·吉梅内斯和马尔库斯·雷迪克在《什么是大西洋史?》中做出了这样的评价："大西洋史在探索全球史或世界史中扮演着极为重要的角色。随着这一区域的研究和写作的展开，它将必然涉及与其他地理或文化区域（太平洋圈、伊斯兰世界、欧亚大陆、西方'文明'等）的比较，这些互动也会影响到大西洋各个组成部分的历史以及大西洋作为一个完整体系的历史。"②

因此，我们完全可以认为，区域史就是构成世界史或全球史一部分的区域性经验。如果将各个区域具体而特殊的历史经验抽离，世界史或全球史就将成为空洞而缺乏具体内容的抽象概念。反之，世界史或全球史若要避免一元化趋势，也必须借助区域性经验，使自身朝着跨区域史的路径发展。诚如梅吉尔所言，世界历史如果是按照彼此差异但是相互关联的国家及区域历史并行撰写的方式，而非单一叙述的方式，将得到更好的呈现。③

无论是后殖民视角下的世界史研究，还是作为世界史潜在编纂模式的跨民族史或区域史的进展，在本质上都是对全球史偏重整体性和一致性而忽视地方差异和多样化的一种纠正。如同任何一种历史叙事一样，全球史叙事也建立在对不同的个体经验与集体记忆的记录之上。因此，在研究跨文化互动的过程中，全球史史学家必须进行多层次的分析，将全球性进程与各种地方文化差异联系起来。那种强调一致性和整体性的全球史不能成为唯一的和权威的叙述。在这一意义上，如果能够成功地撰写一部较为客观的全球史的话，这种全球史也应当是一种全球时代承认差异的历史。当前历史学家的任务，借用查尔斯·泰勒"承认的政治"（the politics of recognition）这一概念，就是要在全球化时代建立一种"承认的历史"（the

---

① 如 Karen Ordahl Kupperman, *Indians and English: Facing off in Early America*, Ithaca: Cornell University Press, 2000; Londa Schiebinger, *Plants and Empire: Colonial Bioprospecting in the Atlantic World*, Cambridge: Harvard University Press, 2004; Sabine MacCormack, *On the Wings of Time: Rome, the Incas, Spain, and Peru*, Princeton: Princeton University Press, 2006; David Eltis and David Richardson, *Atlas of the Transatlantic Slave Trade*, New Haven: Yale University Press, 2010.

② Michael Jiménez and Marcus Rediker, "What Is Atlantic History?", http://www.marcusrediker.com/Articles/what_is_atlantic_history.htm(accessed on).

③ 艾伦·梅吉尔:《区域历史与历史撰写的未来》，肖超译，张骏校，《学术研究》2009年第8期，第99页。

history of recognition）。①

第二节　大历史与西方普遍史传统

"大历史"（big history）是 21 世纪以来在美国兴起的一个新的史学研究领域，它强调从长时段和大范围来研究上迄宇宙诞生下至当今时代的人类和非人类的历史，具有宏观的视野和开放的体系。大历史注重宇宙史、自然史与人类史的相互联系，力图将传统史学与宇宙学、地质学、天文学、气候学、生物学、考古学等学科结合起来，具有典型的跨学科特征。"大历史"的概念和研究方法由英国学者大卫·克里斯蒂安在《时间地图：大历史导论》中率先提出，随即在西方史学界产生了巨大反响，也引起了众多历史学家的热切关注。② 2010 年 8 月，"国际大历史学会"在美国密歇根州的伟谷州立大学成立。2011 年 3 月，在比尔·盖茨的资助下，旨在向澳大利亚和美国的中学生教授大历史的"大历史计划"正式启动，大历史在学术研究和教学实践两个领域得以同时展开。2018 年，大历史学会的会刊《大历史学刊》（*Journal of Big History*）在美国宾夕法尼亚州维拉诺瓦大学（Villanova University）创刊，大历史已经成为一门新兴的学科。

（一）大历史的兴起与普遍史的回归

大历史的兴起有着其特殊的时代背景。从西方文化发展的角度来看，20世纪 80 年代以来，西方逐渐进入大众消费时代，一切文化行为和文化生产的目的似乎都是满足普通大众的需求，西方文化因而日益表现出大众文化（popular culture 或 mass culture）的特征，即流行性、商业性、消费性和工业化。与此同时，大众传媒的飞速发展，使报纸、杂志、书籍、广播、影视、网络等媒介成为大众文化传播和扩大影响的主要载体。大众文化注重体验的多样化和价值的多元化，由此所衍生出的碎片化倾向和潜在的虚无

---

① Charles Taylor, "The Politics of Recognition", in Amy Gutmann ed., *Multiculturalism: Examining the Politics of Recognition*, Princeton: Princeton University Press, 1994, pp. 25–73.

② David Christian, *Maps of Time: An Introduction to Big History*, Berkeley: University of California Press, 2005.

主义，逐渐解构了被认为承载着一个社会全部价值观念的传统文化概念。人们通常所理解的文化不但失去了固有的崇高性质，而且日益成为一种霸权话语和人性发展的阻碍，反倒是各种亚文化的可操作性更能解释人类行为的多样性和边缘群体的存在意义。

另外，从西方史学的发展与嬗变来看，自 20 世纪 80 年代以来，西方史学的学术功能和社会功能同样经受着大众文化的冲击。史学的目的是探求普遍性，还是仅仅揭示个体化的经验？这个问题正在动摇着人们久已形成的历史观。尤其在后现代主义的推动下，传统的史学研究发生了语言学转向、文化转向、人类学转向等重要变化，历史学家的视野转移到了文化、记忆、认同、个体等非结构问题上，研究对象也愈发微观化和细碎化。以往在史学研究中占有突出地位的宏大叙事，则被视为一种权力话语和神话而遭到排斥和否定。与此同时，两极世界的坍塌以及多元政治格局的形成，为基于地区主义和特殊主义的诉求提供了合法性，更是在现实层面上压缩了宏大叙事的存在空间。一些历史学家有理由认为，西方史学中的宏大叙事传统似乎不可能在短期内再次到来。①

然而，在 21 世纪的第一个十年中，新的社会现象的出现却表明宏大叙事依然有强大的生命力和存在下去的理由。首先，全球性的联系比以往更为紧密，不同地区间的人类交往比以往更加深入。过去 30 年来，对偶然性、差异性和多元性的过度强调，使人们愈发难以把握当今这个充斥着不确定性且飞速变化的世界。人类有必要通过宏大叙事来重建某种新的确定性，进而重塑他们对当下和未来的集体认知，以及人类命运与共同的集体认同，完全摆脱宏大叙事几乎是不可能的。因此，从整体上回顾和审视人类共有的历史进程，将人类当前的发展纳入一种新的宏大叙事中，对于人类的当下与未来显然有着极为重要的意义。

其次，现代社会所带来的环境恶化、生态危机、食品安全、战争风险等问题，以及由此产生的对未来生活和周边世界的强烈的不确定感，使人们渴望重新获得一种群体认同，并试图在一个新的宏大叙事中找到自己的位置。现代性所带来的那种加速的眩晕感，似乎只有借助一种近乎静止的

---

① Allan Megill, "Universal History", in Kelly Boyd ed., *Encyclopedia of Historians and Historical Writing*, Vol. Ⅱ, London and Chicago: Fitzroy Dearborn Publishers, 1999, p. 1245.

时间意识抑或普遍的价值观才能得到减轻。借用并修改一下马克思的那句名言，我们也可以认为："并非一切坚固的东西都烟消云散了。"

大历史正是这种复杂的社会和文化情境的产物。正如其创始人大卫·克里斯蒂安指出的："在一个全世界都充斥着核武器问题和生态问题的时代，我们迫切需要将人类看作一个整体。过去只是关注国家、宗教和文化之分野的那些历史叙述，现在看来是狭隘的、错误的，甚至是危险的。"①大历史对人类未来命运的关切，对人类作为一个整体的存在感和共同意识的探求，使之具有了某种现代创世神话的意味。对于这种创世神话的意义，克里斯蒂安做过如下解释："创世神话提供了一个普遍坐标，通过这个坐标，人们就能够在一个更大的框架里想象自身的存在，并且扮演自己的角色。创世神话是强有力的，因为我们在精神上、心理上，以及社会上有一种深层次的需要，那就是要有一种定位感、一种归属感。而创世神话正好满足了这种深层次需要。"②

大历史的产生固然有其特殊的时代和学术背景，但它并不是一个"全新"的事物，它建构新的宏大叙事形态的努力，从已知最大的时间和空间尺度对人类历史作出整体描述的尝试，无疑都深深植根于西方人对普遍史的追求中。③也正是因为如此，克里斯蒂安将大历史称为西方"普遍史"传统在现时代的回归，并有可能引领下一个50年历史学的发展。④因此，有必要从普遍史的角度去审视大历史，以便能够更为清楚地看到大历史的思想渊源及其历史意蕴。

---

① 大卫·克里斯蒂安：《时间地图：大历史导论》，晏可佳等译，上海社会科学院出版社，2007，第10页。

② 大卫·克里斯蒂安：《时间地图：大历史导论》，第2页。

③ universal history 又被译作"普世史"，但这种译法具有较强的宗教色彩和意识形态色彩，它似乎暗示了这一历史编纂模式的终极性和唯一性。虽然 universal history 与普世宗教有着密切的关系，但它存在于不同的文化和历史传统中，并没有一种单一的 universal history，而是有着多种 universal history。从 universal history 的指称来看，它研究的对象是普天之下的所有事物，并体现出一种与混乱相对立的有序的整体性。至于将 universal history 译为中国史学中的"通史"，则更为不妥。因为通史对应的是断代史，它强调了时间上的延续性，而 universal history 不仅具有时间上的整体性，还具有空间上的整体性。对 universal history 研究对象的分析，可参见 Ewa Domanska, "Universal History and Postmodernism", *Storia della Storiografia*, No. 35（1999），p. 129。

④ David Christian, "The Return of Universal History", *History and Theory*, Vol. 49, No. 4(2010)，p. 7。

（二）普遍史及其类型

作为一种史学"文类"（genre），普遍史不同于编年史或谱系学等早期史学编纂模式的一个基本特征在于，它是以一种单一的叙事，按照时间的顺序对全体人类的历史做出描述，通常从人类的起源开始，到当前人类所处的时间结束，具有十分明显的线性结构。普遍史并不是一开始就存在于西方的史学传统中，至少在古希腊时期，就没有这样一种单一时间架构内的单一叙事。希罗多德的《历史》，通常被认为是一部具有"世界史"意义的著作，但不是一部普遍史。因为它强调了希腊人与非希腊人之间不同的历史发展和文化传统，突出的是差异性。在时间结构上，希罗多德也没有在希腊人、吕底亚人、埃及人和波斯人的历史之间建立一种统一的年代顺序，每一个民族的历史都有着自己的编年结构。[1]真正意义上的普遍史必须有一个统一的主题和单一的线索，以便将不同地区、民族或国家的历史纳入一个有意义的整体。

希腊历史学家波利比阿的《历史》是第一部称得上普遍史的著作。该书集中论述的是罗马的崛起及其对（地中海）世界的征服，正是在这一主题下，所有分散的历史才具有了一种统一性。正如作者所言，之所以选择第140届奥林匹克运动会（公元前217年或公元前216年）作为其著作的开端，是因为"在此之前，世界上所发生的事情完全是分散的，因为每一个事件就其所发生的那部分世界来说，自始至终都是特殊的。但是，从那以后，历史就变成了一个有机的整体，因为发生在意大利、利比亚、亚细亚和希腊的事件全部联系在了一起，万事万物趋向于一个唯一的结果"。[2]除统一的主题外，波利比阿还为普遍史设定了另外两个标准。一是普遍史的背后总有某种既定的动因。在分析罗马何以征服整个世界时，作者就将之归结为命运（fortune）："命运使已知世界的几乎所有事件转向唯一的方向，将一切事物推往同一个目标。"[3]正是这种既定的原因，不论它是精神的还是

① Ernst Breisach, *Historiography: Ancient, Medieval, and Modern*, Chicago & London: The University of Chicago Press, 1994, p. 11.

② Polybius, *The Histories*, trans. Robin Waterfield, Oxford: Oxford University Press, 2010, p. 4.

③ Polybius, *The Histories*, p. 5.

物质的，推动历史从分散走向统一，从多样的特殊性走向单一的普遍性。二是普遍史的发展具有封闭的线性结构。波利比阿指出，主题的整体性带来了单一的行动和单一的场景，这就意味着普遍史"有一个公认的开始，一个确定的过程，一个无可争议的结果"。①这一点决定了普遍史一定具有某种必然性，它排除了偶然性和其他的可能性，因而不是开放的。

如果说罗马帝国为普遍史的写作提供了最初的素材，并由此产生了一种政治的普遍史的话，那么基督教的形成，则带来了另外一种普遍史类型，即宗教的普遍史。宗教的普遍史的代表人物是优西比乌，他在《编年史》和《教会史》中，详细地描绘了一幅基督教化了的普遍史图景。《编年史》主要开创了一种新的纪年方法，它以《圣经》中亚伯拉罕的出生为元年，重新将不同民族的历史加以编年，并将之整合到希伯来人的时间体系中来，这样所有纷繁复杂的历史便形成一个统一体，所有已知的历史事件就可以从一个确定的起点加以考察。②这种新的纪年体现了一种对时间性（temporality）的全新认识。在《教会史》中，优西比乌试图以这种新的时间性来构建一个新的历史体系，它的标志是基督的到来，主体是一个在预定的时候出现的"新的群体"，即基督徒。与以往人们对自身所处时代的凌乱记载不同，《教会史》通过描述基督教的实践，清晰而系统地呈现出基督徒或基督教会如何从一个弱小的群体，历尽艰辛，最终成为主宰者的胜利史。不仅如此，《教会史》还提出了一种对于历史的新解释，即历史是推进上帝目的之实现而展开的普遍进程。用优西比乌的话说就是："我将会处理一个崇高无比、超乎人类理解范围之外的概念，即［上帝］的安排和基督的神性。无论是谁，如果他想写一部教会史的话，他就必须从基督开始写起。正是因为基督的缘故，我们得到了［基督徒］这个名称；这是上帝的安排，它远比绝大多数人认识到的更为神圣。"③

优西比乌之后，通过哲罗姆（Jerome）对其《编年史》所作的拉丁文翻译和补遗，这部新的基督教普遍史进一步扩大了影响，并为中世纪类似的普

---

① Polybius, *The Histories*, p. 132.

② 优西比乌在编年上的创新，可参见 Brian Croke, "The Originality of Eusebius'Chronicle", *The American Journal of Philology*, Vol. 103, No. 2(1982), p. 200.

③ 优西比乌：《教会史》，保罗·L. 梅尔英译、评注，瞿旭彤译，生活·读书·新知三联书店，2009，第21页。

遍史编纂确立了内容和形式上的规范。奥古斯丁（Aurelius Augustinus）的《上帝之城》、奥罗修斯（Paulus Orosius）的《反对异教徒的历史七书》都延续了这一传统。[①]与波利比阿的政治的普遍史一样，基督教的普遍史同样排除了历史的多样性和特殊性，也排除了历史的其他可能。对于这种排他性，柯林武德有过精辟的论述："所有的人和所有的民族都包罗在上帝目的的规划之中，因此历史过程在任何地方和一切时间都属于同样的性质，它的每一部分都是同一个整体的一部分。基督徒不能满足于罗马史或犹太史或任何其他局部的和特殊主义的历史：他要求一部世界史，一部其主题将是上帝对人生的目的的普遍展开的通史。"[②]

及至17世纪，基督教的普遍史依然是探索人类整个历史的重要模式。在博絮埃的《论普遍史》中，推动历史发展的"上帝的目的"更是被转化为"天意"（Divine Providence）这样的终极意义问题。一切历史事件都通过一种神秘的指导和有计划的安排在有序进展，并指向同一个目的。然而，历史的行动者却无从知道这种终极原因。在博絮埃看来，"这完全是因为我们不能理解整个设计，我们看到的只是特殊事件中的巧合或陌生"。[③]但是，一个世纪以后，这种不可抗拒的天意将被推翻，历史的行动者将用理性来探索人类历史的规律，一种超越宗教意义的普遍史出现了。

新的普遍史认为，人类的历史是由普遍的自然律即规律决定的，人类可以凭借其理性认识和发现这些规律。正如康德所言："历史学是从事于叙述这些表现（人类的行为——引者注）的；不管它们的原因可能是多么地隐蔽，但历史学却能使人希望：当它考察人类意志自由的作用的整体时，它可以揭示出它们有一种合乎规律的进程……"[④]尽管康德依然将普遍史归结为天意（providence）的规划，但这里的天意已经不再是神秘的上帝而是可以触碰的自然。这种自然神论的观点虽然还没有完全摆脱宗教的影响，

---

① 对中世纪早期基督教普遍史的详细论述，参见 Michael I. Allen, "Universal History, 300–1000: Origins and Western Developments", in Deborah Mauskopf Deliyannis ed., *Historiography in the Middle Ages*, Leiden: Brill, 2003, pp. 17–42。

② 柯林武德：《历史的观念》（增补版），第50页。

③ Jacques-Bénigne Bossuet, *Discourse on Universal History*, trans. Elborg Forster, Chicago and London: the University of Chicago Press, 1976, p. 374.

④ 康德：《世界公民观点之下的普遍历史观念》，《历史理性批判文集》，何兆武译，商务印书馆，1990，第1页。

但它对理性的强调，已经完成了对宗教的普遍史的超越。理性的普遍史不仅强调了历史的行动者运用理性去认知历史的能力，它更提出了一种新的关于历史时间（historical time）的观念。不论是古代政治的普遍史还是中世纪宗教的普遍史，它们只包括两种历史时间，即过去和现在，这一点从其叙述的终点止于叙述者所处的时代或之前可以看出。比如，波利比阿的普遍史终止于公元前146年罗马对科林斯的征服，博絮埃（Bossuet）的普遍史结束于800年查理曼加冕罗马皇帝，它们对于人类的未来都没有做任何展望。而理性的普遍史则将未来也纳入历史叙述中，显示了其面向未来和预言的特征。理性的普遍史的这一特征是由理性的特征所决定的。康德指出，理性指"不是单纯享受目前一瞬间的生活而是要使自己面向将来的、往往是异常之遥远的时代的这种能力"，进而理性的一个特征便是"深思熟虑地期待着未来"。①

对于理性的笃信，或者说对于历史规律的掌控，使人们的历史观念和时间观念都发生了根本性的转变。在前现代的历史观念中，时间的概念总是和过去联系在一起，未来并不在历史的时间之内。未来作为一种历史时间，或者说未来被纳入一个完整的历史体系中从而具有一种历史特性（historical quality），它完全是现代社会的产物。18世纪之前，传统的时间概念总是与过去一些特定的和不变的内容联系在一起，比如黄金时代、黑暗时代、中世纪等。18世纪之后，新的时间概念指向了抽象的和尚不明确的未来。与18世纪之前人们将未来视作是对美好过去的复归不一样的是，18世纪之后人们已经意识到，未来全然迥异于过去：未来是进步的，是对过去的超越。未来与过去的对立与分离，是现代或"新时代"（new time）的典型特征。②因此，康德会说，理性的普遍史的进程"并不是由善开始而走向恶，而是从坏逐步地发展到好"。③

理性的普遍史对于未来的展望以及相信未来的进步与美好的观念，在孔多塞的《人类精神进步史表纲要》中得到了最为清楚的表达。在这部以

① 康德：《人类历史起源臆测》，《历史理性批判文集》，第64页。
② 对未来作为一种历史时间的详细分析，参见 Reinhart Koselleck, *Futures Past: On the Semantics of Historical Time*, trans. Keith Tribe, New York: Columbia University Press, 2004。
③ 康德：《人类历史起源臆测》，《历史理性批判文集》，第78页。

人类的进步为主题的普遍史中，孔多塞开宗明义地说道："依据推理并依据事实，自然界对于人类能力的完善化并没有标志出任何限度，人类的完美性实际上乃是无限的；而且这种完美的进步性，今后是不以任何想要扼阻它的力量为转移的。"①在此基础上，孔多塞将人类历史划分为十个不断进步的时代，第九个时代即启蒙时代达到了迄今为止人类发展的顶峰，在历数欧洲这一时期的思想、经济、政治、文化、科学诸领域的巨大进步后，孔多塞总结道："只有达到了整个锁链的这最后一步，我们对过去事件的观察才真正变成有用的。只有达到了那个终端，人们才能欣赏他们自己对光荣的真正资格，或者能确实欣然享受他们自己理想的进步；只有这时候，人们才能判断人类真正的完善化。"②而所谓的第十个时代，正是孔多塞对人类未来命运的预测：国家之间的不平等将消失，同一民族内部实现了平等的进步，人类最终达到真正的完善。③

理性的普遍史用理性来洞悉历史的奥义，以进步来展望历史的未来，这种充斥着普遍性、必然性和预言性的叙事模式，构成了现代以来一切宏大叙事的基础，并由此产生不同的变体。不论是在黑格尔的世界精神中，还是在马克思的历史辩证法中，抑或在科耶夫普遍同质的国家理念中，都可以找到这种普遍史的影子。

（三）　作为科学的普遍史的大历史

与注重史料和以实证研究为特点的传统史学相比，理性的普遍史因其展示的更多的是一种哲学构想或世界观，而对具体的历史实践并没有太多的指导意义。布鲁斯·马兹利什在评价博絮埃之后的普遍史时指出，这种世俗化的或者理性的普遍史只是一种历史哲学，它"与其说是探求历史之中的意义，还不如说是将一种意义强加于历史之上"。④因此，到了 20 世纪，普遍史只在一些受黑格尔影响的哲学家和历史学领域外的作家中还有一席

---

① 孔多塞：《人类精神进步史表纲要》，何兆武、何冰译，江苏教育出版社，2006，第 2 页。
② 孔多塞：《人类精神进步史表纲要》，第 154 页。
③ 孔多塞：《人类精神进步史表纲要》，第 155 页。
④ Bruce Mazlish, "Terms", in Marnie Hughes-Warrington ed., *Palgrave Advances in World Histories*, Basingstoke: Palgrave Macmillan, 2005, p. 22.

之地，并不受到专业历史学家的青睐。① 20 世纪后半期尤其是 80 年代以后，西方史学的发展呈现出一种两极趋势：一方面是以微观史、新文化史、后现代史、后殖民史为代表的解构性历史研究；另一方面是以世界史和全球史为代表的注重整体和比较的宏大叙事，两者虽然时有抵牾，但并不至于对立。② 世界史和全球史尽管在对人类历史的整体描述上与普遍史有一脉相承之处，但基本上已经放弃了那种从人类的起源开始直至人类的当下的时间框架。威廉·麦克尼尔、斯塔夫里阿诺斯的那种全景式的世界史叙事，业已让位于对特定时间、特定空间和特定主题的更具操作性的研究。因此，至少在专业的历史学领域，普遍史确实成为一个很少被人触及的领域。

2010 年，大历史的奠基人大卫·克里斯蒂安在《历史与理论》上发表《普遍史的回归》一文，将大历史与普遍史传统联系起来，这让沉寂多年的普遍史再次进入人们的视野。克里斯蒂安指出，大历史是对古代普遍史传统的回归，但它是一种新形式的普遍史，新在其实践上的全球性以及精神和方法上的科学性。③ 实践上的全球性这一点并不难理解，重要的是如何看待大历史是一种科学的普遍史。我们知道，从古代至 20 世纪上半叶，普遍史大致经历了政治的、宗教的和理性的三种形态。其中理性的普遍史对于规律的强调已经使之具备了某种科学性，但它更多地还是一种观念的产物，缺少成为一门科学的足够的物质基础。20 世纪下半叶新的科学技术的迅猛发展以及过去一个世纪以来的科学成果积淀，都为大历史成为一种科学的普遍史打下了坚实的基础。

具体说来，大历史的科学性主要表现在以下四个方面。首先，大历史

---

① 在 20 世纪上半期的西方，比较著名的普遍史著作有：斯宾格勒《西方的没落》（1918～1922 年）、赫伯特·乔治·韦尔斯《世界史纲》（1920 年）、亨德里克·威廉·房龙《人类的故事》（1921 年）、汤因比《历史研究》（1934～1954 年）以及威尔·杜兰《文明的故事》（1935～1975 年）。除了汤因比是历史学家，其他几位的身份为作家和哲学家。对于 20 世纪前期普遍史传统的背景分析，参见 Allan Megill, "Universal History", in Kelly Boyd ed., *Encyclopedia of Historians and Historical Writing*, p. 1245。

② 乔瓦尼·莱维指出，微观研究可以成为宏观研究的基础，并纠正其简单化的弊端。参见 Giovanni Levi, "Microhistory and the Recovery of Complexity", in Susanna Fellman and Marjatta Rahikainen eds., *Historical Knowledge. In Quest of Theory, Method and Evidence*, Newcastle: Cambridge Scholars Publishing, 2012, pp. 121–132。

③ David Christian, "The Return of Universal History", *History and Theory*, Vol. 49, No. 4(2010) , p. 7.

与自然科学的联合越发紧密，模糊或者打破了历史学与自然科学之间的界限。与传统历史学不同的是，大历史不仅研究人类的历史，更考察人类之外的其他物种以及地球和宇宙的历史。传统的历史研究方法，甚至人文与社会科学的研究方法已经无法满足大历史极富雄心的抱负。大历史只有借鉴自然科学，比如生物学、地球科学、天文学、宇宙学的知识和成果，才能构建起一个无所不包的体系。由于是一种单一的历史叙述，仅仅将各种知识罗列并置在一起是不够的，大历史还应诉诸一种统一的理论将这些知识整合起来，以达到认识宇宙的复杂性、地球的复杂性以及人类社会的复杂性的目的。因此，大历史是一种真正的跨学科研究，不仅完成了历史学与其他人文社会科学的综合，更实现了人文社会科学与自然科学的贯通。针对大历史的这一特点，弗雷德·斯皮尔曾明确指出，大历史正在实现从多学科（multidisciplinary）向跨学科（interdisciplinary）的转变。①

其次，大历史必须借助新的科学技术手段，比如放射性碳定年法、遗传分析、数学建模技术等，才能有效地进行超长时段的研究。放射性碳定年法利用碳-14同位素的放射性来确定物质的年限，可以准确地测定早至5万年前有机物的年代，已经在考古学中得到广泛应用，并成为历史学家认识过去的一个有力工具。而电子自旋共振（electron spin resonance，简称ESR）技术，通过测量样品自形成以来其本身受时间影响的放射性损伤来进行定年，将测年范围扩大到几百万年以前，几乎覆盖了整个第四纪地质年代。这无疑使历史学家的视野得到无限放大。同样，遗传分析对控制某一遗传性状的基因的数目、性质、属于哪一连锁群及其在染色体上的位置等的测定，对于了解物种进化的历史也大有裨益。不过，最引人注目的或许是数学建模技术在历史学中的应用。2008年，美国康涅狄格大学生态学和数学教授彼得·图尔钦在《自然》杂志上发表《历史动力学的兴起》一文。图尔钦指出，如果想从历史中真正有所获得，就必须将历史学变成一门科学。具体来说，就是用数学建模的方法分析长时段的历史现象，比如帝国的发展、社会的不满情绪变化以及民族国家的崩溃等。其目的是使历史学

---

① Fred Spier, "Big History: The Emergence of an Interdisciplinary Science?", *World History Connected*, Vol. 6, No. 3（Oct., 2009）, http://worldhistoryconnected. press. illinois. edu/6. 3/spier. html, accessed on 2013-09-08.

成为一门分析性的，甚至是可预测的科学。这种新的历史学被称作"历史动力学"，它使历史学在继续关注特殊性的同时，也可以利用收集而来的数据建立普遍的解释理论，并用这些数据对之进行经验上的验证。①

再次，自然科学的历史化也推动了大历史的科学化。对那些与大历史有密切关系的自然科学门类而言，比如古生物学、地质学、宇宙学等，它们在一点上与历史学是相一致的，即都以研究过去为其目的。20世纪下半叶以来，新的更为准确的年代测定技术的出现，使这些具有历史导向的自然科学发生了一次重大突破，克里斯蒂安称之为"精密计时革命"（chronometric revolution）。这一技术突破，让这些以过去为研究对象的自然科学获得了极大的发展空间，对遥远过去的探索也变得更加可行。古生物学家、地质学家和宇宙学家可能会意识到，他们与历史学家一样，都是在利用碰巧留存到现在的很少的线索，去进行一项棘手的事业，即重建一个已经消失的，通常又具有高度偶然性的过去。自然科学的历史化必然会给历史学家的思维带来根本性的转变，历史学家会认为，历史学不过是用精密的纪年方法研究过去的整个学科家族的一分子，他们与具有历史导向的自然科学家的区别，不在于他们对时间变化的关注，也不在于对精确纪年的关注，而在于他们关注的仅仅是一个单一的物种即人类本身。②

最后，在对未来的预测上，大历史一改过往普遍史强烈的决定论和目的论色彩，力图较为公允地提出一种开放的和科学的未来观。预测未来是所有普遍史都具有的一项重要功能，当代世界的复杂性和不确定性，为人类的未来蒙上了一层晦暗的阴霾。与基督或理性的最终胜利不同，大历史学者对未来表现出一种审慎的乐观态度。他们认为，人类的未来有着多种而不是一种可能性。弗雷德·斯皮尔指出，在预测未来时，我们必须考虑到没有什么趋势是完全持久稳定的。除了那些具有循环发展特点的趋势，比如昼夜变化、四季更替，更多趋势是不确定的。这些不确定的趋势可分为两类：一类是"可知的未知"，比如新传染病的出现、地震、火山爆发、陨石撞击等，我们知道它们有可能发生，但不知道它们何时和如何发生，

---

① Peter Turchin, "Arise 'Cliodynamics'", *Nature*, Vol. 454(2008) , pp. 34-35.

② David Christian, "The Return of Universal History", *History and Theory*, Vol. 49, No. 4(2010), pp. 17, 19.

也不知道它们有可能带来的影响；另一类是"未知的未知"，比如人类可能会发明各种开发能源的方法，但我们现在完全无从知晓，也无法对其未来作出判断。[1]同样，克里斯蒂安也认为预测是有限的，并强调只有两种情形可以预测：一种是那些缓慢而简单变化的事物；一种是其后果对我们至关重要，并且我们能够对其施加某种影响的复杂过程。[2]在此基础上，克里斯蒂安将未来划分为三个层次，并对每个层次是否能够预测做出了评论：第一，大约 100 年后的近期未来，人们可以做出预测，因为这个范围内的事物会对人类的生活产生重要影响，且它们的变化不是任意的；第二，数百年到数千年之后的中期未来，人们不能做出预测，因为人类对这个时间范围很难产生影响；第三，时间范围更大的远期未来，比如整个星球或者银河系甚至整个宇宙的发展，做出预言又变得比较容易了，因为在这个范围内，人们研究的是比较缓慢、比较可预测的变迁。[3]预测的不确定性，以及未来的多种可能，使得大历史不像以往的普遍史那样是一个封闭的结构，而是保持着无限的开放性。

　　作为科学的普遍史的大历史，其实质是想整合查尔斯·斯诺所谓的"两种文化"，即自然科学和人文学科，[4]使大历史成为一门真正涵盖一切学科的知识。大历史的这种抱负，或许能够超越"历史学是科学还是艺术"这一持续多年，至今尚无定论的争论。但是，需要看到的是，在大历史长达 130 亿年的时间架构里，人类的历史特别是有文字记载以来的历史才5000 年左右。而如果假定大历史总计 130 亿年，那么人类的文明史仅仅出现在 3 分钟前。在大历史过于宏大的时间框架内，人类的历史显得极为短暂，人类历史的所有多样性、复杂性、偶然性、异质性、不确定性统统消失在时间的长河中，留给人们的似乎只是冷冰冰的科学解释，而缺少温情脉脉的人文关怀。特别是，一旦用自然科学的理论去解释人类的历史，得出的结论就会显得更加牵强。正如国内有论者指出的：大历史确实蕴含着

---

[1]　Fred Spier, *Big History and the Future of Humanity*, Malden, MA and Oxford: Wiley-Blackwell, 2010, pp. 189-190.

[2]　大卫·克里斯蒂安：《时间地图：大历史导论》，第 506~507 页。

[3]　大卫·克里斯蒂安：《时间地图：大历史导论》，第 507 页。

[4]　对两种文化的详细讨论，参见 Charles Percy Snow, *The Two Cultures and the Scientific Revolution*, Cambridge: Cambridge University Press, 1959.

一种革命的气息，要改造传统的历史观念，但仅把"史前人类的进化与其后人类历史的进程"归结为一个"寻求控制能量储备和流动的过程"，仅以诸如"能量流""复杂性""金凤花原理""集体知识"等概念去界说人类社会的起伏变故，人内心涌动的情感和信仰便显得天真和乏力。[①]如果大历史还被认为属于历史学的范畴，这种用自然科学理论去解释人类历史的做法，有可能既不是科学的也不是历史的。

（四）大历史与普遍史的未来

将人类的历史放在宇宙的框架内加以审视，无疑是大历史对以往一切普遍史最大的突破。随着人类历史和科学技术的进一步发展，必然会出现比大历史还要宏大的叙事。克里斯蒂安指出："如果人类果真向其他行星大量移民，那么本书迄今所描绘的人类历史只不过是某个发展在地球以外的历史篇章中的第一章。"[②]大历史的另一位实践者克雷格·本杰明（Craig Benjamin）也认为，如果还有一个比大历史更大的历史，那就可能是研究人类与外星人（alien）之关系的历史。[③]当然，这种更大的历史充满强烈的不确定性。虽然我们无从预知这种历史发生的可能性，但人类对于不确定性总是充满了好奇心，这足以激发人类对未来之过去的多重想象。不过，历史研究的对象毕竟是过去，而在发现新的史料之前，过去总是确定的，只是历史学家对之的解释有所不同。大历史借助考古学、地质学、古生物学、宇宙学的知识，得以重建遥远的过去，但是如何更为准确和客观地再现遥远过去，史料的匮乏依然是个严峻的问题。因此，大历史如同任何一种普遍史那样，很难展开具体的研究，它提供的只是一种对从宇宙诞生到当今的历史的整体性描述或统一的理论。

或许是意识到了展开具体研究的困难，弗雷德·斯皮尔为大历史列出了四个重要的研究领域或主题：（1）对大历史的理论研究；（2）运用大历史的理论进行跨学科研究；（3）小大历史（little big history）研究；（4）对

---

① 孙岳：《超越人类看人类？——"大历史"批判》，《史学理论研究》2012年第4期，第54页。

② 大卫·克里斯蒂安：《时间地图：大历史导论》，第519页。

③ 克雷格·本杰明的这一观点来自笔者与其在2012年4月27~29日于韩国首尔梨花女子大学召开的"亚洲世界历史学家学会第二次大会"上的对话。

大历史的历史的研究。[①]从史学研究的角度看，第一项和第四项属于史学理论和史学史的范畴，第二项涉及跨学科研究，只有第三项与史料和实证研究有关。至于什么是"小大历史"，斯皮尔做出了如下界定："将某个研究对象置于大历史的视野之内，最好但不总是将其一直向后回溯到大爆炸，看一下这样做是否能丰富我们对特定研究对象的理解。"[②]但问题是，并不是所有的研究对象都可以和宇宙的诞生发生联系，如果执意为之，势必会显得牵强附会。而不这样做的话，它和传统的历史研究又有什么区别？斯皮尔将《哥伦布大交换》的作者阿尔弗雷德·克罗斯比誉为小大历史的重要的实践者，但准确地说，克罗斯比是一位世界史或全球史学者。

　　不过，斯皮尔的"小大历史"的研究模式还是得到了一些人的践行。荷兰女学者埃丝特·奎黛克丝于2011年发表了《天安门的小大历史》一文，试图从大历史的视角研究具体而微小的事物。奎黛克丝首先列出了动物进行建筑的三种原因，即定居的需要、建筑行为标准化的需要以及展现自身优势的需要。而为了保存自身的能量，动物通常会尽量降低建筑时的消耗。奎黛克丝认为，动物的这些建筑行为和模式具有一定的普遍性，它体现了物种在进化中对环境的适应和本能的需要，因而也适用于人类。[③]这样一来，奎黛克丝便在动物与人类之间建立起一种基于"大历史"的联系，也就是说，不论动物还是人类，它们某些行为都可以在一个更大的进化的框架内找到相同之处。

　　以这一论断为基础，奎黛克丝转向了对天安门的分析。奎黛克丝指出，天安门的建造是为了预防外敌和内患，因此采用了防御式的建筑。中国皇帝之所以选择用城墙围起一个建筑群，而不是去加固和增高各个单独的建筑，目的就在于减少建筑时的消耗，同时节省木材。[④]奎黛克丝的这种解读

①　Fred Spier, "Big History Research: A First Outline", in Leonid E. Grinin, Andrey V. Korotayev, Barry H. Rodrigue eds., *Evolution: A Big History Perspective*, Volgograd: Uchitel Publishing House, 2011, pp. 30-33.

②　Fred Spier, "Big History Research: A First Outline", in Leonid E. Grinin, Andrey V. Korotayev, Barry H. Rodrigue eds., *Evolution: A Big History Perspective*, p. 32.

③　Esther Quaedackers, "A Little Big History of Tiananmen", in Leonid E. Grinin, Andrey V. Korotayev, Barry H. Rodrigue eds., *Evolution: A Big History Perspective*, pp. 270-273.

④　Esther Quaedackers, "A Little Big History of Tiananmen", in Leonid E. Grinin, Andrey V. Korotayev, Barry H. Rodrigue eds., *Evolution: A Big History Perspective*, pp. 273-275.

虽然新颖独特，但也恰恰表现出她对中国历史知识的严重匮乏。其实在建造紫禁城时，人们往往前往出产优质木材的中国西南地区遴选所谓的"皇木"，以保证木材的质量。为了广择良木，人们甚至采用"伐十取一"的苛刻原则。①这与节省木材的说法完全相悖。奎黛克丝还认为，中国皇帝建造城墙的另一个目的是"隐藏权力"，并援引老子《道德经》第三十六章中的"国之利器不可以示人"和《韩非子·主道第五》中的"道在不可见，用在不可知"加以论证。②然而，按照中国人的正常理解，高大的城墙恰恰是为了显示皇帝威严的权力以及这种权力的不可企及。不仅如此，奎黛克丝对两句引文也存在误读，原文的真实含义其实是要表达道家无为而治的治国策略。

这一例子表明，小大历史无论在理论还是实践上都有许多不成熟的地方。首先，用自然界的规则去套用人类的活动显得过于机械，因为动物的行为多出于本能，而人类的活动被附加了许多精神和情感的需要。其次，用自然科学的原则去解释文化现象应当更加慎重，比如动物减少能量消耗的生物机理性原则，并不一定适用于人类通过有效组织展开由于个体能量流失而无以为继的社会文化活动。最后，小大历史的研究者还必须考虑某些论断在跨文化语境中的普适性问题，比如节省木材的西方建筑通则，在中国的语境中就失去了其解释上的效力。

尽管大历史在解决实际的历史问题时还有许多不足和缺憾，但它对过去进行的整体研究和大尺度研究，已经给当今的史学界带来了新的思考。一些传统的历史研究领域学者甚至某些有着后现代意识的历史学家纷纷意识到了大尺度的重要性。美国思想史学者大卫·阿米蒂奇在 2012 年撰文指出，在史学著述的许多领域中，大尺度正在回归，望远镜而不是显微镜日益成为历史研究的工具。③后殖民研究主将迪佩什·查克拉巴蒂则以气候变

---

① 蓝勇：《四川汉源明代皇木七年探秘记》，西南大学历史地理研究所编《中国人文田野》第 4 辑，巴蜀书社，2011，第 30~53 页。

② 奎黛克丝对中国典籍的引用，参见 Esther Quaedackers, "A Little Big History of Tiananmen", in Leonid E. Grinin, Andrey V. Korotayev, Barry H. Rodrigue eds., *Evolution: A Big History Perspective*, p. 276。两处引文的英文翻译分别是："The instruments of power in a state must not be revealed to anyone", "The way of the ruler lies in what cannot be seen, its function in what cannot be known"。

③ David Armitage, "What's the Big Idea? Intellectual History and the longue durée", *History of European Ideas*, Vol. 38, No. 4(2012), p. 493.

迁为切入点，认为当前史学研究中存在人类史与自然史的断裂，他主张在有记载的历史（即人的历史）与更具时间深度的历史（如地球进化的历史）之间进行对话，从而克服历史理解的局限性。[①]

当然，作为一种普遍史或者说宏大叙事，大历史满足了在当今这个变化越来越快、定性日益增多的年代，人类通过回顾他们共有的过去，重建一种新的集体认同的需要。但是，正如任何一种普遍史或宏大叙事一样，大历史存在着漠视多样性和差异性的危险，而缺少了多样性和差异性，大历史有着走向一种新的意识形态神话的可能，尽管这种意识形态被冠以科学主义的头衔。果真如此的话，大历史在未来将会丧失其活力。早在20世纪初，克罗齐就对普遍史做出过如下批判："这样的历史已经和类似的各种乌托邦例如应该作为各时代的范例的艺术或永久有效的普遍正义等一同消失在错觉的世界中了。"[②]所幸的是，一些敏锐的大历史学者已经意识到了这一点："如果历史学要恢复其作为一门学科的整体性，它可能不得不再次关注它所忽视或压抑的许多隐蔽的历史，许多普遍史的'他者'。"[③]

第三节 观念史的过去与未来

观念史（the history of ideas）与哲学史（the history of philosophy）和一般意义上的思想史（intellectual history）有密切的关系。它脱胎于哲学史，但与哲学史又有很大的不同。哲学史侧重研究各种哲学体系和流派，观念史则关注构成这些哲学体系和哲学学说的最小成分，即"单元观念"。观念史有时被认为是思想史的分支，并可以和后者不加区分地混用。但两者还是有一些明显的区别。首先，观念史作为一门学科，其产生要早于思想史；其次，观念史偏重对观念或思想本身的考察，更具分析和理论色彩，而思想史更多地研究思想的产生与发展、起源与流变，更加注重历史脉络；再次，观念史学者既可以是历史学家，也可以是哲学家、文学理论家，思想

---

① Dipesh Chakrabarty, "The Climate of History: Four Theses", *Critical Inquiry*, Vol. 35, No. 2(2009), pp. 197–222.

② 贝奈戴托·克罗齐：《历史学的理论和实际》，道格拉斯·安斯利英译，傅任敢译，商务印书馆，1986，第42页。

③ David Christian, "The Return of Universal History", *Critical Inquiry*, Vol. 35, No. 2(2009), p. 16.

史学者则多为历史学家；最后，观念史基本上可以看作一种美国学术界的产物，而思想史则更具欧洲传统。① 因此，作为一个研究领域或一门学科，观念史本身有着较强的多义性和含混性。因此，需要回到阿瑟·洛夫乔伊创立观念史的原初语境中，去理解观念史的本义何在。同时，还需要结合美国史学发展的整体特征，了解语境主义者对洛夫乔伊"单元观念"的批判，以及社会史、新文化史的兴起对观念史的冲击。此外，一个值得注意的现象是，洛夫乔伊观念史所具有的不受具体语境限制、跨学科和跨民族等特征，在当前满足了人们对观念的长时段考察，并为观念史的回归和复兴提供了可能。

（一）洛夫乔伊及观念史的创立

阿瑟·洛夫乔伊（Arthur O. Lovejoy）是美国哲学家，早年接受纯正的哲学教育，曾在美国多所大学任教，1910~1938 年执教于约翰·霍普金斯大学。1922 年，洛夫乔伊在约翰·霍普金斯大学成立观念史学社（The History of Ideas Club）。1936 年，洛夫乔伊出版了《存在巨链：对一个观念的历史的研究》一书，该书的问世标志着观念史这一学科的诞生。1940 年，洛夫乔伊创办了著名的《观念史杂志》（Journal of the History of Ideas），这本刊物发行至今，在国际学术界产生了巨大影响。1964 年，洛夫乔伊去世两年后，国际观念史学会（International Society for the History of Ideas，ISHI）在宾夕法尼亚大学成立。

洛夫乔伊观念史的理论与方法集中体现在 1936 年出版的《存在巨链：对一个观念的历史的研究》一书中。在这本书中，洛夫乔伊探讨了西方哲学史或思想史上一个十分重要的观念，即"存在之链"（the chain of being）。所谓"存在之链"，是指世界上的万物按照由高到低的顺序在自然界中的排列。位于最底端的是一些最基础的事物，位于最顶端的则是上帝。洛夫乔伊重点考察了"存在之链"这一观念从古希腊时代到 18 世纪的发展与演变，其研究路数无疑是从传统哲学史中脱胎而来的，但与哲学史还是有着很大的区别。在洛夫乔伊看来，哲学史研究的是各种哲学体系、流派、学

① 关于观念史与思想史的区分，参见阿兰·梅吉尔、张旭鹏《什么是观念史？——对话弗吉尼亚大学历史系阿兰·梅吉尔教授》，《史学理论研究》2012 年第 2 期。

说和主义，观念史研究的是构成这些哲学学说和哲学体系的最小成分，即洛夫乔伊所谓的"单元观念"（unit-ideas）。[1]这里的单元观念很像分析化学中的元素，小到不能再分割。哲学史上的各种主义，如唯心主义、浪漫主义、理性主义、先验主义、实用主义等，因其是复合物而不是单一物，故不能被称作单元观念。原因在于，这些主义代表的不是一种学说，而是相互冲突的几种不同学说，并且这些学说的主张者也来自不同的个人或群体。此外，每一种主义都是从各不相同的动机和历史影响中衍生出来，可以被分解成更为简单的要素，这些要素常常以奇怪的方式组合在一起。比如，基督教就不是一个单元观念，因为基督徒们的信仰方式相差甚远且彼此冲突；再有，任何一个基督徒或基督教教派都有一套非常混杂的观念。这些观念之所以能够被结合成一个聚合体，有着单一的名称，甚至被认为是一个真正的统一体，乃是高度复杂和奇怪的历史过程的结果。[2]

在《存在之链》一书中，洛夫乔伊列出了五种类型的单元观念（1）含蓄的或不完全清楚的假定，或者或多或少未被意识到的思维习惯；（2）逻辑论证的主题；（3）各种对形而上学激情的感知；（4）神圣的词语或短语；（5）特定的命题和原理（比如所谓的"存在之链"）。[3]在1938年的另外一篇文章中，洛夫乔伊又对单元观念做了如下分类：各种类型的范畴、有关日常经验的特殊方面的思想、含蓄的或明确的假定、神圣的惯例和口号、特定的哲学原理或宏大的假说、各门学科中的归纳或方法论上的假设。[4]尽管洛夫乔伊也试着对单元观念的内涵做出进一步解释，但总的来说，洛夫乔伊对单元观念的界定依然是模糊和不确定的，对于人们了解什么是真正的单元观念并无帮助。芬兰哲学家、美国哲学学会前任主席雅各·亨迪卡就指出，洛夫乔伊的单元观念充斥着过多的解释和变体，很难加以应用。亨迪卡进一步强调，洛夫乔伊在《存在之链》中提出的另一单元观念"完满原则"（principle of plenitude），即在宇宙的秩序中"所有的可能性"都能

① Arthur O. Lovejoy, *The Great Chain of Being: A Study of the History of an Idea*, Cambridge and London: Harvard University Press, 2001, p. 1.

② Arthur O. Lovejoy, *The Great Chain of Being: A Study of the History of an Idea*, p. 6.

③ Arthur O. Lovejoy, *The Great Chain of Being: A Study of the History of an Idea*, pp. 7–15.

④ Arthur O. Lovejoy, "The Historiography of Ideas", *Proceedings of the American Philosophical Society*, Vol. 78, No. 4(1938), p. 538.

够化为现实，即便以洛夫乔伊自己的标准来视之，也不能称作单元观念，因为其并不能脱离形成它的概念和理论环境。[①]不过，洛夫乔伊对单元观念的模糊界定，在很大程度上也是有意为之，或者不如说是由单元观念的性质决定的。

洛夫乔伊认为，单元观念就像化学元素。一方面，它不可再分；另一方面，它可以和其他观念结合在一起形成新的样态，并以不同的方式存在于历史上的各种思想观念和思想体系中。单元观念的这种特性，使之很难被辨认，研究者在充分认识到单元观念的性质之前，是不能轻易下结论的。因此，对单元观念做出明确的界定是困难的，也是不可取的。不过，观念史研究者的任务却在于"清除它们（指单元观念）的模糊性，列举出它们各种各样的意义上的细微差别，考察从这些模糊性中产生的观念的混乱的结合方式"。[②]洛夫乔伊之所以大费周折地将单元观念作为其观念史研究的根基，主要是出于对传统哲学史的不满。在洛夫乔伊看来，传统的哲学史研究有以下几个弊端。第一，大量前后关联的论证和观点过于庞杂，让研究者无从下手，即便将之纳入学派或主义的框架中加以分类和简化，看上去依然混乱和复杂。第二，每一个时代都会出现新的哲学思想或观念，但它们大多是从一些老问题中引申出来的，原创性的并不多见，它们的大量存在遮蔽了在本质上真正独特的观念。第三，哲学家性格各异，所研究的问题的侧重点亦不相同，或者从相同的前提中得出的结论也有所偏差，这就让人们很难把握哲学问题的实质。而从单元观念入手，可以从各种哲学体系庞杂的表象背后看到问题的本质，进而更容易从整体上把握和理解哲学史。[③]正是出于这一目的，洛夫乔伊才提出了观念史的研究路径，建议从单元观念入手研究思想史，对单元观念进行艰难的正本清源，他将这一工作称作哲学语义学（philosophical semantics）。

洛夫乔伊这些创见在当时极具开拓性和启发性，不仅打破了哲学史研究中的沉闷局面，也为文学和史学研究提供了新的思路，使观念史成为20

① Jaakko Hintikka, "Gaps in the Great Chain of Being: An Exercise in the Methodology of the History of Ideas", *Proceedings and Addresses of the American Philosophical Association*, Vol. 49(1975-1976), pp. 25, 27.

② Arthur O. Lovejoy, *The Great Chain of Being: A Study of the History of an Idea*, p. 14.

③ Arthur O. Lovejoy, *The Great Chain of Being: A Study of the History of an Idea*, p. 4.

世纪70年代之前北美人文研究中的显学。观念史的创造性和活力不仅仅在于单元观念所蕴含的种种可能，更在于观念史的跨学科特性和跨民族特性。洛夫乔伊在对单元观念的论述中指出：单元观念之所以难以辨析，一方面是因为它们与其他观念结合后以不同的面目存在于历史中的各个哲学体系中，另一方面在于它们存在于不同的学科中。洛夫乔伊曾指出："相同的观念常常出现在（有时则相当隐蔽）思想世界最多种多样的领域之中。"若要将单元观念分离出来，历史学家就必须去探索单元观念出现于其中的全部历史领域，不论这些领域是哲学、科学、文学、艺术、宗教或是政治学。[①]相反，如果不对单元观念做出一种跨学科的综合考察，人们就无法完全理解它们，甚至根本无法识别它们。再者，只有将单元观念置于多学科的背景下，人们才能看到这些观念在历史中的意义，它们与其他观念的相互作用、冲突和结合，人们对之的各种各样反应，进而把握其实质。为此，洛夫乔伊在研究"存在巨链"这一观念时，为自己设定了如下目的，即"在某些哲学家的思想中去寻求这些观念的历史起源；观察它们的融合；注意它们在许多时期和不同领域中的某些最重要的广泛分布的影响，即在形而上学、宗教、近代科学史某些阶段的影响，在有关艺术宗旨的理论以及艺术的卓越标准中的影响，在道德评价中的影响，甚至在政治倾向中的影响，尽管这一影响相对而言显得微不足道；看到后代的人如何从这些观念中得出其创造者不欲得到的和意想不到的结论；指出它们对人类情感和诗意的想象的影响；最后，或许还能从这个故事中得出一种哲学的道德"。[②]

在学科的专业化业已形成且日渐深化的趋势下，洛夫乔伊提出对观念史进行跨学科和综合研究无疑是难能可贵的。洛夫乔伊曾认定：观念史不是那种高度专门化思想的研究对象，在一个思想被专门化的时代，观念史的研究是难以进行的。[③]根据洛夫乔伊的经验，即便是研究弥尔顿的诗歌这样十分具体的主题，也不能仅限于英国文学这一领域，而是要综合哲学史、神学史、英语之外的宗教诗歌史、科学史、美学史和风格史等众多领域的

---

① Arthur O. Lovejoy, *The Great Chain of Being: A Study of the History of an Idea*, p. 15.

② Arthur O. Lovejoy, *The Great Chain of Being: A Study of the History of an Idea*, p. 21.

③ Arthur O. Lovejoy, *The Great Chain of Being: A Study of the History of an Idea*, p. 22.

知识。①因此，在《观念的史学撰述》一文中，洛夫乔伊对观念史的研究范围做了更为具体的划分，列出了观念史研究的十二种类别，它们是：哲学史、科学史、民俗学或人种志的一些分支、语言史的一些分支尤其是语义学、宗教信仰和神学教义的历史、文学史、比较文学、艺术史和艺术风格演变史、经济史和经济理论史、教育史、政治史和社会史、社会学的历史性部分或知识社会学。②可以看出，观念史研究几乎覆盖了人文社会科学的所有领域。

在论及观念史的跨学科特性时，洛夫乔伊曾对观念有过这样一个评价："观念是世界上最具迁徙性的事物。"③同样，这句话也适用于观念史的跨民族特性。在以往的哲学史或思想史研究中，对于观念的考察往往是历时性的，即追溯并梳理从古至今观念在人类思想中的变化与发展，但在共时性上，即对观念在某一时期不同地区间的联系却关注不够。与历史学偏重历时性研究不同，人类学向来重视不同社会和文化之间的共时性研究。洛夫乔伊认为，从人类学最宽泛的意义上来看，历史学也是它的一个分支，因为历史学家尤其是思想史学家所考察的根本问题，不外乎人类的本质和行为，尤其是人类的思想行为，包括个体和群体兴趣、意见及品位的形成，以及这些兴趣、意见及品味发生变化的次序与规则。④而人类思想行为的形成与变化，存在许多共通性事实，因此对观念的共时性或跨民族考察就显得十分必要。鉴于当时文学研究特别是比较文学研究在观念超越国家和语言藩篱中起到的表率作用，洛夫乔伊同样以弥尔顿的诗歌研究为例，来说明共时性或跨民族研究在观念史中的意义。洛夫乔伊指出，要想认识到弥尔顿风格或思想的独到之处，就必须对其诗歌中出现的同样观念在其他地方，尤其是在他同时代的其他地区的诗人、思想家中的展现有一个广泛和

---

① Arthur O. Lovejoy, "The Historiography of Ideas", *Proceedings of the American Philosophical Society*, Vol. 78, No. 4(1938), p. 533.

② Arthur O. Lovejoy, "The Historiography of Ideas", *Proceedings of the American Philosophical Society*, Vol. 78, No. 4(1938), pp. 530-531.

③ Arthur O. Lovejoy, "Reflections on the History of Ideas", *Journal of the History of Ideas*, Vol. 1, No. 1 (1940), p. 4.

④ Arthur O. Lovejoy, "Present Standpoints and Past History", *The Journal of Philosophy*, Vol. 36, No. 18(1939), p. 484.

直接的认识。当诗人提出一个总体观念时，若不去考察这一观念在其他地区和文化中的表述，就想理解其特有的品质，是完全没有可能的。①

观念所蕴含的跨民族特性，让洛夫乔伊形象地将观念比作"进入国际贸易中的商品"，②以此来强调观念所具有的那种充满活力的流动性。然而，对于观念的历时性研究，甚至不惜以分期来将观念的历时性明确和固定下来的做法，在给观念带来时间上的连贯性的同时，却造成了观念在空间和地域上的割裂，这对于全面地理解观念没有助益。对此，洛夫乔伊不建议观念史学者按时段来划分自己的研究对象或者以某一时段的专家自居："我们不应该有研究文艺复兴的教授、研究中世纪晚期的教授、研究启蒙运动的教授、研究浪漫主义时代的教授，以及诸如此类的教授。"③洛夫乔伊甚至认为，观念在时间上的差异甚至大于观念在地域或空间上的差异。也就是说，观念在一个国家、一个民族、一个文化区域内不同时间段上所显示出来的差异，比观念在同一时期不同国家、民族、文化之间所表现出的差异要更大。正如洛夫乔伊指出的："从总体上看，一个16世纪晚期的典型的有教养的英国人和一个法国人或意大利人在基本的观念、品味和道德秉性上的共通性，比当时的英国人和18世纪30年代、19世纪30年代或20世纪30年代的英国人之间的共通性还要多一些。"④

在20世纪三四十年代人文社会科学诸学科日渐成熟和细化、方法论上的民族主义大行其道之时，洛夫乔伊能够提出观念史研究的跨学科和跨民族理路，确实具有相当的前瞻性。借助单元观念在人类各个思想文化领域内的存在，以及单元观念跨越各个民族国家的流动性，洛夫乔伊至少在理论上成功地将观念史塑造成一门提倡综合研究的新学科，也因而吸引了更多的学者参与到观念史的实践中来，使之成为20世纪上半叶北美人文研究

---

① Arthur O. Lovejoy, "The Historiography of Ideas", *Proceedings of the American Philosophical Society*, Vol. 78, No. 4(1938) , pp. 532-533.

② Arthur O. Lovejoy, "The Historiography of Ideas", *Proceedings of the American Philosophical Society*, Vol. 78, No. 4(1938) , p. 532.

③ Arthur O. Lovejoy, *The Great Chain of Being: A Study of the History of an Idea*, p. 18.

④ Arthur O. Lovejoy, *The Great Chain of Being: A Study of the History of an Idea*, p. 18.

中的显学和主流。①尽管洛夫乔伊只是尝试在观念史这一单一的思想研究领域，去建立一种力图涵盖整个人文社会科学的综合研究，但其抱负足以与大致同一时期法国年鉴学派统合一切社会科学方法创建"总体史"的宏伟目标相媲美，也因此获得了学界的极大赞誉。

（二）历史地理解观念：语境中的观念史

在洛夫乔伊的理解中，单元观念是思想史中"基本的、持续不变的或重复出现的能动单元"。②也就是说，单元观念是一种独立于思想家大脑或思想体系之外的实体，其本质是不变的，只是在不同的时间出现在不同的思想家的头脑之中，或者出现在不同的地域空间内，等待研究者去发现它们。这种将单元观念视为超验的、不受时间和空间限制的精神实体的做法，自然受到了一些学者的批评。特别是，考虑到观念史作为一种历史分析方法，单元观念的不变性恰恰是非历史的。哲学家路易斯·明克就看到，洛夫乔伊的单元观念是完全不变的，变化的是它们与其他观念的外部关系以及它们与人类行为方式的关系。一个观念的"历史"不是其变化的历史，而是其不断地属于这个或那个观念复合物的"年代记"。③明克特别使用了"年代记"（chronology）而非"历史"（history）一词，目的在于说明洛夫乔伊的单元观念并不具有历史演变或历史发展的意义，只不过是一份与其他观念结合后在时间序列上的记录而已。明克不无讽刺地指出，洛夫乔伊对单元观念的研究充其量只是一份观念的"分类目录"（catalogue raisoneé），而非一部观念的"历史"。进而，洛夫乔伊所谓的观念与观念之间的相互作用、冲突和结合也是不能理解的，因为发生相互作用、冲突和结合的，只能是不同单元观念组合而成的观念的复合物。④

---

① 比如，思想史家安东尼·格拉夫顿指出，当时《观念史杂志》已经成为美国知识分子案头的必读书。参见 Anthony Grafton, "The History of Ideas: Precept and Practice, 1950–2000 and Beyond", *Journal of the History of Ideas*, Vol. 67, No. 1(2006) , p. 1。

② Arthur O. Lovejoy, *The Great Chain of Being: A Study of the History of an Idea*, p. 7.

③ Louis O. Mink, "Change and Causality in the History of Ideas", *Eighteenth-Century Studies*, Vol. 2, No. 1, Special Issue: Literary and Artistic Change in the Eighteenth Century(1968) , p. 10.

④ Louis O. Mink, "Change and Causality in the History of Ideas", *Eighteenth-Century Studies*, Vol. 2, No. 1, Special Issue: Literary and Artistic Change in the Eighteenth Century(1968) , pp. 12, 13.

对洛夫乔伊这种非历史的观念史的批评更多地出自历史学家，尤其是研究政治思想史的历史学家，其中以昆廷·斯金纳为代表。斯金纳在剑桥大学开始其学术生涯，主要从事现代早期欧洲政治思想史研究，对马基雅维利和霍布斯的研究尤为独到。斯金纳的研究理念深受剑桥大学同事彼得·拉斯莱特、波考克、约翰·邓恩的影响，即注重从社会和历史背景中去分析政治思想的形成与发展。斯金纳反对洛夫乔伊式的恒久不变的观念，认为任何观念都是一定条件和环境的产物。当时代和环境改变时，观念也会发生相应的变化，并产生新的意义。不仅如此，观念的变化还表现在阐释者的主观性上。阐释者在对一种观念做出理解、阐释和发扬时，总是会将自己的经验、意愿和目的加入其中，因此，观念距离其产生的时间越远，就越会远离其本义，衍生出更多含义。针对洛夫乔伊的观念史，斯金纳批评道："不存在这样一种单元观念的历史，只存在一种单元观念被不同时期的不同历史施动者（agent）所运用的历史。"[1]观念史研究的目的不是去发现那些永恒存在的观念，而是去消解后来人附加于观念之上的种种言外之意，尽可能地展现观念原初的本义，或者在历史的脉络中去探寻观念的曲折变化。这就需要研究者搁置自己的立场，深入观念产生的语境之中，去历史地理解观念，理解观念在不同时期的变化。这里所谓的语境，就是指观念产生的特定的环境、背景和条件，它受制于一定的时间和空间，是历史的产物。斯金纳的这种观念史研究方法，通常被称作"语境主义"（contextualism）。

语境主义要求对历史中的观念做到"具体情况具体分析"。那些包含着某种观念的学说、思想都是特定历史条件下的产物，不能以超越时代或时代错置的方式对之进行理解。对此，斯金纳明确指出："任何陈述必然是特定时刻特定意图的反映，它旨在解决特定的问题，因此也仅限于它自己的情境，试图超越这一情境的做法只能是幼稚的。"[2]作为一名实践中的历史学家，斯金纳在自己的研究著作中，也努力践行着上述原则。在对17世纪英

---

[1] Quentin Skinner, "Rhetoric and Conceptual Change", *Finnish Yearbook of Political Thought*, Vol. 3, Jyväskylä: University of Jyväskylä, 1999, p. 62.

[2] Quentin Skinner, "Meaning and Understanding in the History of Ideas", *History and Theory*, Vol. 8, No. 1(1969) , p. 50.

国的自由观念，亦即新罗马自由理论的考察中，斯金纳试图再现这一历史上一度占有重要地位，后来却因现代自由主义的兴起而逐渐衰落的自由传统。在斯金纳看来，现代自由主义建立以来，其理念尤其是消极自由理念成为对自由主义最普遍和最正统的理解。但这种对自由主义的单一理解，却使人们忘记了自由观念的其他可能。斯金纳希望借助对新罗马自由理论的考察，让自由这一观念重新回归自身的历史性之中，去展现它的多种可能。斯金纳因此建言："通过重新进入我们已经失去的思想世界，去质疑这种自由霸权（现代自由主义——引者注）。我试图在新罗马自由理论最初形成的思想和政治语境中定位它，考察这一理论本身的结构和前提，并借助这种方式，如果我们愿意的话，去再次思考这一理论要求我们在思想上忠实于它的可能性。"①斯金纳的这一理念，不仅有助于人们重新理解现代自由主义产生之前的自由观念，同时也让人们看到在历史语境中重构某些观念的意义与价值。

在撰写经典著作《现代政治思想的基础》时，斯金纳同样不满足于仅仅论述重要政治思想家的重要观念，而是将目光投向思想和观念背后的语境上。既然观念总是产生于特定的社会，那么理解观念的前提就要了解观念诞生于其中的社会及其语境。因而，斯金纳撰写此书的重点不在于考辨经典著作和与之相关的种种观念，而在于揭橥这些观念在语境中的发展和变化。诚如斯金纳指出的："如果我们希望理解早期的社会，我们就需要尽可能地完全用设身处地的方式来发现这些社会中不同的心态，这一点无疑已经成为近来历史编纂学中的常识。但如果我们作为政治观念的研究者，仍旧把主要的注意力集中在一些人身上，而他们讨论政治生活问题抽象和睿智的程度是其同代人无法比拟的，那么我们就很难期许我们能够达到上面提及的那种对历史理解的程度。另外，如果我们把这些经典文本置于恰当的思想语境中，我们或许就能为历史上各种各样政治思想的产生描绘出一幅更真实的画面。对于我所描述的这种研究方法，我认为很值得为之呼吁，因为如果它能成功实践，它就会让我们写出一部真正具有历史特点的

---

① Quentin Skinner, *Liberty before Liberalism*, Cambridge: Cambridge University Press, 1998, p. x.

政治理论史。"①也就是说，观念史只有借助语境主义，即将观念、思想和文本放在其意义发生了变化的社会语境和话语框架中，才能真正具有一种历史感，才能得到正确的理解和解释。

除在自己的著作中全力倡导语境主义外，斯金纳还主编了一套体现了这一研究取向的"语境中的观念"丛书。这套丛书从 1984 年到 2011 年出版了 100 卷。截至 2017 年，该丛书已经出版了 116 卷。这套丛书主题广泛、种类繁多，在体例上也不拘一格，有专著、论文集、会议文集，其中不少已经列入当代学术名著之列。比如理查德·罗蒂和昆廷·斯金纳主编的《历史中的哲学：论哲学的历史编纂》、波考克的《德行、商业和历史：18 世纪政治思想与历史论辑》、彼得·诺维克的《那高尚的梦想："客观性问题"与美国历史学界》、多萝西·罗斯的《美国社会科学的起源》、劳埃德的《对手与权威：古代希腊与中国科学研究》、大卫·阿米蒂奇的《英帝国的意识形态根源》、詹姆斯·汉金斯主编的《文艺复兴市民人文主义：再评价与再思考》、伊恩·哈金的《驯服偶然》等。②显然，考察观念在特定语境中的发展与变化，是这套丛书的宗旨，也是每本书共同的特点。

以政治思想史为依托，以历史语境主义为方法，昆廷·斯金纳倡导的语境中的观念史给洛夫乔伊开创的观念史范式带来了巨大的冲击，使后者无论在方法还是实践上都显得有些落后与过时，或者说显得并不适合历史研究。这种质疑传统观念史的潮流，从政治思想史领域开始，逐渐扩散到一般意义的思想或观念研究领域。研究者认识到，对于观念或思想的历史

---

① Quentin Skinner, *The Foundations of Modern Political Thought*, Vol. 1: *The Renaissance*, Cambridge: Cambridge University Press, 1978, p. xi.

② Richard Rorty, J. B. Schneewind, and Quentin Skinner eds., *Philosophy in History: Essays in the Historiography of Philosophy*, Cambridge: Cambridge University Press, 1984; J. G. A. Pocock, *Virtue, Commerce, and History: Essays on Political Thought and History, Chiefly in the Eighteenth Century*, Cambridge: Cambridge University Press, 1985; Peter Novick, *That Noble Dream: The "Objectivity Question" and the American Historical Profession*, Cambridge: Cambridge University Press, 1988; Dorothy Ross, *The Origins of American Social Science*, Cambridge: Cambridge University Press, 1991; G. E. R. Lloyd, *Adversaries and Authorities: Investigations into Ancient Greek and Chinese Science*, Cambridge: Cambridge University Press, 1996; David Armitage, *The Ideological Origins of the British Empire*, Cambridge: Cambridge University Press, 2000; James Hankins ed., *Renaissance Civic Humanism: Reappraisals and Reflections*, Cambridge: Cambridge University Press, 2000; Ian Hacking, *The Taming of Chance*, Cambridge: Cambridge University Press, 2002.

考察，必须将之纳入一定的社会、制度和文化语境中，才能给出一种立体的而非平面的理解。从20世纪60年代开始，一批有影响的和原创性的观念史著作，都将观念或思想产生的背景和语境放在重要的位置上。比如，彼得·盖伊在其名著《启蒙运动：一种解释》中，就一反以往研究只注重启蒙思想家著作和言论的常态，转向对启蒙思想家日常行为、人生经验和社会环境的关注上，揭示了启蒙哲人作为普通人的一面及其思想的复杂性。[①]卡尔·休斯克的《世纪末的维也纳》也有异曲同工之处，作者运用弗洛伊德的精神分析理论，分析了19世纪末维也纳的文学家、建筑家、画家和音乐家从童年到成年的成长经历和时代背景，研究了他们创作的诗歌、小说、建筑、绘画和音乐中透露的感伤与期望。作者发现，19世纪末维也纳知识分子在思想观念上呈现出惊人的一致性，即在政治上反对资产阶级自由主义秩序，在文化上反对资产阶级庸俗的文化。由此，作者成功地归纳和把握了世纪末这一特定时期的思想脉络和历史趋势。[②]

（三）观念史的衰落与回归

历史语境主义的兴起，使洛夫乔伊式的观念史越来越遭到历史学家的摒弃。这种不满不仅表现在历史学家在理论和实践上对旧有的观念史模式的超越，更为直观的是，不论是对具体观念的考察，还是对某一思想体系的综合研究，历史学家更愿意用能够体现社会、文化、历史语境等要素的"思想史"（intellectual history）这一表述来取代之前的"观念史"（the history of ideas）。[③]如此一来，观念史作为之前的独立学科，似乎要逐渐被思想史这一更大的学科所吸纳。罗伯特·达恩顿在对思想史的内涵做出界定时，认为它包括四个层次：观念史（研究系统思想，通常在哲学著作中）；严格意义上的思想史（研究非正式的思想、舆论环境和文学运动）；观念的社会史（研究意识形态和观念的传播）；文化史（研究人类学意义上的文

---

① Peter Gay, *The Enlightenment: An Interpretation*, 2 vols., New York: Random House, 1966, 1969.

② Carl E. Schorske, *Fin-De-Siècle Vienna: Politics and Culture*, New York: Vintage Books, 1980.

③ Richard Whatmore, *What Is Intellectual History?* Cambridge: Polity Press, 2016, p. 27.

化，包括世界观和集体心态）。①显然，在达恩顿那里，观念史已经被认为是思想史研究中的一个次级领域。不仅如此，观念史本身的学科特性，也因为对历史性和语境的强调，而与思想史日渐趋同，以至于两者几乎没有什么区别。除非有特殊的用意，观念史与思想史这两种称谓是完全可以混用的，但思想史的使用频率显然要更高，范围也更大。在某种程度上，思想史正在取代观念史，成为更值得历史学家信任的研究模式。

除了理论和方法上的陈旧，史学研究风潮的变化，也进一步推动了观念史的衰落。20世纪60年代，社会史开始在美国史学界大行其道。社会史更加注重对社会环境、思想语境的分析，视角也从社会上层和知识精英转向社会底层和普通民众，其研究方法吸引了更多年轻学者的关注。不仅如此，到了20世纪80年代，美国史学界出现了一次大规模的"文化转向"，新文化史应运而生。历史学家转而去研究人类学意义上的文化，对于历史表象中符号、象征和意义的探寻，对历史人物的心态、经验和记忆的分析，超过了以往对历史发展的动力和历史中的结构等宏大问题的关注。比如，新文化史学家罗伯特·达恩顿在《屠猫狂欢：法国文化史钩沉》一书中，分析了巴黎的印刷工学徒屠杀女主人的猫的象征意义。作者没有走屠猫反映了工人和作坊主之间劳资矛盾的经济分析的路数，而是首先探讨了猫在西方文化中的象征意义。作者认为，猫在西方跟神秘、暴力、邪恶有关，也是妖冶女性的象征。对猫的屠杀象征着对女主人的强暴，对作坊师傅的反抗。但这种反抗只是采取了一种象征的玩笑的形式，也就是说，学徒不能正面对抗资产阶级，只能将反抗保留在象征和狂欢的层次。②在新文化史的推动下，历史学者尤其是年青一代的历史学者对于微观史、历史人类学的研究兴趣空前高涨，观念史在这种境况下进一步走向衰落。以至于有学者评论，观念史只有转型成为观念的社会文化史（the social and cultural history of

---

① Robert Darnton, "Intellectual History and Cultural History", in Michael Kammen ed., *The Past before Us: Contemporary Historical Writing in the United States*, Ithaca, N. Y. : Cornell University Press, 1980, p. 337.

② Robert Darnton, *The Great Cat Massacre And Other Episodes in French Cultural History*, New York: Vintage Books, 1985.

ideas），也就是说借鉴社会史和新文化史的方法来进行研究，才有可能生存下去。[1]

从 20 世纪 60 年代开始，洛夫乔伊式的观念史确实处于一种逐渐衰落和日趋沉寂的状态，而对社会史尤其是对文化史研究方法的借鉴，使观念史作为一门学科的特征也越发模糊，这尤其让一些观念史学者感到不满。1990年，唐纳德·凯利撰写了《观念史怎么了？》一文，提出并回答了"观念史是什么"、"如何撰写观念史"以及"观念史应该是什么"三个问题，重申和强调了观念史的学科性质。作者在文章的末尾呼吁观念史学者要带着时代的问题意识，回归观念史自己的传统和实践，迎来观念史的新世纪。[2]不过，至少到 21 世纪初，观念史在学术界受人冷落的状况并没有实质性变化。英国密德萨斯大学思想史教授约翰·霍普·梅森在其出版于 2003 年的研究"创造性"这一观念的著作中，对这一情况做了如下描述："近年来，人们普遍认为这种历史已经不再有效，对延续性的假设是错误的（断裂才是标准），宽广的视野忽视（或者扭曲、压抑）了个体的特性，没有本质不变的、持久、永恒或普遍的人类价值，过去的文本只有放在特定和有限的语境中才能被理解。"[3]

近年来，随着史学研究中大尺度（large scale）的兴起，史学研究的各个领域，比如经济史、文化史、政治史等，都出现了不同程度的新变化。学者主张用长时段和跨区域的视角对基于民族国家和短期主义的传统史学予以改造，强调在时间和空间两个范畴上去扩展研究对象的范围，以便对之有一个全面的和综合的认识。[4]这种新的研究路径的学术渊源最早可以追溯到布罗代尔 1958 年提出的"长时段"（longue durée）理论那里，亦即用一种超过一个世纪的时间长度去研究历史发展中的结构性问题。到 21 世纪

[1] Anthony Grafton, "The History of Ideas: Precept and Practice, 1950–2000 and Beyond", *Journal of the History of Ideas*, Vol. 67, No. 1(2006), p. 5.

[2] Donald R. Kelley, "What Is Happening to the History of Ideas?", *Journal of the History of Ideas*, Vol. 51, No. 1(1990), p. 25.

[3] John Hope Mason, *The Value of Creativity: The Origins and Emergence of a Modern Belief*, Aldershot: Ashgate, 2003, p. vi.

[4] 最近对历史研究中"大尺度"重要性的讨论，可参见 Sebouh David Aslanian, Joyce E. Chaplin, Ann McGrath and Kristin Mann, "How Size Matters: The Question of Scale in History", *The American Historical Review*, Vol. 118, No. 5(2013), pp. 1431–1472。

初，随着全球史的出现，史学家对于在时间和空间上越发宏大的问题兴趣倍增。最近十年来，大历史（big history）和深度历史（deep history）的异军突起，将历史研究的时间上溯到宇宙的起源，并主张在人类的历史与宇宙演进的历史之间展开对话。在这种形势下，观念史学家也要求用一种更为宏大的视角去研究观念或思想的历史。哈佛大学历史系教授大卫·阿米蒂奇则是这方面较早的实践者。

阿米蒂奇早年师从昆廷·斯金纳，专治现代早期英国政治思想史，并接替斯金纳担任"语境中的观念"丛书主编。2012年，阿米蒂奇在《欧洲观念史》杂志发表《什么是大观念？思想史与长时段》一文，呼吁思想史要重新回到长时段和大尺度的研究中来，去研究人类思想中的大观念。所谓的大观念，指的是过去三百年以来，在人类政治、道德和科学词汇中占据重要位置的那些概念，它们有着悠长的历史，且不断经受着人们对之的价值评判。①可以看出，这里的"大"有两层含义：一是观念本身的重要性，二是观念所承载的漫长的时间跨度。尤其是第二点，它构成了阿米蒂奇所设想的观念或思想长时段研究的核心特征。阿米蒂奇指出，当前观念史的研究视野在不断萎缩，有一种退化到短期主义的危险，造成这一后果的一个重要原因在于，剑桥学派尤其是昆廷·斯金纳对语境的过分强调，束缚了研究者应有的视野。正如斯金纳曾经指出的，如果不设定具体的语境，观念史将不再是观念的历史，而是抽象概念的历史，研究者将无法对之展开有效的思考。②不过，其缺点也是很明显的，即研究者可能只关注某一特定语境，而忽视了出现在这一语境之前和之后的类似的语境，其研究视野因而显得越发狭窄。为此，阿米蒂奇提出，在研究观念时，必须建立一种连续的语境主义（serial contextualism），也就是说，观念将不再被限制在单一的语境内，因为语境本身也有一个发展、延续和变化的过程。③阿米蒂奇以政治思想中的一个重要观念"内战"为例指出，当前的历史学家热衷于

---

① David Armitage, "What's the Big Idea? Intellectual History and the *Longue Durée*", *History of European Ideas*, Vol. 38, No. 4(2012) , p. 497.

② Quentin Skinner, "Meaning and Understanding in the History of Ideas", *History and Theory*, Vol. 8, No. 1(1969) , p. 18.

③ David Armitage, "What's the Big Idea? Intellectual History and the *Longue Durée*", *History of European Ideas*, Vol. 38, No. 4(2012) , p. 498.

研究特定语境中的内战，比如英国内战、美国内战、西班牙内战等，但很少有人将内战视作一个世界范围内跨越时间的连续现象。因此，人们在特定语境和时段中获得的关于内战的经验，无助于他们去了解到底什么是内战。[①]有鉴于此，阿米蒂奇运用长时段和多语境的综合视角，梳理了从古罗马至今的人类内战现象，对蕴含在"内战"这一政治概念中的观念史做出了全面而深入的考察。

这种强调从大尺度和长时段来研究观念的新构想，恰恰可以在洛夫乔伊的观念史那里找到理论上的支持和写作上的灵感。洛夫乔伊在发表于1938年的论文《观念的史学撰述》中明确指出：许多单元观念都有着它们自己漫长的"生命史"（life history），对观念的研究，就是对其整个生命史的研究。[②]也就是说，任何重要的观念，其本身都有一个漫长的发展史，对这样的观念进行研究，就要从整体上研究其全部历史，而不是某个时间段的历史。尽管语境主义者批评洛夫乔伊这种对观念在历时性上的不加限定毫无意义，但其中所蕴含的朴素道理却十分契合对观念的长时段研究。不仅如此，洛夫乔伊一再强调的不要将观念限定在民族国家的框架内，而是揭示其跨越国界的流动性，对于当前从大尺度上研究观念的历史同样有启发意义。在全球化日益深入的当下，思想观念跨越边界的现象非常普遍。考察一种观念从发源地向其他地方的传播，以及在这一过程中观念在新的语境中的遭际——不论是接受也好，抵制也罢，抑或为了适应新的语境而发生的某种变形，将成为当前观念史研究的一种新思路。或许正是因为如此，有学者指出，在当前以大尺度和长时段为特征的观念史研究中，洛夫乔伊的那种不受语境限制的、跨区域的和跨学科的观念史似乎又重新焕发了生命力，正迎来在新形势下的回归。[③]

当然，这种回归并非简单地回到洛夫乔伊观念史的原初状态，而是抽取其中的合理因素，在满足史学界对长时段、宏大叙事需要基础上的革新。

---

① David Armitage, *Civil Wars: A History in Ideas*, New York: Alfred A. Knopf, 2017, pp. 17–18.

② Arthur O. Lovejoy, "The Historiography of Ideas", *Proceedings of the American Philosophical Society*, Vol. 78, No. 4(1938), pp. 538, 539.

③ Darrin M. McMahon, "The Return of the History of Ideas?", in Darrin M. McMahon and Samuel Moyn eds., *Rethinking Modern European Intellectual History*, Oxford: Oxford University Press, 2014, pp. 14–31.

今天，很少有学者会像洛夫乔伊那样去分辨什么是不可分割的单元观念，也很少有学者认为观念与观念之间可以像化学元素那样进行组合。但是，重新审视洛夫乔伊观念史中的那些长时段、跨语境和跨民族的方法和论述，将有助于学者去撰写反映新的时代要求的观念史，并在观念史与各种长时段的历史之间建立起有效的对话机制。在这种环境下，观念史这门有着悠久历史的学科一定会焕发新的活力，让我们拭目以待。

参考文献

中文著作

安德烈·卡巴尼斯、达妮埃尔·卡巴尼斯：《雨果的欧洲观》，秦川译，高毅校，北京大学出版社，2012。

安托万·基扬：《近代德国及其历史学家》，黄艳红译，北京大学出版社，2010。

贝奈戴托·克罗齐：《历史学的理论和实际》，道格拉斯·安斯利英译，傅任敢译，商务印书馆，1986。

彼得·伯克：《法国史学革命：年鉴学派，1929—2014》，刘永华译，北京大学出版社，2016。

彼得·伯克：《欧洲近代早期的大众文化》，杨豫等译，杨豫校，上海人民出版社，2005。

J. G. A. 波考克：《古代宪法与封建法：英格兰17世纪历史思想研究》，翟小波译，译林出版社，2014。

波考克：《德行、商业和历史：18世纪政治思想与历史论辑》，冯克利译，生活·读书·新知三联书店，2012。

陈恒、耿相新主编《新史学》第11辑，大象出版社，2013。

陈启能主编《二战后欧美史学的新发展》，山东大学出版社，2005。

大卫·克里斯蒂安：《时间地图：大历史导论》，晏可佳等译，上海社会科学院出版社，2007。

372

弗朗索瓦·傅勒:《思考法国大革命》,孟明译,生活·读书·新知三联书店,2005。

海登·怀特:《形式的内容:叙事话语与历史再现》,董立河译,文津出版社,2005。

侯建新主编《经济—社会史评论》第 5 辑,生活·读书·新知三联书店,2010。

霍布斯鲍姆:《极端的年代,1914~1991》上册,郑明萱译,江苏人民出版社,1998。

卡尔·施米特:《政治的概念》,刘宗坤等译,上海人民出版社,2015。

康德:《历史理性批判文集》,何兆武译,商务印书馆,1990。

柯林伍德:《历史的观念》(增补版),何兆武、张文杰、陈新译,北京大学出版社,2010。

克里斯蒂昂·德拉克鲁瓦等:《19—20 世纪法国史学思潮》,顾杭等译,商务印书馆,2016。

孔多塞:《人类精神进步史表纲要》,何兆武、何冰译,江苏教育出版社,2006。

李凯尔特:《文化科学和自然科学》,涂纪亮译,商务印书馆,1986。

罗宾·W. 温克、R. J. Q. 亚当斯:《牛津欧洲史》第三卷,贾文华、李晓燕译,吉林出版集团有限责任公司,2009。

罗宾·W. 温克、L. P. 汪德尔:《牛津欧洲史》第一卷,吴舒屏、张良福译,吉林出版集团有限责任公司,2009。

罗宾·W. 温克、托马斯·E. 凯泽:《牛津欧洲史》第二卷,赵闯译,孙洁琬、储智勇、郑红校,吉林出版集团有限责任公司,2009。

罗宾·W. 温克、约翰·E. 泰尔伯特:《牛津欧洲史》第四卷,任洪生译,吉林出版集团有限责任公司,2009。

洛维特:《世界历史与救赎历史》,李秋零、田薇译,商务印书馆,2016。

吕一民、朱晓罕:《良知与担当:20 世纪法国知识分子史》,浙江大学出版社,2012。

马丁·威纳:《英国文化与工业精神的衰落:1850—1980》,王章辉、吴必康译，北京大学出版社，2013。

孟德斯鸠：《论法的精神》上册，张雁深译，商务印书馆，1997。

尼采：《历史对于人生的利弊》，姚可昆译，商务印书馆，2000。

尼古拉斯·菲利普森、昆廷·斯金纳主编《近代英国政治话语》，潘兴明等译，华东师范大学出版社，2005。

诺曼·戴维斯：《欧洲史》，郭方等译，世界知识出版社，2007。

皮埃尔·诺拉主编《记忆之场：法国国民意识的文化社会史》，黄艳红等译，南京大学出版社，2015。

皮埃尔·特里奥姆夫：《基佐的欧洲观》，秦川译，高毅校，北京大学出版社，2012。

乔治·霍兰·萨拜因著，托马斯·兰敦·索尔森修订《政治学说史》上、下册，盛葵阳等译，南木校，商务印书馆，1986。

让-弗朗索瓦·西里奈利：《20世纪的两位知识分子：萨特与阿隆》，陈伟译，江苏人民出版社，2001。

让-弗朗索瓦·西里奈利：《知识分子与法兰西激情：20世纪的声明和请愿书》，刘云虹译，江苏人民出版社，2001。

让-皮埃尔·里乌、让-弗朗索瓦·西里内利主编《法国文化史》卷四《大众时代：二十世纪》，吴模信、潘丽珍译，华东师范大学出版社，2011。

斯特凡·约尔丹主编《历史科学基本概念辞典》，孟钟捷译，北京大学出版社，2012。

特伦斯·鲍尔、约翰·波考克主编《概念变迁与美国宪法》，谈丽译，华东师范大学出版社，2010。

托克维尔：《论美国的民主》，董果良译，商务印书馆，1997。

西南大学历史地理研究所编《中国人文田野》第4辑，巴蜀书社，2011。

夏尔-奥利维耶·卡博内尔：《圣西门的欧洲观》，李倩译，北京大学出版社，2016。

雅克·勒戈夫、皮埃尔·诺拉主编《史学研究的新问题　新方法　新对象——法国新史学发展的趋势》，郝名玮译，社会科学文献出版社，1988。

伊格尔斯：《二十世纪的历史学——从科学的客观性到后现代的挑战》，

何兆武译，辽宁教育出版社，2003。

伊曼纽埃尔·勒鲁瓦·拉迪里：《历史学家的思想和方法》，杨豫等译，上海人民出版社，2002。

优西比乌：《教会史》，保罗·L. 梅尔英译、评注，瞿旭彤译，生活·读书·新知三联书店，2009。

周兵：《新文化史：历史学的“文化转向”》，复旦大学出版社，2012。

外文著作

Achsah Guibbory, *Ceremony and Community from Herbert to Milton. Literature, Religion, and Cultural Conflict in Seventeenth-Century England,* Cambridge: Cambridge U. P., 1998.

Adam Fox and Daniel Woolf eds., *The Spoken Word. Oral Culture in Britain 1500-1800,* Manchester: Manchester U. P., 2002.

Adam Fox, *Oral and Literate Culture in England, 1500-1700,* Oxford Clarendon Press, 2000.

Adam Fox, *The Spoken Word: Oral Culture in Britain, 1500-1850,* Manchester: Manchester U. P., 2002.

Adam McKeown, *Melancholy Order: Asian Migration and the Globalization of Borders, 1834-1929,* New York: Columbia University Press, 2008.

Adrian R. Bell, Chris Brooks and Paul R. Dryburgh, *The English Wool Market, c. 1230-1327,* Cambridge: Cambridge U. P., 2007.

Akira Iriye, Pierre-Yves Saunier eds., *The Palgrave Dictionary of Transnational History: From the Mid-19th Century to the Present Day,* London: Palgrave McMillan, 2009.

Alan Forey, *The Military Order: From the Twelfth to the Early Fourteenth Century,* Basingstoke: Macmillan, 1992.

Alan Lester, *Imperial Networks: Creating Identities in Nineteenth-Century South Africa and Britain,* London and New York: Routledge, 2001.

Aleida Assmann, *Der lange Schatten der Vergangenheit. Erinnerungskultur und Geschichtspolitik,* Bonn: bpd, 2007.

Alexandra Halasz, *The Marketplace of Print. Pamphlets and the Public Sphere in*

Early Modern England, Cambridge: Cambridge U. P., 1997.

Alexandra Shepard and Phil Withington eds., *Communities in Early Modern England,* Manchester: Manchester U. P., 2000.

Alfred J. Rieber, *Struggle for the Eurasian Borderlands: From the Rise of Early Modern Empires to the End of the First World War*, Cambridge: Cambridge University Press, 2014.

Alistair Fox and John Guy eds., *Reassessing the Henrician Age. Humanism, Politics and Reform 1500−1550,* Oxford: Basil Blackwell, 1986.

Alum Howkins, *Reshaping Rural England: A Social History, 1850 − 1925,* London and New York: Routledge, 1992.

Alun Munslow, *Deconstructing History*, London: Routledge, 1997.

Amy Gutmann ed., *Multiculturalism: Examining the Politics of Recognition,* Princeton: Princeton University Press, 1994.

Amélie Oksenberg Rorty and James Schimidt eds., *Kant's Idea for a Universal History with a Cosmopolitan Aim. A Critical Guide*, Cambridge: Cambridge University Press, 2009.

Andre Gunder-Frank, *Re-Orient: Global Economy in the Asian Age*, Berkeley: University of California Press, 1998.

Andrew Ayton, *Knights and Warhorses: Military Service and the English Aristocracy under Edward III*, Woodbridge: The Boydell Press, 1994.

André Burguière dir., *Histoire de la France: Choix culturels et mémoire*, Paris: Editions du Seuil, 2000.

André Burguière, *The Annales School, An Intellectual History*, trans. by J. M. Todd, Ithaca: Cornell University Press, 2009.

Anne Sportiello, *Les pêcheurs du Vieux-Port, fêtes et tradition*, Marseilles: Jeanne Laffite, 1981.

Anselm Doering-Manteuffel/Lutz Raphael, *Nach dem Boom. Perspektiven auf die Zeitgeschichte seit 1970*, Göttingen: Vandenhoeck&Ruprecht, 2012.

Anthony Pagdan ed., *Language of Political Theory in Early-Modern Europe,* Cambridge: Cambridge U. P., 1987.

Arthur Marwick, *British Society since 1945*, New York: Penguin Books, 2003.

Arthur Marwick, *The Deluge: British Society and the First World War*, London: Palgrave Macmillan, 2011.

Arthur Marwick, *The New Nature of History. Knowledge, Evidence, Language*, London: Palgrave, 2001.

Arthur Marwick, *The Sixties, Cultural Revolution in Britain, France, Italy and the United States, c. 1958−c. 1740*, Oxford: Oxford U. P., 1998.

Arthur O. Lovejoy, *The Great Chain of Being: A Study of the History of an Idea*, Cambridge and London: Harvard University Press, 2001.

Backburn, Robin, *The New Slavery. The Making of New World Slavery. From Baroque to the Modern, 1492−1800*, London: Verso, 1997.

Barbara Korte, Sylvia Paletschek eds., *Popular History. Now and Then. International Perspectives*, Bielefeld: transcript Verlag, 2012.

Barbara Korte, Sylvia Paletschek (Hg.) , *History Goes Pop. Zur Repraesentation von Geschichte in populaeren Medien und Genres*, Bielfeld: tramscript, 2009.

Bed Dodds and Christian D. Liddy eds., *Commercial Activity, Markets and Entrepreneurs in the Middle Ages*, Essays in Honour of Richard Britnell, The Boydell Press, 2011.

Benedikt Stuchtey and Eckhardt Fuchs eds., *Writing World History: 1800 − 2000*, Oxford: Oxford University Press, 2003.

Bernard S. Cohn, *Colonialism and Its Forms of Knowledge: The British in India*, Princeton: Princeton University Press, 1996.

Bernd Hey/Peter Steinbach (Hg.) , *Zeitgeschichte und politisches Bewußtsein*, Köln: Verlag Wissenschaft und Politik, 1986.

Bernd Hey/Peter Steinbach (Hg.) , *Zeitgeschichte und politisches Bewußtsein*, Köln: Verlag Wissenschaft und Politik, 1986.

Bill Warren, *Imperialism: Pioneer of Capitalism*, London: Yerso, 1980.

Bobert Brenner, *Merchants and Revolution: Commercial Change, Political Conflict, and London's Overseas Trades, 1550−1653*, Cambridge: Cambridge U. P., 1993.

Brian W. Richardson, *Longitude and Empire: How Captain Cook's Voyages*

Changed the World, Vancouver, BC: University of British Columbia Press, 2006.

Bruce Mazlish, *The New Global History*, New York and London: Routledge, 2006.

Bruce M. S. Campbell, *English Seignorial Agriculture 1250-1450,* New York: Cambridge U. P., 2000.

Carl E. Schorske, *Fin-De-Siècle Vienna: Politics and Culture*, New York: Vintage Books, 1980.

Carl H. Nightingale, *Segregation: A Global History of Divided Cities*, Chicago: University of Chicago Press, 2012.

Caroline M. Baqron, *London in the Later Middle Ages, Government and People 1200-1500*, Oxford: Oxford U. P., 2004.

Catherine Hall, *Civiling Subjects,* Chicago: University of Chicago Press, 2002.

Catherine Hall, Keith McClelland and Jane Rendall, *Defining the Victorian Nation: Class, Race, Gender and the British Reform Act of 1867*, Cambridge: Cambridge U. P., 2000.

Cf. Ernst Breisach, *Historiography: Ancient, Medieval & Modern*, Third Edition, The University of Chicago Press, 2007.

Charles H. Feinstein and Sidney Pollard eds., *Studies in Capital Formation in the United Kingdom 1750-1920,* Oxford: Clarendon Press, 1988.

Charles Percy Snow, *The Two Cultures and the Scientific Revolution,* Cambridge: Cambridge University Press, 1959.

Christian Delacroix et al., *Les courants historiques en France, XIXe-XXe siècle,* Paris: Gallimard, 2007.

Christian Delacroix et al. eds., *Historiographie,* II, *Concepts et débats*, Paris: Gallimard, 2010.

Christian Gradmann, *Historische Belletristik. Populäre historische Biographien in der Weimarer Republik,* Frankfurt a. M. : Fischer, 1993.

Christoph Chrnelißen(Hg.), *Geschichtswissenschaften. Eine Einführung*, Frankfurt a. M. : Fischer Taschenbuch, 2000.

Christopher Dyer, *The Age of Transition? Economy and Society in the Medieval England in the Later Middle Ages,* Oxford: Clarendon Press, 2005.

Christopher Dyer, *Everyday Life in Medieval England*, London: Humbledon Press, 1994.

Christopher Dyer, *Standards of Living in the Later Middle Ages: Social Change in England, c. 1200-1520,* Cambridge: Cambridge U. P., 1989.

Christopher Parker, *The English Historical Tradition since 1950*, Edinburgh: John Donald, 1990.

Claude Billard et Pierre Guibbert eds., *Histoire mythologique des Français*, Paris: Galilée, 1976.

Claude Gauvard, *La France au Moyen Age*, Paris: PUF, 2010.

Craig Muldrew, *The Economy of Obligation: The Culture of Credit and Social Relations in Early Modern England*, Basingstoke: Macmillan, 1998.

C. Behan McCullagh, *The Truth of History*, London: Routledge, 1998.

C. Delacroix et al. éds., *Historiographie*, II, *Concepts et débats*, Paris: Gallimard, 2011.

C. Given-Wilson et al. eds., *The Parliament Rolls of Medieval England, 1275 - 1504. The National Archives*, New York: The Boydell Press, 2005.

C. G. S. Clay, *Economic Expansion and Social Change: England 1500 - 1700*, 2vols., Cambridge: Cambridge U. P., 1984.

C. Howell, *Land, Family andl Inheritance in Transition: Kibworth Harcourt 1280 - 1700,* Cambridge: Cambridge U. P., 1983.

Dale Hoak ed., *Tudor Political Culture,* Cambridge: Cambridge U. P., 1995.

Dan Diner, *Ist der Nationalsozialismus Geschichte? Zu Historisierung und Historikerstreit,* Frankfurt a. M. : Fischer, 1988.

Daniel Power ed., *The Central Middle Ages Europe 950-1320*, Oxford: Oxford University Press, 2006.

Daniel T. Rodgers, *Atlantic Crossings: Social Politics in a Progressive Age*, Cambridge and London: Belknap Press of Harvard University, 1998.

Daniel Woolf ed., *The Oxford History of Historical Writing,* 4 vols., Oxford: Oxford University Press, 2012.

Darrin M. McMahon and Samuel Moyn eds., *Rethinking Modern European*

Intellectual History, Oxford: Oxford University Press, 2014.

David Armitage, *The Ideological Origins of the British Empire*, Cambridge: Cambridge University Press, 2000.

David Cannadine, *Aspects of Aristocracy: Grandeur and Decline in Modern Britain*, London: Yale University Press, 1994.

David Canndine, *What is History Now ?* London: Palgrave Macmillan, 2002.

David Canndine, *The Decline and Fall of the British Aristocracy*, New Haven and London: Yale U. P., 1990.

David Canndine, *The Right Kind of History, Teaching the Past in Twentieth-Century England*, London: Palgrave Macmillan, 2011.

David Cressy, *Agnes Bowker's Cat: Travesties and Transgression in Tudor and Stuart England*, Oxford: Oxford U. P., 2001.

David Cressy, *Birth, Marriage, and Death: Ritual, Religion, and Life Circle in Tudor and Stuart England*, Oxford: Oxford U. P., 1999.

David Cressy, *Education in Tudor and Stuart England*, New York: St Martin's Press, 1975.

David Cressy, *Society and Culture in Early Modern England*, Burlington, VT: Ashgate, 2003.

David Cressy, *Travesties and Transgression in Tudor and Stuart England. Tales of Discord and Dissension*, Oxford: Oxford U. P., 2000.

David Eltis and David Richardson, *Atlas of the Transatlantic Slave Trade*, New Haven: Yale University Press, 2010.

David Grigg, *English Agriculture: An Historical Perspective*, Oxford: Basil Blackwell, 1989.

David Martin Jones, *Conscience and Allegiance in Seventeenth Century England. The Political Significance of Oaths and Engagements*, Rochester: University of Rochester Press, 1999.

David Ormrod, *The Rise of Commercial Empires: Englian and the Netherlands in the Age of Mercantilism, 1650–1770*, Cambridge: Cambridge U. P., 2003.

David Smith, *Constitutional Royalism and the Search for Settlement, c. 1640 –*

1649, Cambridge: Cambridge U. P., 1994.

Deborah Mauskopf Deliyannis ed., *Historiography in the Middle Ages*, Leiden: Brill, 2003.

Dieter Senghaas, *The Clash within Civilisations: Coming to Terms with Cultural Conflicts*, London and New York: Routledge, 2002.

Dominique Barthélemy, *La mutation de l'an mil a-t-elle eu lieu? Servage et chevalerie dans la France des Xe et XI e siècles,* Paris: Fayard, 1997.

Dominique Barthélemy, *La société dans le comté de Vendôme: De l'an mil au XIVe siècle*, Paris: Fayard, 1993.

Domnic Sachsenmaier, *Global Perspectives on Global History*, Cambridge, New York: Cambridge University Press, 2011.

Dorothy Ross, *The Origins of American Social Science*, Cambridge: Cambridge University Press, 1991.

Douglas Northrop ed., *A Companion to World History*, Malden and Oxford: Wiley-Blackwell, 2012.

Edward Royle, *Modern Britain: A Social History, 1750-1985,* London: Edward Arnold, 1987.

Ein Historikerstreit in der Mediengesellschaft, *Bonn: Forschungsinstitut der Friedrich-Ebert-Stiftung, Historisches Forschungszentrum,* 1997.

Ernst Breisach, *Historiography: Ancient, Medieval & Modern*, Chicago & London: The University of Chicago Press, 2009.

Ernst Reinhard Piper (Hrsg.), *"Historikerstreit ". Die Dokumentation der Kontroverse um die Einzigartigkeit der nationalsozialistischen Judenvernichtung,* München: Piper Verlag, 1987.

Etienne François / Hagen Schulze(Hrsg.), *Deutsche Erinnerungsorte,* München: C. H. Beck, 2001.

Eugen Weber, *Peasants into Frenchmen: The Modernization of Rural France, 1870-1914*, Stanford: Stanford University Press, 1976.

Fahad Ahmad Bishara, *A Sea of Debt: Law and Economic Life in the Western Indian Ocean, 1780-1950*, Cambridge: Cambridge University Press, 2017.

Felipe Fernández-Armesto, *Pathfinders: A Global History of Exploration*, Oxford: Oxford University Press, 2006.

Florian Mazel, *Histoire de France: Féodalités, 888−1180,* Paris: Belin, 2010.

Frank Boesch & Constantin Goschler (Hg.) , *Public History. Oeffentliche Darstellungen des Nationalsozialismus jenseits der Geschichtswissenschaft,* Frankfurt ∕ New York: Campus Verlag, 2009.

François Furet et Mona Ozouf eds., *Dictionnaire critique de la Révolution française: Idées,* Paris: Flammarion, 1992.

François Hartog, *Régimes d'historicité, Présentisme et expériences du temps,* Paris: Editions du Seuil, 2012.

Françoise Zonabend, *La mémoire longue: temps et histoires au village,* Paris: PUF, 1980.

Fred Spier, *Big History and the Future of Humanity,* Malden, MA and Oxford: Wiley-Blackwell, 2010.

Fritz Stern, *The Failure of Illiberalism. Essays on the Political Culture of Modern Germany,* New York: Columbia University Press Morningside, 1992.

Gareth Stedman Jones and Ian Patterson eds., *The Theory of the Four Movement,* Cambridge: Cambridge U. P., 1996.

Gareth Stedman Jones, *Language of Class: Studies in English Working Class, 1832—1982,* Cambridge: Cambridge U. P., 1983.

Gareth Stedman Jones, *An End of Poverty? A Historical Debate,* London: Profile, 2004.

Georges Duby, *Féodalité,* Paris: Gallimard, 1996.

Georges Duby, *Le dimanche de Bouvines,* Paris: Gallimard, 1973.

Georges Duby, *Qu'est-ce que la société féodale,* Paris: Flammarion, 2002.

Gerhard Ritter, *Geschichte als Bildungsmacht,* Stuttgart: DVA, 1946.

Giorgio Riello, *Cotton: The Fabric That Made the Modern World,* Cambridge: Cambridge University Press, 2013.

Glenn Burgess, *The Politics of the Ancient Constitution: An Introduction to English Political Thought, 1603−1642,* Basingstoke: Macmillan, 1992.

Guy Bois, *La mutation de l'an mil. Lournand, village mâconnais de l'Antiquité au féodalisme*, Paris: Fayard, 1989.

Guy Routh, *Occupation and Pay in Great Britain, 1801 – 1981*, London: Macmillan, 1987.

G. E. Aylmer, *The Crown's Servants: Government and Civil Service under Charles II, 1660–1685*, Oxford: Oxford U. P., 2002.

G. E. Aylmer, *The State's Serment: the Civil Service of the English Republic, 1649–1660*, London: Routledge & Kegan Paul, 1973.

G. E. Mingay ed., *The Rural Idylle*, Norwich: Steven Simpson Books, 1989.

G. E. Mingay ed., *The Transformation of Britain, 1830–1939*, Boston: Routledge & Kegan Paul, 1986.

G. E. Mingay ed., *Victorian Countryside*, London: Koutledge & Kegan Paul, 1981.

G. E. Mingay ed., *The Unquiet Countryside*, London: Routledge, 1989.

G. E. Mingay, *Land and Society in England, 1750–1850*, London, New York: Longman, 1994.

G. E. Mingay, *Parliamentary Enclosure in England: An Introduction to Its Causes, Incidence and Impact, 1750–1850*, London; New York: Longman, 1997.

G. E. R. Lloyd, *Adversaries and Authorities: Investigations into Ancient Greek and Chinese Science*, Cambridge: Cambridge University Press, 1996.

G. W. F. Hegel, *Lectures on the Philosophy of World History*, Vol. 1, Oxford: Oxford University Press, 2011.

Hannes Heer, Walter Manoschek, Alexander Pollak, Ruth Wodak (Hrsg.), *Wie Geschichte gemacht wird. Zur Konstruktion von Erinnerungen an Wehrmacht und Zweiten Weltkrieg*, Wien: Czerning Verlag, 2003.

Hans Rosenberg, *Bureaucracy, Aristocracy and Autocracy: The Prussian Experience, 1660–1815*, Cambridge, Mass. : Beacon Press, Second Edition, 1967.

Hans-Guenther Thiele (Hrsg.), *Die Wehrmachtsausstellung. Dokumentation einer Kontroverse*, Bremen: Edition Temmen, 1997.

Hans-Jochen Vogel und Michael Ruck (Hrsg.), *Klaus Schönhoven. Arbeiterbewegung und soziale Demokratie in Deutschland. Ausgewählte Beiträge,* Bonn: Dietz, 2002.

Harold Perkin, *The Third Revolution: Professional Elite inthe Modern World,* New York: Routledge, 1996.

Harold Perkins, *The Rise of Profession Society: England since 1880,* New York: Routledge, 1989.

Hartmut Lehmann and Melvin Richter eds., *The Meaning of Historical Terms and Concepts: New Study on Begriffsgeschichte,* German Historical Institute, Washington D. C., Occasional Paper No. 15, 1996.

Harvey J. Kaye, *The British Marxist Historians,* New York: Polity Press, 1984.

Henri Mendras, *La Seconde Révolution française, 1965 – 1984,* Paris: Gallimard, 1988.

Housing R. Rodger, *In Urban Britain, 1780 – 1914: Class, Capitalism and Construction,* London: Macmillan, 1989.

Ian Hacking, *The Taming of Chance,* Cambridge: Cambridge University Press, 2002.

Ingo Haar, *Historiker im Nationalsozialismus. Deutsche Geschichtswissenschaft und der "Volkstumkampf" im Osten,* Göttingen: Vandenhoeck&Ruprecht, 2000.

Institut für Zeitgeschichte (Hg.), *25 Jahre Institut für Zeitgeschichte. Statt einer Festschrift,* München: Deutsche Verlags-Anstalt, 1975.

Isabel Rivers ed., *Books and Their Readers in Eighteenth-Century England,* Leicester: Leicester University Press; New York: St Martin Press, 1982.

Jacques Le Goff dir., *Histoire de la France. La longue durée de l'Etat,* Paris: Edition du Seuil, 2000.

Jacques Revel dir., *Histoire de la France, L'espace français,* Paris: Editions du Seuil, 2000.

Jacques-Bénigne Bossuet, *Discourse on Universal History,* trans. Elborg Forster, Chicago and London: University of Chicago Press, 1976.

James Hankins ed., *Renaissance Civic Humanism: Reappraisals and Reflections,* Cambridge: Cambridge University Press, 2000.

James McClellan III and Harold Dorn, *Science and Technology in World History:*

An Introduction, Baltimore: Johns Hopkins University Press, 1999.

James Raven ed., *Free Print and Non-Commercial Publishing since 1700*, Aldershot: Ashgate Press, 2000.

James Raven, *The Business of Books: Booksellers and the English Books Trade 1450–1850,* New Haven: Yale U. P., 2007.

James Raven, *The Practice and Representation of Reading in England,* Cambridge: Cambridge University Press, 1996.

Jan Eckel, *Hans Rothfels. Eine intellektuelle Biographie im 20. Jahrhundert*, Göttingen: Wallstein, 2005.

Jane Burbank and Frederick Cooper, *Empires in World History: Power and the Politics of Difference*, Princeton: Princeton University Press, 2010.

Jane Whittle, *The Development of Agrarian Capitalism. Land and Labour in Norfolk 1440–1580,* Oxford: Clarendon Presss, 2000.

Janet Wolff and John Seed eds., *The Culture of Capital: Art, Power and the Nineteenth-Century Middle Class,* Manchester: Manchester U. P., 1988.

Jean Flori, *La guerre sainte. La formation de l'idée de croisade dans l'Occiden Chrétien*, Paris: Aubier, 2001.

Jean Flori, *L'idéologie du glaive, Préhistoire de la chevalerie*, Genève: Librairie Droz, 1983.

Jean-François Sirinelli et al. eds., *Les historiens français en mouvement*, Paris: PUF, 2015.

Jean-François Sirinelli et al. eds., *Les historiens français à l'oevre, 1995 – 2010*, Paris: PUF, 2010.

Jean-Pierre Poly et Eric Bournazel, *La mutation féodale, Xe-XⅢ e siècle*, Second Edition, Paris: PUF, 1991.

Jeason Peacey, *Politicians and Pamphleteers: Propaganda during the English Civil War and Interregnum,* Burlington, VT: Ashgate, 2004.

Jenny Kermode, *Medieval Merchants: York, Beverley and Hull in the Later Middle Ages,* Cambridge: Cambridge U. P., 1998.

Jerry H. Bentley, *Shapes of World History in Twentieth-Century Scholarship*,

Washington, DC: American Historical Association, 1996.

Joachim Radkau, *Nature and Power: A Global History of the Environment*, Cambridge: Cambridge University Press, 2008.

Joad Raymond, *Pamphlets and Pamphleteering in Early Modern Britain*, Cambridge: Cambridge U. P., 2003.

Joad Raymond, *News, Networks in Seventeenth Century Britain and Europe*, London and New York: Routledge, 2016.

Joan Thirsk ed., *Agrarian History of England and Wales*, 8Vols., Cambridge: Cambridge U. P., 1984.

Joan Thirsk, *Food in Early Modern England: Phases, Fads, Fashions, 1500-1760*, London: Hambleden Continuum, 2007.

Joan Thirsk, *The Rural Economy in England*, London: The Hambledon Press, 1984.

Joan Thirsk, *Alternative Agriculture. A history: From Black Death to the Present Day*, Oxford: Oxford U. P., 1997.

Johannes Heil und Rainer Erb (Hrsg.), *Geschichtswissenschaft und Öffentlichkeit. Der Streit um Daniel J. Goldhagen* , Franffurt a. M. : Fischer, 1998.

Johannes Hürter/Hans Woller (Hg.), *Hans Rothfels und die deutsche Zeitgeschichte*, München: Oldenbourg, 2005.

John Beckett, *Writing Local History*, Manchester: Manchester University Press, 2007.

John Cannon, *Historian at Work*, London: George Allen & Unwin, 1980.

John Day, *The Medieval Market Economy*, Oxford: Basil Blackwell, 1987.

John Dunn, *Setting the People Free: The Story of Democracy*, London: Atlantic, 2005.

John Dunn, *The Cunning of Unreason: Making Sense of Politics*, New York: Basic Books, 2000.

John F. Wilson, *British Business History, 1720-1994*, Manchester: Manchester U. P., 1995.

John Hope Mason, *The Value of Creativity: The Origins and Emergence of a*

Modern Belief, Aldershot: Ashgate, 2003.

John Kenyon, *The Historian Men: The Historical Profession in England since the Renaissance*, London: Weidenfeld and Nicoson, 1983.

John K. Thornton, *A Cultural History of the Atlantic World, 1250 – 1820*, Cambridge: Cambridge University Press, 2012.

John McNeill, *Something New under the Sun: An Environmental History of the Twentieth Century World*, New York: W. W. Norton, 2001.

John Rennie Short, *Cartographic Encounters: Indigenous Peoples and the Exploration of the New World*, London: Reaktion Books, 2009.

John R. Chavez, *Beyond Nations: Evolving Homelands in the North Atlantic World, 1400–2000*, Cambridge: Cambridge University Press, 2009.

Jonathan Eacott, *Selling Empire: India in the Making of Britain and America, 1600–1830*, Chapel Hill: University of North Carolina Press, 2016.

Josephh E. Inikori, *Africans and the Industrial Revolution in England: A Study in International Trade and Economic Development*, Cambridge: Cambridge U. P., 2002.

Joyce Youings, *Sixteenth-Century England*, New York: Penguin Books, 1984.

Juergen Wilke (Hrsg.), *Massenmedien und Zeitgeschichte*, Konstanz: UVK Medien, 1999.

Julian Hoppit, *Risk and Failure in English Business, 1700 – 1800*, Cambridge: Cambridge U. P., 1987.

Julius H. Schoeps (Hg.), *Ein Volk von Mördern? Die Dokumentation zur Goldhagen-Kontroverse um die Rolle der Deutschen im Holocaust*, Hamburg: Hoffmann und Campe, 1996.

Justin Jennings, *Globalizations and the Ancient World*, Cambridge: Cambridge University Press, 2011.

Jörg Friedrich, *Die kalte Amnestie. NS-Täter in der Bundesrepublik*, München, Zürich: Piper, 1994.

J. A. Pocock ed., *Three British Revolution: 1641, 1688, 1776*, Princeton: Princeton U. P., 1980.

J. A. Raftis, *Peasant Economic Development within the English Manorial System*

Sutton, Montreal: McGill-Queen's University Press, 1996.

J. C. K. Cornwall, *Wealth and Society in Early Sixteenth Century England,* London: Routle & Kegan Paul, 1988.

J. G. A. Pocock ed., *Political Thought and History. Essays on the Theory and Method,* Cambridge: Cambridge U. P., 2009.

J. G. A. Pocock, *The Ancient Constitution and Feudal Law: A Studies of English Historical Thought,* Cambridge: Cambridge U. P., 1957.

J. J. Clarke, *Oriental Enlightenment: The Encounter between Asian and Western Thought,* London and New York: Routledge, 1997.

J. M. Neeson, *Commoners: Common Right, Enclosure and Social Change in England, 1700–1820,* Cambridge: Cambridge U. P., 1993.

J. P. D. Cooper, *Propaganda and the Tudor State: Political Culture in the Westcountry,* Oxford: Clarendon Press, 2003.

J. R. Wordie, *Estate Management in Eighteenth-Century England: The Building of the Leveson-Gower Fortune,* London: Royal Historical Society, 1982.

J-P. Poly, *La Provence et la société féodale,* Paris: Bordas, 1976.

Karen Ordahl Kupperman, *Indians and English: Facing off in Early America,* Ithaca: Cornell University Press, 2000.

Karl Forster (Hg.), *Gibt es ein deutsches Geschichtsbild?,* Würzburg: Echter-Verlag, 1961.

Karl Giebeler, Abraham Peter Kustermann (Hg.), *Erinnern und Gedenken-Paradigmenwechsel 60 Jahre nach Ende der NS-Diktatur?* Berlin: Frank & Timme, 2007.

Kate Mertes, *The English Noble Household 1250 – 1600, Good Governance and Politic Rule,* Oxford: Basic Blackwell, 1988.

Keith Jenkins, *Re-thinking History,* London: Routledge, 1991.

Keith Windschuttle, *The Killing of History: How a Discipline is Being Murdered by Literary Critics and Social Theories,* New South Wales: Paddington, 1994.

Keith Wrightson, *English Society, 1580–1680,* London; Hutchinson, 1982.

Kelly Boyd ed., *Encyclopedia of Historians and Historical Writing,* London and Chicago: Fitzroy Dearborn Publishers, 1999.

Kenneth Pomeranz, *The Great Divergence: China, Europe, and the Making of the Modern World Economy*, Princeton: Princeton University Press, 2001.

Kiran Klaus Patel, *The New Deal: A Global History*, Princeton: Princeton University Press, 2016.

Klaus Bergmann et al. eds., *Handbuch der Geschichtsdidaktik*, Duesseldorf: Schwann, 1985.

Klaus Bergmann et al. eds., *Handbuch der Geschichtsdidaktik*, Duesseldorf: Schwann, 2010.

Klaus Froehlich et al. eds., *Geschichtskultur*, Pfaffenweiler: Centaurus, 1992.

Klaus Große Kracht, *Die zankende Zunft. Historische Kontroversen in Deutschland nach 1945*, Goettingen: Vandenhoeck & Ruprecht, 2005.

Lauren Benton, *Law and Colonial Cultures: Legal Regimes in World History, 1400–1900*, Cambridge: Cambridge University Press, 2002.

Leonid E. Grinin, Andrey V. Korotayev, Barry H. Rodrigue eds., *Evolution: A Big History Perspective*, Volgograd: Uchitel Publishing House, 2011.

Lloyd Kramer and Sarah Maza eds., *A Companion to Western Historical Thought*, Malden: Blackwell Publishers, 2002.

Londa Schiebinger, *Plants and Empire: Colonial Bioprospecting in the Atlantic World*, Cambridge: Harvard University Press, 2004.

Lorelle Semley, *To be Free and French: Citizenship in France's Atlantic Empire*, Cambridge: Cambridge University Press, 2017.

L. A. Clarkson, *Proto-Industrialization: The First Phrase of Industrialization?* Londres: Macmillan, 1985.

L. Stone and J. C. F. Stone, *An Open Elite? England 1540–1880*, Oxford: Oxford U. P., 1986.

Malcolm Vale, *Princely Court: Medieval Courts and Culture in Morth-West Europe, 1270–1380*, Oxford: Oxford U. P., 2001.

Manfred Kittel, *Nach Nürnberg und Tokio. "Vergangenheitsbewältigung" in Jpan und Westdeutschland 1945 bis 1968*, München: Oldenbourg, 2004.

Marc Bloch, *La société féodale*, Paris: Albin Michel, 1994.

Marcus Nevitt, *Women and the Pamphlet Culture of Revolutionary England, 1640-1660*, Aldershot: Ashgate Press, 2006.

Margaret R. Hunt, *The Middling Sort: Commerce, Gender, and the Family in England, 1680-1780*, Berkeley: University of California Press, 1996.

Margaret Spufford, *Small Books and Present Histories. Popular Fiction and Its Readership in Seventeenth-Century England*, Cambridge: Cambridge U. P., 1981.

Mark Kishlansky, *A Monarchy Transformed: Britain 1603 - 1714*, New York: Penguin Press, 1997.

Marnie Hughes-Warrington ed., *Palgrave Advances in World Histories*, Basingstoke: Palgrave Macmillan, 2005.

Martin Aurell, *La noblesse en Occident, Ve-XVe siècle*, Paris: Armand Colin, 1996.

Martin Nissen, *Populaere Geschicchtsschreibung: Historiker, Verleger und die deutsche Oeffentlichkeit(1848-1900)*, Köln: Boehlau, 2009.

Martin Sabrow u. a. (Hg.), *Zeitgeschichte als Streitgeschichte. Grosse Kontroversen seit 1945*, München: C. H. Beck, 2003.

Maurice Habwachs, *La mémoire collective*, 2e édition, Paris: PUF, 1968.

Maxine Berg ed., *Markets and Manufacture in Early Industrial Europe*, London and New York: Routledge, 1991.

Maxine Berg ed., *Technological Revolutions in Europe: Historical Perspectives*, Mass. : Edward Elgar, 1993.

Maxine Berg, *Age of Manufactures, 1720-1820: Industry, Innovation and Work in Britain*, London and New York: Routledge, Second Edition, 1994.

Maxine Berg, *Luxury and Pleasure in Eighteenth-Century Britain*, Oxford: Oxford U. P., 2005.

Maxine Berg, Pat Hudson and Michael Sonenscher eds., *Manufacture in Town and Country before Factory*, Cambridge: Cambridge U. P., 1983.

Maxine Berg, *The Machinery Question and the Making of Political Economy, 1815-1848*, Cambridge: Cambridge U. P., 1980.

Michael Braddick, *State Formation in Early Modern England, c. 1550 - 1700*,

Cambridge: Cambridge U. P., 2000.

Michael H. Fisher, *Counter Flows to Colonialism: Indian Travellers and Settlers in Britain, 1600-1857*, New Delhi: Permanent Black, 2004.

Michael Kammen ed., *The Past before Us: Contemporary Historical Writing in the United States*, Ithaca: Cornell University Press, 1980.

Michael Kohlstruck, *Zwischen Erinnerung und Geschichte. Der Nationalsozialismus und die jungen Deutschen,* Berlin: Metropol, 1997.

Michael Stanford, *The Nature of Historical Knowledge*, Oxford: Blackwell, 1986.

Michael Turner and Dennis Mills eds., *Land and Proprety: The English Land Tax 1692-1832,* Gloucester: Alan Sutton, 1986.

Mike Davis, *Late Victorian Holocausts: El Niño Famines and the Making of the Third World*, London: Verso, 2002.

Miri Rubin, *Charity and Community in Medieval Cambridge,* Cambridge: Cambridge U. P., 1987.

M. A. Havinden and Ted J. T. Collins eds., *Agriculture in the Industrial State, Reading:* University of Reading, Rural History Centre, 1995.

M. E. Turner, J. V. Beckett, and B. Afton, *Agricultural Rent in England 1690-1914,* Cambridge: Cambridge U. P., 1997.

M. L. Bush, *The English Aristocracy: A Comparative Sunthesis,* Manchester: Manchester U. P., 1984.

Natalie Zemon Davis, *Trickster Travels: A Sixteenth-Century Muslim between Worlds*, New York: Hill and Wang, 2006.

Natascha Wurzbach, *The Rise of the English Street Ballard, 1550 - 1650,* Cambridge: Cambridge U. P., 2011.

Nicolas Berg, *Der Holocaust und die westdeutschen Historiker. Erforschung und Erinnerung*, Göttingen: Wallstein, 2003.

Nicolas Phillipson and Quentin Skinner eds., *Political Discovers in Early Modern* Niels Hansen, *Der Fall Emil Ludwig*, Oldenburg: Gerhard Stalling, 1930.

Nigal Saul, *Knights and Esquires: The Gloucestershire Gentry in the Fourteenth Century,* Oxford: Clarendon Press, 1981.

Niklas Olsen, *History in the Plural: An Introduction to the Work of Reinhart Koselleck*, New York: Berghahn Books, 2012.

Nina Burleigh, *Mirage: Napoleon's Scientists and the Unveiling of Egypt*, New York: HarperCollins, 2007.

Nobert Elias, *The Civilizing Process*. Vol. II, *State Formation and Civilization*, Oxford: Basil Blackwell, 1982.

Nobert Elias, *The Court Society*, Oxford: Basil Blackwell, 1983.

Nobert Rouland, *Anthropologie Juridique*, Paris: PUF, 1988.

Norbert Frei, *Vergangenheitspolitik. Die Anfänge der Bundesrepublik und die NS-Vergangenheit*, München: C. H. Beck, 1996.

Otto Brunner, *Land and Lordship: Structures of Governance in Medieval Austria*, Transl. and with an Introduction by Howard Kaminsky and James Van Horn Melton, Philadelphia: University of Pennsylvania Press, 1992.

Otto Brunner, *Land und Herrschaft*, Darmstadt: Wissenschaftliche Buchgesellschaft, 1984.

Otto Brunner, Werner Conze, Reinhart Koselleck, *Geschichtliche Grundbegriffe: Historisches Lexikon zur politischen-sozialen Sprache in Deutschland*, 7 vols., Stuttgart: Ernst Klett, 1972–1992.

Pascal Ory, *Une nation pour mémoire, 1889, 1939, 1989, trois jubilés révolutionnaires*, Paris: Presses de la Fondation Nationale des Sciences Politiques, 1992.

Pat Hudson, *The Genesis of Industrial Capital: A Study of the West Riding Wool Textile Industryc, 1750–1850*, Cambridge: Cambridge U. P., 1986.

Patrick Garcia, *Le Bicentenaire de la Révolution française. Pratiques sociales d'une commémoration*, Paris: CNRS Edition, 2000.

Paul Griffiths, Adam Fox and Steve Hindle eds., *The Experience of Suthority in Early Modern England*, London: Macmillan, 1996.

Paul Thompson, *The Voice of the Past: Oral History*, Oxford: Oxford U. P., 1978.

Penelope J. Corfield, *Time and the Shape of History*, London: Yale U. P., 2007.

Peter Burke ed., *The New Cambridge Modern History*, XIII, Cambridge:

Cambridge U. P., 1980.

Peter Burke, *History and Social Theory,* Cambridge: Polity Press, 2005.

Peter Clark ed., *The Cambridge Urban History of Britain,* 3 vols., Cambridge: Cambridge University Press, 2000.

Peter Clark, *The English Alehouse: A Social History,* London: Longman, 1983.

Peter Earle, *The Making of the English Middle Class: Business, Society and Family Life in London, 1660-1730,* London: Methuen, 1989.

Peter Gay, *The Enlightenment: An Interpretation,* New York: Random House, 1966, 1969.

Peter Novick, *That Noble Dream: The "Objectivity Question" and the American Historical Profession,* Cambridge: Cambridge University Press, 1988.

Peter Weingart u. a., *Die sogenannten Geisteswissenschaften: Außenansichten. Die Entwicklung der Geisteswissenschaften in der BRD 1954 - 1987,* Frankfurt a. M. : Suhrkamp, 1991.

Phil Withington, *Society in Early Modern England: The Vernacular Origins of Some Powerful Ideas,* Cambridge: Polity Press, 2010.

Phil Withington, *The Politics of Commonwealth: Citizen and Freemen in Early Modern England,* Cambridge: Cambridge U. P., 2005.

Philip Corrigan and Derek Sayer, *The Great Arch: English State Formation as Cultural Revolution,* Oxford: Basil Blackwell, 1985.

Philipp R. Schofield, *Peasant and Community in Medieval England, 1200-1500,* London: Palgrave, Macmillan, 2003.

Philippe Contamine dir., *Histoire de la France politique,* I, *Le Moyen Age,* Paris: Editions du Seuil, 2002.

Philippe Contamine ed., *Histoire de la France Politique,* Vol. 1, *Moyen Âge,* Paris: Seuil, 2002.

Philippe Joutard, *Histoire et mémoires, conflit et alliance,* Paris: La Découverte, 2015.

Pierre Nora dir., *Les lieux de mémoire,* Paris: Gallimard, 1997.

Pierre Nora, *Présent, nation, mémoire,* Paris: Gallimard, 2011.

Pierre Toubert, *Les structures du Latium médiéval: Le Latium meridional et la Sabine du IXe siècle à la fin du XII e siècle*, 2 vols., École française de Rome, 1973.

Polybius, *The Histories*, trans. Robin Waterfield, Oxford: Oxford University Press, 2010.

Prasannan Parthasarathi, *Why Europe Grew Rich and Asia Did Not: Global Economic Divergence, 1600–1850*, Cambridge: Cambridge University Press, 2011.

P. Curtis Jr. ed., *The Historian's Workshop,* New York: Knof, 1971.

P. D. A. Harvey ed., *The Peasant Land Market in Medieval England,* Oxford: Clarendon Press, 1984.

P. K. O. Brien ed., *The Industrial Revolution in Europe,* 2 vols., Oxford: Blackwell, 1994.

P. Thompson, *Custom in Common,* London: Penguin, 1991.

Quentin Skinner and Bo Strath eds., *States and Citizens: History, Theory Prospects,* Cambridge: Cambridge U. P., 2003.

Quentin Skinner ed., *Visions of Politics,* 3 vols., Cambridge: Cambridge U. P., 2002.

Quentin Skinner, *Liberty before Liberalism,* Cambridge: Cambridge U. P., 1998.

Quentin Skinner, *Reason and Rhetoric in the Philosophy of Nobles,* Cambridge: Cambridge U. P., 1996.

Quentin Skinner, *The Foundations of Modern Political Thought,* Cambridge: Cambridge University Press, 1978.

Quentin Skinner, *Liberty before Liberalism,* Cambridge: Cambridge University Press, 1998.

Raphael Samuel, Barbara Bloomfield and Guy Boanas, *The Enemy from within Pit Village and the Miners' Strike of 1984–1985*, London: Routledge & Kegan Paul Ltd., 1986.

Raphael Samuel, *The Theatres of Memory,* Vol. 1, Past and Present in Centemporary Culture, London: Verso, 1994.

Raymond Williams, *Keywords: A Vocabulary of Culture and Society,* London: Fontana, 1976.

Reinhart Koselleck, *Critique and Crisis. Enlightenment and the Pathogenesis of Modern Society*, Cambridge, Mass. : The MIT Press, 1988.

Reinhart Koselleck et al. eds., *Formen der Geschichtsschreibung. Traditionen der Geschichtsschreibung und ihrer Reflexion. Fallstudien, systematische Rekonstruktionen, Diskussion und Kritik,* Muenchen: Deutschland Taschenbuch, 1982.

Reinhart Koselleck, *Futures Past: On the Semantics of Historical Time*, trans. Keith Tribe, New York: Columbia University Press, 2004.

Reinhart Koselleck, *Preußen zwischen Reform und Revolution*, Stuttgart: Klett-Cotta, 1975.

Reinhart Koselleck, *Vergangene Zukunft. Zur Semantik geschichtlicher Zeiten*, Frankfurt am Main: Suhrkamp Verlag, 1979/1995.

René Rémond ed., *Pour une histoire politique*, Paris: Seuil, 1996.

Reverley Southgate, *History: What and Why? Ancient, Modern and Postmodern Perspectives,* London: Routledge, 1996.

Richard Bonney ed., *Economic Systems and State Finance*, Oxford: Clarendon Press, 1995.

Richard Bonney ed., *The Rise of the Fiscal State in Europe, c. 1200 – 1815,* Oxford: Oxford U. P., 1999.

Richard Grassby, *The Business Community of Seventeenth Century,* Cambridge: Cambridge U. P., 1995.

Richard Grassby, *The Idea of Capitalism before the Industrial Revolution,* Lanham, MD: Rowman & Littlefield, 1999.

Richard H. Britnell and B. M. S. Campbell eds., *A Commercializing Economy: England 1086 to c. 1300,* Manchester: Manchester U. P., 1995.

Richard H. Britnell, *The Commercialisation of English Society, 1000 – 1500,* Second Edition, Manchester: Manchester U. P., 1996.

Richard J. Evans, *In Defend of History,* London: Granta Books, 1997.

Richard Rorty, J. B. Schneewind, and Quentin Skinner eds., *Philosophy in History: Essays in the Historiography of Philosophy*, Cambridge: Cambridge University Press, 1984.

Richard Smith ed., *Land, Kinship and Life-Cycle,* Cambridge: Cambridge U. P., 1984.

Richard Whatmore, *What Is Intellectual History?* Cambridge: Polity Press, 2016.

Robert Darnton, *The Great Cat Massacre and Other Episodes in French Cultural History*, New York: Vintage Books, 1985.

Robert DuPlessis, *Material Atlantic: Clothing, Commerce and Colonization in the Atlantic World, 1650-1800*, Cambridge: Cambridge University Press, 2015.

Roderick Floud and Donald McClosky eds., *The Economic History of Britain since 1700, 2 vols.,* Cambridge: Cambridge U. P., 1884.

Rosemary O'Day, *The Professions in Early Modern England, 1450 - 1800: Servants of the Commonwea,* Harlow, England: Pearson Edution Ltd., 2000.

Roy Porter, *English Society in the Eighteenth Century,* New York: Penguin Books, 1982.

Roy Porter, *London: A Social History,* London: Penguin, 2000.

Rucktäschel, Zimmermann(Hg.) , *Trivialliteratur,* München: Fink, 1976.

Rudolf Vierhaus, *Deutschland im 18 Jahrhundert,* Göttingen: Vandenhoeck & Ruprecht, 1987.

R. C Richardson ed., *The Changing Face of English Local History,* London: Ashgate, 2000.

R. Holt, *The Mills of Medieval England,* Oxford: Basil Blackwell, 1988.

R. H. Hilton, *Class Conflict and the Crisis of Feudalism*, London: Verso, 1985.

R. H. Hilton, *English and French Town in Feudal Society: A Compare Study,* Cambridge: Cambridge U. P., 1992.

R. Koselleck, *Begriffsgeschichten. Studien zur Semantik und Pragmatik der politischen und sozialen Sprache*, Frankfurt am Main: Suhrkamp Verlag, 2006.

R. W. Hoyle, *The Estates of the English Crown, 1558 - 1640,* Cambridge: Cambridge U. P., 2002.

Sabine Horn/Michael Sauer (Hg.) , *Geschichte und Öffentlichkeit. Orte-Medien-Institutionen,* Goettingen: Vandenhoeck & Ruprecht, 2009.

Sabine MacCormack, *On the Wings of Time: Rome, the Incas, Spain, and Peru*, Princeton: Princeton University Press, 2006.

Schriftleitung der Historischen Zeitschrift (Hrsg.) , *Historische Belletristik. Ein kritischer Literaturbericht,* Muenchen und Berlin: Oldenbourg, 1928.

Sidney Pollard, *Britain's Prime and Britain's Decline: The British Economy 1870 – 1914,* New York: Edward Arnold, 1989.

Solvi Sogner ed., *Make Sense of Global History*, Oslo: Universitetsforlaget, 2001.

Stangord, *Companion to the Study of History,* Oxford: Blackwell, 1994.

Stephen Howe ed., *The New Imperial History Reader*, London and New York: Routledge, 2010.

Steven L. Kaplan, *Farewell, Revolution, The Historians' Feud, France, 1789/1989*, Ithaca: Cornell University Press, 1993.

Steven L. Kaplan, *Génocide franco-français, La Vendée-vengé,* Paris: PUF, 1986.

Stuart Banner, *Possessing the Pacific: Land, Settlers, and Indigenous People from Australia to Alaska*, Cambridge, Mass. : Harvard University Press, 2007.

Stuart Macintyre et al. eds., *The Oxford History of Historical Writing 1800 – 1945,* Oxford: Oxford U. P., 2012.

Susan Castillo, *Colonial Encounters in New World Writing, 1500 – 1786*, London and New York: Routledge, 2006.

Susan Reynolds, *Fiefs and Vassals: The Medieval Evidence Reinterpreted,* Oxford: Oxford U. P., 1994.

Susanna Wade Martins, *A Great Estate at Work. The Holkham Estate and Its Inhabitants in the Nineteenth Century,* Cambridge: Cambridge U. P., 1980.

Suzanne Citron, *Le Mhe national*, Paris: Editions ouvrières, 1987.

S. D. Chapman and S. Chassage, *European Textile Printers in the Eighteenth Century: A Study of Peel and Oberkamph,* London: Heineman Educational Books, 1981.

S. E. Finer, *The History of Government,* 3vols, Oxford: Oxford U. P., 1997, 1999.

Theodor Eschburg u. a., *Geschichte der Bundesrepublik Deutschland,* 5 Bde,

Stuttgart/Mannheim, 1983–1987.

Timothy Clayton, *The English Print 1688–1802,* New Haven and London: Yale U. P., 1997.

Torben Fischer, Matthias N. Lorenz(Hg.), *Lexikon der 'Vergangenheitsbewältigung' in Deutschland. Debatten-und Diskursgeschichte des Nationalsozialismus nach 1945,* Bielefeld: transcript, 2007.

T. H. Aston and C. H. E. Philpin eds., The Brenner Debate. *Agrarian Class Structure and Economic Development in Pre-Industrial Europe,* Cambridge: Cambridge U. P., 1987.

Udo Wengst(Hg.), *50 Jahre Institut für Zeitgeschichte. Eine Bilanz,* München: Oldenbourg, 1999.

Udo Wengst(Hg.), *Historiker betrachten Deutschland. Beiträge zum Vereinigungsprozess und zur Hauptstadtdiskussion,* Bonn/Berlin: Bouvier, 1992.

Ulrich Brochhagen, *Nach Nürnberg. Vergangenheitsbewältigung und Westintegration in der Ära Adenauer,* Hamburg: Junius, 1994.

Ursula Büttner(Hrsg.), *Die Deutschen und Judenverfolgung im Dritten Reich,* Hamburg: Christian, 1992.

Victor Lieberman, *Strange Parallels: Southeast Asia in Global Context, c. 800–1830,* Vol. I, Cambridge: Cambridge University Press, 2003.

Warren C. Brown and Piotr Górecki eds., *Conflict in Medieval Europe: Changing Perspectives on Society and Culture,* Aldershot: Ashgate, 2003.

Wilhelm Mommsen, *Geschichtsschreibung. Eine Auseinandersetzung mit Emil Ludwig,* Muenchen, Berlin: Verlag von R. Oldenbourg, 1930.

William H. McNeill, *The Rise of the West: A History of the Human Community,* Chicago: University of Chicago Press, 1963.

Winfried Schulze, *Deutsche Geschichtswissenschaft nach 1945,* München: Oldenbourg, 1989/2009.

Wolfgang Wippermann, *Wessen Schuld? Vom Historikerstreit zur Goldhagen-Kontroverse,* Berlin: Elefanten, 1997.

W. D. Rubinstein, *Elite and the Wealth in Modern British History,* Brighton:

Havester Press, 1987.

W. G. Hoskins, *Local History in England,* Third Edition, London: Longman, 1984.

W. G. Runciman, *A Treatise on Social Theory,* 3vols., Cambridge: Cambridge U. P., 1983, 1989, 1997.

W. M. Ormrod, *Political Life in Medieval England, 1300－1450,* Basingstoke: Macmillan Press, 1995.

Yann Lagadec et Stéphane Perréon, *La bataille de Saint-Cast (Bretagne 11 septembre 1758), Entre histoire et mémoire,* Rennes: Presse de l'Université de Rennes, 2009.

Yosef H. Yerushalmi, *Zakhor. Jewish History and Jewish Memory,* Seattle: University of Washington Press, 1996.

Zachary Lesser, *Renaissance Drama and the Politics of Publication,* Cambridge: Cambridge U. P., 2004.

Zvi Raziand Richard Smith eds., *Medieval Society and the Manor Court,* Oxford: Clarendon Press, 1996.

Z. Lazi, *Life, Marriage and Death in a Medieval Parish: Economy, Society and Demography in Halesowen, 1270－1400,* Cambridge: Cambridge U. P., 1980.

中文期刊论文

阿兰·梅吉尔、张旭鹏：《什么是观念史？——对话弗吉尼亚大学历史系阿兰·梅吉尔教授》，《史学理论研究》2012 年第 2 期。

艾丽丝·热拉尔：《史学革命进程中的法国大革命：半个世纪以来的国际化和多元修正主义》，黄艳红译，《世界历史评论》2015 年第 1 期。

艾伦·梅吉尔：《区域历史与历史撰写的未来》，肖超译，张骏校，《学术研究》2009 年第 8 期。

曾晓阳：《论 19 世纪末法国促进民族统一的教育举措》，《贵州社会科学》2014 年第 8 期。

陈新：《"公众史学"的理论基础与学科框架》，《学术月刊》2012 年第 3 期。

方维规：《"鞍型期"与概念史——兼论东亚转型期概念研究》，《东亚观念史集刊》（台北）第 1 期，2011 年 12 月。

弗朗索瓦·阿尔托格：《一个古老名词的未来：兼论当下主义历史观》，黄艳红译，《史学理论研究》2014 年第 3 期。

顾杭：《传统的发明——法兰西第三共和国前期对共和文化的塑造》，《史林》2010 年第 5 期。

顾杭：《战争创伤、历史教育与民族复兴——论拉维斯与法兰西第三共和国的历史教育》，《浙江学刊》2004 年第 3 期。

何涛：《跨民族史：全球史在德国史学界的回应》，《首都师范大学学报》（社会科学版）2008 年第 6 期。

黄春高：《追寻中世纪"权力的历程"——托马斯·N. 比森的权力史研究》，《历史研究》2008 年第 5 期。

黄艳红：《"拉维斯主义"的退隐：法国记忆史研究一瞥》，《史学理论研究》2012 年第 3 期。

黄艳红：《罗兰·穆尼埃的社会史研究》，《史学理论研究》2012 年第 4 期。

黄艳红：《欧洲历史中的过去和未来——简析科泽勒克和阿尔托格的历史时间研究》，《史学理论研究》2014 年第 4 期。

黄艳红：《制度、表象与社会：罗兰·穆尼埃的史学研究评介》，《贵州社会科学》2017 年第 7 期。

景德祥：《"柏林共和国的历史学家"云客乐》，《史学理论研究》2012 年第 4 期。

景德祥：《20 世纪末联邦德国史学流派争议》，《世界历史》2005 年第 1 期。

景德祥：《二战后德国史学的发展脉络与特点》，《史学理论研究》2007 年第 3 期。

景德祥：《关于联邦德国第一代史学家的争论》，《史学理论研究》2004 年第 1 期。

景德祥：《联邦德国社会史学派与文化史学派的争议——20 世纪末联邦德国史学流派争议》，《史学理论研究》2005 年第 3 期。

景德祥：《纳粹时期的德国史学》，《山东社会科学》2008 年第 8 期。

乐启良：《当代法国社会史的革新——热拉尔·努瓦利耶的社会历史学探析》，《历史研究》2014 年第 4 期。

李宏图：《概念史与历史的选择》，《史学理论研究》2012 年第 1 期。

李宏图：《欧洲思想史研究范式转换的学术路径》，《世界历史》2015 年第 2 期。

李隆国：《从"罗马帝国衰亡"到"罗马世界转型"——晚期罗马史研究范式的转变》，《世界历史》2012 年第 3 期。

李娜：《连接学生与历史实践——公众史学在中国的教育体系建构》，《学术研究》2014 年第 8 期。

李娜：《美国模式之公众史学在中国是否可行——中国公众史学的学科建构》，《江海学刊》2014 年第 2 期。

李云飞：《自愿委身与十一世纪法国底层社会的依附关系》，《中国社会科学》2012 年第 10 期。

李长莉：《"碎片化"：新兴史学与方法论困境》，《近代史研究》2012 年第 5 期。

刘新成：《全球史观在中国》，《历史研究》2011 年第 6 期。

吕一民、乐启良：《政治的回归——当代法国政治史的复兴探析》，《浙江学刊》2011 年第 4 期。

吕一民：《法国学者对法国知识分子史的研究述评》，《世界历史》2001 年第 2 期。

吕一民：《法国知识分子史视野中的德雷福斯事件》，《浙江大学学报》（人文社会科学版）2001 年第 1 期。

孟钟捷：《"独特道路"：德国现代历史研究的范式转变与反思》，《历史教学问题》2009 年第 4 期。

孟钟捷：《公共历史教育和德国的战争罪责观——以 1990 年代末"武装部队罪行展览之争"为中心的考察》，《历史教学问题》2015 年第 2 期。

孟钟捷：《公众史学学科建设的可行路径——从德国历史教育学改革模式谈起》，《天津社会科学》2013 年第 3 期。

孟钟捷：《统一后德国的身份认同与大屠杀历史争议——1996 年的"戈

德哈根之争"》,《世界历史》2015 年第 1 期。

孟钟捷:《在战争罪责与民族自豪之间的"正常化"之路——六十年德国"第三帝国史"研究回眸》,《甘肃社会科学》2005 年第 6 期。

米歇尔·比日耐:《法国工会史研究的焦点与视角》,《史学理论研究》2014 年第 1 期。

庞冠群、顾杭:《马克思主义影响下的法国拉布鲁斯史学探析》,《史学史研究》2015 年第 1 期。

钱茂伟:《公众史学的定义及学科框架》,《浙江学刊》2014 年第 1 期。

沈坚:《记忆与历史的博弈:法国记忆史的建构》,《中国社会科学》2010 年第 3 期。

孙江:《皮埃尔·诺拉及其"记忆之场"》,《学海》2015 年第 3 期。

孙立新:《于尔根·科卡:德国的批判史学与社会史研究》,《史学理论研究》1992 年第 3 期。

孙岳:《超越人类看人类?——"大历史"批判》,《史学理论研究》2012 年第 4 期。

孙云龙:《德语地区社会史研究的语言学转向:概念史研究刍议》,《学海》2011 年第 5 期。

王晓升:《新社会运动"新"在何处——对 20 世纪 70 年代以来西方社会运动理论的思考》,《学术月刊》2011 年第 2 期。

沃尔夫冈·席德尔:《德国史学界关于民族社会主义研究的回顾》,孟钟捷、唐晓婷摘译,《德国研究》2002 年第 4 期。

徐健:《评德国史学界有关"特有道路"问题的争论》,《国外社会科学》2001 年第 2 期。

于尔根·科卡:《国际历史科学大会:回望与期待》,景德祥译,《史学理论研究》2015 年第 3 期。

张杨:《"未来潮流"之争:中美意识形态对抗与 20 世纪 60 年代美国的东南亚政策》,《世界历史》2017 年第 2 期。

周小兰:《拉布鲁斯经济社会危机理论研究探析》,《世界历史》2017 年第 2 期。

朱晓罕:《从新政治史到文化史——让-弗朗索瓦·西里奈利的法国 20

世纪史研究》,《史学理论研究》2017 年第 3 期。

朱晓罕:《法国反战知识分子与阿尔及利亚战争》,《历史教学》(高校版)2008 年第 3 期。

朱晓罕:《让-弗朗索瓦·西里奈利的法国知识分子史研究》,《史学理论研究》2005 年第 4 期。

外文期刊

American Journal of Philology, Vol. 103, No. 2 (1982);

Annales. E. S. C., 27ᵉ année, No. 4(1972);

Annales. E. S. C., 31ᵉ année, No. 5(1976);

Annales. E. S. C., 47ᵉ année, No. 2(1992);

Annales. Histoire, Sciences Sociales, 47ᵉ année, No. 3 (1992);

Annales. Histoire, Sciences Sociales, 50ᵉ année, No. 6 (1995);

Aus Politik und Geschichte, B. 39(1996);

Bibliothèque de l'école des chartes, (1997);

Comparative Education, Vol. 42, No. 3 (2006);

Critical Inquiry, Vol. 35, No. 2 (2009);

Cultural Critique, No. 42 (1999);

Die Neue Rundschau, Jahrgang 40, Band 1(1929);

Diplomatic History, Vol. 31, No. 3 (2007);

Economic History Review, Vol. 18, No. 1(1965);

Eighteenth Century, (1985);

Eighteenth-Century Studies, Vol. 2, No. 1, Special Issue: Literary and Artistic Change in the Eighteenth Century, (1968);

Espace Temps, No. 59-60-61(1995);

Europa-Archiv, Vol. 10 (1955);

European Review of Economic History, Vol. 6, No. 1 (2002);

Frankfurter Allgemeine Zeitung, Vol. 18, No. 3(1991);

Genèses, No. 60(2005);

German History, Vol. 33, No. 1(2011);

German History, Vol. 33, No. 1(2015) ;

German History, Vol. 33, No. 2(2015) ;

Geschichte in Wissenschaft und Unterricht, Vol. 43 (1992) ;

Geschichte in Wissenschaft und Unterricht, Vol. 46 (1995) ;

Geschichte in Wissenschaft und Unterricht, Vol. 2 (1951) ;

Geschichte in Wissenschaft und Unterricht, Vol. 8 (1957) ;

Geschichte und Gesellschaft, Vol. 42 (2016) ;

Historische Zeitschrift, Bd. 170, H. 1 (1950) ;

Historische Zeitschrift, Bd. 173, H. 2 (1952) ;

Historische Zeitschrift, Bd. 183, H. 2 (1957) ;

Historische Zeitschrift, Bd. 245, H. 3 (1987) ;

Historische Zeitschrift, Bd. 251, H. 3 (1990) ;

Historische Zeitschrift, Bd. 252, H. 1 (1991) ;

Historisches Jahrbuch, Vol. 113 (1993) ;

Historisk Tidskrift, Vol. 127, No. 4 (2007) ;

History and Theory, Vol. 34, No. 2, Theme Issue 34 (1995) ;

History and Theory, Vol. 34, No. 4 (1995) ;

History and Theory, Vol. 50, No. 2 (2011) ;

History and Theory, Vol. 8, No. 1 (1969) ;

History Compass, Vol. 10, No. 6 (2012) ;

History Economic Review, 2nd ser. SLIII. No. 1(1990)

History of European Ideas, Vol. 38, No. 4 (2012) ;

Jahrbuch des Historischen Kollegs, (2011) ;

Journal of Global History, Vol. 1, No. 1 (2006) ;

Journal of Historial Sociology, Vol. 6, No. 4(1993)

Journal of Interdisciplinary History, Vol. 28, No. 3 (1998) ;

Journal of Modern History, Vol. 72 (2000) ;

Journal of the History of Ideas, Vol. 1, No. 1 (1940) ;

Journal of the History of Ideas, Vol. 51, No. 1 (1990) ;

Journal of the History of Ideas, Vol. 67, No. 1 (2006) ;

Journal of World History, Vol. 17, No. 1 (2006);

Le Débat, No. 122 (2002);

Le Débat, No. 26 (1983);

Le monde alpin et rhodanien, No. 3-4 (1980);

Medieval Encounters, Vol. 11, No. 1-2 (2005);

Medieval Studies, No. 38(1976);

Médiévales, No. 21 (1991);

Médiévales, No. 37 (1999);

Nature, Vol. 454 (2008);

New York Times Book Review, March 8, 1964;

Past & Present, No. 133 (1991);

Past & Present, No. 142 (1994);

Past & Present, No. 152 (1996);

Proceedings and Addresses of the American Philosophical Association, Vol. 49 (1975 – 1976);

Proceedings of the American Philosophical Society, Vol. 78, No. 4 (1938);

Revue Historique, (1961);

Romania, Tome 100, No. 397 (1979);

Scienza & Politica, No. 26(2002);

Speculum, Vol. 66, No. 4 (1991);

Storia della Storiographia, No. 35 (1999);

The American Historical Review, Vol. 101, No. 3 (1996);

The American Historical Review, Vol. 118, No. 5 (2013);

The American Journal of Legal History, Vol. 22, No. 4 (1978);

The Journal of Philosophy, Vol. 36, No. 18 (1939);

Traditio, Vol. 42 (1986);

Vierteljahrshefte für Zeitgeschichte, Vol. 45, H. 1(1997);

Vierteljahrshefte für Zeitgeschichte, Vol. 1, H. 1(1953);

Vierteljahrshefte für Zeitgeschichte, Vol. 18, H. 4 (1970);

Vierteljahrshefte für Zeitgeschichte, Vol. 21, H. 1 (1973);

Vierteljahrshefte für Zeitgeschichte, Vol. 26, H. 1 (1978);

Vierteljahrshefte für Zeitgeschichte, Vol. 3, H. 1 (1955);

Vierteljahrshefte für Zeitgeschichte, Vol. 37, H. 3 (1989);

Vierteljahrshefte für Zeitgeschichte, Vol. 38, H. 3 (1990);

Vierteljahrshefte für Zeitgeschichte, Vol. 41, H. 1 (1993);

Vierteljahrshefte für Zeitgeschichte, Vol. 51, H. 1 (2003);

后　记

　　"当代欧美史学——自 1980 年以来"是一个很大的题目。书中收集的篇章从某些侧面反映了近年来英、法、美、德各国的欧洲史史学界所关注的问题和写作的特点。无论如何，这些篇章还是抓住了各国史学界关注的问题和写作的一些特点，值得一读。然而，这个题目很大，在写作的过程中，本书作者的研究领域总是有所偏好，因而难免挂一漏万。不足之处还请读者谅解。

图书在版编目（CIP）数据

当代欧美史学：自 1980 年以来 / 姜芃主编.
北京：社会科学文献出版社，2025.2. --（当代国际史
学研究丛书 / 陈启能总主编）. -- ISBN 978-7-5228
-4072-7

Ⅰ. K091

中国国家版本馆 CIP 数据核字第 20249XC512 号

· 当代国际史学研究丛书 ·

当代欧美史学——自 1980 年以来

主　　编 / 姜　芃

出 版 人 / 冀祥德
责任编辑 / 罗卫平
文稿编辑 / 卢　玥
责任印制 / 王京美

出　　版 / 社会科学文献出版社·人文分社（010）59367215
　　　　　地址：北京市北三环中路甲 29 号院华龙大厦　邮编：100029
　　　　　网址：www.ssap.com.cn
发　　行 / 社会科学文献出版社（010）59367028
印　　装 / 三河市尚艺印装有限公司

规　　格 / 开　本：787mm×1092mm　1/16
　　　　　印　张：26.25　字　数：418 千字
版　　次 / 2025 年 2 月第 1 版　2025 年 2 月第 1 次印刷
书　　号 / ISBN 978-7-5228-4072-7
定　　价 / 98.00 元

读者服务电话：4008918866